人民币
汇率分析
与
风险管理

鲁政委　郭嘉沂　张梦　著

人民日报出版社

北京

隔离，以实现企业聚焦主业，最终提升预算、经营的可预测性。

企业汇率避险中最重要的是什么？

汇率避险的"理念"重于"方法"。汇率避险的核心理念是，企业不把汇率波动作为赚钱的工具。交易仅仅是为了付出一个既定成本来隔绝汇率波动对企业主营业务的干扰。倘若使用衍生品来规避风险，也不应单纯以衍生品的盈亏来评价避险的有效性。需知汇率避险正如"购买保险"，避险成本恰如"保费"，是必须付出的一个可控小代价。

汇率避险的方法有哪些？

对国内企业来说，首先，应考虑使用人民币进行跨境支付和结算，从根源上避免货币错配；其次，可以考虑外币敞口"自然对冲"，即企业通过自身业务布局降低外币净敞口，例如进出口企业通过调整外币收支账期来实现现金流的匹配；最后，对于上述方法未能覆盖的外币敞口，可以使用外汇衍生品锁定风险。

如何选择合适的衍生品工具规避风险？

境内外汇衍生品主要包括外汇远期、外汇掉期、货币掉期以及外汇期权和期权组合。其中，外汇远期和外汇掉期结构较为简单，适合初开展避险业务的企业；外汇掉期和货币掉期与外币融资业务相得益彰；外汇期权专业性较强，能够通过各种组合灵活满足企业的个性化避险需求，美式和亚式期权面世后，更加丰富了期权组合的应用场景。

器，帮助货币政策同时在内部均衡和外部均衡之间取得平衡。

为什么要研究人民币汇率？

2014 年人民币汇率双向波动后，汇率的不可预测性提升，拥有外币敞口的实体企业不得不直面汇率波动并承担损益，对人民币汇率及其避险安排的关注度提升。此外，随着金融市场的双向开放，跨境投融资行为越发活跃，人民币汇率波动作为投资收益的重要扰动项，也受到国内国外投资者的关注。

货币当局关心的汇率是什么？

相较于美元兑人民币双边汇率的具体点位，货币当局更关心人民币有效汇率，以及汇率预期是否出现了可能带来无序调整的"羊群效应"。

人民币汇率的影响因素是一成不变的吗？

人民币汇率的影响因素并非一成不变。不同时期、不同背景下主导汇率的因素将有所变化。举例来说，2020 年后，传统的汇率影响因素（美元指数和利差）解释力度在下降，境内美元流动性和跨境资金流动的影响力在增强。

为什么要研究其他货币？

美元作为最主要的国际储备货币，其周期性变动影响了全球非美货币（包括人民币）的趋势方向。其他非美货币——包括欧元、日元、港币等——作为境内企业对外贸易中经常使用的货币，其汇率变动也会对企业的主营业务收入造成干扰。特殊时期，非美货币与人民币汇率会产生共振。

何为"汇率风险中性"？

"汇率风险中性"是指企业从董事会到管理层再到业务操作层面，都要把汇率波动纳入日常管理，通过付出一个可预期的成本，达成汇率波动相对业务的

- 人民币汇率的宏观影响因素主要包括美元利率汇率周期、国内货币信用周期、基本面和货币政策差异、境内美元流动性等，中观影响因素主要包括国际收支及结售汇行为、外资行为等，其他影响因素还包括逆周期工具箱和国际关系等。

- 资本金融账户不完全可兑换将我国境内和境外市场分割成了 4 个"区块式"的子市场，分别是境内人民币市场、境内美元市场、离岸人民币市场、离岸美元市场。其中，境内美元市场和离岸人民币市场已初具规模，具有较高研究价值。

- 美元指数具有较强的周期性特征，反映了自身基本面和货币政策的周期性变化。利差是非美货币通用的定价影响因子之一。避险货币属性使得日元汇率受到全球风险偏好影响。联系汇率制强化了跨境资金流动对港币汇率的影响。

- 对于暴露于汇率波动之下的机构和个人而言，秉持"汇率风险中性理念"、以不变应万变，是最好的汇率风险管理之法。

- 外汇远期、外汇掉期、货币掉期、外汇期权和期权组合等衍生品工具有助于企业规避汇率波动风险，但比"方法"更重要的是"理念"，衍生品不应成为"赚钱"的工具，也不应以衍生品本身的盈亏来衡量避险的有效性。

Q&A

人民币汇率在宏观经济中充当什么角色？

人民币汇率作为货币条件之一，是调节国内宏观经济和国际收支的自动稳定

人民币汇率分析与风险管理

核心观点

- 人民币外汇市场改革行而不辍，未来人民币汇率还将继续向市场化、国际化的方向笃行不怠，包括提升市场因素在人民币汇率形成机制中的作用、丰富境内外汇市场的参与者类别和产品种类、推动离岸人民币市场发展等。

人民币汇率分析与风险管理

鲁政委 郭嘉沂 张梦 著

人民日报出版社
北京

图书在版编目（CIP）数据

人民币汇率分析与风险管理 / 鲁政委，郭嘉沂，张梦著 . —北京：人民日报出版社，2023.3
ISBN 978-7-5115-7624-8

Ⅰ . ①人… Ⅱ . ①鲁… ②郭… ③张… Ⅲ . ①人民币汇率—风险管理—研究 Ⅳ . ① F832.63

中国版本图书馆 CIP 数据核字（2022）第 239627 号

书　　　名：人民币汇率分析与风险管理
RENMINBI HUILÜ FENXI YU FENGXIAN GUANLI

著　　　者：鲁政委　郭嘉沂　张　梦

出　版　人：刘华新
责 任 编 辑：蒋菊平　徐　澜
版 式 设 计：九章文化

出版发行：人民日报出版社

社　　　址：北京金台西路 2 号
邮 政 编 码：100733
发 行 热 线：（010）65369509　65369527　65369846　65369512
邮 购 热 线：（010）65369530　65363527
编 辑 热 线：（010）65369528
网　　　址：www.peopledailypress.com
经　　　销：新华书店
印　　　刷：大厂回族自治县彩虹印刷有限公司
法 律 顾 问：北京科宇律师事务所　（010）83622312

开　　　本：710mm×1000mm　1/16
字　　　数：362 千字
印　　　张：24.5
版次印次：2023 年 7 月第 1 版　　2023 年 7 月第 1 次印刷

书　　　号：ISBN 978-7-5115-7624-8
定　　　价：65.00 元

　　自1994年以来，人民币汇率形成机制的每一次改革在当时看来，都是"冒险"的。从结果来看，汇改不仅从未出现市场所担忧的"失速"，反而屡屡成功缓解了当时国际收支和国内经济所面临的"困境"。无论是1994年的贸易逆差、2005年的双顺差失衡，还是2015年有效汇率高估导致的一系列经济问题。这是否证明，市场并未"真正"地了解汇率，了解其运行机制以及在政策协调中起到的作用？这种忽略和未知是否会阻碍全局性把握国内经济的运行轨迹和发展趋势，是否影响对风险跨市场间传播的判断和提前预警？基于此，我们系统性梳理了近些年来对人民币汇率分析框架的思考，择其精华重新编撰并修订成册，以期通过数据和经济学逻辑揭开汇率神秘面纱的一角。

　　在2014年结售汇行为转变以及2015年"811汇改"的推动下，人民币汇率结束单边行情，彻底走向随行就市的双向波动。双向波动初期，市场仍未摆脱2014年前单边行情的"思维惯性"，银行代客购汇率一度超过100%，企业加速外币去杠杆，外汇储备规模显著下行。为此，人民银行与外汇管理局创设新的逆周期调节工具，多措施并举调节汇率预期。这一阶段，我们建立起人民币汇率的"美元锚"和"利差锚"宏观分析框架，并从国际收支和结售汇的中观视角对人民币波段行情进行分解和预判，同时保持对逆周期调节工具箱的密切跟踪。

　　2017年后，金融市场的双向开放又为人民币汇率添入一把"新柴"，使得汇率的弹性增加、汇率的影响因素越发复杂和难以捉摸。原先的"美元锚"和"利差锚"无法完全解释汇率的波动，人民币一度与美元指数脱钩，走出了独立行情。发达市场货币的经验对于人民币汇率的可借鉴之处越来越少，我们开始从国内的"特性"出发，研究境内美元流动性变化，分析跨境资金流的潮汐运动，琢磨在经济周期的不同阶段，承担"宏观经济和国际收支自动稳定器"的人民币汇率应当如何运行。我们也看到，随着人民币国际化的推进，离岸人民币市场发展壮大，很大程度上拓展了境内人民币市场的外延和触角。

身处市场化改革和汇率弹性扩大的浪潮中，通过近些年的走访和交流，我们发现许多企业朋友从过去的"谈衍生品色变"，逐渐转变为深度了解汇率市场走势影响因素并对不同衍生品的优劣对比如数家珍。市场参与主体的成长是未来我国进一步推进汇率市场化与资本金融账户开放的基础。为此，我们也将衍生品定价的理论逻辑与汇率套保的实践经验相结合写入书中，希望本书能为拥有汇率敞口、承受汇率波动风险的朋友带来一定启示。

本书具体分为四章。

第一章为人民币汇改历史沿革与发展方向。我们首先详细回顾了人民币汇率形成机制的演变路径。2015年"811汇改"后人民币中间价定价机制又经历了三次小改革，确立了"前日收盘价+前日篮子货币变动+逆周期因子"的中间价定价机制，其中逆周期因子也是央行逆周期工具箱的重要组成部分。其次，作为市场的亲历者，我们盘点了人民币外汇市场的发展历程。2014年与人民币告别单边升值趋势所对应的是，商业银行可以开始为企业提供买卖双向的衍生品交易，以此为开端，境内外汇代客交易市场蓬勃发展。最后，以与境外成熟外汇市场对比为基础，我们畅想了未来人民币外汇市场发展前景。在产品方面，我们需要补足境内外汇期货市场的缺失；在参与者方面，实需原则可择机逐步放松，以满足不同类型交易者的交易诉求，以此增加市场深度、拓宽市场广度。

第二章中，我们把团队成立以来积累的人民币汇率分析实践经验中最精华的部分结集，从宏观到中微观，详细构建了人民币汇率分析框架。宏观视角下，外部影响中最为重要的因子是美元指数，然而2021年下半年人民币汇率与美元指数呈现出长达半年的背离。我们引入了境内美元利率这一新变量。过去境内美元市场体量较小、市场化程度较低，境内美元利率更多受到境内人民币利率的影响。2017年以来，随着我国资本金融账户开放进入快车道，叠加外汇储备不再像2014年之前那样充分吸收过剩的美元流动性，境内美元市场逐渐发展壮大，境内美元利率也更多受到美联储货币政策的影响。宏观视角下，内部影响中我们可以将国内货币信用环境分解为四个象限，在不同象限中人民币汇率呈现周期性运动。中微观视角下，我们详细分析了我国国际收支分项背后的资金流动内涵，着重介绍了近些年影响人民币汇率波动的新变量——外资跨境投资行为背后的影响因素。最后，作为市场化影响因素之外的重要补充，我们剖析了我国外汇市场逆周期工具箱的变化，并将其与海外市场上常用的宏观审慎措施（MPM）和资本流动管理措施（CFM）进行对比。

第三章中，我们介绍了除人民币以外的几种主流货币的分析框架，包括美元、欧元、日元和港币。美元因其本位币地位在外汇市场分析乃至大类资产配置中具有特殊地位，而欧元作为美元指数篮子中权重最大的货币，其运行趋势多与美元呈镜像关系。美元指数核心的定价因素包括美国与非美经济体（特别是欧洲）货币政策差异与基本面差异。在特殊时期，比如全球大衰退以及美元流动性危机阶段，美元指数呈现出避险货币特征。日元也是典型的避险货币，但其背后的避险原理与美元并不相同。日元、瑞郎乃至低利率时代的欧元作为避险货币，其背后的机制在于本土低资产回报率驱动居民大量出海配置外币资产，而当海外"风吹草动"时资金抛售海外资产、回流本土，进而呈现出"避险升值"的特征。不同于美元、欧元、日元的市场化自由浮动特征，港币采用盯住美元的"联系汇率"制度——作为小型开放经济体，其在"不可能三角"中选择了固定汇率+资本自由流动+非独立货币政策的组合。我们深入剖析了资本流动对港币的影响。对本书中没有详细展开的币种，我们在分析实践中可以遵循几个大的原则。1. 所有非美货币，都受到美元利率与汇率周期的影响，倾向于在美联储宽松时期升值，而在美联储紧缩时期贬值，升贬程度与其自身基本面相关；2. 对于高度依赖大宗商品出口的货币，比如澳元、俄罗斯卢布，其走势与其主要出口大宗商品价格息息相关；3. 国际收支中的经常账户与直接投资共同组成基础账户，其顺差是非美经济体保持汇率稳定的基石；4. 对于资本金融账户开放程度较高的经济体，我们需要区分其是投资货币还是融资货币（避险货币），进而判断全球市场风险偏好变化对其施加的影响；5. 逆全球化浪潮中，区域中心货币对同区域经济体货币施加了越来越重要的双向影响，比如欧元之于英镑，又比如人民币之于亚洲货币。

第四章在前三章的基础上，给企业朋友撰写了汇率风险管理的实操手册。需谨记"风险中性"是一切汇率风险管理实践的前提。尽管在第二、第三章中我们介绍了大量的方法论尝试预测，但市场中总是充满了"黑天鹅""灰犀牛"，并且市场可以在很长一段时间内背离基本面逻辑。分析师的主营业务是预测这个市场，但作为主营业务并非外汇交易的实体企业，使用衍生品投机与"裸敞口"同样危险，久赌必输。在坚持"风险中性"的基础上，我们详细介绍了境内外汇市场上几种常见的外汇衍生品，包括远期、外汇掉期（FX Swap）、货币掉期（CCS）与期权，我们还剖析了其定价原理以及应用场景。汇率市场化改革不走回头路，未来随着我国资本金融账户进一步开放，实需原则有望逐渐放松，人民币汇率弹性将进一步向成熟货币靠拢，最终实现清洁浮动。希望本书能为企业朋友更好应对汇率市场化波动保驾护航。

金融市场因其不可预测性而充满魅力，外汇市场几乎受到所有其他市场的影响，复杂多变且更具研究价值。2014年以来，兴业研究公司外汇研究团队与人民币外汇市场一同成长。当前，世界之变、时代之变、历史之变正在以前所未有的方式展开。全球经济大周期（康波）由衰退转至萧条，为下一轮技术革命所带来的复苏蓄力；政治周期进入新老交替的多事之秋；海外告别低通胀环境，并带来利率趋势性下行的终结；美元本位币地位摇摇欲坠，全球货币体系正在悄然重塑。面对宏观环境的巨大变化、金融市场的剧烈波动，相信人民币外汇市场发展将更加成熟、开放、市场化与国际化。服务实体经济健康发展是商业银行的使命担当，企业朋友在努力理解外汇市场变革、汇率走势变化，认知新产品、新避险策略的道路上并不会感到孤单，我们一直都在。

目录 Contents

第一章

汇改的历史沿革与发展方向

全球化悄无声息地渗透进经济社会的方方面面。当资源、资本、劳动力、技术跨越国别和地缘自由流动，当我们在讨论国内或世界经济的概况、股票市场、企业的竞争力，甚至竞选的结果时，无处不有汇率和外汇市场的身影。综观各外汇市场的发展和变革，既有其偶发性，又有经济社会发展到一定阶段的必然性。相同之处在于，汇率定价机制的市场化、外汇市场参与者的多样化、外汇衍生产品的丰富化是每一个成熟外汇市场的必由之路。

1.1 人民币汇率形成机制演变路径

1948年12月中国人民银行成立，第一套人民币首次发行；1955年3月人民银行开始发行第二套人民币（新币），并以1∶10000的兑换比率更替第一套人民币（旧币）。风雨70余年，人民币汇率形成机制随着我国经济、金融发展变化而不断变迁。

新中国成立初期，1948年到1952年间人民币汇率根据境内外相对物价水平制定，并不断调整，人民币汇率因国内恶性通货膨胀而快速贬值。1953年国内建立计划经济体制，人民币汇率进入固定汇率时期，但"钉住"的标的有所变化。1953年到1971年间，朝鲜战争爆发伴随着中美关系恶化，人民币汇率钉住英镑；第二套人民币（新币）也是在这一阶段发行。1971年布雷顿森林体系解体后，人民币汇率转为钉住一篮子货币，该机制持续到1979年；在此期间随着1972年尼克松访华、中美关系回暖，美元兑人民币汇率的重要性提升。美元指数在布雷顿森林体系解体后贬值，导致人民币相对美元被动升值。

1979年改革开放的春风吹来，为鼓舞外贸企业积极性，我国于1981年到1984年实施"官方汇率与外汇内部结算价并行"的双轨汇率制度，并对外贸企业采取外汇留成制。官方汇率用于侨汇、旅游、外国领事馆、驻外机构、出国代表团等非贸易外汇收付兑换；内部结算价用于进出口贸易汇兑。1981年到1984年间，官方设定的内部结算价为2.8元人民币/1美元，这一汇率绝大多数时间显著高于官方汇率。

1984年末官方汇率已经接近外汇内部结算价2.8，我国于1985年1月1日取消外汇内部结算价，仅保留官方汇率，该汇率在1985年到1993年间被多次调升（对应人民币贬值）。1988年3月，为配合外贸承保经营责任制的推广，国家外汇管理局颁布《全国外汇调剂中心规程》，各地区自行建立外汇调剂中心，并根据外汇供求自发形成外汇调剂价格，这也是我国最早的市场化人民币汇率。截至1993年底，外汇调剂市场成交额已占我国进出口外汇交易额的85%。因此，尽管1985年到1993年间我国名义上实施"单一的官方汇率制度"，但1988年后外汇市场实质上是"官方汇率与外汇调节汇率并行"。

1992年初邓小平同志"南方谈话"确立了我国全面建设社会主义市场经济体制的大方向。1993年11月的十四届三中全会明确提出"改革外汇管理体制，建立以市场供求为基础的、有管理的浮动汇率制度和统一规范的外汇市场，逐步使人民币成为可兑换货币"，人民币汇率市场化改革迈出里程碑式的一步，即1994年人民币汇改。1994年人民币汇改的主要内容包括：一是将官方汇率与外汇调剂市场汇率并轨（并轨前官方汇率为5.8，外汇调剂价格为8.7），实行以市场供求为基础的、单一的、有管理的浮动汇率制；二是取消外汇留成和上缴，实行银行结售汇制度（实质是强制结售汇制度）；三是建立银行间外汇交易市场；四是探索实现经常项目下人民币可兑换。1994年汇改取得了超预期成功，官方汇率一次性贬值有效扭转了国内贸易逆差，汇率预期却未如市场担忧般恶化，人民币汇率保持了稳中有升态势，外汇储备从1993年12月的212亿美元增长至1994年12月的516亿美元，并在随后的20年间不断积累。1997年直面亚洲金融危机，美元兑人民币在1997年11月至2005年7月间稳定在8.28附近，同时政府通过上调出口退税率、提高外贸企业补贴以及增加外贸贷款等措施缓解外贸企业压力。

面对经常账户和资本金融账户双顺差带来的汇率升值预期，以及加入世界贸易组织（WTO）时资本账户可兑换相关承诺，中国人民银行于2005年7月21日再次启动汇改，废除人民币汇率单一钉住美元的制度，实行"以市场供求为基础、参考一篮子货币调节、有管理的浮动汇率制度"；将人民币中间价一次性升值2.1%至8.11，明确人民币汇率中间价确定参考上日收盘价；维持美元兑人民币日内交易价格在中间价的上下0.3%波幅内浮动。2006年1月人民币外汇市场引入做市商制度和询价交易机制；2007年8月强制结售汇退出历史舞台，国家外汇管理局允许境内机构意愿结售汇；2007年5月、2012年4月、2014年3月美元兑人民币日内波幅被先后扩大至0.5%、1%、2%。2005年汇改推动人民币汇率走向管理浮动，同时也拉开了人民币汇率近十年单边升值的序幕。人民银行使用外汇占款冲销汇率升值压力，造成外汇储备持续增长以及人民币流动性被动投放。2008年到2010年金融危机期间，人民币汇率采取了类似1997年"钉住美元"的操作，发生了类似1998年到2002年间的通货紧缩效应。

人民币单边升值行情一直持续到2014年，此后国内经济和外部环境发生了巨大变化。我国经济增速出现放缓，贸易顺差收窄，美联储进入紧缩的利率周期和强势的汇率周期，人民币汇率贬值压力逐渐凸显。2015年"811汇改"在此背景下展开，与前几次汇改不同的是，"811汇改"着重于中间价定价机制的改革，将中间价在一周内调整4.6%，使之与收盘价并轨。之后经过2016年2月、2017年2月和2017年5月三次改革，确定了"前日收盘价+前日篮子货币变动+逆周期因子"的中间价定价机制。"811汇改"后人民币相对美元真正实现了"双向波动"，人民币有效汇率亦保持区间宽幅震荡。目前人民币汇率处于"爬行钉住有效汇率"阶段，市场化程度和汇率弹性不断提高，距离自由浮动的最终目标越来越近。近些年来，"藏汇于民"得以逐步实现，外汇占款与外汇储备波动显著下降，境内外币市场发展壮大。

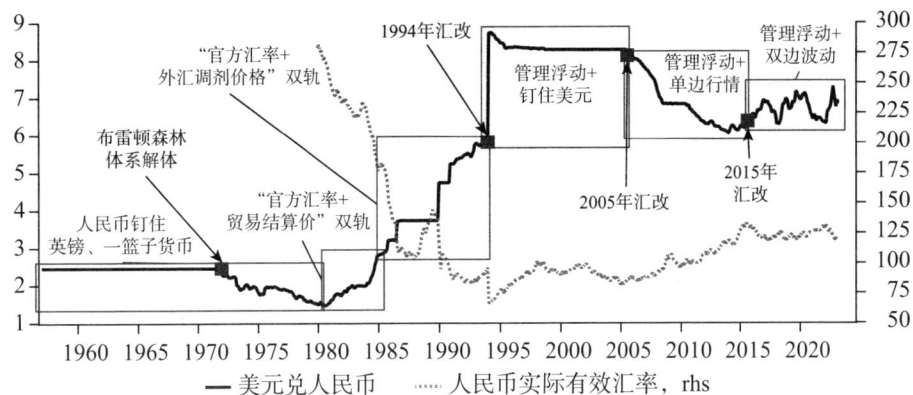

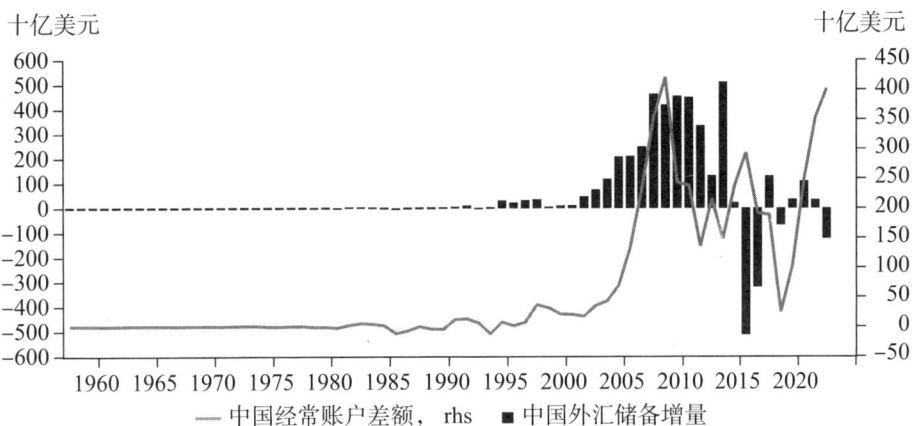

图1-1 人民币汇率机制变迁

资料来源：Macrobond，兴业研究。

表1-1 人民币中间价定价机制改革

时间	调整内容	意义
2015年8月11日	前一日收盘价＋海外市场变动	中间价和市场价并轨
2016年2月	前一日收盘价＋前一日人民币指数变动（过去24小时）	进一步明确"海外市场变动"的衡量方法
2017年2月20日	前一日收盘价＋前一日人民币指数变动（过去15小时）	消除海外市场的重复计算，加强收盘价影响
2017年5月26日	前一日收盘价＋前一日人民币指数变动（过去15小时）＋逆周期调节因子	修正人民币汇率市场预期自我强化，使汇率反映国内经济基本面

资料来源：兴业研究。

1.2　人民币外汇市场发展历程

全国统一的银行间外汇市场作为1994年汇改的核心内容之一，于1994年4月在上海正式成立。其后30年间，银行间外汇市场的不断深化和完善既是为配合人民币汇率机制改革应运而生，又是汇率市场化改革取得一定进展后因市场参与者的内生需求而催发。

从外汇市场交易品种来看，2005年汇改前境内银行间外汇市场仅有人民币即期单一产品，2005年8月、2006年4月、2007年8月和2011年4月先后开通人民币远期、人民币外汇掉期、人民币货币掉期和人民币欧式期权等产品。人民币远期在推出初期仅允许全额交割，2018年2月国家外汇管理局发布《关于完善远期结售汇业务有关外汇管理问题的通知》（汇发〔2018〕3号）允许远期差额交割，即宣告境内人民币NDF（无本金交割远期）市场成立。欧式期权在推出初期仅允许买入期权和对买入期权进行反向平仓，不得卖出期权，且将银行期权交易的Delta头寸纳入结售汇综合头寸统一管理；2011年12月，国家外汇管理局推出人民币对外币的看涨和看跌风险逆转期权组合业务，允许银行同时买入和卖出相同币种、相同期限、等额合约本金的人民币对外币欧式期权组合，帮助期权购买者将潜在最大损失封顶；2014年人民币汇率告别单边升值、双向波动加剧，国家外汇管理局于2014年6月发布《国家外汇管理局关于印发银行对客户办理人民币与外汇衍生产品业务管理规定》（汇发〔2014〕34号），允许银行为客户办理卖出期权业务；2022年5月，国家外汇管理局新增美式和亚式两个期权品种，其在行权日和结算价取值方面同欧式期权存在差异，进一步丰富了汇率风险管理产品。考虑到实需交易原则，目前境内还没有建立外汇期货交易市场。

相比境内外汇市场，离岸人民币市场不仅实现了汇率自由浮动和可自由兑换，衍生品种类也更加丰富。除上述在岸衍生品以外，离岸市场还可交易人民币期货、无本金交割期权（NDO）、无本金交割掉期（NDS）、可交易的人民币指数等。离岸市场上最先出现的衍生品品种为人民币NDF（无本金交割远期），1996年新加坡、中国香港等地已形成区域性人民币NDF市场，2002年到2009年间离岸人民币NDF日均成交量最高达到100亿美元，离岸NDF市场成交价格曾对境内美元兑人民币汇率的定价起到一定的扰动作用。直到2009年人民银行发布《跨境贸易人民币结算试点管理办法》（〔2009〕第10号），中国香港离岸人民币市场（CNH市场）迎来快速发展，离岸NDF市场的重要性逐渐下降。离岸人民币市场另一个区别于在岸市场的衍生品种是人民币期货。早在2006年8月，芝加哥商品交易所（CME）便率先推出了以在岸人民币（CNY）为标的，人民币兑美元、欧元和日元的期货合约；2012年9月港交所推出人民币期货交易；2013年2月芝加哥商品交易所正式开始交易可交割的离岸人民币期货；2014年10月，新加坡证交所也正式推出人民币期货合约。外汇期货因为其场内、标准化合约的特征，受到企业和个人投资者的青睐。

从外汇市场参与者来看，除政府监管机构、行业协会（外汇交易中心）、境内银行和财务公司以外，券商等非银金融机构（国泰君安证券、嘉实基金、中信证券、华泰证券、招商证券、中信建投证券、东方证券），非银金融企业（华为）以及境外银行和类央行机构、国际组织等业已加入银行间外汇市场。目前外资增持人民币资产的主要通道——CIBM（直接进入银行间债券市场）、QFII&RQFII、沪深港通和债券通——均可直接或间接利用境内外市场进行汇率套保。具体来说，CIBM（直接进入银行间债券市场）通道下境外机构投资者可以通过主经纪业务，或是申请成为银行间外汇市场会员，或是通过代客的方式开展外汇衍生品交易；QFII&RQFII通道下投资者可遵循实需交易原则，通过托管人或境内金融机构办理外汇衍生品业务；沪深港通下投资者通过中国香港人民币清算行和参加行开展基于实需交易的外汇风险对冲业务；债券通投资者通过中国香港结算行在离岸市场进行换汇和风险对冲，由此产生的汇率敞口可在离岸或在岸市场进行平盘。基于实需原则，外汇衍生品参与者多以汇率风险管理为目的，或是通过外汇掉期调节本外币流动性，相较海外外汇市场而言，以"套利"和"投机"为目的的交易者较少。

银行间外汇市场采取会员准入制。2020年外汇交易中心发布《银行间外汇市场入市及服务指引》，对于经国家外汇管理局批准取得即期结售汇业务资格的境内银行、非银金融机构（包括财务公司、办理资金池业务的非银金融集团）可以向交易中心申请人民币外汇即期会员资格；对于符合条件的非金融企业（包括办理资金池业务的企业集团），可向交易中心提出申请，经初审合格后提交外汇管理局备案；对于具备即期会员资格，且取得相关金融监管部门批准的衍生品业务资格的金融机构，可根据业务需要单独或一并申请银行间外汇衍生品会员。截至2022年8月底，银行间外汇即期、外汇远期、外汇掉期、货币掉期和外汇期权会员分别有757家、276家、272家、223家和161家。

从外汇市场成交量来看，根据国家外汇管理局的统计，银行间外汇市场总成交额自2015年的1.5万亿美元/月增长到2022年的3万亿美元/月，成交额翻了一番。其中即期成交额规模始终维持在8万亿美元/月到10万亿美元/月，掉期成交额从2015年的6000亿美元/月增长到2022年的1.8万亿美元/月，远期和期权成交额在2021年政策当局反复强调和宣贯"汇率风险中性"理念后出现显著增长。

区分银行间市场和代客市场，我们考察2022年上半年成交量数据后发现，外汇掉期的主要参与者是境内银行。期限以3个月以内的短期限为主（占比92%），其中用于调整外币流动性的隔夜和次日合约占多数；3个月至1年期的掉期（占比7%）主要用于自营交易和代客远掉期结售汇头寸平盘；而长于1年期的合约则非常少。境外机构也会使用掉期在买卖人民币股债资产时滚动对冲汇率风险。代客市场2022年上半年即期和外汇衍生品交易总额分别为21738亿美元和8453亿美元，其中远期、期权和掉期占外汇衍生品成交量的比重分别为62%、27%和10%，期限3个月以内和3个月到1年各占半数。境内外汇代客交易市场最常用的衍生品仍是外汇远期，而银行进行客盘远期平仓时，会将其拆成即期与掉期分别进行平仓，这进一步推升了银行间市场外汇掉期成交量。

从人民币汇率弹性来看，人民币双向波动后汇率弹性出现了显著提升。人民币相对美元双边汇率的年化波动率从2013年的1.0%提高到2022年的4.9%，除2021年全球汇市普遍低波动以外，其余年份人民币汇率的弹性基本上稳步提升。2022年英镑、欧元、日元相对美元年化波动率分别为9.1%、9.5%、10.3%；与之相比，人民币汇率弹性还有较大的上升空间。

表1-2 境内银行间外汇市场衍生产品种类和推出时间

推出时间	人民币衍生品
2005 年 8 月 15 日	人民币远期（全额交割）
2006 年 4 月 24 日	人民币外汇掉期
2007 年 8 月 17 日	人民币货币掉期
2011 年 4 月 1 日	人民币欧式期权（仅买入）
2011 年 12 月 1 日	人民币风险逆转期权
2014 年 6 月 25 日	人民币欧式期权（可卖出）
2018 年 2 月 13 日	人民币 NDF（远期差额交割）
2022 年 5 月 20 日	人民币美式、亚式期权

资料来源：兴业研究。

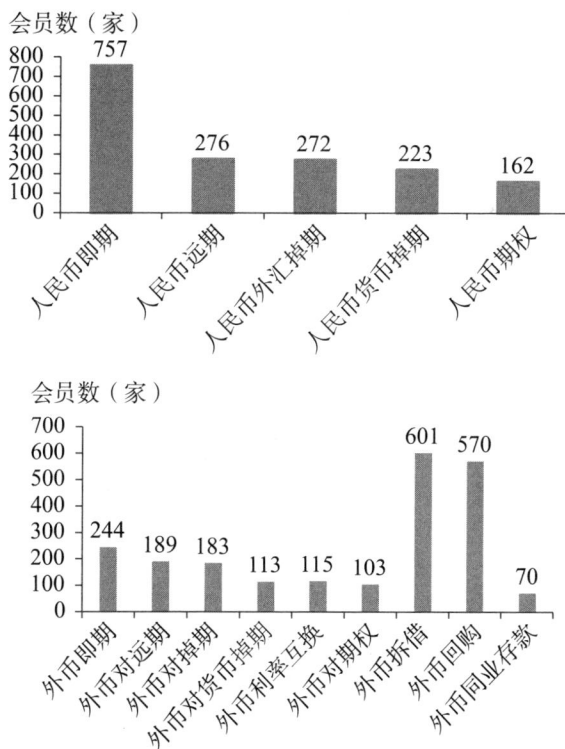

图1-2 境内银行间外汇市场会员和做市商

注：数据截至 2022 年 8 月底。

资料来源：外汇交易中心，兴业研究。

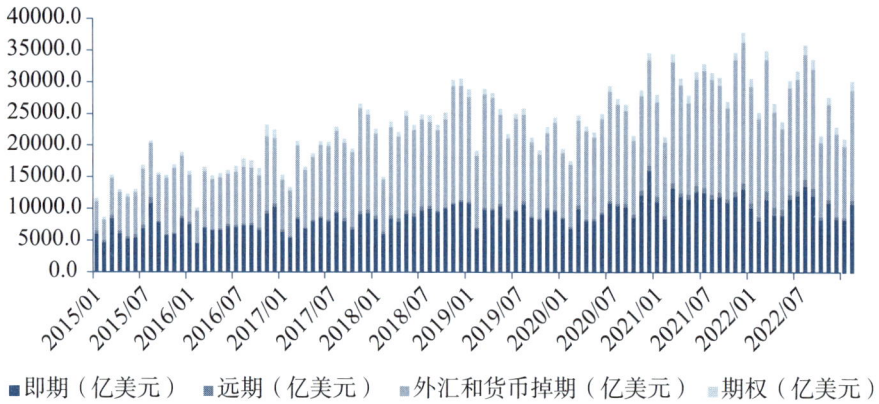

■即期（亿美元）　■远期（亿美元）　■外汇和货币掉期（亿美元）　■期权（亿美元）

银行间外汇市场成交额（亿美元）	2018 年	2019 年	2020 年	2021 年
总成交额	290711	291196	299873	368676
即期	110647	113561	119958	142223
远期	5419	3806	5643	9309
外汇和货币掉期	166171	165329	165860	204763
期权	8474	8500	8412	12381

图1-3　境内银行间外汇市场交易额

资料来源：Wind，兴业研究。

外汇市场交易额：亿美元

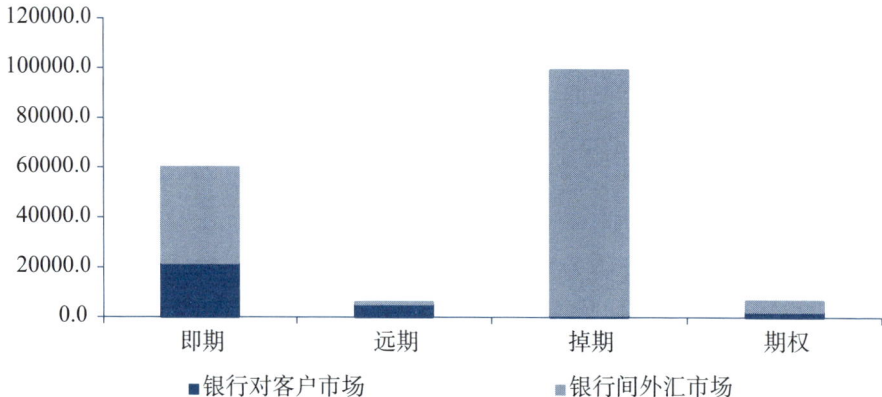

■银行对客户市场　　　　　■银行间外汇市场

图1-4　2022年上半年细分外汇市场交易额

衍生品种类	细分市场	交易量占比		
		3个月以内	3个月到1年	1年以上
远期	代客	49%	43%	8%
	银行间	65%	25%	10%
掉期	银行间	92%	7%	1%
期权	代客	54%	39%	7%
	银行间	54%	46%	0%

图1-4 （续图）

资料来源：Wind，兴业研究。

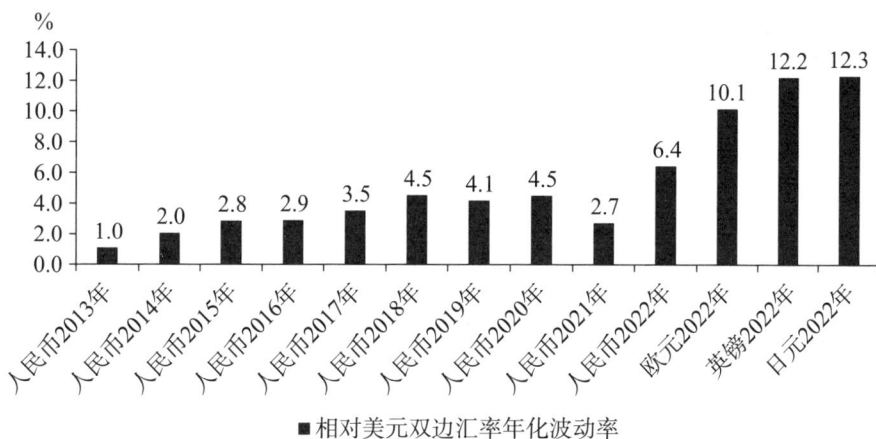

图1-5 人民币汇率弹性及对比

资料来源：外汇交易中心，兴业研究。

1.3 与成熟外汇市场的对比

国际清算银行（BIS）每三年会发布一份《外汇及场外衍生品交易市场调查》［Triennial Central Bank Survey of Foreign Exchange and Over-the-counter (OTC) Derivatives Markets］，最新一篇报告发布于2022年10月，其中收集了2022年4月外汇OTC市场日均成交量数据，借助该数据我们可以对比人民币市场与成熟外汇市场之间的差距。

市场参与者方面，成熟外汇市场的参与主体更为多样，例如本地企业直接参与外汇衍生产品的套保和投资，以套利、投机为目的的境外机构和个人直接参与外汇OTC交易等。2022年数据显示，做市商、其他金融机构、非金融企业和个人参与人民币（包括在岸和离岸市场）场外外汇交易的比重分别为44%、49%、7%；而在外汇衍生品中，非金融主体参与的外汇成交量比重从7%降到5%；倘若不考虑远期，非金融主体参与的外汇掉期、货币掉期和外汇期权的比重仅3%。

进一步区分本土和跨境机构，我们以衍生品成交量最大的外汇掉期交易为例，2022年参与人民币掉期交易的主体中，本地做市商、跨境做市商、本地其他金融机构、跨境其他金融机构、本地非金融主体、跨境非金融主体占比分别为21%、28%、23%、25%、1%、1%，G4货币和澳元、加元上述机构交易量占比平均在17%、36%、15%、28%、2%、1%。对比而言，人民币掉期交易中，本地做市商、本地银行等金融机构的交易量占比显著高于主流发达市场货币，而跨境做市商、跨境金融机构、本地非金融企业以及跨境非金融机构的占比偏低。未来随着人民币汇率市场化以及资本金融账户进一步开放，非金融企业以及跨境机构参与度有望提升。

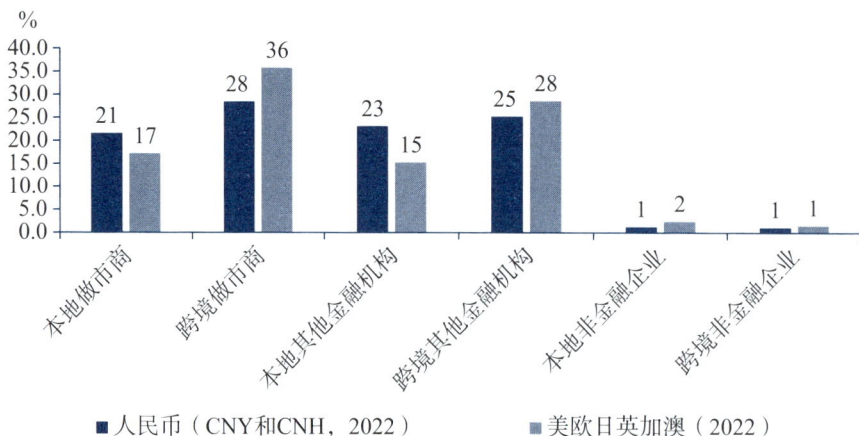

图1-6 各类主体外汇OTC交易量对比

资料来源：BIS，兴业研究。

成交量方面，按币种划分，2022年4月人民币（包括在岸和离岸市场）

场外外汇日均成交量为5262亿美元，相较2019年增长85%；2022年人民币成交量占外汇市场总成交量的比重为3.5%，相较2019年的2.2%显著增加；2022年人民币成交量超越澳元、加元和瑞郎排名第5位，仅次于美元、欧元、日元和英镑，在2019年人民币仅排名第8位。近年来人民币外汇衍生品市场经历了快速发展时期，2022年成交量相较2010年增长了15倍。与G4货币的差距也在缩小，2022年4月美元、欧元、日元、英镑日均成交量分别为66388亿美元、22924亿美元、12532亿美元、9681亿美元。从交易品种上看，2022年最新数据显示，人民币OTC交易中即期、远期、外汇掉期、货币掉期、期权占比为33%、12%、44%、0.5%、10%。与国际主流货币相比，除货币掉期占比略低外（G4货币和加元货币掉期占比在1～2%，澳元货币掉期占比达5%），其余衍生品交易比例基本一致。

按区域划分，2022年4月中国内地外汇OTC日均成交额为1527亿美元，相较2019年4月增长12%；为全球第10大外汇交易中心，2019年和2016年分别排名第8和第13位。全球外汇交易活跃的地区包括英国、美国、新加坡、中国香港、日本、瑞士、法国、德国和加拿大。2016到2022年间境内外汇掉期成交量占比逐年增加，挤占了即期外汇交易。2022年中国内地即期、远期、外汇掉期、货币掉期和期权占比分别为29%、5%、61%、0.1%和5%，相较国际主要外汇交易中心，远期和货币掉期合约占比较低。

场外外汇成交额：亿美元

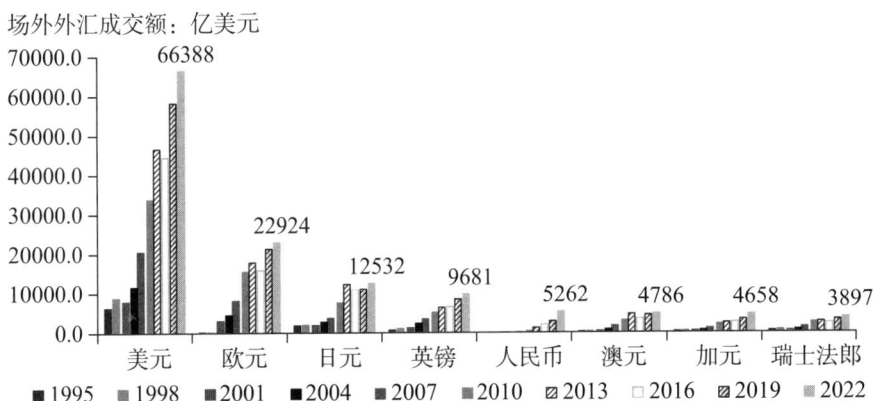

图1-7 按币种划分外汇OTC成交量

资料来源：BIS，兴业研究。

从流动性来看，人民币外汇衍生品市场的流动性尚不及主要发达经济体货币市场。我们对比外汇掉期买卖价差（ask–bid spread）后发现，2021年8月至2022年8月期间美元兑人民币1年期掉期买卖价差均值在7.4pips附近，而欧元、日元、英镑、澳元和加元相对美元1年期掉期买卖价差均值分别在2.0pips、1.8pips、2.4pips、2.0pips和3.1pips。外汇市场流动性的增加需要外汇市场深度增加（交易量增加）以及参与者类型多样化（降低羊群效应）。

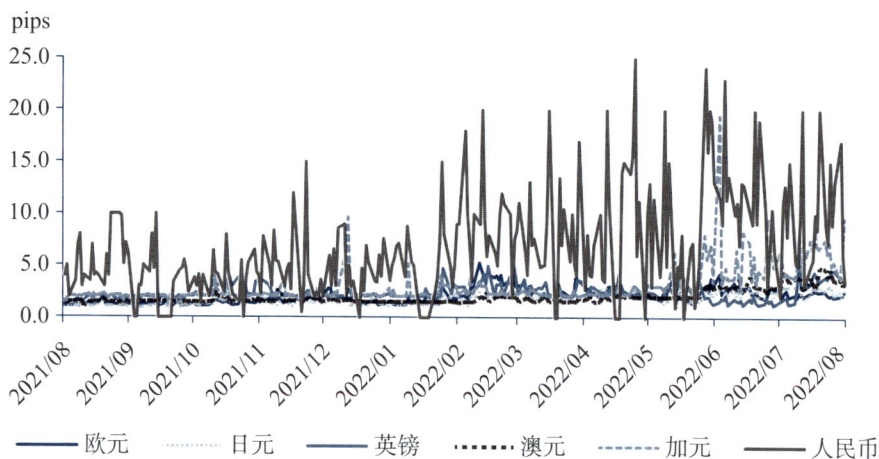

图1-8　1Y外汇掉期买卖价差对比

资料来源：Bloomberg，兴业研究。

1.4　人民币外汇发展：市场化与国际化

基于前文对人民币外汇市场发展现状的梳理，以及与成熟外汇市场的对比，未来我国外汇市场改革可能从如下方面展开。

第一，放松外汇管理，提高人民币汇率市场化程度。在多轮汇率制度改革的推动下，人民币相对美元年化波动率不断提升，人民币汇率距离"自由浮动"越来越近。

为最终实现自由浮动：

一是减少对中间价的逆周期调节，使前日收盘价在中间价定价机制中占据更大比重，扩大日内成交价较相中间价的波动区间，最终达到取消中间价的目的。

二是逐渐减少对即期和掉期市场的数量型干预，减少对结售汇行为施加的逆周期限制，更多采用价格型工具（例如外汇存款准备金率等）调节汇率预期。此外借鉴海外经验，也可以采取对跨境资金流或是投资收益征收托宾税的方法抑制跨境"热钱"。长期来看外汇逆周期调节工具作为"风险防线"而非"首要选择"，仅在国际收支出现较严重失衡并可能形成跨市场风险时出现。

三是有序放松实需交易原则。对于境内企业而言，汇兑和衍生品套保始终遵循实需交易原则，即基于真实、合规的贸易或投融资背景进行外汇买卖。实需交易原则有效防范了套利行为和杠杆交易，但也产生了不便之处，包括有时会强化人民币汇率的单边预期、制约境内外汇市场的活跃度等。未来可采取先场外后场内、先即期后衍生品、先试点后全国推广的方式，适时、有序地放松实需交易原则。

第二，扩大市场准入，拓展境内外汇市场深度广度。从深度（产品丰富度）和广度（参与者类别）来看，境内银行间外汇市场同离岸人民币市场、国际上成熟的外汇市场相比仍有一定的差距。

深度方面，一是在境内发展人民币期货、场内期权和可交易的人民币指数等产品；二是考虑到"一带一路"贸易和投融资需求，适时推出"一带一路"沿线货币的ETF产品，并允许全额和差额交割；三是尝试建立个人投资者参与外汇市场投资的通道，目前通过商业银行，个人投资者可以尝试无杠杆的即期外汇买卖，未来对于高净值、拥有丰富投资经验的个人投资者，其投资范围可适时放宽到外汇期货、外汇期权等衍生品。

发展可交易的人民币指数可以借鉴境外经验。香港交易所和汤森路透于2016年6月共同推出可交易的人民币货币指数（RXY指数）。根据篮子货币的选择以及基准货币的锚定，RXY指数分为一只主要指数（离岸人民币兑一篮子6种货币的表现）和四只衍生指数（在岸/离岸人民币兑一篮子14种货币/24种货币的表现）。RXY指数与中国人民银行编制的CFETS人民币指数走势高度相关，而RXY指数按照小时公布相关数值，为市场参与者提供了流动性更好、透明度更高的参考指标。RXY指数作为公开、可交易的人民币指数，也可为期货、期权及ETF等金融工具提供参考基准。美元指数（DXY）作为可交易的品种，对于全球金融市场各类资产定价产生重要影响。随着人民币区域货币特征逐渐显现，推出可交易的RXY指数，也有助于各类主体对冲汇率风险。

广度方面，目前境内银行间外汇市场参与者以银行类金融机构和企业财务公司为主，兼有境外政府类机构和金融机构，参与者的同质性相对较高。未来建议增加境内实体企业、非银金融机构、海外更多非银金融机构和企业、境内外高净值个人投资者等直接参与外汇市场交易，促进实需盘、资金盘、套利盘、投机盘相互均衡和需求匹配。引进差异化的参与者有助于提高银行间外汇市场的综合服务能力。举例来说，不同于商业银行主要提供固收和信贷类产品代客FICC业务，券商则侧重提供股权类投资品配套的代客FICC业务。

第三，挖掘跨境需求，助力离岸人民币发展和壮大。一方面，调动银行等金融机构在人民币国际化上的积极性和灵活度，鼓励银行、保险和证券公司更多在离岸参股或设立分支机构，帮助境内企业在跨境贸易和投融资中更多使用人民币进行跨境支付结算，由境内银行的离岸分支机构开发并运行跨境人民币结算系统，推动人民币在离岸的循环；此外为金融机构发展离岸金融提供便利化，包括逐渐扩大境内银行对离岸分支机构的人民币融资额度，鼓励金融机构深入参与离岸金融市场，学习并借鉴海外金融同业的业务经验等。

另一方面，挖掘人民币国际化的应用场景，例如与更多经济体签署官方货币互换协议，在基础设施等优势领域的对外投融资中更多使用人民币支付结算，与"一带一路"经济体探讨大宗商品贸易人民币计价的可行性方案，以自贸区金融和跨境园区金融为载体，创设人民币跨境使用的新场景等。此外进一步完善跨境人民币支付系统（CIPS）及多边央行数字货币桥（m–CBDC Bridge），提高人民币跨境支付、结算和清算的效率和便利度也是重中之重。

表1-3　人民币市场化改革方向

方向	领域	中期目标	长期目标
促进汇率市场化运行	定价机制市场化	减少对中间价的逆周期调节，扩大日内成交价相对中间价波动区间	取消中间价，促进CNY和CNH并轨
	外汇调节松绑	减少数量型干预，减少对结售汇行为施加的逆周期限制，更多采用价格型调节工具，探索跨境资金"托宾税"	取消常态化逆周期调节，仅在"非常时刻"使用逆周期工具
	放松实需交易	先即期再远期后掉期、先场外后场内、先试点再全面	取消实需交易原则
完善人民币汇率市场建设	创设和丰富产品	1. 推出境内人民币外汇期货； 2. 推出场内期权和其他奇异期权； 3. 推出"一带一路"货币ETF； 4. 推出可交易的人民币汇率指数	个人外汇买卖拓展至期货和期权
	增加参与者	1. 引进境内实体企业； 2. 引进境内非银金融机构； 3. 引进境外非银机构和企业	引进高净值个人投资者
发展离岸人民币市场	激发金融机构积极性和灵活度	1. 鼓励参股和设立海外分支机构； 2. 推动跨境人民币支付结算并提供相应服务； 3. 扩大境内银行对境外分支机构的人民币融资额度； 4. 鼓励金融机构深入参与海外金融市场，学习同业经验	
	挖掘离岸人民币应用场景	1. 签署更多官方货币互换协议； 2. 推动人民币成为对外基础设施投融资的优先货币； 3. 探讨人民币更多应用在"一带一路"大宗商品贸易定价； 4. 以自贸区金融、跨境园区金融为载体创新人民币跨境使用场景； 5. 完善CIPS和数字货币桥，提高跨境清算和结算效率	

资料来源：兴业研究。

1.5　人民币外汇期货市场建设畅想

人民币外汇期货是境内外汇市场中唯一"缺位"的主流外汇衍生品。2021年7月中共中央、国务院发布的《关于支持浦东新区高水平改革开放打造社会主义现代化建设引领区的意见》中提出"研究探索在中国外汇交易中心等开展人民币外汇期货交易试点"。本章节我们探讨境内外汇市场发展人民币期货的必要性、经验借鉴和可行方案。

BIS的数据显示，2019年全球OTC外汇衍生品日均成交量超过4.6万亿美元，其中外汇掉期占比近70%；外汇期货日均成交量约1270亿美元，仅略高于货币掉期。尽管外汇期货成交规模远不及外汇掉期等场外外汇衍生品，但作为标准化场内合约，外汇期货不仅能够发挥价格发现功能，提高外汇市场化运行的效率，还能够帮助小型非金融企业和居民更灵活地管理汇率波动风险。具体来说：

第一，与场外产品相比，期货使用标准化合约，因而其流动性更好、定价效率更高且交易成本更低。场外产品以远期为例，不同合约需要交易双方就价格、期限、数量等细节进行个性化商定；期货则提供标准化合约，交易方可根据自己的需求进行选择和组合。这就使得期货具有更好的流动性和定价效率，通常可以作为其他相关衍生品定价的重要基础。另外，与场外外汇衍生品相比，外汇期货交易成本低、使用门槛低，可以满足企业小至十万美元[①]的避险需求。外汇期货一般实行匿名撮合交易，价格透明，所有市场参与者地位平等，中小企业不受规模歧视。

第二，期货主要采用中央对手方清算制度（Central Counterparties，CCPs），信用风险和市场风险更可控。交易所通常设有专业的期货清算机构（Clearing House）来负责交易的保证金管理、统一结算和风险控制。其中值得一提的是，清算机构担保交易履约的职能[②]可以有效降低交易对手风险。2008年场外衍生品大量违约助推金融海啸，因而危机后全球监管也逐步将CCPs引入场外衍生品交易。目前境内的场外外汇衍生品中，人民币远期、人民币外汇掉期、人民币期权既可集中清算，也可双边清算，而人民币货币掉期（Cross Currency Swap，CCS）则不可集中清算。

第三，从市场参与者来看，外汇期货的推出有助于交易主体多样化，也意味着实需原则的部分放松。根据国际经验，鲜有经济体仅对商业银行及外贸企业开放外汇期货市场，个人投资者和非银金融机构都是重要且活跃的期

---

① 标准合约一般是10万美元，如果推出微型合约则金额可以进一步降低至1万美元。

② 担保交易履约指的是清算机构成为所有期货交易的对手方，避免交易因某一方违约而无法履行，从而大大降低了交易中的信用风险。

货市场参与者。且客观来讲，期货通常采用标准化合约，匿名撮合的交易方式难以做到逐笔审核背后的"实需"。

第四，人民币外汇期货的推出有利于汇率市场化改革继续推进，与人民币国际化相结合，有助于提升人民币国际货币地位。一方面，期货作为一种高流动性的衍生品，价格发现是其重要功能；另一方面，期货建仓和平仓操作更加便捷，有利于跨境资金灵活调整风险敞口。更长远来看，除双边人民币汇率期货外，还可进一步推出人民币汇率指数期货，提升人民币在国际贸易中的使用程度，以及在全球外汇市场中的交易份额。

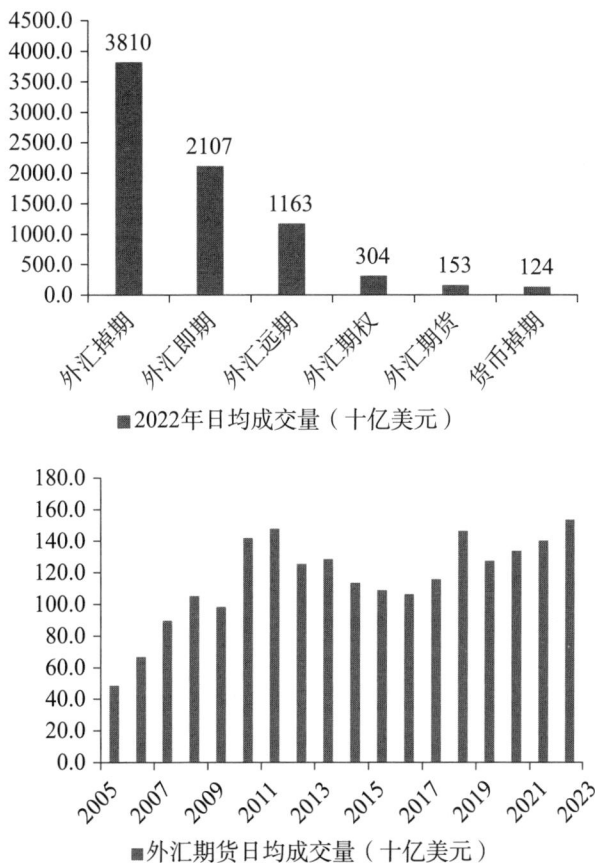

图1-9　全球外汇即期及衍生品成交量

资料来源：BIS，兴业研究。

目前人民币外汇期货在离岸市场的发展更为成熟。1992年境内曾短暂地在上海外汇调剂中心试点人民币外汇期货交易,主要包括人民币兑美元、英镑、马克、日元和港币等,1996年被人民银行废止后就此沉寂。彼时人民币期货业务的"夭折"有其无法跨越的障碍:"官方汇率+外汇调节汇率"的双轨制度下,官方汇率价格僵化、波动有限,外汇避险的需求不足,投机需求反占上风;外汇现货交易受到严格限制,使得利用期货进行套保操作的有效性大大削弱;监管注重事前审批,但交易中和交易后的监管手段并不充足;1995年国债期货"327事件"[①]爆发,令监管部门对期货市场"投鼠忌器"。

离岸方面,新加坡交易所、香港交易所、台湾期货交易所、芝加哥商品交易所、ICE新加坡期货交易所、迪拜黄金与商品交易所、巴西商品期货交易所、南非约翰内斯堡证券交易所、莫斯科交易所、韩国证券交易所均有活跃的人民币期货合约流通。

从交易品种来看,美元兑人民币合约交易最为活跃,其中以离岸人民币(CNH)为标的的期货占绝对多数,以在岸人民币(CNY)为标的的期货交易量较少。以港交所为例,以人民币计价和交易的美元兑离岸人民币(USDCNH)期货交易量一骑绝尘,而人民币兑美元(CNHUSD)[②]和其他G7货币的合约交易量几乎可以忽略不计。此外港交所和新交所人民币期货的品

---

① "327事件"的背景是,1994年起财政部对因国内高通胀而发行困难的3年期以上国债实行保值贴补,至1995年2月保值贴补率已超10%,而保值贴补率的不确定性使得国债期货投机交易空前高涨。1995年国内通胀率经调控回落到2.5%附近,部分交易者预期保值贴补率达到拐点从而做空国债期货,多空双方的交锋集中于"327国债"(即1992年发行、1995年6月到期的3年期国债)。1995年2月23日,财政部发布公告上调327国债利率,国债期货空头为避免亏损在收盘前最后8分钟未追加足额保证金的情况下"违规"卖出巨额国债期货,造成期货价格剧烈波动、多头爆仓、空头亏转盈。当天晚间上交所公布最后8分钟的做空交易无效;1995年5月17日,中国证监会发布《关于暂停中国范围内国债期货交易试点的紧急通知》。

② USDCNH与CNHUSD相比,前者以人民币计价、交易,而后者则是以美元计价、交易。

种较为多样，巴西、南非、韩国和俄罗斯等地交易所则主要出于对自身汇率套保需求的考量而着力打造本币兑人民币的外汇期货。

从成交量来看，新交所和港交所是当仁不让的"领头羊"，二者人民币期货成交量占离岸市场总量的95%以上。比较两个交易所，新加坡交易所人民币期货交易更为活跃、持仓量更大。以"成交量/持仓量"衡量交易的投机性，2021年前新交所更强，但2021年后港交所实现反超。交易时间上，新交所交易时间更长，可以更好地覆盖欧美时间；交割方式上，新交所采用现金交割更便于交易，港交所采用实物交割则更侧重于避险对冲；更重要的是新交所在仓位限制上更宽松，设置了更低的初始保证金从而能够容纳更高的杠杆率。

表1–4　境外主要交易所的人民币汇率期货产品

交易所	人民币期货相关产品
芝加哥商品交易所	USDCNH、Micro USDCNH
巴西商品期货交易所	BRLCNY
香港交易所	USDCNH、EURCNH、JPYCNH、AUDCNH、CNHUSD
南非约翰内斯堡证券交易所	CNHZAR
新加坡交易所	CNYUSD, CNYSGD, USDCNH, EURCNH, SGDCNH
莫斯科交易所	CNYRUB
台湾期货交易所	USDCNH、Micro USDCNH
韩国证券交易所	CNHKRW
迪拜黄金与商品交易所	CNHUSD
ICE新加坡期货交易所	Micro USDCNH、Micro CNYUSD

注：

1. CNY= 在岸人民币；CNH= 离岸人民币；USD= 美元；EUR= 欧元；BRL= 巴西雷亚尔；ZAR= 南非兰特；RUB= 俄罗斯卢布；KRW= 韩元。

2. Micro 合约规模一般为 1 万美元。

3. 巴西和莫斯科交易所人民币期货合约虽然标示为 CNY，但仍然是基于离岸人民币。

资料来源：李佳（2017），Bloomberg，CME，SGX，兴业研究。

表1-5　新交所与港交所对比

	新加坡交易所（SGX）	香港证券交易所（HKEX）
人民币相关期货品种	USD/CNH,CNY/USD,SGD/CNH, CNY/SGD, EUR/CNH	USD/CNH,EUR/CNH,JPY/ CNH,AUD/CNH,CNH/USD
最活跃品种	USD/CNH	USD/CNH
合约规模；计价货币	10万美元；人民币	10万美元；人民币
交易时间	日盘：7:10 am–6:00 pm 夜盘：6:05 pm– 次日 5:15 am	日盘：8:30 am–4:30 pm 夜盘：5:15 pm– 次日 3:00 am
交割方式	以人民币进行现金交割	实物交割
交易限制	无限制，持有多/空净头寸在 5000 手以上需提供持仓性质、交易策略、对冲等信息	仓位上限 8000 手（含期货和期权）
初始保证金（元）	13200	17196

注：

1. 表格中对期货合约的特征比较主要是针对 USD/CNH 品种。

2. 现金交割相当于银行间市场的差额结算。实物交割相当于银行间市场到期进行直接汇兑结算。具体而言，实物交割下以做空美元兑人民币期货为例，到期空头支付美元获得人民币。

3. 初始保证金会随时间变化，表中所列为 2022 年 10 月 7 日两大交易所公布的数据。

资料来源：SGX，HKEX，兴业研究。

人民币期货日均成交量：合约数

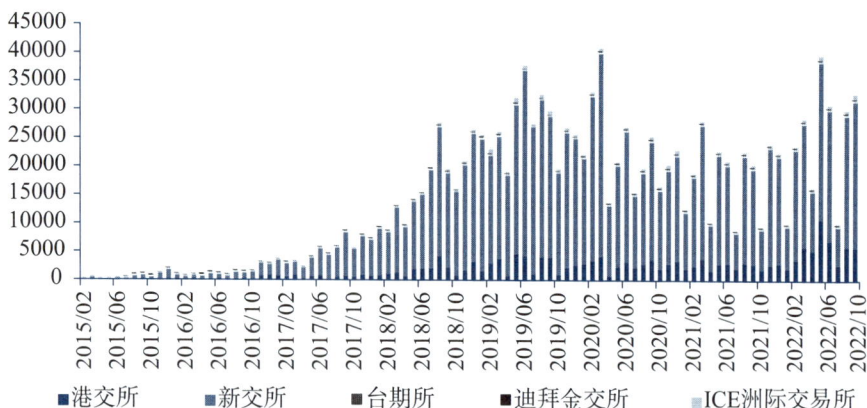

图 1-10　离岸市场人民币期货成交量

注：统计的是成交量最大的 USD/CNH 期货成交量。

资料来源：Bloomberg，兴业研究。

合约数

——— 成交量：中国香港　- - - - 成交量：新加坡

合约数

——— 持仓量：中国香港　- - - - 持仓量：新加坡

——— 成交量/持仓量：中国香港

- - - - 成交量/持仓量：新加坡

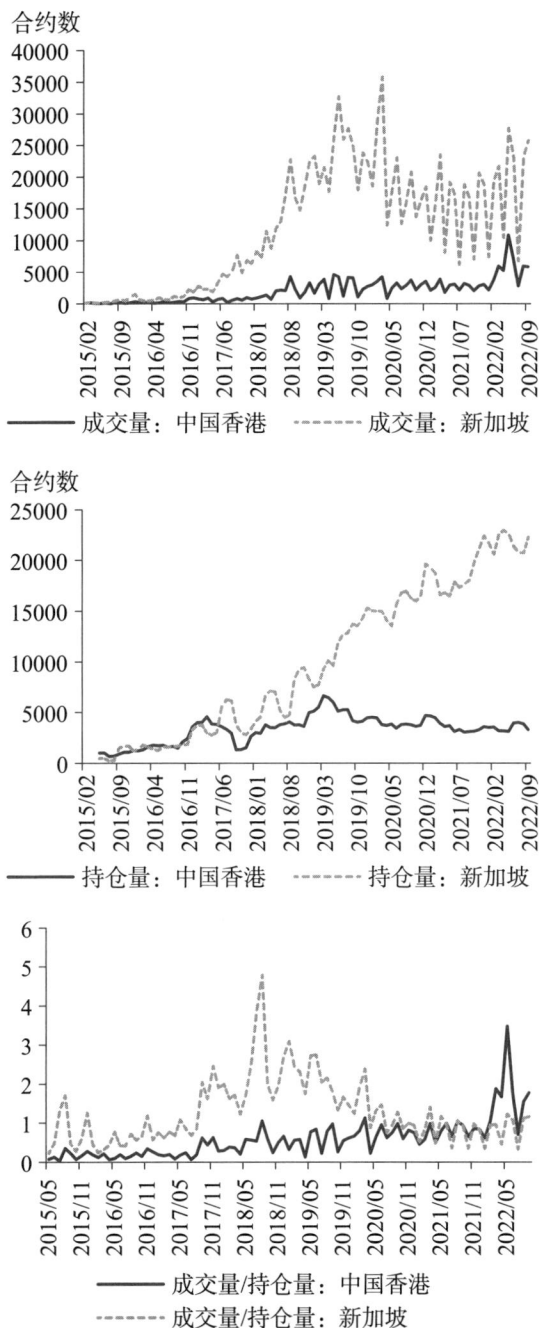

图1-11　新交所（SGX）与港交所（HKEX）USDCNH期货交易比较

注：新交所和港交所1手标准合约的金额都为10万美元。

资料来源：Bloomberg，兴业研究。

接下来，我们参考金砖五国其余四国——巴西、俄罗斯、印度和南非，以及韩国发展外汇期货的经验，尝试解答如下问题：一是汇率市场化改革、资本账户开放和推出外汇期货孰先孰后；二是外汇期货的推出是否会加剧汇率波动，甚至导致市场失控；三是实需原则是否与外汇期货无法并存。最后针对境内发展人民币期货提出建议。

国际经验的第一个有益发现是，汇率市场化和资本账户开放并非引入外汇期货的前提条件，可以同步推进。外汇期货市场建设可以配合汇率制度改革：苏联解体伊始，"休克疗法"下俄罗斯于1992年7月取消固定汇率、实施"国内可兑换"——只要不涉及跨境资本流动，卢布可以自由兑换为外币；1992年10月莫斯科商品交易所推出美元兑卢布期货，以供市场对冲本币贬值对国内消费品进口的冲击。恶性通货膨胀迫使巴西放弃盯住美元汇率制度，并于1990年推出美元兑雷亚尔期货，以平抑汇率过度波动。韩国则在1997年亚洲金融危机后，接受IMF援助并应允推进汇率自由化改革，后于1999年初推出美元兑韩元外汇期货。印度在汇率机制向自由浮动转型的末期引入美元兑卢比期货。值得注意的是，以上五国均是先推出美元兑本币的期货，再完善其他交易品种。以印度为例，印度国家证券交易所2008年引入美元兑卢比期货，直到2018年2月才开启交叉货币期货交易。

从资本账户开放程度看，各国推出本币期货时的背景各异。除了韩国和南非资本开放程度相对较高外，巴西仅部分开放了证券投资市场——从Chinn和Ito编制的金融开放指数来看20世纪90年代初巴西开放程度极低；市场混乱迫使俄罗斯严格控制跨境资本流动；印度虽然在资本流入方向降低了门槛，但对跨境资本流出始终比较谨慎。可见资本账户可兑换程度偏低并非开展外汇期货的"拦路虎"。

从以上五个经济体本币汇率期货市场的发展来看，较高的经济开放程度下（以对外贸易占GDP比例来衡量），成熟的即期和场外衍生品市场能够促使外汇期货市场平稳快速发展。反例是巴西和俄罗斯，在经济相对封闭、场外衍生品缺失的情况下，两国外汇期货市场早期发展缓慢，俄罗斯卢布外汇期货定价权更是一度旁落芝商所。横向比较看，我国当前的经济开放水平、金融开放程度以及即期和场外衍生品市场发展现状足够支撑人民币外汇期货市场的发展。

表1-6　金砖经济体和韩国外汇期货推出的背景

	巴西	印度	俄罗斯	韩国	南非
外汇期货推出时间	1990 年 4 月	2008 年 8 月	1992 年 10 月（2000 年）	1999 年 4 月	2007 年 6 月
首开期货品种	雷亚尔兑美元	美元兑卢比	卢布兑美元	美元兑韩元	兰特兑美元
汇率制度（期货推出时）	盯住美元	爬行带（+/-2%）内震荡	汇率双轨制	移动区间（+/-2%）内震荡	有管理的浮动汇率
浮动汇率开始时间	1999 年	2012 年	1998 年	1997 年	1995 年
实需原则（期货推出时）	外汇期货：×场外市场缺失	外汇期货：×外汇远期：√	外汇期货：×场外市场缺失	废除所有外汇衍生品交易实需原则	外汇期货：×外汇远期：√

注：

1. 俄罗斯在 1992 年首次推出卢布期货，但 1998 年债务危机使得期货市场崩盘，直到 2000 年外汇期货市场才重启。

2. 1990 年的巴西和 1992 年的俄罗斯都在经历汇率危机，表中巴西和俄罗斯显示的是汇率危机爆发前的汇率机制。

3. 根据 IMF 年报，爬行带（crawling band）与移动区间（Moving band）汇率制度的差别在于，前者本币通常呈现单边趋势；而后者本币呈现双向波动。

4. 浮动汇率：IMF 对浮动汇率的定义比较宽泛，汇率主要由市场决定且路径无法预测，针对预料之外波动的干预是允许的，所以合理的移动区间汇率制度有时也会归为浮动汇率制。

资料来源：《中国货币市场》，Ilzetzki&Reinhart and Rogoff（2017），Bank of Korea，IMF，兴业研究。

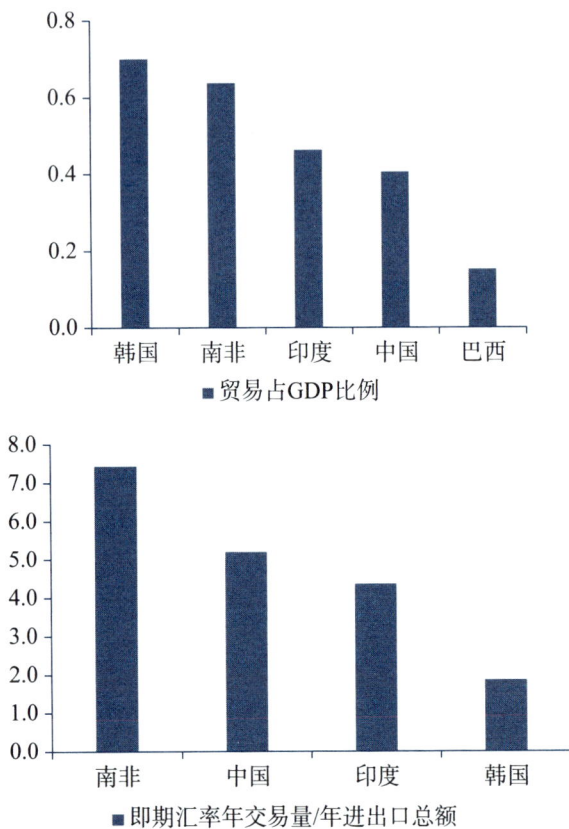

图1-12 外汇期货推出时经济开放程度、外汇市场发展情况

注：1. 俄罗斯推出期货时经历苏东剧变，经济数据的可比性较差，予以忽略。

2. BIS 即期汇率交易量的数据始于 1995 年，所以缺少俄罗斯和巴西在外汇期货推出时的数据。

3. 交易量年化时假设一年交易日为 250 天。

4. 中国为 2019 年的数据。

资料来源：World Bank，BIS，兴业研究。

表1-7 外汇期货推出时外汇市场发展概况

	场内市场与场外市场	在岸市场与离岸市场
巴西	期货先行（1990 年），场外衍生品发展相对滞后（1994 年推出合法的外汇远期交易）。以场内衍生品为主，最大的特色是场外衍生品场内化	在岸期货市场早于离岸市场

续表

	场内市场与场外市场	在岸市场与离岸市场
印度	场外衍生品先行（1993年），形成成熟的体系；场内场外市场发展较为均衡	离岸市场早于在岸市场：2007年6月迪拜黄金商品交易所率先推出美元兑卢比期货
俄罗斯	外汇期货、远期同时起步；以场内衍生品为主，场外衍生品发展滞后，2004年才正式推出外汇掉期	外汇期货定价权旁落芝商所（CME），2006年才夺回美元兑卢布期货定价权
韩国	场外衍生品先行，期货起步晚。场外衍生品交易量远大于场内	在岸期货市场早于离岸
南非	场外衍生品市场发达，期货（场内）市场起步晚	离岸市场早于在岸市场：芝商所率先推出兰特兑美元期货
中国	场外衍生品先行，形成以外汇掉期为主的较成熟的场外衍生品市场	中国香港和新加坡率先推出美元兑离岸人民币期货

资料来源：WORLD BANK，BIS，Bank of Korea，KRX，《中国货币市场》，兴业研究。

国际经验的第二个有益发现是，外汇期货的推出对即期汇率波动的影响不能一概而论。当汇率由于经济或制度的因素处于动荡中，外汇期货的适时推出有助于对冲外部风险，平滑经济与市场波动，如1992年的俄罗斯、1998年的韩国以及20世纪80年代的巴西；当经济体已经具备成熟的外汇市场和市场化的汇率制度时，外汇期货对汇率波动影响较小，如2007年的南非。彼时正处于汇率制度向自由浮动转变攻坚阶段的印度，外汇期货的引入恰逢国际金融危机，尽管加剧了卢比的波动，但基本属于可控范围。

除了波动率之外还需关注外汇期货推出后场内市场与场外市场的关系。从印度和南非的经验看，外汇期货市场的发展可能会在交易活跃度方面对场外汇率市场产生一定挤出效应[①]。2007年和2008年，南非和印度先后推出外汇期货。此后尽管全球OTC汇率产品日均交易量增速出现放缓（以美元OTC衍生品为例），但兰特和卢比场外汇率工具的交易量增速中枢下移更加显著。然而，不能单纯从量的角度看待场内和场外市场的关系，从俄罗斯和

---

① 不应忽视的是，场外衍生品在经历高速增长后必然会面临增速放缓。这一效应难以从数据进行分离。

巴西的经验来看，场内衍生品的发展壮大有助于完善场外市场的监管机制，提高其定价效率和运行质量。

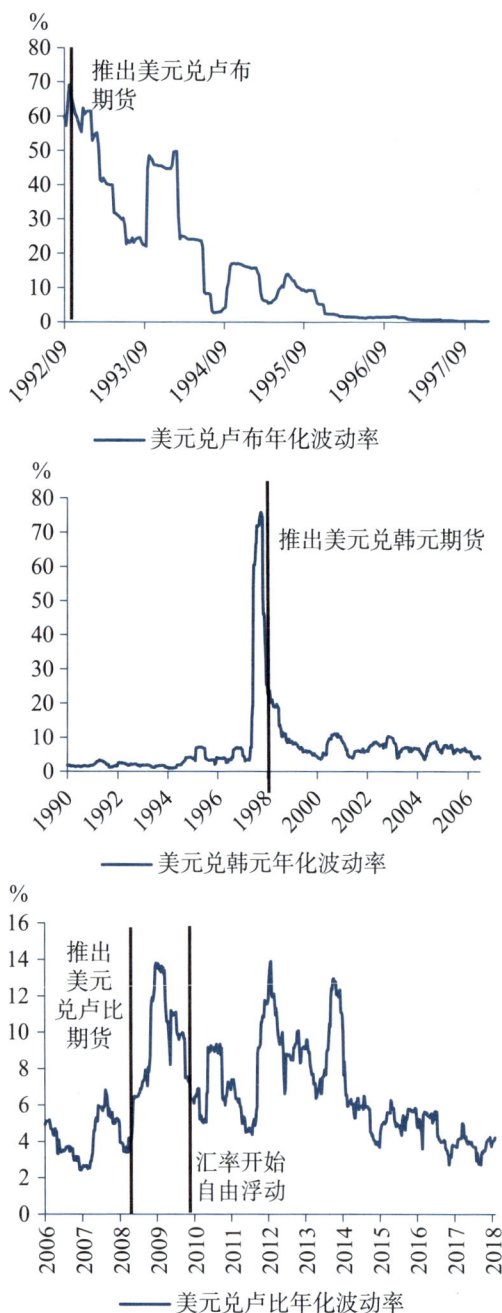

%

—— 美元兑卢布年化波动率

%

—— 美元兑韩元年化波动率

%

—— 美元兑卢比年化波动率

图1-13　俄罗斯、韩国、印度、南非外汇期货推出前后双边汇率波动率

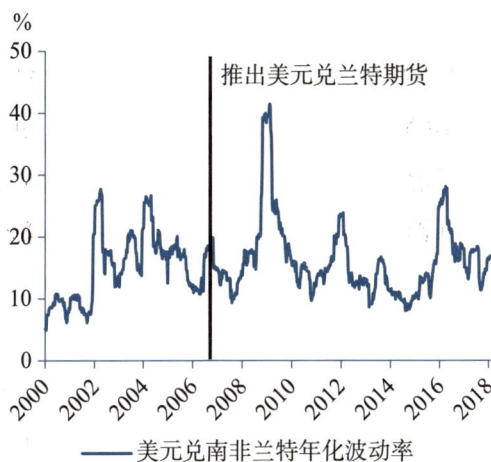

图 1-13 （续图）

注：因为巴西在 20 世纪 90 年代初多次更换币制，汇率波动极端剧烈，所以不在图中显示。

资料来源：Bloomberg，兴业研究。

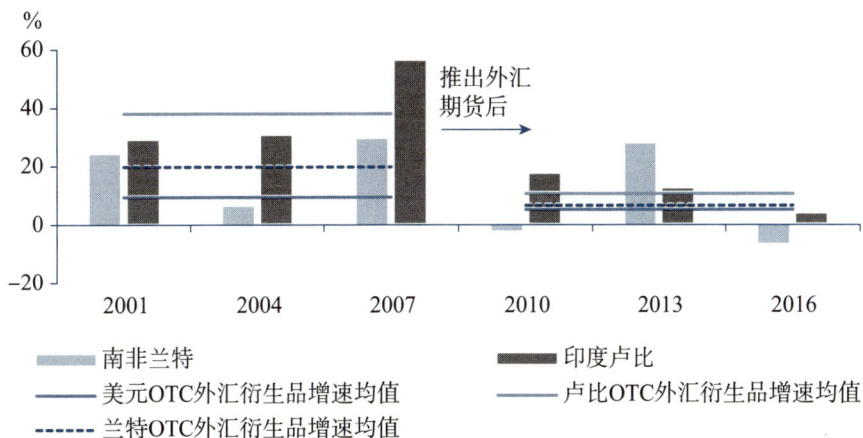

图 1-14　印度卢比和南非兰特 OTC 外汇衍生品日均成交量年增速

注：

1. 南非在 2007 年、印度在 2008 年推出汇率期货；

2. 图中柱状图计算的是过去三年日均成交量的年几何平均增速；

3. 图中横线对比的是 2001 年至 2007 年与 2010 年至 2016 年年均增速的均值水平。

资料来源：Bloomberg，兴业研究。

从国际经验出发，外汇期货与实需原则共存的关键在于根据衍生品定位实施差异化监管，以及将部分微观监管职能转移给宏观审慎。外汇期货通常采用标准化合约、匿名撮合的方式进行交易，确实难以做到逐笔审核交易背后的"实需"。从市场功能和管理目标两个角度来理解"实需原则"：功能方面，实需原则强调的是衍生品套期保值的对冲作用，却削弱了其价格发现的功能；管理目标方面，该原则是为了扼制过度投机造成市场动荡。我们认为，为保留实需原则对异常交易的监控，同时最大限度地将市场化和自由交易还给市场，监管政策可做如下变通：

一方面，根据产品特点，明确市场定位。期货等场内衍生品采取标准化合约的方式，流动性好、成本低，更加适合小额及灵活调仓的套期保值；远期、掉期等场外衍生品，能够更好地满足个性化要求，大额套保对冲能体现成本优势。在市场定位上，场内市场兼顾价格发现和对冲，场外市场则更偏重套期保值。基于此，场外和场内衍生品可实施差异化监管：

- 区别市场准入。外汇期货市场主体立足多样化，以更好地发挥定价功能，否则同质化预期容易造成价格大涨大跌；场外市场则更加专业化，根据客户大额避险需求进行定制化服务。印度和南非在外汇期货推出时允许个人和非银机构参与交易，但场外衍生品尤其是远期依然面临实需审查：印度政府一般会根据企业过往外贸规模设置远期合约总额度，超过额度需提交相关实需文件证明；南非相对更加严格，订立远期合约需要企业提供进出口合同。

- 区别交易细节。外汇期货市场方面，较小的合约规模可促进交易活跃度。与欧美不同，印度、俄罗斯和南非本币兑美元外汇期货的标准合约规模仅为1000美元；配合差异化的仓位限制，可以区分于场外市场的定位且控制市场投机力量；允许本币现金交割，适当允许投机同时避免大规模跨境资金流动。在场外市场方面，可以考虑在保证金上引入累退式的阶梯结构——初始保证金率较高，此后随交易金额增加下调边际保证金率，从而体现场外市场的"规模优势"。

另一方面，充分发挥期货市场功能，也需要监管升级——从日常化的微观管理，上升到总量式的宏观审慎调节。将外汇衍生品交易纳入个人和机构的外币敞口的综合管理，结合宏观经济和跨境资本流动等因素，合理调节额度和管控的松紧程度，例如南非境内金融服务机构在参与外汇期货市场时，受到南非联储外币投资限额的约束；印度个人与机构进入外汇期货市场也面临央行的居民外币敞口的限制。这就提出如下要求。

监管上，央行和证券监管部门要紧密合作。以印度为例，印度央行与印度证监会对外汇期货市场监管有明确的分工与合作：上市外汇期货的交易所与清算机构需获得央行与证监会同时批准。外汇期货市场运行之后，证监会对外汇期货市场的监管权仅限于交易所交易、清算与交割事务。央行则保留对包括银行与经纪商在内的参与者与中介机构的监管权力，包括随时修改参与者准入资格标准，修改参与者持仓限制和保证金水平以及确定或修改其他审慎性的限制，采取必要行动以符合公共利益、金融稳定与秩序的需要，发展与维护印度外汇市场。

商业银行发挥两个市场协调者作用，除了在场外市场发挥主体作用外，还须在外汇期货等场内市场发挥监管的职能。印度允许财务稳健的银行成为外汇期货市场的清算和交易会员；俄罗斯则直接引入银行扮演做市商的角色。银行进入场内衍生品市场意义重大，除了提供市场流动性外，还能有效协调场内和场外市场，避免出现较大的偏离。并且在监管上，有利于央行有效跟踪整个外汇衍生品市场并落实监管政策，将其纳入整个宏观审慎监督的框架。

表1–8　外汇期货推出时的准入要求

	印度	南非
外汇期货市场	印度居民（个人、企业）可参与期货市场；不允许境外投资者参与外汇期货交易	准入上无特殊限制（但境内金融服务公司，集合投资计划，退休养老基金受央行外汇监管约束）
场外衍生品市场	个人与机构均可参与（但面临额度上的约束）：一般印度企业，根据以往外贸规模设置总额度，超出则需提供文件证明；中小企业可以不提交实需证明；个人可在10万美元额度内利用远期避险	远期：进出口企业，需提供进出口合同

资料来源：Bank of India, Johannesburg Stock Exchange,《中国货币市场》，兴业研究。

表1-9　场内和场外外汇衍生品可以在交易细节上有所区别

	场内外汇衍生品	场外外汇衍生品
合约规模	以小规模合约为主	较大规模
仓位限制	有，可根据不同类型的交易者区别设置	无，根据实需
保证金设置	按合约统一设置	可以考虑阶梯保证金结构：初始保证金较高，但随着交易金额上升，边际保证金率下降
交割方式	本币现金交割＋实物交割	实物交割＋现金交割

资料来源：兴业研究。

与巴西、俄罗斯、印度、南非以及韩国推出本币外汇期货的时点相比，我国目前经济开放水平、金融开放程度以及即期和场外衍生品市场发展现状足够支撑境内人民币外汇期货市场的发展。且离岸市场上人民币期货市场已发展成熟，对于境内人民币外汇期货市场具有借鉴意义。

未来，我们建议通过"三步走"战略构建并不断完善境内人民币外汇期货市场。首先以重点的交叉汇率期货为突破口，初步建立境内外汇期货市场；其次在自由贸易区、自由贸易港等试验区率先试点人民币相对主流国际币种的外汇期货，并在时机成熟时适时推出人民币兑周边经济体货币的期货；最后放开人民币外汇期货交易，并着力打造人民币汇率指数期货产品。具体来说：

以交叉货币期货为突破，探索现行政策框架下我国外汇市场的发展方式。欧元兑美元、澳元兑美元等交叉汇率市场较为成熟，市场化程度高，流动性充足，少有行政干预，可以作为我国推进外汇期货业务的重要起点；交叉汇率期货可采用现金交割、人民币交易的方式，不涉及外币兑换、外汇交易和外币账户，与我国相关的外汇管理制度不互斥，监管协调难度低；而且，交叉货币期货可以不受银行结售汇和实需原则等制度的约束，便于引入非银金融机构、企业甚至个人等多元化主体参与期货交易并允许适当的投机。

以自由贸易区、自由贸易港和区域外汇交易为切入点，试点人民币期

货交易。利用自由贸易区、自由贸易港自由贸易账户（Free Trade Account,
FTA）的灵活性，试点推出以在岸人民币为标的，面向美元、欧元、日元、
澳元等主要货币的外汇期货。以周边贸易、直投和区域外汇交易为基础，局
部试点推出人民币兑周边经济体货币期货，以点带面完善境内外汇期货市场
建设。

　　结合汇率制度改革和金融市场开放进程，全面建设人民币期货市场；积
极推进人民币国际化，打造人民币汇率指数期货产品。随着人民币汇率机制
向自由浮动转变，实需原则和跨境资本约束将逐步放开。外汇交易中心和中
金所可考虑合作成立面向多元化主体的外汇期货交易平台，允许境外主体参
与境内外汇期货市场，把握全球人民币外汇期货定价权。待外汇期货品种
较齐备、市场运行较成熟之时，可以借鉴美元指数期货的建设经验，选取美
元、欧元、日元、英镑、韩元、港币、新加坡元等"一篮子货币"，推出人
民币指数期货产品，进一步完善人民币汇率形成机制，同时打造人民币国际
储备货币和区域货币"锚"的地位。

第二章

汇率分析框架：人民币汇率

汇率看上去只是一种货币相对另一种货币或是一篮子货币的比价，但其实浓缩了许多宏微观信息。例如两个经济体的基本面之差、货币与财政政策走向之差、实际通胀和通胀预期之差、资金流动之差、资产回报率之差等。因此汇率既包罗万象又难以捉摸，不同指标会对汇率产生相同或相反的指向性，因"市场均衡汇率"本身会筛选并排除冗余的、错误的信息，定价重要的、核心的交易逻辑。对于尚未完成自由浮动的货币，以及处在地缘政治旋涡中的经济体，外汇逆周期调节的存在、国际关系的波澜将使得实际汇率水平长期或阶段性偏离"市场均衡汇率"。

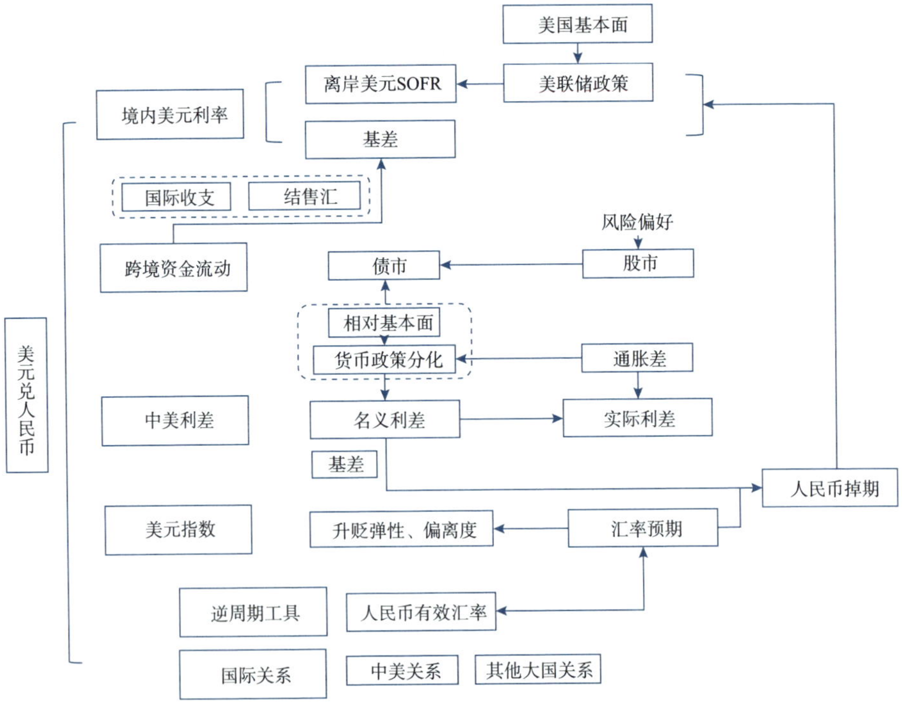

图2-1　人民币汇率分析框架

资料来源：兴业研究。

2.1　周期的魔力

宏观视角下，国内的货币信用周期，外部的美元利率汇率周期共同构筑了美元兑人民币的汇率周期。

货币信用周期

从国内的货币和信用环境我们可以获知人民币资金供给和需求的相对强弱，进而判断人民币汇率处于哪个趋势性行情中，并预判趋势性的动能何时减弱。

从逻辑上看，货币政策具备前瞻性和逆周期性，而货币政策向信用端的传导往往存在时滞，二者的错位使得货币和信用周期遵循"（紧货币＋紧信用）→（宽货币＋紧信用）→（宽货币＋宽信用）→（紧货币＋宽信用）→（紧货币＋紧信用）"的循环规律。此四类情景中，货币环境可以视作广义的货币供给，而信用环境可以视作货币需求。因此，"宽货币＋紧信用"反映了当前货币"供大于求"的状态，此时国内利率下行、人民币汇率贬值的压力最大；随着宽松的货币政策逐渐向信用端传导，汇率贬值的压力减弱；待货币信用环境进入"紧货币＋宽信用"的"供不应求"场景，国内利率上行、人民币汇率升值的动能最大；此后紧货币传导到信用端后，信用需求回落，人民币升值的动能减弱，等待下一轮周期的循环。

实际情况是否吻合呢？我们发现2010年以来我国货币和信用周期共经历了3个完整循环，人民币汇率的实际表现完全符合理论规律。

- "宽货币＋紧信用"周期中人民币贬值和"紧货币＋宽信用"周期中人民币升值的概率均达到100%；

- "宽货币＋宽信用"和"紧货币＋紧信用"周期中人民币大多延续之前一个周期的趋势方向，即在"宽货币＋宽信用"周期中贬值，在"紧货币＋紧信用"周期中升值，"唯二"未遵循此规律的周期均发生在2015年前，人民币汇率在"宽货币＋宽信用"和"紧货币＋紧信用"周期中表现震荡；

- 美元兑人民币汇率的趋势性反转离不开货币政策的转向，即人民币汇率由升转贬的拐点出现在"宽货币＋紧信用"周期，由贬转升则出现在"紧货币＋宽信用"周期。

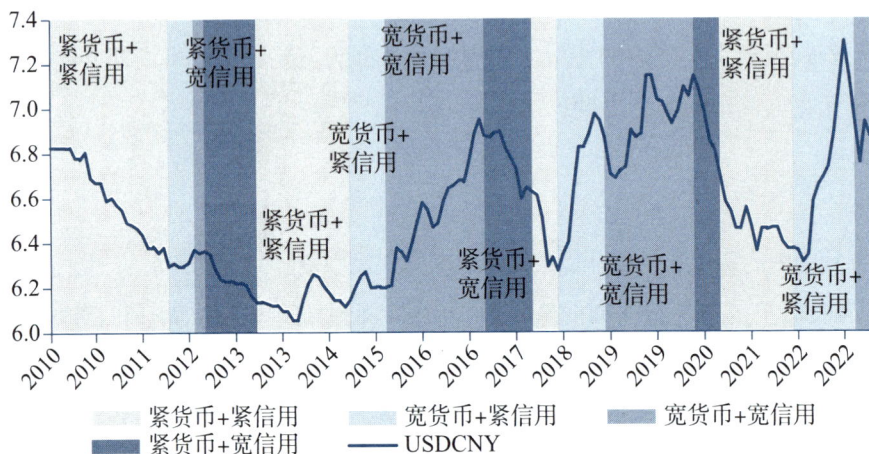

图2-2　按货币信用环境划分的美元兑人民币汇率周期1

时间	货币环境	信用环境	时长（月）	7天逆回购利率变动（bp）	社融增速变动	人民币相对美元变动	理论变动
2010年1月–2011年12月	紧货币	紧信用	24	—	−17.11%	7.8%	人民币升值放缓
2011年12月–2012年5月	宽货币	紧信用	5	—	−2.64%	−1.2%	人民币贬值释放
2012年5月–2012年7月	宽货币	宽信用	2	−18	1.30%	0.1%	人民币升值放缓
2012年7月–2013年5月	紧货币	宽信用	10	0	4.74%	3.6%	人民币升值释放
2013年5月–2014年11月	紧货币	紧信用	18	75	−7.87%	−0.2%	人民币升值放缓
2014年11月–2015年6月	宽货币	紧信用	7	−160	−2.07%	−0.9%	人民币贬值释放
2015年6月–2017年1月	宽货币	宽信用	19	−25	1.64%	−10.9%	人民币贬值放缓
2017年1月–2017年10月	紧货币	宽信用	9	20	0.20%	3.6%	人民币升值释放
2017年10月–2018年3月	紧货币	紧信用	5	10	−2.27%	5.3%	人民币升值放缓
2018年3月至2018年12月	宽货币	紧信用	9	0	−2.43%	−9.4%	人民币贬值释放
2019年1月–2020年5月	宽货币	宽信用	17	−35	2.24%	−4.1%	人民币贬值放缓
2020年5月–2020年10月	紧货币	宽信用	6	0	1.20%	6.2%	人民币升值释放
2020年11月–2021年12月	紧货币	紧信用	9	0	−3.40%	4.9%	人民币升值放缓
2022年1月–2022年12月	宽货币	紧信用	12	−20	−0.90%	−6.0%	人民币贬值释放
2023年1月至今	宽货币	宽信用	3	0	0.60%	−1.7%	人民币贬值放缓

注：

1. 数据截至 2023 年 3 月末。

2. 划分货币周期的指标是 1 年期贷款基准利率、大型存款类金融机构准备金率、7 天逆回购利率、1 年期 MLF 利率、1 年期 LPR 利率；任意一个指标上调表示宽货币周期结束、紧货币周期开启，反之亦然。

3. 划分信用周期的指标是社会融资增速（全口径和剔除政府债券口径），社会融资增速上升（下降）表示宽（紧）信用周期。

资料来源：Wind，兴业研究。

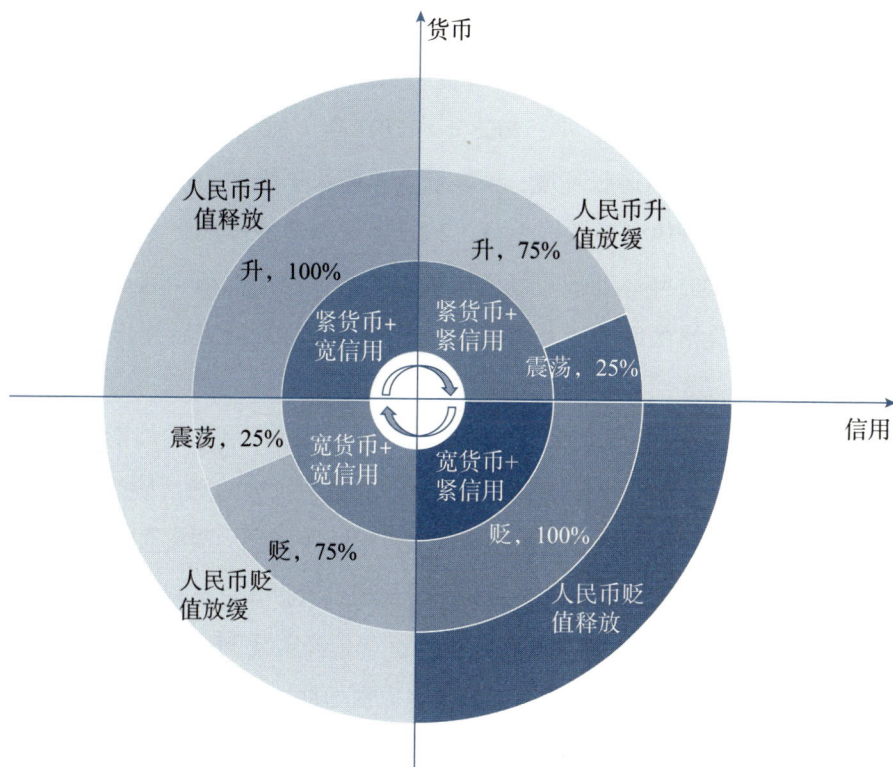

图2-3　按货币信用环境划分的美元兑人民币汇率周期2

注：数据截至2023年3月末。内圈为货币和信用组合周期，中圈为人民币相对美元实际表现，外圈为人民币相对美元理论表现。

资料来源：Wind，兴业研究。

美元汇率利率周期

在美联储货币政策紧缩的过程中，新兴经济体将陷入强美元汇率、高美元利率的周期魔咒之中，其基本面、资金流动和金融市场往往承受较大的压力。而在新兴市场货币走弱的浪潮中，人民币汇率难以独善其身，尤其是当亚洲经济体的脆弱性提升时，人民币汇率作为亚洲货币的"命运共同体"，将一同步入贬值趋势中。

通过比较历次亚洲货币汇率与美元汇率、美债利率的表现可以发现，亚洲货币汇率"大底"均发生在美元指数阶段性"大顶"，分别是1997年、

2001年、2008年、2016年。

从美元指数和美债收益率的取值来看，2001年、2022年亚洲市场面临的外部压力要高于1997年、2008年和2016年。而考虑到2022年全球面临40年未见之顽固高通胀环境，美联储货币政策紧缩的力度较之前几轮更大，叠加发达经济体利率共振上行，2022年亚洲经济体最终承受的外部压力预计将超过2001年。亚洲市场的股债市场往往也随汇率一起承压，金融市场之间资产价格的联动以及恐慌情绪的传播为政策制定者提出了更高的要求。

从经济表现和资金流动来看，强美元汇率、高美元利率的周期中新兴经济体无可避免地会发生经济停滞和资本外流。更为难缠的则是债务隐患。新兴经济体受限于本国金融市场欠发达、本币国际清偿能力受到怀疑，往往不得不依靠较大比例美元融资来维系经济增长和投资扩张，这也构成了新兴经济体的"原罪"，即货币错配。在强美元汇率、高美元利率周期中，新兴经济体存量债务负担加重，借新还旧的成本也在增加，新兴经济体债务违约的风险上升。

雪上加霜的是，货币政策的选择可能会加重新兴经济体的危机。美联储收紧货币政策的过程中，美元资产的吸引力逐渐凸显，资金从新兴经济体回流美国，由此引发的资本外流加剧了新兴经济体实体经济动荡、金融市场风险和债务违约爆发的概率，从而使新兴经济体债务偿付的能力进一步削弱。倘若新兴经济体处于贸易逆差、恶性通胀、财政收支失衡、外汇储备快速消耗等困境，则上述负反馈还会进一步加剧。这时新兴经济体面临两个选择，一是降低利率帮助实体经济尽快出清，但需承担资本外流以及汇率加剧贬值导致债务负担加重的风险；二是提高利率暂缓资本外流和汇率贬值，但会进一步挫伤企业投资的积极性，使得实体经济陷入长久的萎靡之中。我们选取了部分新兴经济体做分析，包括印度、印度尼西亚、马来西亚、菲律宾、泰国、巴西、墨西哥、俄罗斯、土耳其、阿根廷和南非，这些经济体大多在美元升值的周期中选择了加息来应对资本外流和汇率贬值。但"可喜"的是，汲取1997年亚洲金融危机的教训，各亚洲经济体注重积累外汇储备、控制外部债务杠杆率、优化外币债务结构、提高本币汇率弹性，2000年后亚洲经济体普遍具备更稳健的基本面和更健康的外债结构，提高了抵御强美元周期侵袭的能力。

图2-4　美元汇率利率、亚洲货币汇率指数

资料来源：Macrobond，Bloomberg，兴业研究。

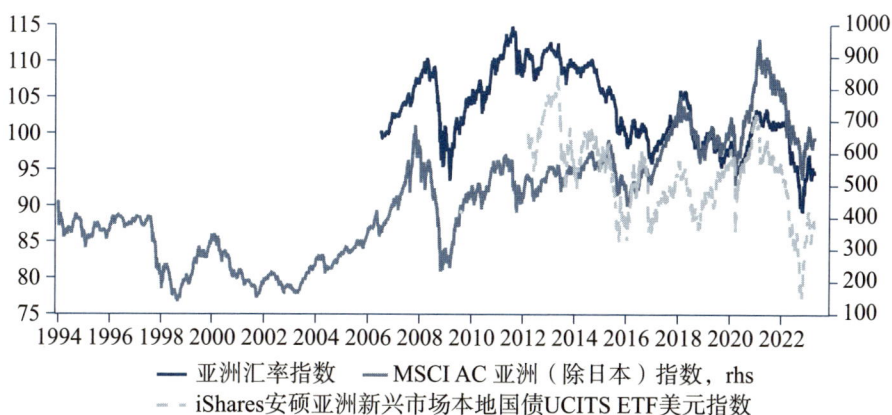

图2-5　亚洲市场股债汇表现

资料来源：Macrobond，Bloomberg，兴业研究。

图2-6 新兴市场经济增速、资金流动

资料来源：Macrobond，兴业研究。

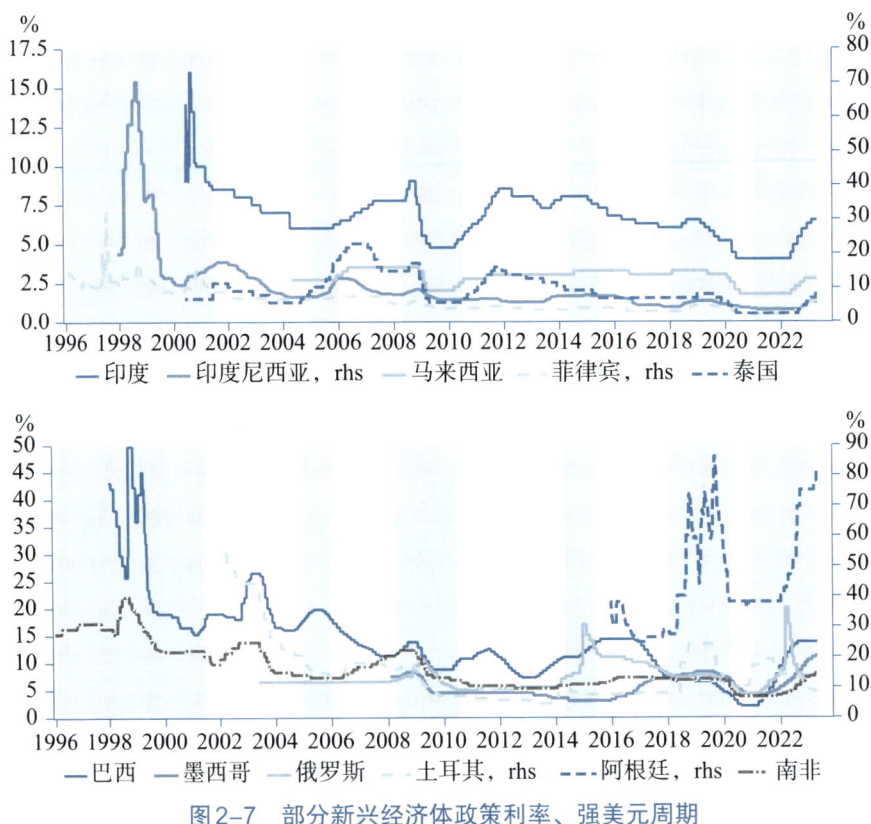

图2-7 部分新兴经济体政策利率、强美元周期

注：图中阴影表示美元升值周期。

资料来源：Macrobond，兴业研究。

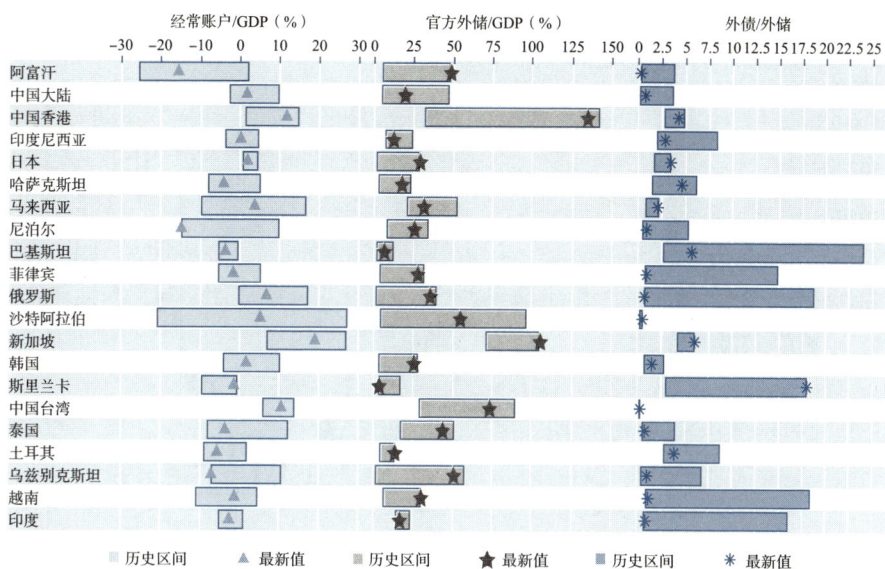

图2-8 2022年亚洲经济体的基本面优于1997年

注：历史区间由1990年至2022年的最高值和最低值组成。最新值取数据可得的最新值表示，一般为2021年数据。

资料来源：Macrobond，兴业研究。

强美元汇率对人民币汇率的影响体现在如下两个方面，高美元利率主要通过影响境内美元利率传导至人民币汇率，这部分内容我们将在后文详细展开。

一方面，大多数时间美元指数升值将直接带动美元兑人民币汇率上行。2021年下半年是个例外，美元指数升值与人民币相对美元升值并行，二者背离的原因包括国内抗疫优势、境内美元流动性过度宽松、跨境资金流入等，但2022年第二季度美元兑人民币开始修复相对美元指数的相关性。

我们构建人民币汇率相对美元指数的"偏离度"指标，用以观察人民币超调的"极值"。从2015年"811汇改"至今，人民币相对美元的超调幅度大多在-6%到6%区间，一旦偏离度接近"极值"，代表人民币汇率趋势方向的动能已接近耗竭，人民币汇率的趋势性行情很有可能转向。

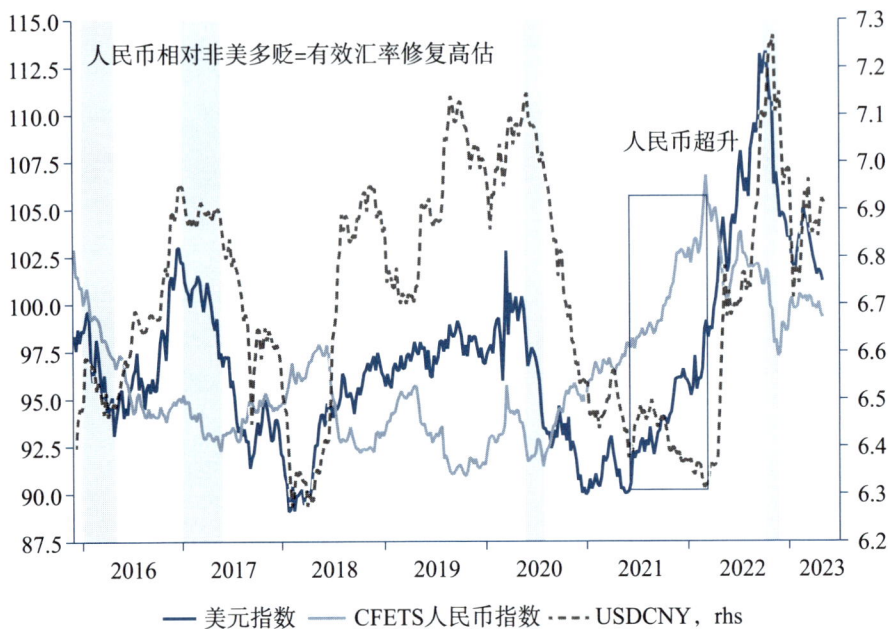

图2-9 美元兑人民币、美元指数

注：阴影表示人民币相对美元升值，相对非美货币贬值，人民币有效汇率贬值。
资料来源：Macrobond，兴业研究。

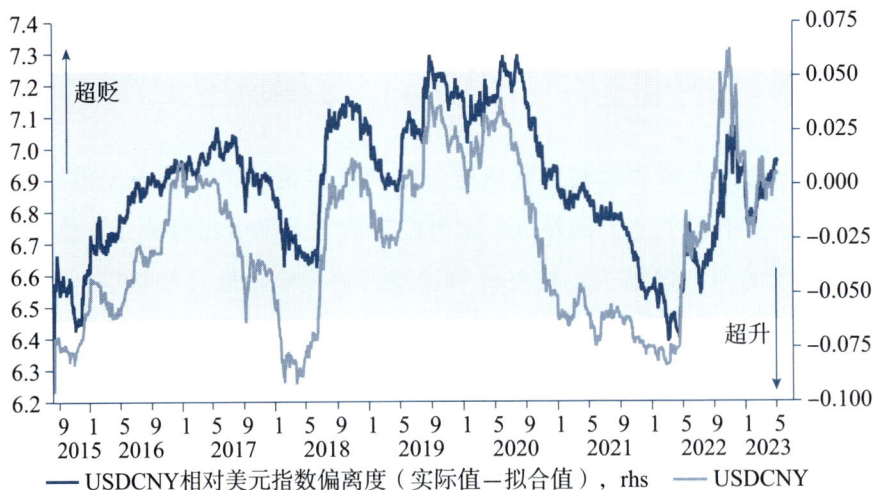

图2-10 人民币相对美元指数偏离度

注：回归区间为2015年8月11日至2023年4月13日。
资料来源：Macrobond，兴业研究。

另一方面，中国作为体量最大的亚洲经济体，国内经济的起伏将很大程度上影响整个亚洲经济体的复苏，同时人民币资产也会受到亚洲市场动荡的外溢影响。

第一，国内需求是否反弹是观察亚洲货币汇率是否触底的一个维度。以历史经验来看，国内名义GDP增速触底反弹同步于亚洲汇率的触底，而2010年后国内库存周期的见底要早于亚洲汇率见底。

第二，我们发现随着人民币市场化程度加深，2014年后人民币汇率同亚洲货币汇率之间呈现高相关性。计量模型显示，亚洲货币每贬值1%，往往对应美元兑人民币上行1.11%。

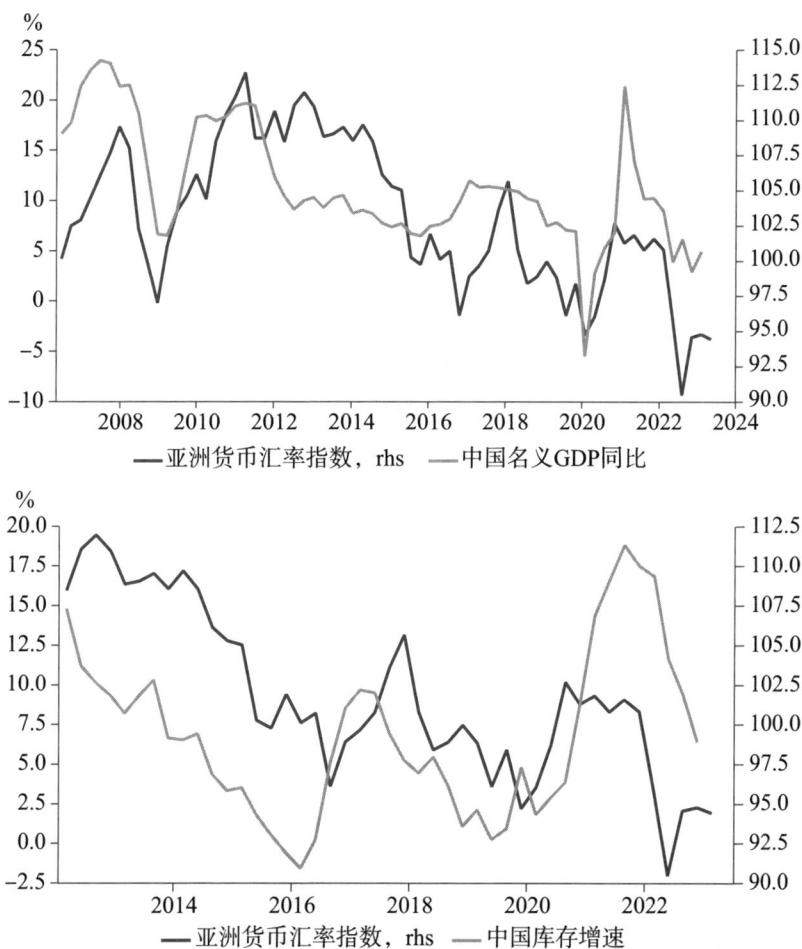

图2-11 亚洲货币汇率指数、中国GDP增速、中国库存周期

资料来源：Macrobond，兴业研究。

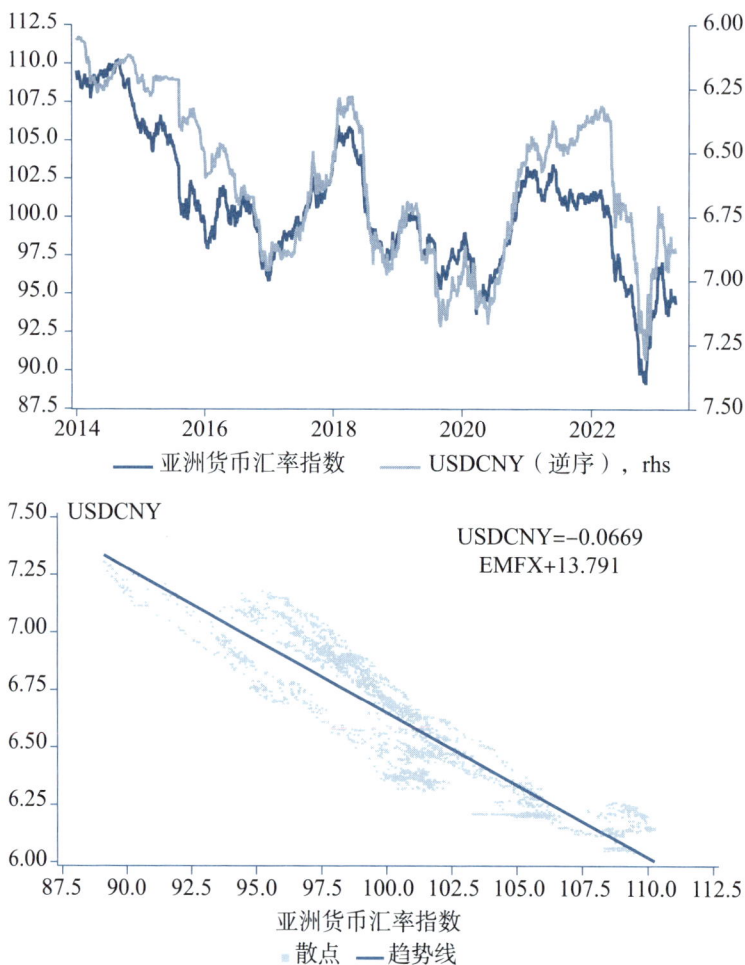

图2-12 亚洲货币汇率、人民币汇率

注：数据区间取2014年初到2023年3月末。

资料来源：Wind，兴业研究。

人民币汇率周期

受到国内货币信用周期、外部美元周期的影响，美元兑人民币汇率也存在周期性规律的。我们总结如下。

- 2014年至今，人民币相对美元共经历了三轮贬值大周期和两轮升值大周期。贬值周期分别是2014年1月至2016年12月（2015年"811汇改"

后提速）、2018年4月至2020年5月，以及2022年3月至今，前两轮贬值大周期均持续2年左右时间。升值周期分别是2017年1月至2018年3月、2020年6月至2022年2月，持续时长分别为15个月、21个月。

- 三轮人民币贬值周期共同的背景是美联储紧缩导致美元指数升值、国内去库存压力增加伴随宽货币政策托底、外资增持人民币资产的步伐减缓或逆转。不同的是，第一轮人民币修复高估的幅度较美元指数自身升值的幅度要小，但随着人民币汇率弹性的增强，2018年开启的第二轮周期中，人民币调整的幅度较美元指数升值幅度更大。

- 从利差的角度，相较名义利差，实际利差的变动方向和拐点对汇率更具启发性。

- 从库存周期视角，国内库存周期和汇率周期并不完全一致。人民币汇率由贬转升发生在库存周期充分出清、库存增速低位反弹之后。同理，人民币汇率由升转贬也发生在库存周期触顶回落的阶段。

- 从汇率预期视角，2015年和2016年人民币贬值行情中汇率预期相对悲观，体现在美元兑人民币风险逆转期权隐含波动率在高位运行。但2017年后人民币汇率预期趋于均衡，即期汇率升贬行情切换的过程中，风险逆转期权波动率始终维持区间波动，中枢较2015年和2016年回落，但仍维持正值。

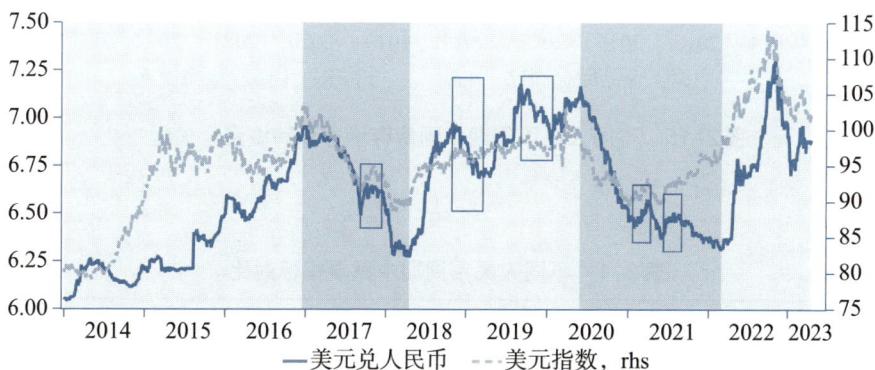

图2-13　美元兑人民币大周期划分

注：深色背景表示人民币修复高估周期，浅色背景表示人民币升值周期，下同。方框显示的是趋势行情中人民币汇率的波段背离。

资料来源：Macrobond，兴业研究。

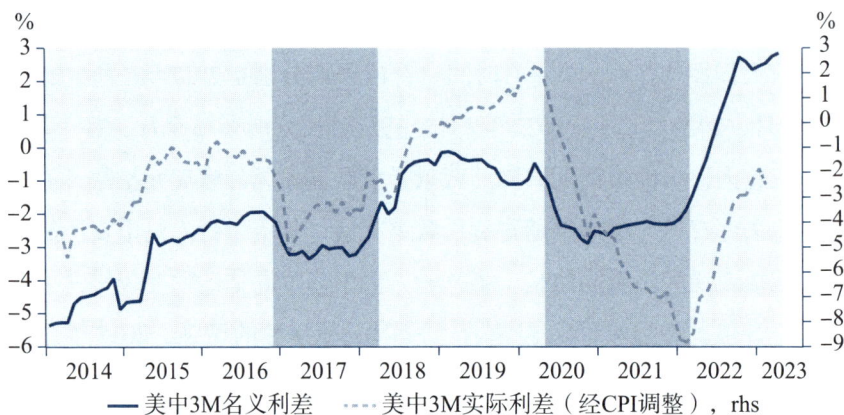

图2-14　不同人民币周期中名义利差和实际利差表现

资料来源：Macrobond，兴业研究。

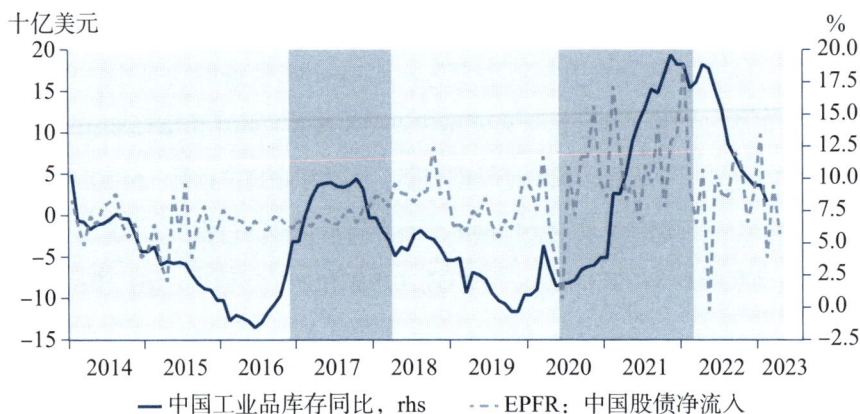

图2-15　不同人民币周期中国库存增速和跨境资金表现

资料来源：Macrobond，兴业研究。

表2-1　不同人民币周期中重要指标对比

人民币周期	时间起点	时间终点	时长（月）	人民币相对美元变动幅度	美元指数变动幅度	名义利差变动（bp）	实际利差变动（bp）	EPFR流入总量（亿美元）	国内库存同比增速
贬值	2014年1月	2016年12月	36	−15.1%	28.1%	309	217	−421	10.3% → −1.6% → 5.1%

人民币周期	时间起点	时间终点	时长（月）	人民币相对美元变动幅度	美元指数变动幅度	名义利差变动（bp）	实际利差变动（bp）	EPFR流入总量（亿美元）	国内库存同比增速
升值	2017年1月	2018年3月	15	10.0%	−12.6%	63	−3	54	5.1%→10.0%→4.0%
贬值	2018年4月	2020年5月	26	−14.4%	9.1%	53	351	282	4.0%→−0.3%→1.6%
升值	2020年6月	2022年2月	21	11.9%	−1.1%（最低−9.2%）	−76	−1005	1196	1.6%→19.6%→17.0%
贬值	2022年3月	—	8	−16.2%	18.8%	459	591	173	17.0%→10.6%

注：时间起点和终点按照美元兑人民币的最高点、最低点取值。表格数据截至2022年10月末。

资料来源：Macrobond，兴业研究。

图2-16　人民币汇率预期变动

注：阴影表示人民币汇率贬值周期。

资料来源：Macrobond，兴业研究。

在趋势周期中，人民币汇率会有阶段性"逆势而行"的波段，逆势的背后往往有外汇逆周期调节和中美关系变动的痕迹。人民币趋势行情中明显的逆势波段共有5次，分别发生在2017年9月至11月、2018年10月至2019

年4月、2019年9月至2020年1月、2021年1月至2021年3月、2021年5月至2021年7月。影响因素分别为人民银行下调远购风险准备金率、中美暂停加征关税并进入90天谈判期、中美签署第一阶段协议、中间价逆周期因子发力叠加年初刚性结汇需求、人民银行上调外汇存款准备金率。这也恰恰说明，无论是外汇逆周期调节还是国际关系发生改变，都只能驱动人民币汇率的波段行情，却无法逆转其趋势方向。

表2-2　人民币大周期中阶段性"逆势"行情统计

大周期	小波段	逆势起点	逆势终点	逆势时对美元超调	原因	时长（月）	最大"逆势"幅度
升值	贬值	2017年9月11日	2017年11月	超升1.3%	人民银行下调远购风险准备金率至0；美元指数反弹	2	-2.60%
贬值	升值	2018年10月31日	2019年4月	超贬4.0%	中美90天谈判期，暂停加征关税；年初刚性结汇	6	4.30%
贬值	升值	2019年9月3日	2020年1月	超贬5.9%	逆周期因子发力；中美签署第一阶段协议；年初刚性结汇	4	4.60%
升值	贬值	2021年1月29日	2021年3月	超升1.3%	逆周期工具加码；释放2020年末超升压力	2	-2.30%
升值	贬值	2021年5月28日	2021年7月	超升1.8%	人民银行上调外汇存款准备金率；美元指数步入升值周期	2	-2.20%
贬值	升值	2022年11月4日	2023年1月	超贬2.5%	海外交易risk on；国内防疫政策放开	3	8.1%

资料来源：Macrobond，兴业研究。

2.2　利差分析框架

利差对汇率的影响机制说简单也简单，说复杂也复杂。

第一个问题是，利差如何影响汇率？利差对汇率的影响需要区分即期和远期，对即期汇率而言，以美元兑人民币汇率为例，当中美利差走扩时，即期人民币相对美元将升值（即期美元兑人民币下行），这是因为更高息的人民币资产将吸引资金流入境内，从而带动人民币汇率升值。对远期汇率而言，同样以美元兑人民币汇率为例，根据无抛补的利率平价理论，中美利差走扩时美元兑人民币掉期和远期汇率将上行，其方向同即期汇率是相反的。本章节我们讨论的都是利差对即期汇率的影响，掉期将在本书第四章进行详细讨论。

第二个问题是，当我们提及利差时，我们说的是什么？名义利差、实际利差，抑或是考虑套保成本后的利差？哪个利差对汇率的预测有效，这是个经验问题，接下来我们对不同的利差一一进行讨论。

名义利差

将时间拉长，名义利差变动与美元兑人民币汇率具备一致性，且短期限的名义利差相关性较长期限的名义利差更好。但是从波段行情看，二者之间时常有背离。较典型的是中美名义利差在2020年11月达到峰值后开始回落，而人民币相对美元却持续升值直至2022年2月。

通过测算美元兑人民币汇率相对名义利差的偏离度，我们发现，3个月拆借利差的偏离度在−7%到6%之间，接近区间上下沿时人民币汇率往往酝酿行情反转。人民币汇率相对10年期国债利差升值超调的偏离度阈值在−10%左右，但贬值方向上偏离度并没有统一的阈值，每轮美元兑人民币上行的高点偏离度差别较大。

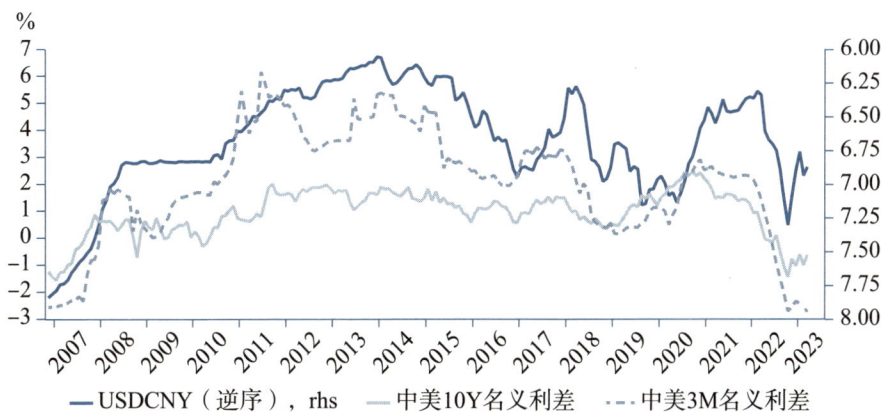

图2-17　中美名义利差、美元兑人民币

资料来源：Macrobond，兴业研究。

图2-18　人民币相对名义利差偏离度

注：

1. 为与美元兑人民币一致，这里采用的利差是美国利差－中国利差。

2. 使用全周期数据进行模型拟合，10年期国债利差的模型区间为2002年1月至2022年10月，拟合优度为0.60；3个月拆借利差的模型区间为2006年10月至2023年3月，拟合优度为0.72。

资料来源：Macrobond，兴业研究。

利差变动的根源是中美之间货币政策的分化，而货币政策的走向是基于基本面表现来进行逆周期调节的。因此，直接考察中美基本面的分化对于预测汇率也是有助益的。我们发现中美库存周期的错位是人民币汇率源生驱动力，且前者还有约6个月的领先。

除了传统的加息和降息外，次贷危机后海外央行启用非常规的货币政策工具——量化宽松，因此主要央行资产负债表扩张的相对增速也是衡量货币政策分化非常重要的一个维度。以美元兑人民币汇率为例，美日欧资产负债表扩张的增速与中国信贷脉冲增速之差对于美元兑人民币汇率有约4个月的领先。

实际利差

实际利差就是在名义利差的基础上剔除掉通货膨胀的相对变化，我们使用中美CPI增速作为通货膨胀的代理变量加以处理。2000年以后至新冠疫情大流行前，全球普遍进入低通胀时代，而且对于大多数经济体来说，实际利率并不是一个可以交易的指标，因此全周期回归中，实际利差对汇率的拟合

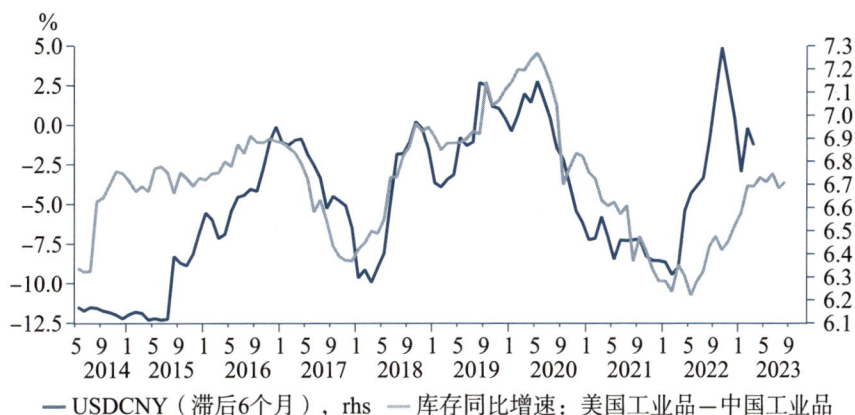

图2-19　中美库存增速差、美元兑人民币

资料来源：Macrobond，兴业研究。

图2-20　美欧日扩表增速与中国信贷脉冲增速差、美元兑人民币

资料来源：Macrobond，兴业研究。

优度R^2较名义利差要更低。然而后疫情时代当全球通胀的中枢出现回升，尤其是各经济体间通胀复苏的幅度不均时，在套息交易中考虑通货膨胀（货币贬值）或许是更普遍的。我们发现，2019年后实际利差与汇率的相关性明显提升，且在全球高通胀的2021年和2022年，实际利差比名义利差更具解释力度。从有效汇率来看也是一样的结论，在美国通胀较高的2006年、2008年、2012年和2022年，人民币有效汇率与实际利差的相关性都要超过名义利差。

我们使用同样的方法测算汇率相对实际利差的偏离度，结果与10年期国债名义利差类似，偏离度本身并不具备区间特性，而是呈现中枢抬升的特征。

图2-21　中美实际利差、美元兑人民币

资料来源：Macrobond，兴业研究。

图2-22　人民币有效汇率相对名义、实际有效汇率相关性

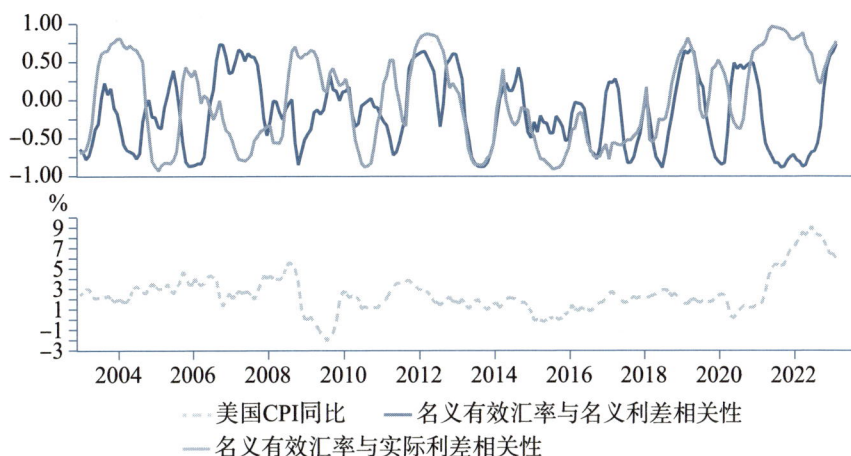

图例：
- - - 美国CPI同比　—— 名义有效汇率与名义利差相关性
—— 名义有效汇率与实际利差相关性

图2-22　（续图）

注：相关性取滚动12个月。

资料来源：Macrobond，兴业研究。

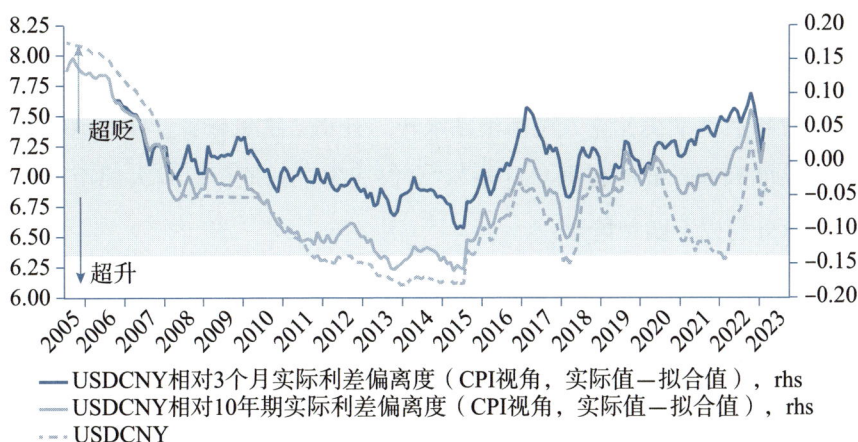

—— USDCNY相对3个月实际利差偏离度（CPI视角，实际值-拟合值），rhs
—— USDCNY相对10年期实际利差偏离度（CPI视角，实际值-拟合值），rhs
- - - USDCNY

图2-23　人民币相对实际利差偏离度

注：

1. 为与美元兑人民币一致，这里采用的是利差是美国利差–中国利差。

2. 使用全周期数据进行模型拟合，10年期国债利差的模型区间为2002年1月至2022年10月，拟合优度为0.06；3个月拆借利差的模型区间为2006年10月至2023年3月，拟合优度为0.55。

资料来源：Macrobond，兴业研究。

经汇率套保后的利差

在拆入低息货币，投资高息资产的套息交易中，汇率波动是无法忽略的利润扰动项，这就产生了套期保值的需求。但倘若在套息交易中加入套期保值，虽然锁定了汇率风险，但需要在"息差"和"套保成本"之间做出权衡。其中"息差"通常指名义利差，"套保成本"通常经过掉期点计算而来，其受到名义利差的影响。

在有效市场上，基于利率平价理论，"息差"应当与"套保成本"完全抵消。因此部分投资者在执行套息交易时并不完全套保，而是采用裸敞口或部分裸敞口或套保期限错配等手段来"博"汇率收益。举例来说，过去人民币利率绝大多数时间高于美元利率，二者"息差"为正，倘若预期人民币汇率升值，则投资者可以选择不套保，赚取"息差+汇差"双重收益。而且，在2012年前，在人民币升值预期主导下远期美元兑人民币贴水，因此即使进行套期保值（近结远购），套保本身也是正收益。这显然违背了利率平价理论，主要原因是当时境内金融市场的开放程度非常有限，外资无法顺利参与人民币资产的投资，从而推动掉期点市场化定价。

2012年后远期美元兑人民币由贴水转为升水，这意味着套期保值将侵蚀套息交易的利润。此时根据"息差""套保成本"的取值以及人民币汇率预期，可以分为以下四种情形：

- 当市场预期人民币升值时，投资者不进行套期保值，直接赚取"息差"，并博取"汇差"的额外收益。

- 当市场预期人民币贬值时，部分套息交易可能配合套期保值，绝大多数时间，"息差"仍然大于"套保成本"，从而保证以人民币作为投资端的套息交易综合收益仍为正。

- 当"套保成本"高于"息差"，2012年后一共发生过四次，分别是2015年1月到8月、2018年1月到5月、2019年2月到3月和2021年2月到2022年8月。前三次"套保成本"高于"息差"是即期美元兑人民币开启趋势性上行行情的预兆，第四次也与美元兑人民币筑底反弹相重叠。

- 一个特殊的情景是"负息差+负套保成本"。2022年6月后中美名义利差转负，人民币资产遭到抛售，而"套保成本"同样转负，即汇率套保（近结远购）将获取正收益。而自2022年9月开始，套保的正收益超过了负息差，这代表着人民币资产的吸引力回升，外资对人民币债券资产的减持行为可能放缓。

图2-24　中美名义利差、套保成本、美元兑人民币

注：图中阴影表示人民币掉期套保成本高于中美国债利差的情景。

资料来源：Macrobond，兴业研究。

图2-25　中美名义利差−套保成本、EPFR资金净流入

资料来源：Macrobond，兴业研究。

2.3 国际收支

中观视角下，国际收支平衡表（Balanceof Payments，BOP）记录了特定时期内居民与非居民之间发生的所有经济交易行为（economictransactions）。国际收支对于分析跨境资金流动、投融资行为变化、对外脆弱性，以及研判人民币汇率走势具有重要意义。

国际收支平衡表由经常账户、资本和非储备性金融账户、储备资产变化、净误差与遗漏四个项目构成。且遵循国际收支恒等式：

经常账户差额＋资本和非储备性金融账户差额＋储备资产变化＋

净误差与遗漏 =0

总体上看，我国经常账户呈现顺差格局。但在2020年新冠疫情前，顺差的规模逐年减少，甚至出现单季度的逆差。非储备性金融账户在2014年前、2017年和2018年录得顺差，2014年到2016年间录得持续的逆差，2019年后顺逆交替。储备资产规模在2014年前持续增长（对应国际收支平衡表中储备资产净减少），2014年到2016年止升转跌，2017年后储备资产规模保持涨跌互现、温和变动。除个别时段（每年第一季度）外，我国误差遗漏项维持逆差，且逆差规模在2014年后系统性扩大。接下来，我们按照细分账户进行深入分析。

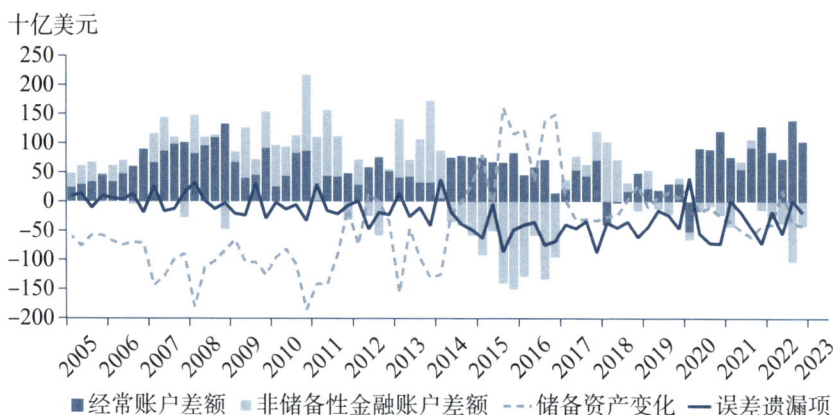

图2-26　我国国际收支平衡表

注：储备资产逆差或负值对应常识意义上的储备资产增加。

资料来源：Macrobond，兴业研究。

基础账户：经常账户和直接投资账户

经常账户包含货物贸易、服务贸易、初次收入和二次收入四个分项。其中货物贸易顺差规模在2015年左右达到峰值后回落，加之新冠疫情前留学、出境游等服务贸易逆差规模稳步增长，我国经常账户顺差的规模逐年收窄，2018年和2019年经常账户差额占GDP的比重分别为0.3%和0.7%。新冠疫情暴发后，服务贸易逆差显著收敛，而货物贸易顺差反而屡创新高，一方面2020年至2021年海外疫情反复暴发带动了我国防疫物资与"宅经济"相关商品的出口需求；另一方面受益于我国制造业的全产业链优势，在2020年5月全面复产复工后，我国出口迅速填补了海外供给不足和需求复苏带来的供需缺口。二者共同作用下，我国经常账户顺差在2020年和2021年迅速反弹，占GDP的比重上行到1.7%附近。更长远来看，海外疫情防控放松增加供给与"大放水"退潮后需求走弱将导致我国经常账户顺差规模回落，但随着数字经济的发展，我国新兴生产性服务贸易逆差有望收窄，甚至实现顺差，缓解了此前因旅游等生活性服务贸易大额逆差而造成的经常账户逆差压力。

初次收入是指生产过程相关的收入，包括雇员报酬等，以及出借金融资产或自然资源所得的回报，包括股息、再投资收益、利息、租金等。我国初次收入账户常年保持逆差，且逆差规模持续增加。这反映了我国对外金融资产回报率低于金融负债，换言之，我国对外投资的收益不及外资对内的投资收益。这与我国对外金融资产中外汇储备占比较高有关，囿于外汇储备管理对于"安全性"的高要求，外汇储备的投资收益往往较其他金融资产偏低。随着我国对外开放进入深水区，外汇储备占对外金融资产的比重已经从2005年的65%逐步回落到2021年的35%，因此提高实体企业，尤其是国有企业的对外投资回报率，培育境内投资者参与海外市场投资和风险管理的经验是十分重要的。

与经常账户类似，非储备性金融账户中"直接投资"项下资金流动也是长期且相对稳定的。2014年前，我国相对低廉的土地和劳动力成本吸引大量外商投资企业入驻，技术外溢和"干中学"模式推动我国经济走上高速发展的十数年。2015年至2019年，外商直接投资的选址开始向东南亚倾斜，本土企业海外并购的规模也逐步提升，直接投资账户资金呈现顺逆交替。2020年，全球面临供给冲击，我国全产业链的优势凸显，制造业南迁的步伐放缓，直接投资顺差回归。

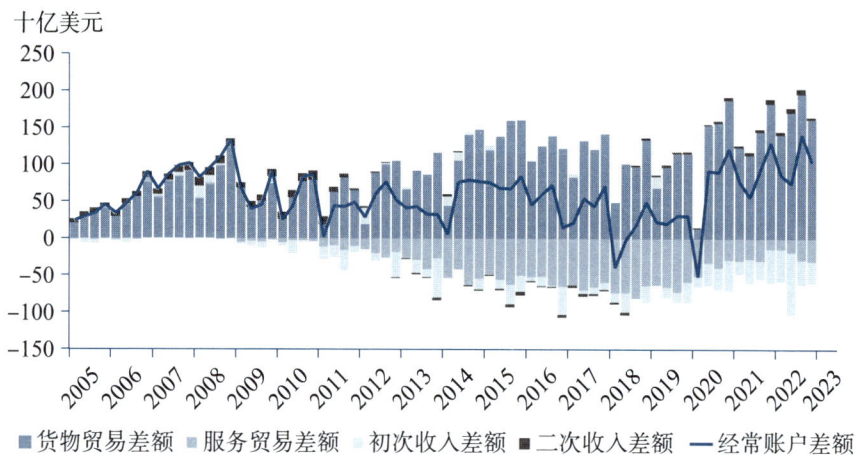

图2-27　我国经常账户细分项

资料来源：Macrobond，兴业研究。

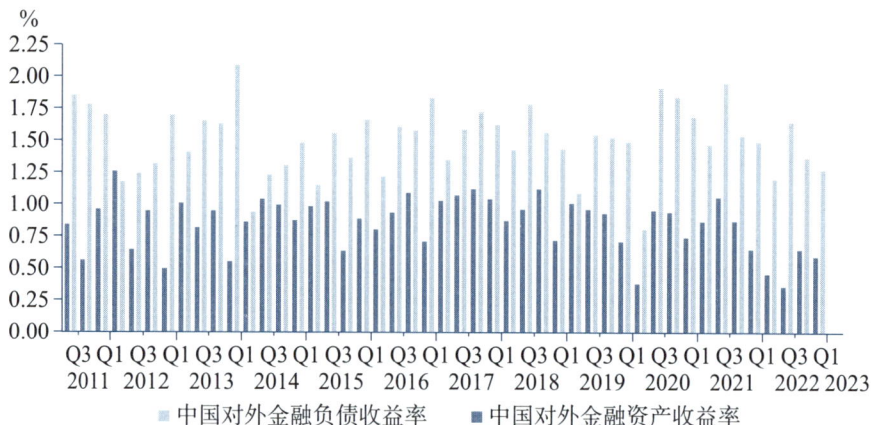

图2-28　中国对外金融资产、负债回报率

注：对外金融资产收益率＝初次收入规模贷方／当期与前一期国际投资头寸总资产均值×100%；对外金融负债收益率＝初次收入规模借方／当期与前一期国际投资头寸总负债均值×100%。

资料来源：Macrobond，兴业研究。

经常账户和直接投资账户共同构成"基础账户"。基础账户下的外汇收入是支撑本国货币保持币值稳定的基石。这正是2005年至2013年，以及2020年和2021年人民币汇率趋势性升值的内生动力。

图2-29　非储备性金融账户分项

资料来源：Macrobond，兴业研究。

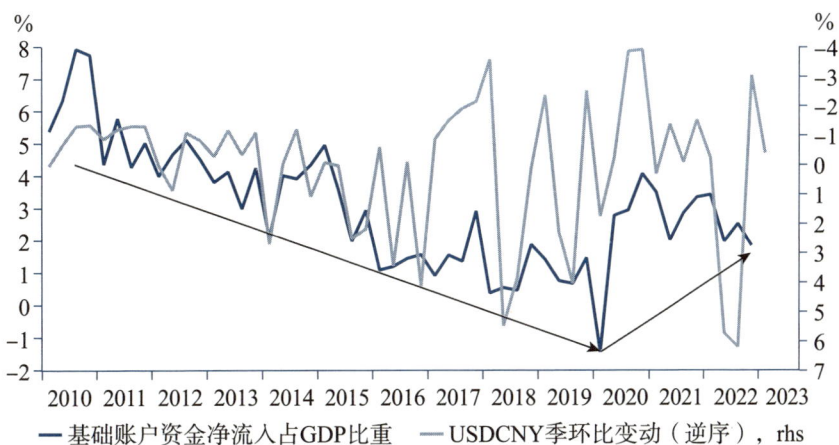

图2-30　基础账户顺差占比、美元兑人民币变动

资料来源：Macrobond，兴业研究。

证券投资账户

随着我国证券市场对外开放程度提高，证券投资账户负债端资金流入规模从2016年的505亿美元逐年增长到2020年的2468亿美元，凸显了人民币资产对全球资金的吸引力。与此同时，境内居民出海规模也呈现明显的增长趋势，并随着国内A股表现和全球风险偏好而变化。证券投资账户资产端平均流出规模从2016年的623亿美元增长到2021年的1220亿美元。

综合来看，2015年和2016年我国证券投资账户分别录得252亿美元和144亿美元资金净流出，2017年和2018年收支基本均衡，2019年、2020年和2021年证券投资账户则呈现149亿美元、432亿美元和366亿美元资金净流入。

按资金渠道划分，外资入场主要通过债券通和CIBM通道（直接进入银行间债券市场）购买境内人民币债券，以及通过陆股通购买人民币股票。境内出海则通过港股通和基金互认等股票投资通道，以及境内金融机构对外自营投资，2021年下半年开始港股投资规模断崖式下滑。近些年来QDII/QDLP通道和QFII/QFLP等通道下资金流量占比较小。粤港澳大湾区跨境理财通也刚刚起步。

证券投资资金流动的影响因素及其对人民币汇率的影响我们将在后文详细展开。

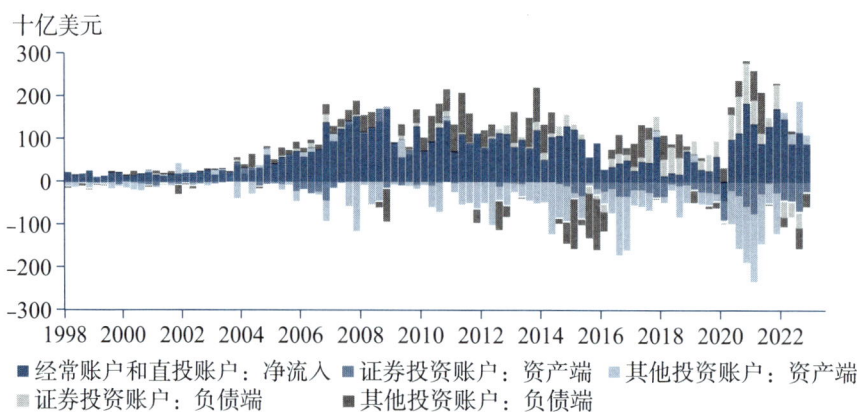

图2-31 国际收支各分项资金流动

资料来源：Macrobond，兴业研究。

亿美元

债券通和CIBM　　　　　　　　　陆股通
QF通道　　　　　　　　　　　　　银行承兑远期信用证
非居民购买境内机构境外发行资产　来华证券投资净流入

亿美元

境内金融机构投资境外资产　　　　港股通基金互认等购买香港股票
QD通道　　　　　　　　　　　　　居民购买非居民境内发行债券
增持境外银行承兑远期信用证　　　对外证券投资净流出

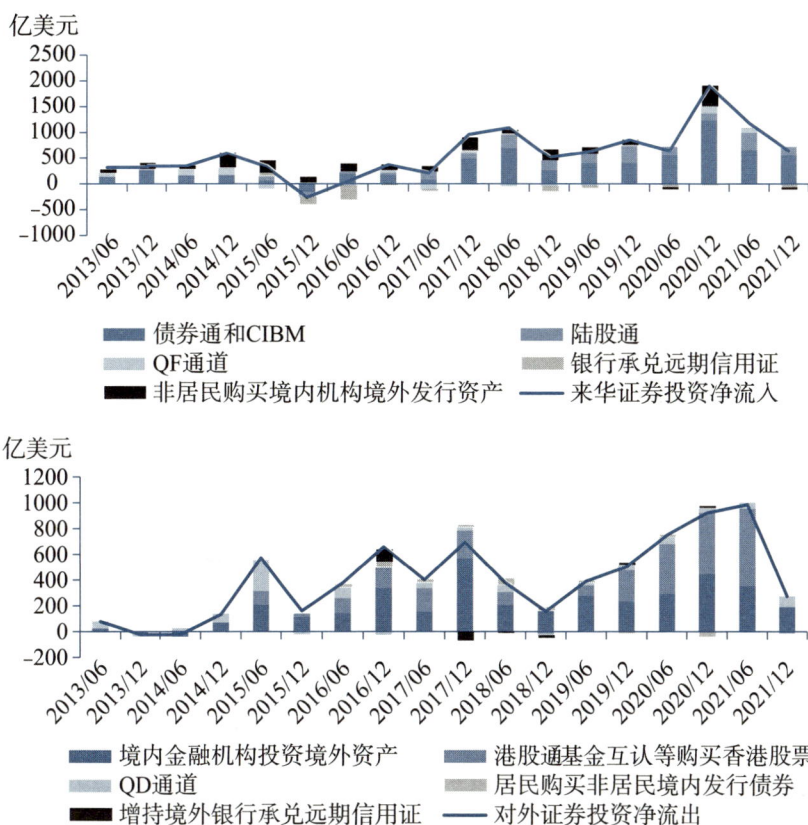

图2-32　按通道划分证券投资资金进出入

注：非居民购买境内机构境外发行资产包括股债资产、中国香港离岸人民币央票等。
资料来源：国家外汇管理局，兴业研究。

其他投资

　　其他投资账户下跨境资金大多为外币流通形式，与经常账户起到"天然"对冲作用。其他投资账户的三个主要分项分别是货币和存款、贷款以及贸易信贷。我们一一说来。

　　货币和存款账户刻画了银行[①]对外负债情况。一方面，代客跨境收付中未结汇的美元存款占据"大头"。从会计记账的角度看，以出口收汇为例，

---

　　① 此处银行既包括中国商业银行在海外的分支行，也包括同中国居民发生交易往来的外国银行。

十亿美元

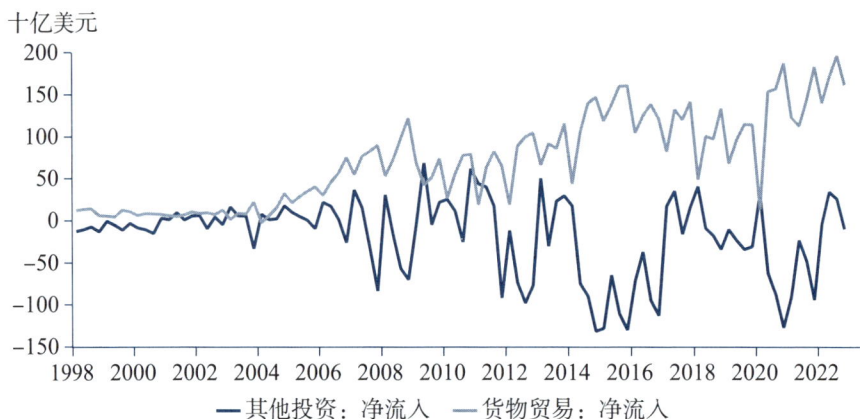

图2-33 其他投资、经常账户

资料来源：Macrobond，兴业研究。

十亿美元

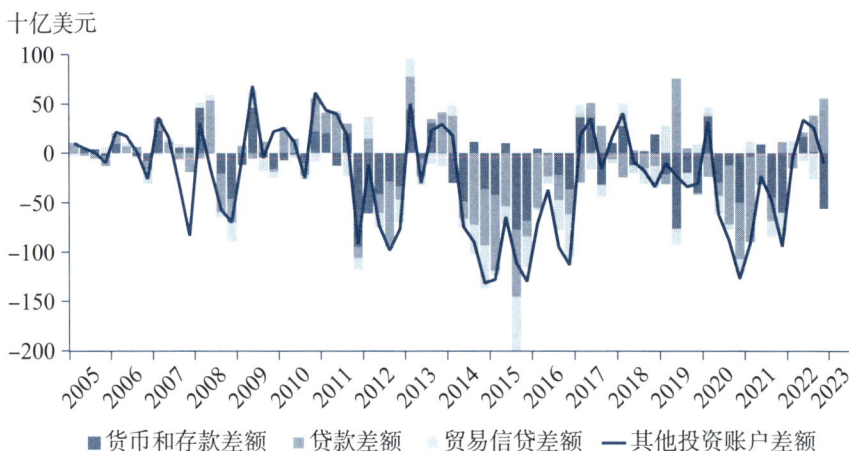

图2-34 其他投资：三大分项

资料来源：Macrobond，兴业研究。

倘若跨境资金入境后经过结汇，会在"经常账户：货物"负债端计入一笔收入，同时在"金融账户：储备资产"资产端计入一笔支出；倘若跨境资金入境后未经结汇，则会在"经常账户：货物"负债端计入一笔收入，同时在"金融账户：其他投资：货币和存款"资产端计入一笔支出，最终达成国际收支的均衡。因此货币和存款账户的资金净流入同代客结售汇与代客外币收付款之差呈同比关系。另一方面，同业拆借也是银行负债的重要组成部分，以2020年下半年的情形为例，《2020年中国国际收支报告》中指出"（境内美元）流动性宽松背景下，银行增加了对境外的拆借"，这使得货币和存款项下资金流出增加。

表2-3　出口收汇在国际收支中的会计记账方式

倘若出口收汇经过结汇	倘若出口收汇未经结汇
借：金融账户：储备资产（资产）	借：金融账户：其他投资：货币和存款（资产）
贷：经常账户：货物（负债）	贷：经常账户：货物（负债）

资料来源：兴业研究。

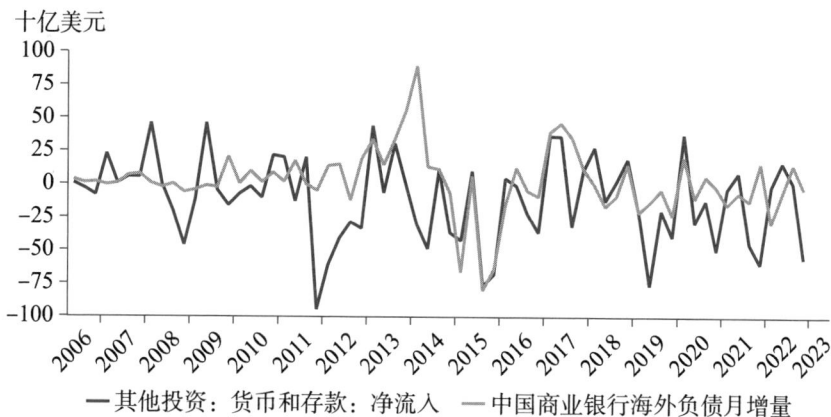

十亿美元

——其他投资：货币和存款：净流入　——中国商业银行海外负债月增量

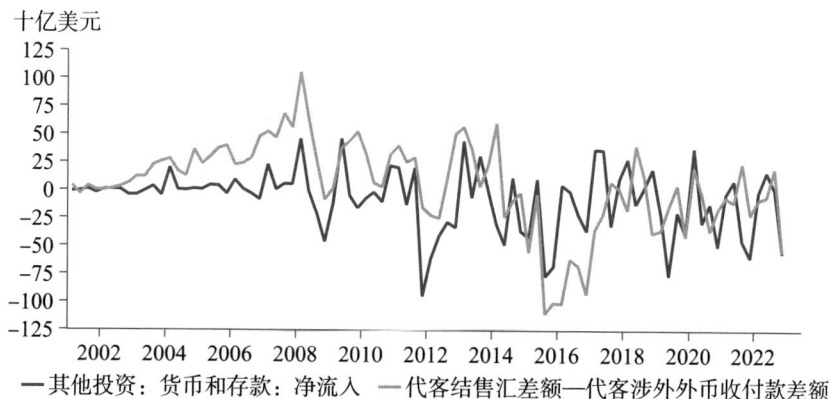

十亿美元

——其他投资：货币和存款：净流入　——代客结售汇差额—代客涉外外币收付款差额

图2-35　其他投资：货币与存款

注：上图的偏离反映出货币和存款部分存放在外国银行。

资料来源：Macrobond，兴业研究。

贷款项刻画了银行对外资产情况，银行境外放款的对象包括企业和同业。企业方面，当经常账户和直接投资账户（统称为基础账户）美元收入不足时，为维系正常生产和投资需要，前往境外进行外币融资的需求也就相应提高，资金回流境内将导致贷款项下资金净流入。而同业贷款的流向与境内外美元相对融资成本息息相关，当境内美元资金池规模增长（展现为基础账户顺差超过外储增量），境内美元流动性边际宽松时，境内金融机构向境外同业放款的规模将相应增加，造成贷款项下资金净流出。2020年第一季度贷款项下录得238亿美元资金净流出，对此《2020年上半年中国国际收支报告》中解释为"第一季度境内银行对外拆出资金缓解境外分支机构资金流动性紧张情况"。

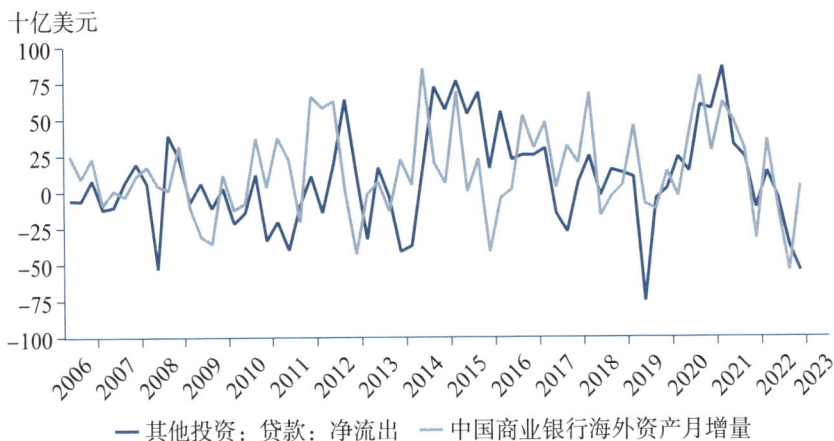

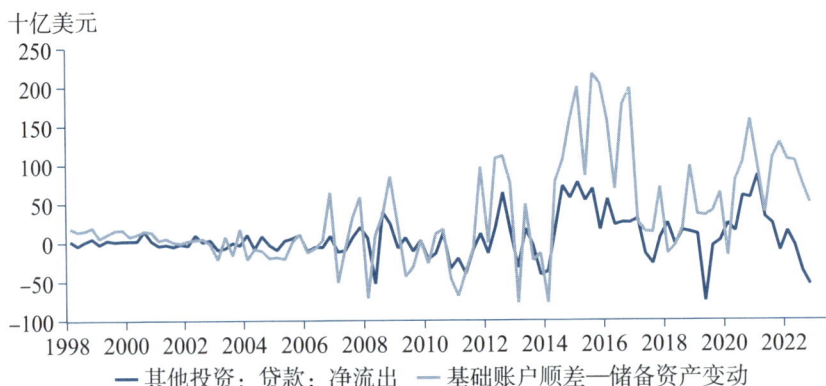

图2-36 其他投资：贷款

资料来源：Macrobond，兴业研究。

  贸易信贷项下资金主要受到货物贸易差额以及人民币汇率预期的影响。一方面，出口增长时出口应收款等贸易信贷资产增加，进口增长时进口应付款等贸易信贷负债增加，最终导致贸易信贷净流入与净出口负相关。另一方面，人民币升值预期下出口企业有加快应收账款回收的动机，而人民币贬值预期下出口企业倾向于将应收美元账款暂时寄存境外，因此贸易信贷净流入与汇率预期呈现高相关性。

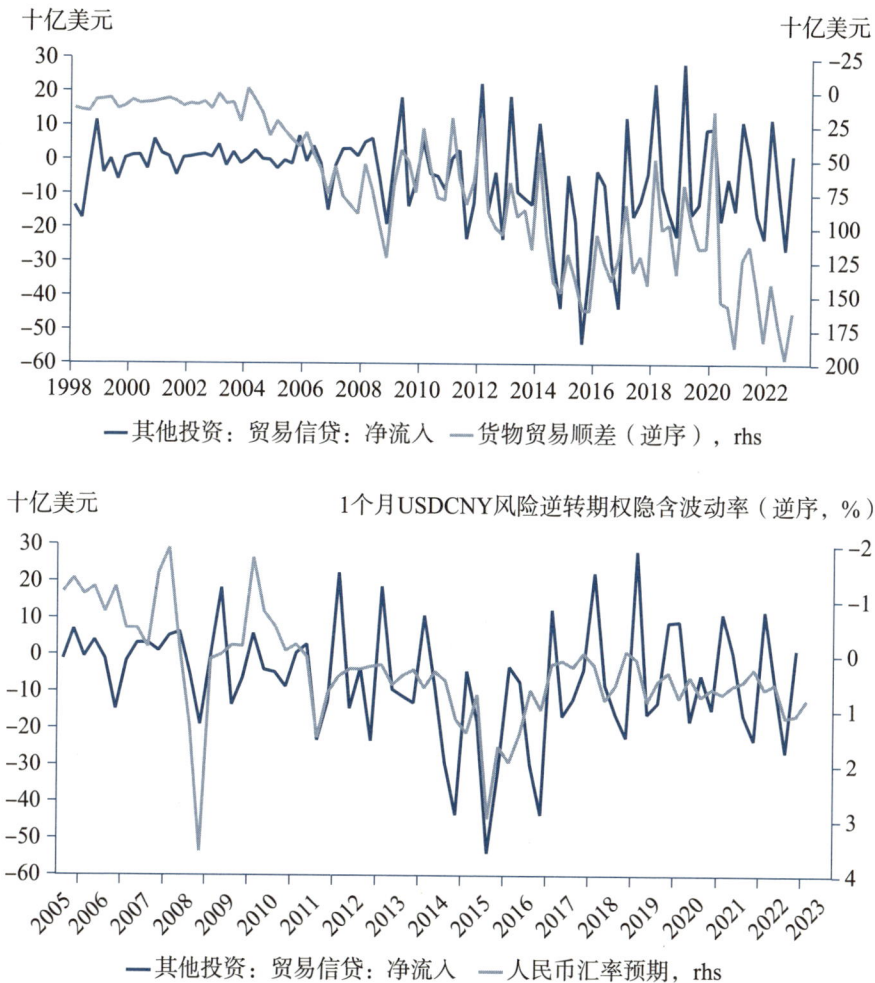

图2-37　其他投资：贸易信贷

资料来源：Macrobond，兴业研究。

误差与遗漏项

我国国际收支误差与遗漏项下资金常年保持净流出。从定义上看，误差与遗漏项是通过"国际收支恒等式"逆推而来，代表了因原始数据误差和统计工作疏漏导致的残差项。统计学上残差应当符合期望值为零的特征，但这显然不符合我国误差与遗漏项长时间、单方向的资金流动。因此更合理的解释是，我国误差与遗漏项隐含了某种长期的、持续的、并未被明确的统计口径所覆盖的交易行为。

由于国家外汇管理局货物贸易涉外收付款数据是基于收付实现制进行数据统计的，而海关总署的进出口数据则是以权责发生制为基础，二者的数据缺口反映了贸易应收款和应付款的变化。通常来说，贸易应收款和应付款被记录在"其他投资－贸易信贷"项下，但实际上，贸易信贷项下资金规模无法契合海关进出口与货物贸易收付款之间的缺口，更多的应收款和应付款可能被"掩藏"在误差与遗漏项下。这为误差与遗漏项下资金净流出提供了一种解释，在人民币贬值周期中，企业倾向于延迟接纳美元应收款，从而间接增持海外资产；而在人民币升值周期中，企业偏好及时收取更多的美元应收款，从而间接持有外币负债。

图2-38 贸易顺差口径差异、贸易信贷和误差遗漏项

十亿美元

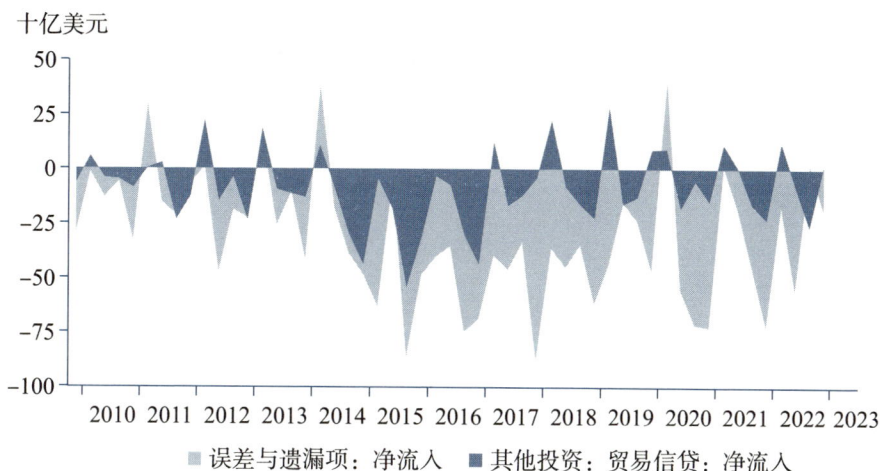

图2-38 （续图）

资料来源：Macrobond，兴业研究。

2.4 其他跨境资金指标

除了国际收支以外，刻画跨境资金流动的指标还包括银行结售汇、银行代客涉外收付款，而外汇储备和外汇占款与上述资金流之间的关联也少有人能完全解释。本章节我们深入剖析各指标的内涵、相互关联以及口径差异。

我们首先梳理境外美元通过贸易和投融资渠道进入境内并沉淀的过程，从而串联起各指标：

非银部门居民与非居民间的外币交易首先反映在银行代客外币涉外收付款项目（收付实现制）和国际收支平衡表（权责发生制）；根据非银部门换汇与否，引起银行代客结售汇变动，或是外汇存贷差的变化。银行代客结售汇和自身结售汇根据是否与央行交易，分别引起商业银行外汇占款和央行外汇占款项目的变化。根据《银行办理结售汇业务管理办法实施细则》（汇发〔2014〕53号），国家外汇管理局负责核定政策性银行、全球性银行以及银行间外汇市场做市商银行的头寸限额，地区外汇管理局、外汇分局负责核定其余地方性金融机构[1]的头寸限额[2]。由此可见，银行自留外币头寸是有限度的，大部分银行结售汇转化为央行外汇占款和外汇储备，而外汇储备的变动是构成国际收支平衡表的一部分。

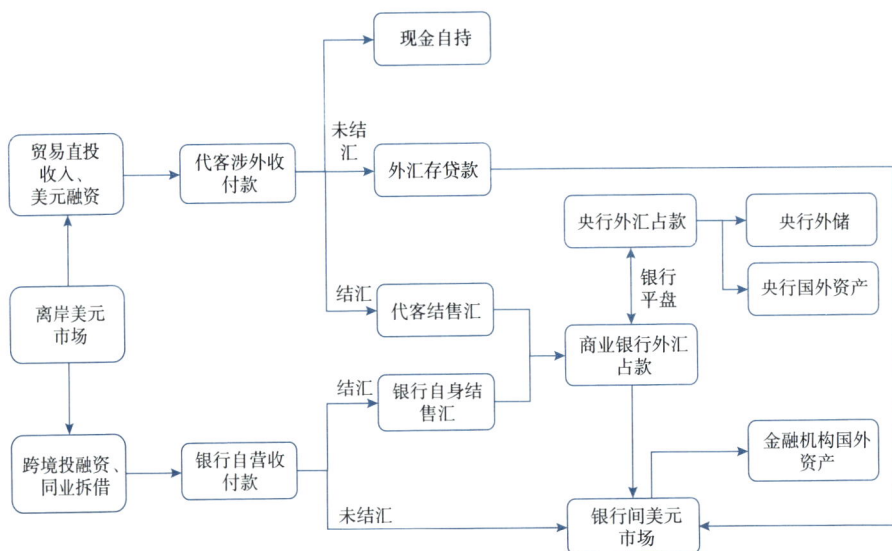

图2-39 跨境资金指标关联图

注：上图仅考虑企业和银行等机构行为，不考虑个人持有和外汇交易。
资料来源：兴业研究。

关于美元的跨境收支和分配等问题我们将在后面章节进行展开，接下来我们详细比较各指标间的联系与差别。

银行结售汇 VS. 代客涉外收付款

国家外汇管理局口径下，按交易对象划分，银行结售汇包括自身结售汇

---

[1] 包括城商行、农商行、农村合作金融机构、外资银行和企业集团财务公司等。

[2] 标准为：(1) 上一年度结售汇业务量低于1亿美元，以及新获得结售汇业务资格的，结售汇综合头寸上限为5000万美元，下限为-300万美元；(2) 上一年度结售汇业务量介于1亿美元至10亿美元，结售汇综合头寸上限为3亿美元，下限为-500万美元；(3) 上一年度结售汇业务量10亿美元以上，结售汇综合头寸上限为10亿美元，下限为-1000万美元。经银行申请，外汇管理分局也可适当提高上限。

（用于外汇利润和资本金收付、支付境外股东红利、进行境外直投、缴纳存款准备金等）和代客结售汇。除即期交易外，银行结售汇还统计远期结售汇签约和平仓、展期数据，以及期权行权数据。

银行代客涉外收付款仅指境内居民通过境内银行与非居民发生的收付款，不包括现钞交易和银行自身涉外收付款。按照国家外汇管理局的释义，非居民不区分境外和境内，交易也不区分本币和外汇，但境内居民个人与境内非居民个人之间发生的人民币收付款暂不包含在内。

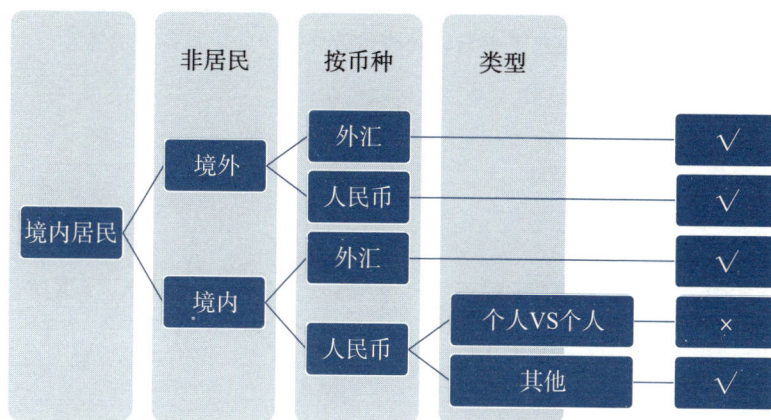

图2-40 银行代客涉外收付款统计口径

资料来源：兴业研究。

不考虑居民与非居民统计口径上的差异，银行代客结售汇与银行代客外币收付款之差，代表了当期缺乏实际跨境交易背景的结售汇敞口，对应境内外汇账户上存贷款变化。具体来说：

代客外币涉外收付款差 - 银行代客结售汇差 = 外汇存款增量 - 外汇贷款增量

数据上也验证了这一规律，2014年到2017年二者存在一定程度的背离，二者差额（以下称为残差）可能是市场主体手中留存的外币现钞，也可能是通过非合规渠道流入境内或流出境外的资金结售汇所得。我们发现，该残差与国际收支平衡表中误差与遗漏项下资金流动具有一定的相关性。

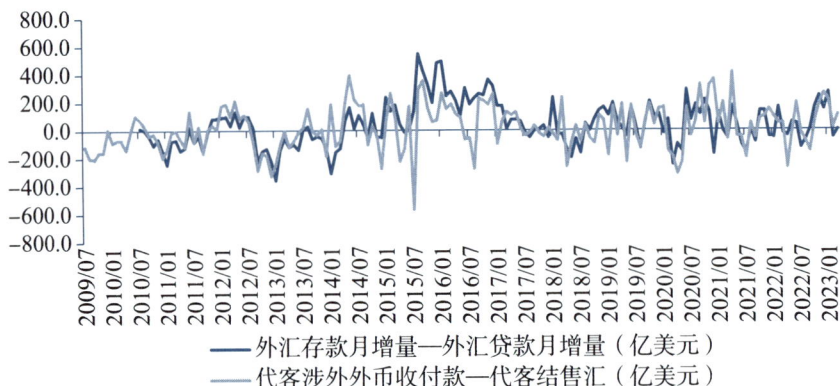

图2-41 代客结售汇差与涉外收付款之差、外币贷存款增量差

资料来源：Wind，兴业研究。

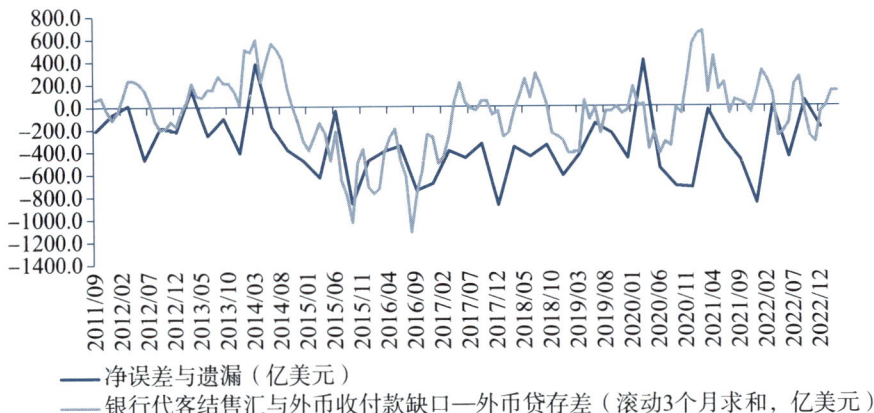

图2-42 代客结售汇缺口与外币贷存款增量差、误差与遗漏项

资料来源：Wind，兴业研究。

银行结售汇 VS. 外汇占款

金融机构外汇占款反映了买入外汇占用的人民币资金，其中蕴含"汇兑"的含义，因此与银行结售汇数据更为相关。非银部门通过商业银行结汇或购汇时，形成了商业银行外汇占款增减，而倘若商业银行就外汇敞口与央行平盘，则会引发央行外汇占款变动，以及商业银行外汇占款的反向变动，这二者共同组成金融机构外汇占款。换言之，金融机构外汇占款的总量取决

于非银主体贸易和投融资行为带来的结售汇需求，而银行选择自行消化外汇敞口，抑或是向央行平盘，决定了外汇占款在央行和商业银行之间的分布。

2016年之前商业银行外汇占款变动可以从央行外占和金融机构外占总额中倒推得出，也可从金融机构外汇信贷收支表中外汇买卖数据大致推算而出，然而自2016年起央行不再公布这两项数据，增加了银行结售汇数据和外汇占款数据比对的难度。

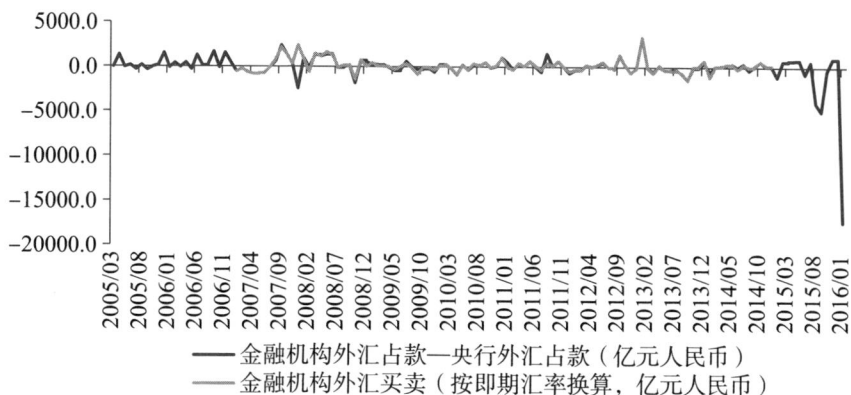

图2-43　商业银行外汇占款

资料来源：Wind，兴业研究。

银行结售汇与央行外汇占款之间的数据差别主要源于其他外汇资金入境直接参与银行间外汇市场、商业银行自行消化外汇敞口，以及央行外汇市场逆周期调控。具体来说：

- 境外金融机构直接进入银行间外汇市场开展的汇兑交易，包括境内央行与境外央行间货币互换、境外机构投资者入场换汇或对冲汇率风险等。这将导致金融机构外汇占款变动，但不影响银行结售汇。

- 外汇储备在经营管理中产生和积累的外币形态收益，会不定期在银行间外汇市场卖出兑换为人民币。外储投资收益将全部计入外储变动中，但只有收益结汇时会引发金融机构外汇占款变动，且不影响银行结售汇。

- 央行外汇市场操作。倘若央行在即期市场上操作，将直接引发央行外汇占款（资产端）和外储储备（负债端）同向变动；倘若央行在掉期市场上操作，近端拆入外币，在当期不消耗外储的同时，影响外汇占款，未来偿还外币时外储会相应下降，其他资产/其他负债项目下还会计入损益（补偿利率水平的差异）。

- 商业银行自行消化外汇敞口，计入银行代客结售汇和商业银行外汇占款，但不影响央行外汇占款。

十亿美元

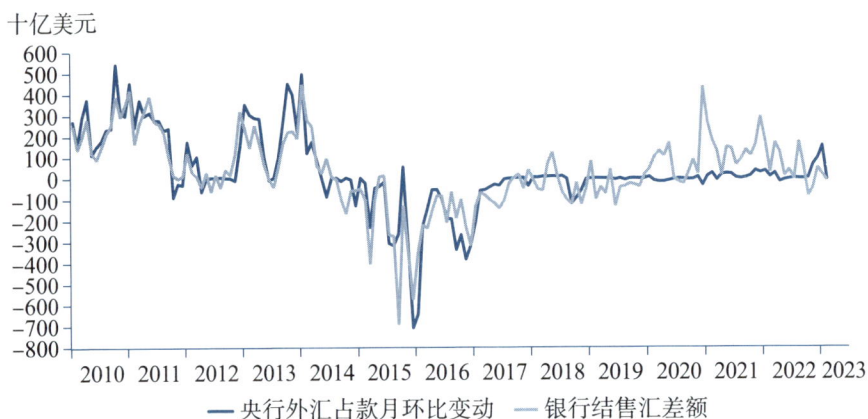

图2-44 银行结售汇、央行外汇占款

资料来源：Macrobond，兴业研究。

银行结售汇 VS. 外汇储备

外汇储备和黄金储备、IMF储备头寸、特别提款权（SDR）共同构成官方国际储备，其中外汇储备份额超过96%，后三者份额分别为2.9%、0.26%、0.33%。

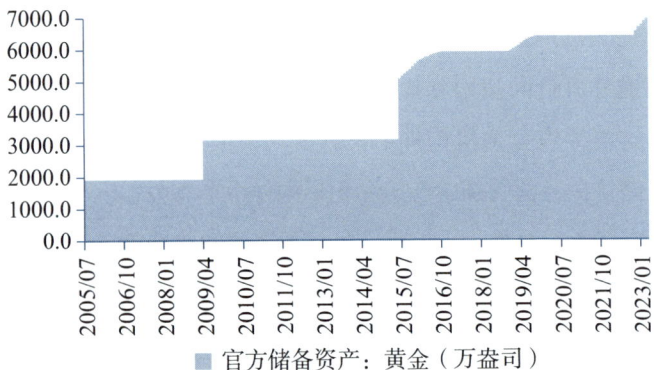

图2-45 中国黄金储备、外汇储备

官方储备资产：外汇储备（亿美元）
官方储备资产：黄金（包括黄金存款和适用情况下的黄金掉期，亿美元）

图2-45　（续图）

资料来源：Wind，兴业研究。

同央行外汇占款相似，银行结售汇形成的差额通过银行与央行平盘，将引发外汇储备的变动，但并非外储增减的全部。国家外汇管理局在2015年上半年外汇收支数据新闻发布会上提到"外汇储备余额的变化除了受结售汇差额影响外，还包括银行外汇头寸的变化、储备收益以及储备所投资的资产价格和汇率变化等等"。具体来说：

- 由于商业银行自行调整外汇敞口，或是央行外汇市场逆周期调节造成的偏差。同前文外汇占款相类似，此处不再赘述。

- 外储投资收益。《国家外汇管理局年报（2018）》中披露，2005年至2014年间外储平均收益率为3.68%，未结汇收益将直接计入外汇储备中。

- 外储投资资产价格和汇率变化等估值效应。《国家外汇管理局年报（2018）》中披露，2014年外储货币结构为美元占比58%、非美占比42%，以美元作为计量货币的背景下，非美货币相对美元汇率变动，以及所投资产价格的变化将导致外储实际价值不变，而读数改变。我们剔除了外汇储备中由估值引发的变化，可以发现外储数据更加平滑，且与银行结售汇之间的相关性由0.57提升到0.71。而剔除估值效应后的外储变化与银行结售汇之差，同人民币汇率预期（用美元兑人民币风险逆转期权表示）息息相关。一方面，人民币贬值预期强烈时外汇市场逆周期调节可能造成外储下滑；另一方面，不同汇率预期下银行可能主动调节自身外币头寸，从而引发外储的被动变化。

- 资金出表。国家外汇管理局在2016年12月外储变动答记者问中提到"根据IMF的定义，外储在支持'走出去'等方面的资金运用记账时会从外储规模内调整至规模外"，例如对亚投行的注资、为ODI企业投放外币委托贷款、调整国际储备内部结构（减持外汇储备、增持黄金储备）等。

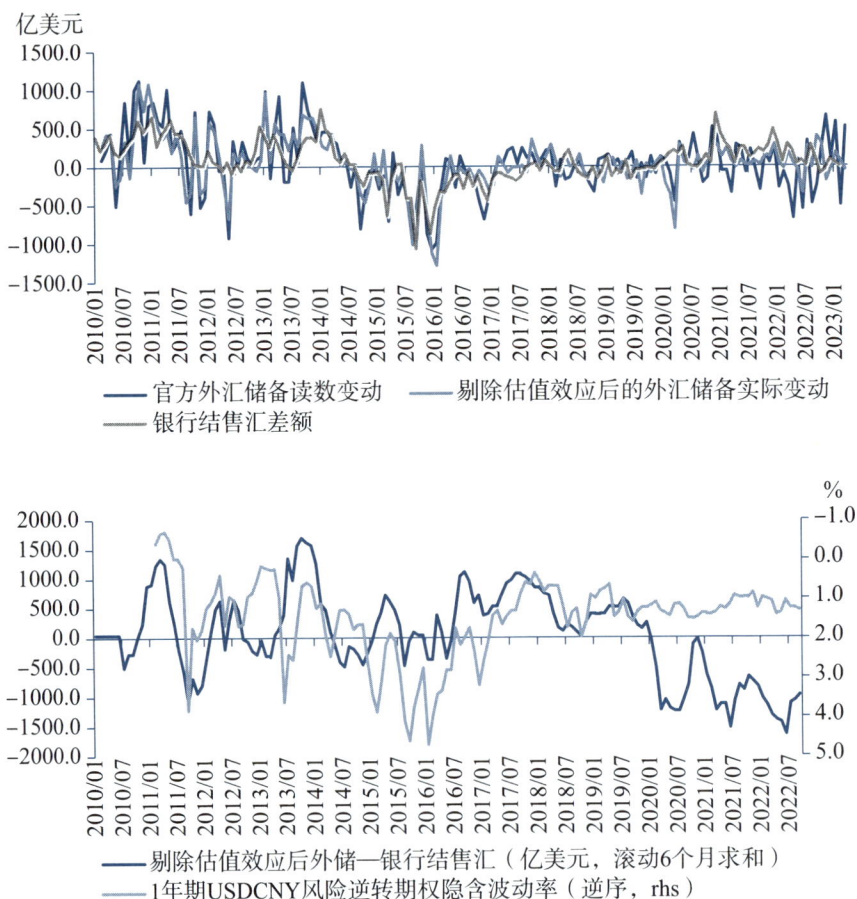

亿美元

官方外汇储备读数变动　　　剔除估值效应后的外汇储备实际变动
银行结售汇差额

剔除估值效应后外储—银行结售汇（亿美元，滚动6个月求和）
1年期USDCNY风险逆转期权隐含波动率（逆序，rhs）

图2-46　银行结售汇、剔除估值效应的外汇储备

资料来源：Bloomberg，Wind，兴业研究。

外汇占款 VS.外汇储备

通过比较外汇占款、外汇储备和银行结售汇数据后，我们能够清晰把握外占与外储之间的关系脉络。经降频后外汇储备变动与外汇占款变动的趋势保持一致，但是规模上存在一定出入，究其原因：

- 外汇储备与外汇占款之间的核心差异在于记账方式的不同。外汇占款使用历史成本法，以人民币汇率作为计量单位，虽然不同时期换汇受到美元兑人民币汇率波动的影响，但一经兑换后外汇占款读数保持不变。外汇储备则以美元作为计量单位，按市价计价，外汇储备多元化投资的过程中，非美货币相对美元的汇率变动将造成外汇储备读数上的变化。我们用美元指数替代非美货币相对美元变动，其与美元兑人民币变动之差能够解释外储与央行外占相对变化的绝大部分。

- 外汇储备所投资产价格变动带来的估值效应，而这很大程度上受到全球利率水平的影响。

- 未结汇外储投资收益将造成外汇储备上升、外汇占款不变；经结汇外储投资收益将造成外汇占款上升，外储规模不变（倘若取得投资收益当期立刻结汇）或先升后降（取得收益后一段时间再结汇）。

- 外储资金出表将造成外储规模一次性下降，但由于未经过换汇，不会影响外汇占款。

图2-47　外汇储备、外汇占款

资料来源：Wind，兴业研究。

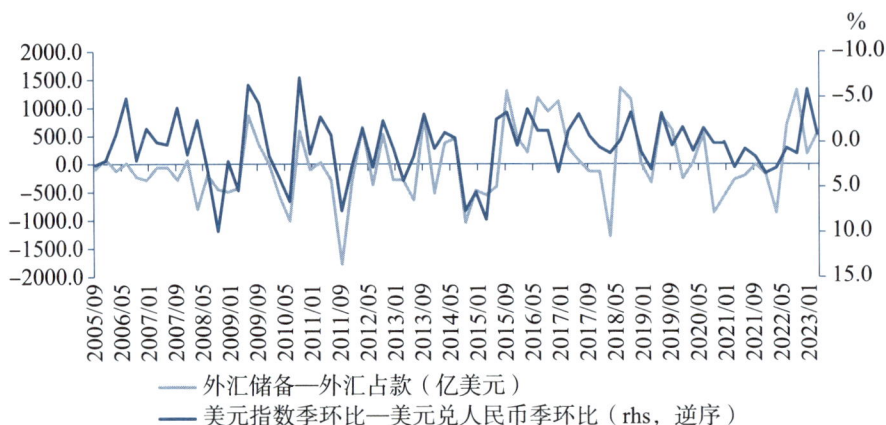

图2-48　外汇储备与外汇占款差、美元指数与美元兑人民币相对变动率

资料来源：Wind，兴业研究。

总结来说，商业银行自行消化代客敞口（调整自留敞口）、境外机构在银行间外汇市场交易以及央行外汇市场逆周期调节是银行结售汇区别于央行外占与外储的核心差异；估值效应、外储投资收益以及资金出表是外储区别于银行结售汇与央行外占的核心差异。

表2-4　央行外汇占款、外汇储备与银行结售汇关联

交易行为	对商业银行外汇占款影响	对央行外汇占款影响	对外汇储备影响	对银行结售汇影响
商业银行自行消化代客敞口	√	×	×	√
境外机构在银行间外汇市场交易	√	√	√	×
外储投资收益（未结汇）	×	×	√	×
外储投资收益（结汇）	×	√	×/√	×
外储估值效应（汇率＋利率）	×	×	√	×
外储资金出表	×	×	√	×

资料来源：兴业研究。

涉外收付款 VS. 国际收支

不同于银行结售汇数据以"汇兑"作为核心，涉外收付款数据更吻合"跨境"的概念，且规避了一个常见误区，即"跨境"业务不是指跨越国界边境，而是指居民与非居民（境内或境外）之间发生的经济往来。接下来我们

尝试分析涉外收付款数据与金融机构国外资产和国际收支数据之间的关联。

从资产变动的角度，外币涉外收付款差额会引起央行和其他存款类机构国外资产边际变化；而外汇占款仅是国外资产的一部分，代表了通过人民币创造吸纳的外汇——在央行资产负债表中，外汇占款、黄金和其他外汇资产[①]共同构成国外资产项目。2016年前，二者一致性更高，随着资本账户开放，金融机构获取美元负债的方式更加多样——例如银行可以发行境外美元债等，使得代客收付款同金融机构国外资产变动的相关性有所减弱。

从国际收支的角度，涉外收付款数据在编制法则上与国际收支平衡表相似，区别在于前者采用收付实现制，后者采用权责发生制，使得二者统计上存在错位；而且非代客渠道下银行自身涉外收付行为也会引起国际收支的变动，造成二者数据偏差。

此外，涉外收付款口径下货物贸易差额同海关总署口径下贸易顺差存在较大的缺口，反映了贸易应收和应付款项。然而，仅有部分贸易应收和应付款项被记录在"国际收支：其他投资：贸易信贷"账户下，其余应收应付款项被隐藏在"国际收支：误差与遗漏"项下，这部分内容我们在前面章节已进行介绍。

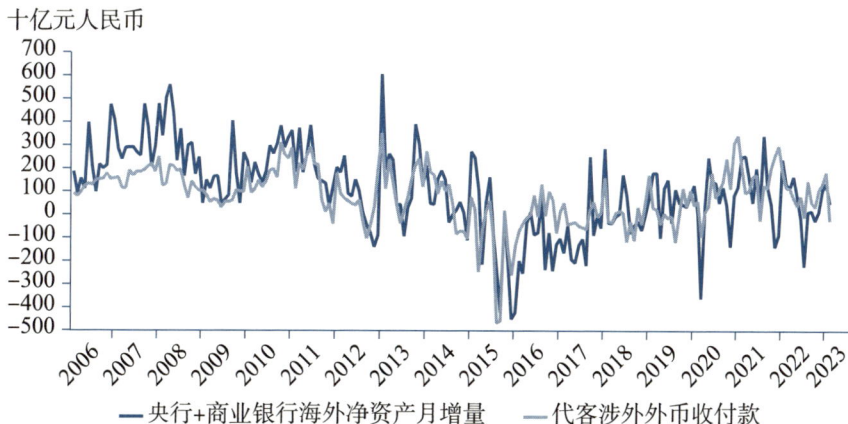

图2-49 央行及其他存款类机构国外资产变动、外币代客涉外收付款差额

资料来源：Macrobond，兴业研究。

---

① 指央行持有的 IMF 头寸、SDRs、其他多边合作银行的股权和其他存款性公司以外汇缴存的准备金。

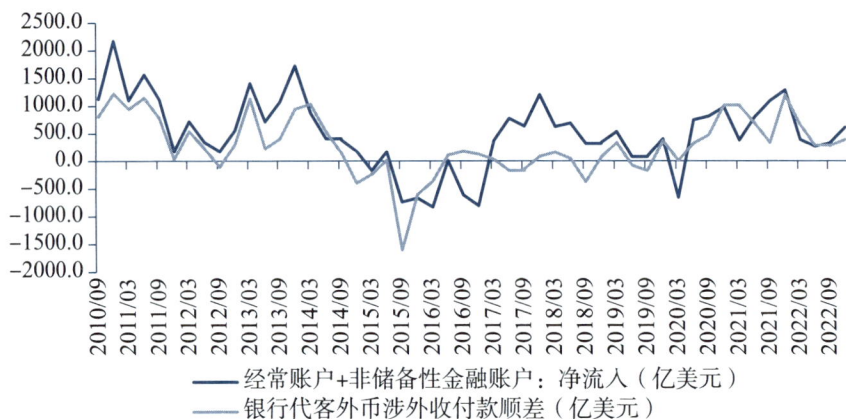

图2-50　经常账户与非储备性金融账户、外币代客涉外收付款差额

资料来源：Wind，兴业研究。

跨境资金流动与人民币汇率的季节性特征

跨境资金流动和人民币汇率有季节性吗?

从国际收支角度，根据2015年后的规律，第一季度货物贸易顺差季节性收敛、贸易信贷和误差与遗漏项顺差季节性扩大，初次收入账户逆差在年中和年末季节性走阔，系支付薪酬和分红所致。资本开放带来的外资配置/调仓效应值得关注，股票市场外资增持往往发生在年中和年末，而债券市场岁末年初以及7月到9月外资增配的规模往往更大。

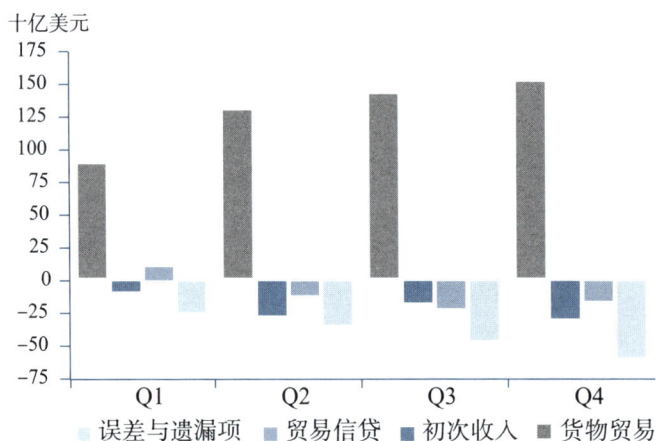

图2-51　国际收支季节性

十亿元人民币

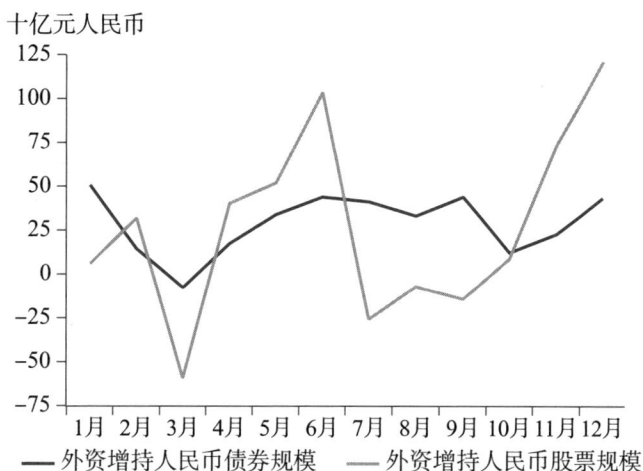

图2-51 （续图）

注：统计时间为 2015 年之后。

资料来源：Macrobond，兴业研究。

从结售汇角度，1月刚性结汇需求以及旅游、留学购汇需求共同增加。二者比较之下，2015年后净结汇规模在1月迅猛增加，随后逐月递减。

从逆周期调节角度，一方面，从外汇储备的变动来看，人民币升值波段外储吸收美元规模更大的时期是每年1月和3月；而人民币贬值波段，外储往往在岁末年初加大投放力度，辅助人民币预期平稳跨年。另一方面，重大会议前往往有逆周期工具辅助汇率稳定的惯例。

十亿美元

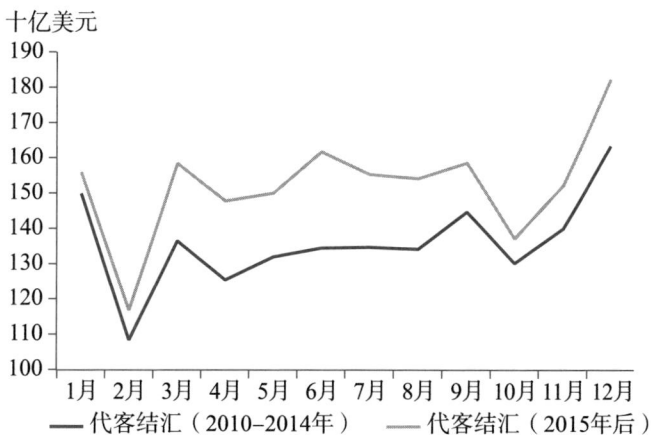

图2-52 结售汇季节性

十亿美元

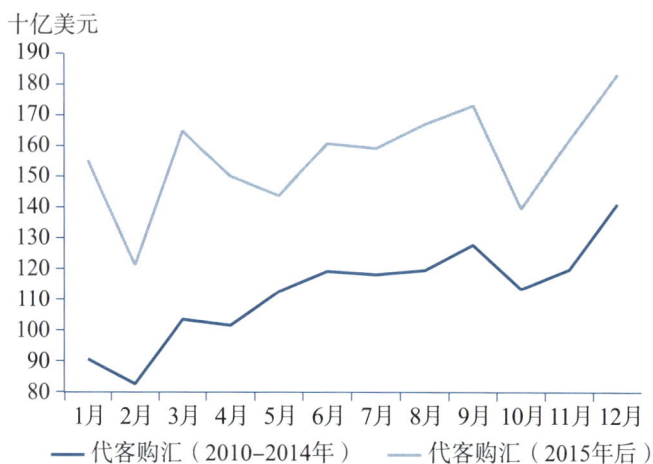

图2-52 （续图）

资料来源：Macrobond，兴业研究。

十亿元人民币

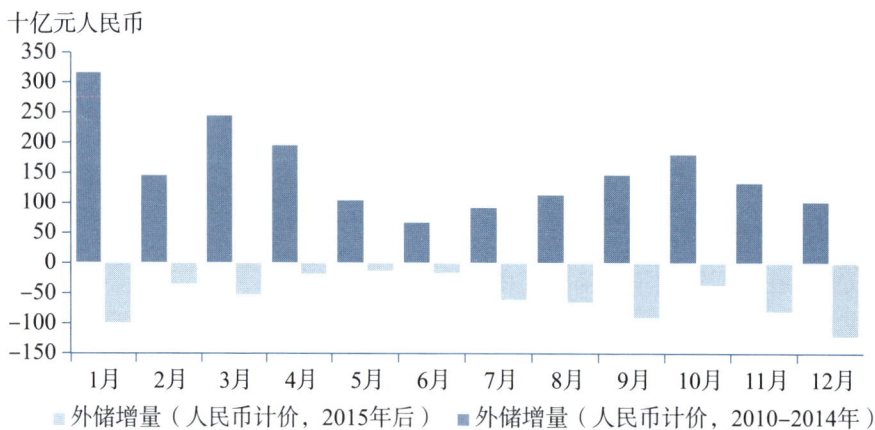

图2-53 人民币计价我国官方外汇储备增量季节性

注：为剔除美元估值的变化，我们统计人民币计价的外储规模变动。
资料来源：Macrobond，兴业研究。

从交易量角度，自2015年后的规律看，春节、国庆长假以及清明、五一、端午、元旦等小长假前汇市成交量均有所下降，此时需警惕单笔大额结售汇造成美元兑人民币大幅波动。

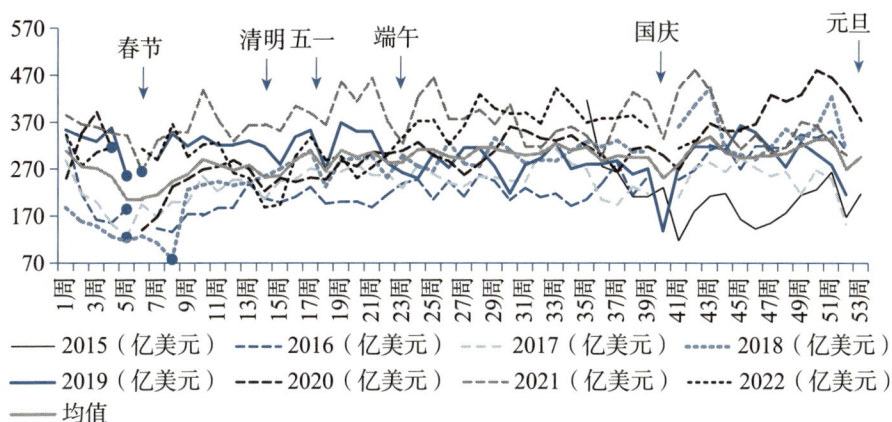

图2-54　美元兑人民币周度询价成交量

注：图中圆点标注为春节时点。

资料来源：Wind，兴业研究。

从期权波动率角度，2015年后，逐渐形成规律，岁末年初往往是波动率放大的时期，4月到7月常常维持低波动，而8月会迎来波动率飙升。2015年"811汇改"后，市场在历年8月容易出现变盘。两个长假中，春节前后波动率先升后降，国庆前后则先降后升。

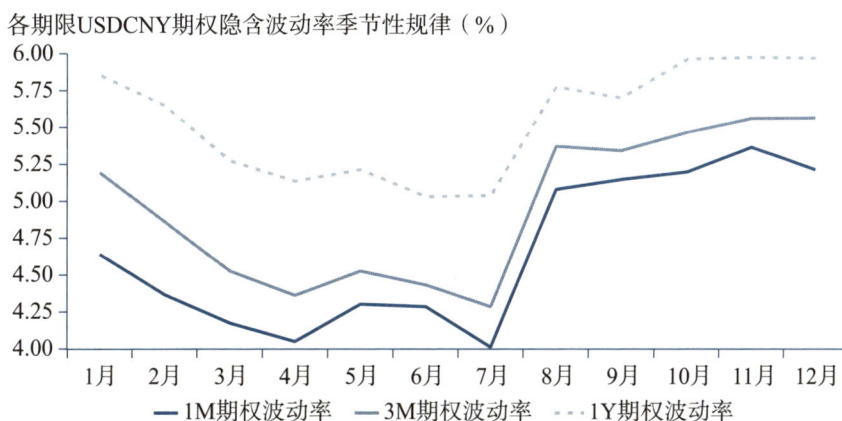

图2-55　美元兑人民币期权波动率季节性

注：统计时间为2015年之后。

资料来源：Macrobond，兴业研究。

综合上述季节性规律，2015年后，人民币相对美元在1月升值的概率较大，主要受刚性结汇盘的支撑；4月和8月容易发生变盘，但这并不必然造成汇率波动率的抬升。

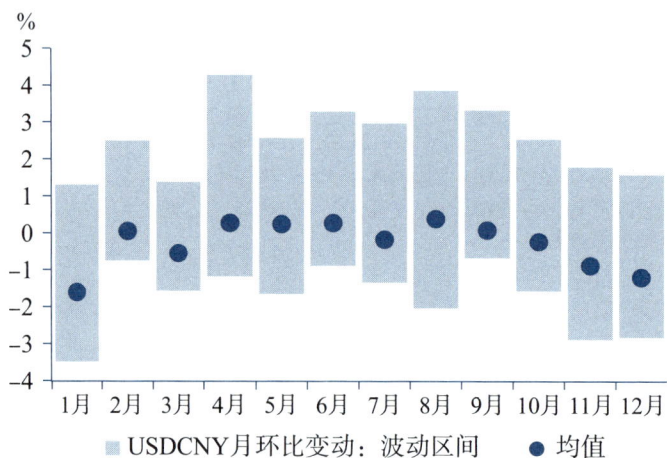

图2-56　美元兑人民币季节性

注：统计时间为2015年之后。

资料来源：Macrobond，兴业研究。

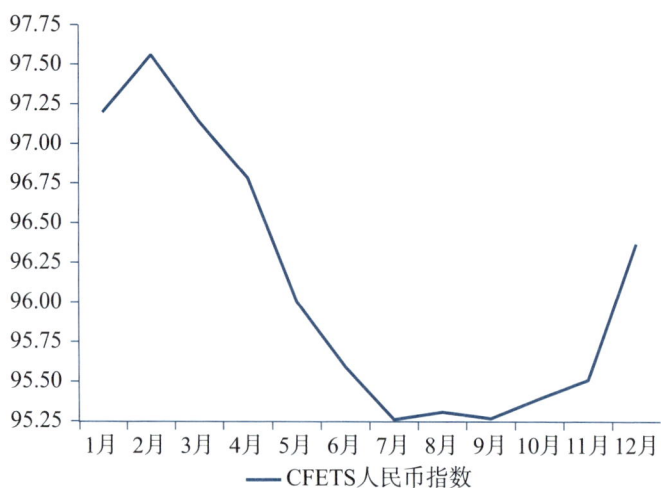

图2-57　CFETS人民币指数季节性

注：统计时间为2015年之后。

资料来源：Macrobond，兴业研究。

表2-5　人民币汇率及其影响因素的季节性规律

因素	Q1	Q2	Q3	Q4
人民币相对美元	1月升值概率大 1月波动率提升 春节前交易量下降			预期相对稳定
人民币有效汇率	1月、2月升值概率大	贬值压力较大	贬值压力较大	升值概率大
国际收支	货物贸易顺差收窄、贸易信贷和误差与遗漏顺差扩大	初次收入逆差扩大		初次收入逆差扩大
		6月增配股票		12月增配股票
	1月增持债券	7-9月增持债券		
结售汇	1月刚性结汇需求 年初购汇增加			年末油盘购汇（已分散）
央行调控	岁末年初调控增强			岁末年初调控增强
		3月易变盘	8月易变盘	
波动率与成交量	春节前成交清淡	低波动率	十一前成交清淡	波动率提升

资料来源：兴业研究。

2.5　外资行为

2017年以来，随着我国金融市场对外开放走上快车道，人民币资产逐渐走入海外投资者全球资产配置的视野，随之而来的跨境资金流动对国内股债汇市场的影响也越来越显著。2019年之前国内股债市场吸引外资流动与人民币汇率变动的相关性并不显著，但2019年后跨境资金流入（流出）对人民币汇率升值（贬值）的驱动明显增强。

当股债汇联动成为"新常态"，跨境资金流动也成为人民币汇率分析中常思常新的一个问题。本章节我们分析跨境资金流动的影响因素，并进行实证检验和分析预测。

十亿元人民币

债市外资流入 股市外资净流入：陆股通-港股通
USDCNY月环比变动（逆序），rhs

USDCNY月环比变动（%）

股债外资净流入（十亿元人民币）

2019年前 ● 2019年前

USDCNY月环比变动（%）

股债外资净流入（十亿元人民币）

2019年后 2019年后

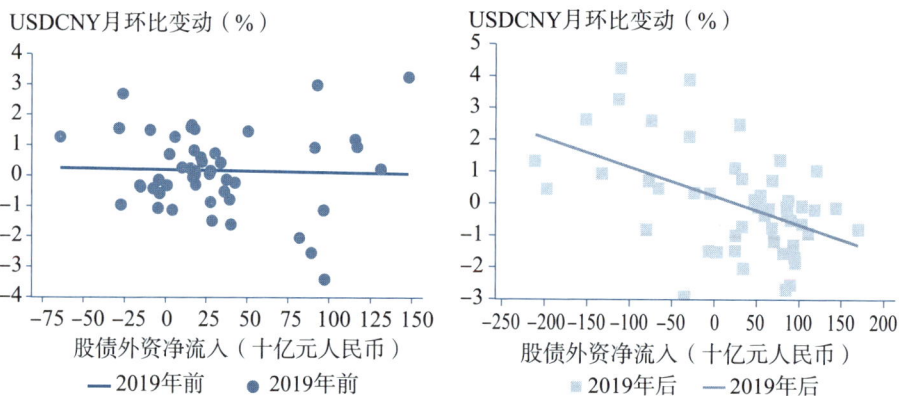

图2-58 证券市场跨境资金、人民币汇率变动

注：股债外资净流入取沪深港通资金净流入＋人民币债券外资托管增量。数据截至2023年3月底。

资料来源：Macrobond，兴业研究。

股债跨境资金指标大盘点

不同口径、不同频率、不同统计方法之下存在多个描述股债市场跨境资金流动的指标。按照频率由低到高排序分别为：季度国际收支；月度涉外收付款、代客结售汇、外资增持人民币股债规模、人民币债券外资托管规模；周度EPFR股债资金流；日度沪深港通资金流。接下来我们分析这些统计数据的特点，并比较数据走势是否一致。

- "国际收支"是刻画跨境资金最为准确的官方数据，数据时间覆盖长（年度数据1982年至今、季度数据1998年至今），便于进行国际比较；但数据频率较低，且公布时间滞后。

- "银行代客涉外收付款"数据可以视为国际收支的高频"替代"数据，数据按月披露，但并未按股票和债券市场分开进行统计。

- "银行代客结售汇"数据刻画了资金汇兑行为，对于分析汇率预期和市场供求颇有助力，但跨境资金收付和结售汇之间往往存在错位。

- "央行口径下外资增持人民币股债"数据是目前公开数据中统计口径最广的，包含了所有金融市场对外开放通道之下的资金流；但仅统计了"流入"方向（外资行为），未考虑"流出"方向（内资出海）。

- "债券外资托管"数据同样反映了外资对人民币债券的总体持有情况，与央行口径下外资持债的规模是一致的；但同样是"单向"数据（外资行为），不考虑流出（内资出海）。

- "EPFR"数据由第三方机构追踪记录了全球48万亿美元共同基金和ETF资金在全球资本市场间的流动，股债均有涉及，且数据高频、公布及时。尽管EPFR统计囊括了流入流出两个方向，但由于国内缺乏全球配置型基金和ETF，因此实质上仅描绘了外资流入流出国内的资金，在分析中一般被认为更能反映"真外资"行为。

- "沪深港通"数据作为唯一的日度高频数据，对于观察单日股票市场资金出入、股汇联动关系等具有重要意义，但沪深港通仅是股票市场对外开放的通道之一，其统计口径具有局限性，没有考虑QFII、QDII等其他渠道。且其参与者一度以内资为主。

表2-6　跨境证券投资资金流动指标对比

指标名称	数据含义	流向	统计口径	频率	数据来源	数据起始时间	优势	不足
国际收支：证券投资：股权/债券资产/负债	居民与非居民发生的证券投资项目资金交互	双向	股和债单独统计	季度/年度	国家外汇管理局	季度1998年Q1始年度1982年始	官方权威数据，数据时间长，便于国际比较	频率较低，公布时间滞后约1个季度

指标名称	数据含义	流向	统计口径	频率	数据来源	数据起始时间	优势	不足
银行代客涉外收付款：证券投资	非银部门通过境内银行与非居民发生的收付款	双向	股债之和	月度	国家外汇管理局	2010年1月	国际收支高频"替代"数据	缺少股和债的分开统计
银行代客结售汇：证券投资	银行为客户办理的结售汇业务规模	双向	股债之和	月度	国家外汇管理局	2001年1月	高频，刻画了实际汇兑行为	结售汇≠跨境资金流动，时间上可能错位
外资增持人民币股债规模	境外机构/个人持有的人民币金融资产增量	仅流入	股和债单独统计	月度	中国人民银行	2013年12月	最大口径下外资对境内股债市场的流入	滞后，按季度更新，一次更新3个月；只考虑外资流入，不考虑内资流出
人民币债券外资托管量	按托管主体划分境外机构持有的人民币债券增量	仅流入	仅统计债券	月度	中债登、上清所	中债登2014年6月始；上清所2012年4月始	最大口径下外资对债券市场的流入	只考虑外资流入，不考虑内资流出
EPFR股债资金流	48万亿美元共同基金和ETF资金流出入股债情况	实际仅流入	股和债单独统计	周度	EPFR	股2000年10月23日始；债2011年8月15日始	数据高频，公布及时，同时涉及股债	仅跟踪共同基金和ETF，实质上只描述了外资流入
沪深港通资金流入	沪港通/深港通下单日资金净流入	双向	仅统计股票	日度	香港交易所	2014年11月17日	数据高频，公布及时，涉及股市双向流动	沪深港通只是股票市场开放的通道之一

资料来源：兴业研究。

接下来我们对比各口径下跨境资金流数据的变动趋势。我们分别对股票市场、债券市场以及证券市场的外资流入、内资出海、净流入资金进行对比：

股票市场方面，陆股通流入和港股通流出与国际收支基本一致，而EPFR股票资金流动与这两者发生背离。说明全球基金和ETF对A股的增持与抛售同沪深港通下资金流动的逻辑并不一致，沪深港通下投资者部分具有中资背景。"央行口径下外资增持人民币股票规模"这一指标不仅包含二级市场股票投资，也包含FDI等股权投资，且存在估值扰动的问题，数值上与陆股通资金流入差距较大，与国际收支中FDI和股票投资流入之和趋势一致。

十亿元人民币

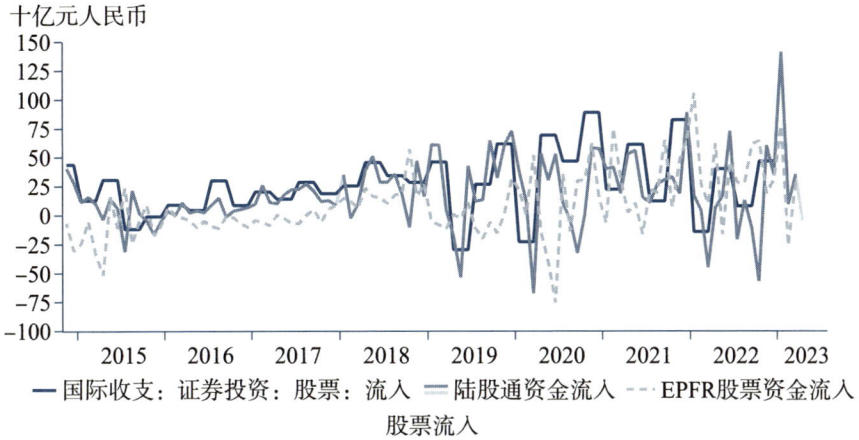

—— 国际收支：证券投资：股票：流入　—— 陆股通资金流入　---- EPFR股票资金流入
股票流入

十亿元人民币

—— 国际收支：证券投资：股票：流出　—— 港股通资金流出
股票流出

十亿元人民币

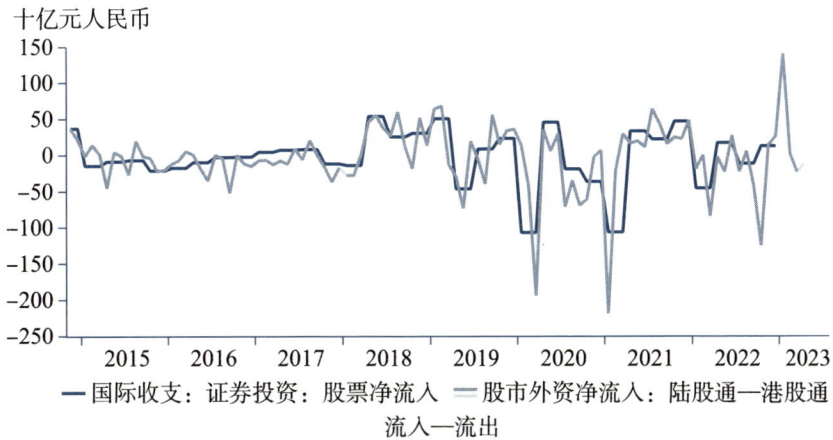

—— 国际收支：证券投资：股票净流入　—— 股市外资净流入：陆股通—港股通
流入—流出

图2-59　股票市场跨境资金流动各指标

资料来源：Macrobond，兴业研究。

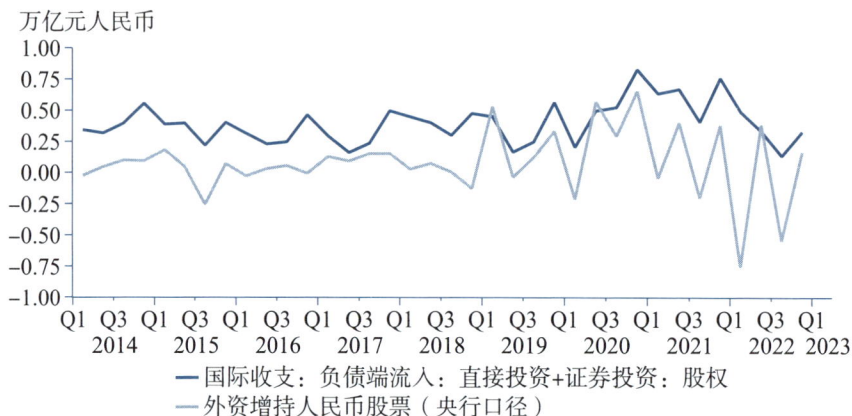

图 2-60　央行口径外资增持人民币股票、国际收支 FDI 和股权流入总和

资料来源：Macrobond，兴业研究。

　　债券市场方面，流入方向，外资托管量和央行口径下外资增持人民币债券两个数据是一样的，都同国际收支口径相合，而 EPFR 数据虽然存在数量级上的差距，但趋势也与国际收支数据一致。流出方向，国内于 2021 年 9 月刚刚开放了债券通"南向通"，并制定了 5000 亿元人民币年度总额度和 200 亿元人民币每日额度限制。目前境内银行通过"南向通"购买中国香港市场人民币债券和票据的交易活跃，但并未有公开数据公布。从国际收支来看，债券市场资金流出规模大多不超过 400 亿元人民币/月（内资出海）。

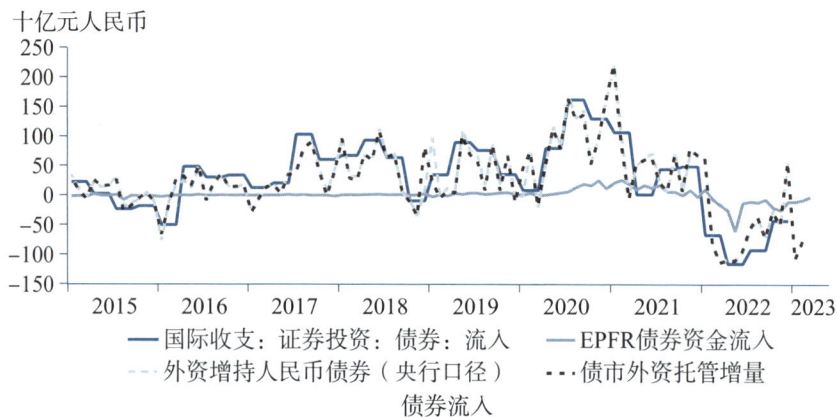

图 2-61　债券市场跨境资金流动各指标

十亿元人民币

债券流出&净流入

图2-61 （续图）

资料来源：Macrobond，兴业研究。

　　股债市场综合来看，"银行代客涉外收付款顺差"可以视作国际收支证券投资净流入的高频替代数据；在债券市场对外开放程度有限的情况下，"沪深港通净流入+债券外资托管量"数据也与国际收支的统计相合。

　　具体来说，流入方面，"陆股通流入+债券外资托管增量"与国际收支重合度较高，EPFR流入与国际收支的相关性在2020年后提高。"银行涉外收付款"和"代客结售汇"数据无论流入还是流出都与国际收支的背离均较为严重。其中"代客涉外收入"和"代客涉外支出"与国际收支背离的原因是股债投资具备典型的"快进快出"特征。倘若一笔股债投资买入和卖出发生在当季内、跨月间，则会被同时计入月度"代客涉外收入"和"代客涉外支出"数据中，但不会体现在季度"国际收支"数据中。因此"代客涉外收入（支出）"数值远大于国际收支证券投资负债端（资产端）。

跨境资金流影响因素分析

　　股债市场跨境资金流动受到哪些因素的影响？国内外学者从宏观基本面角度进行了探讨。

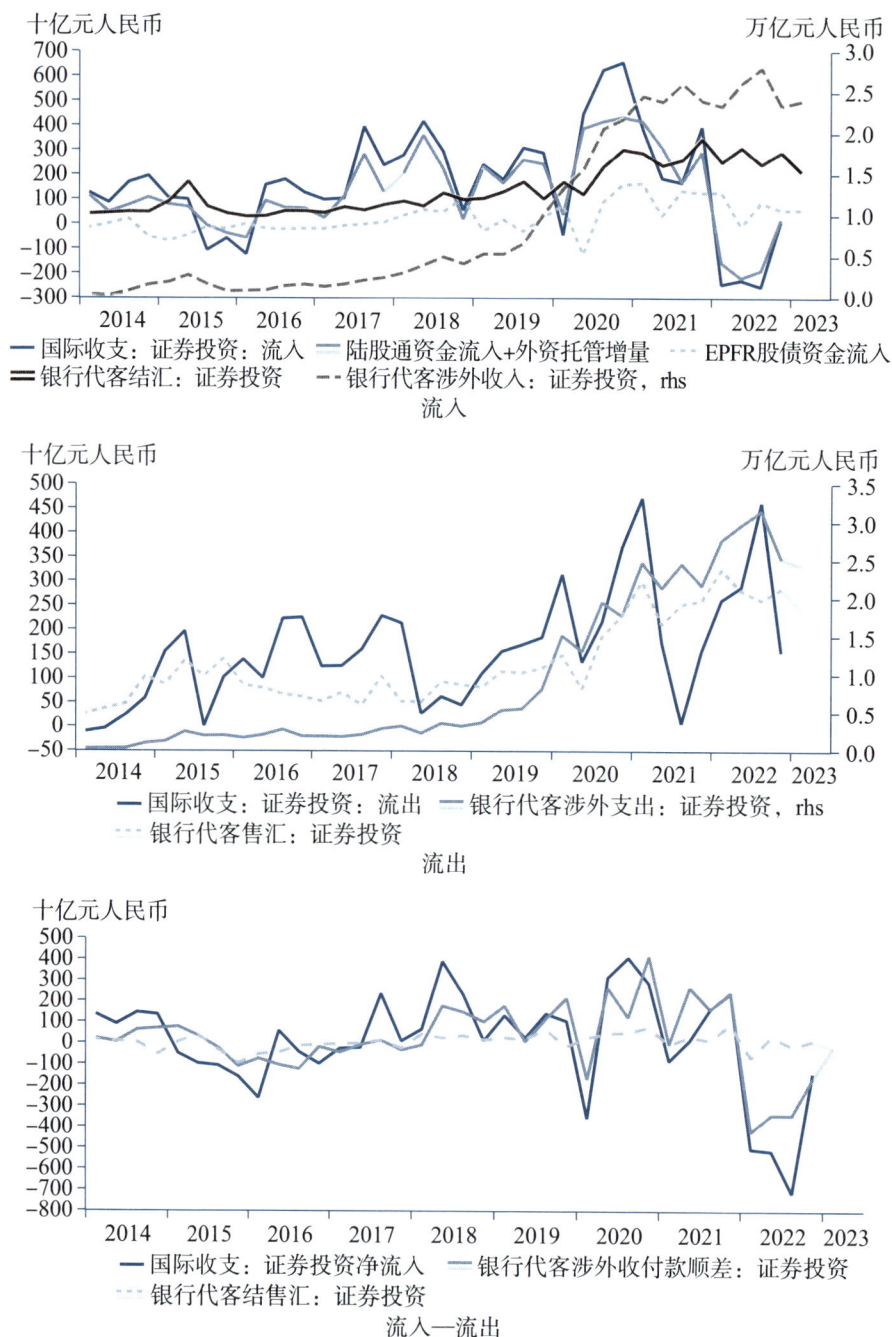

图2-62 证券市场跨境资金流动各指标（股债加总）

资料来源：Macrobond，兴业研究。

学术界对新兴市场跨境资金流动的研究基本都遵循"Push & Pull"框架。该框架将推动跨境资金流动的因素分解为外部推动因素（Push Factors）和自身拉动因素（Pull Factors）。变量选择上，Sarno et al.（2016）选取美国工业产出缺口、10年期美债收益率、美股与全球股市股比、VIX变动率、美元流动性（3个月Libor与3个月无风险国库券利差）作为"Push Factors"，选取本国工业产出缺口、10年期国债利率、股市回报率、资本账户开放程度作为"Pull Factors"。Koepke（2019）则选取全球风险偏好、发达市场利率、发达市场产出增速作为"Push Factors"，选取国内产出增速、资产回报率和主权风险作为"Pull Factors"。

Sarno et al.（2016）和Koepke（2019）发现外部推动因素（Push Factors）对股票和债券市场资金流动的影响占主导地位，这也是全球风险偏好转变或是美元利率汇率开启新周期时各新兴市场资金同进同出的原因。而自身拉动因素（Pull Factors）对于FDI和银行现金流起到决定性作用。

表2-7 跨境证券投资资金流影响因素（国际经验）

推动因素（Push Factors）	拉动因素（Pull Factors）
美国工业产出缺口/产出增速	本国工业产出缺口/产出增速
10年期美债收益率	10年期本国国债收益率
美股指数/MSCI全球指数	股票回报率
风险偏好（VIX变动）	主权风险
美元流动性（3个月Libor-3个月国库券利率）	资本开放程度

资料来源：兴业研究。

除上述因素外，资产相关性也是影响跨境证券投资资金流动的重要因素。当人民币资产成为全球资产配置的"备选"资产时，除了开放程度、资产回报率、主权风险、货币稳定性等因素外，与其他资产的对冲关系也是投资者的重要考量维度之一。我们采用A股和人民币债券同美股、美债的相关性对资产相对回报率进行处理，融合后的指标对股债跨境流动的解释力度更强。

图2-63 债市外资流入、经相关性处理后的名义利差

注：经相关性处理的中美名义利差＝中美10年期国债利差－中债和美债过去2个月相关性。

资料来源：Macrobond，兴业研究。

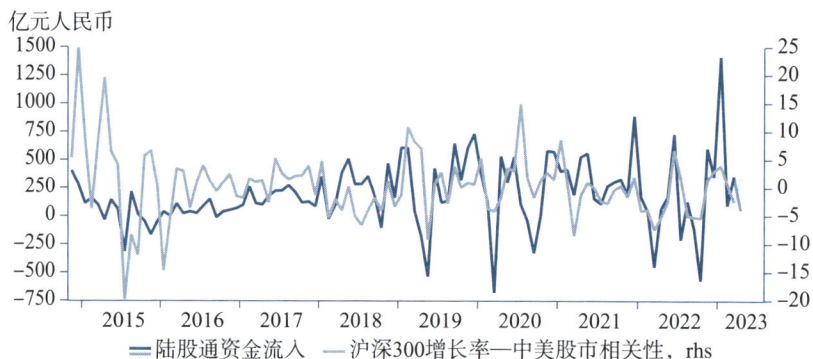

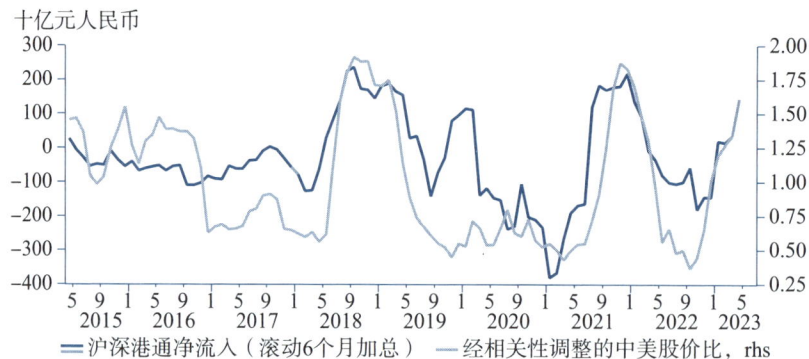

图2-64 股市外资流入、经相关性处理后的股价变动

注：上图经相关性调整的沪深300环比增速＝沪深300月环比－当月中美股指相关性；

下图经相关性调整的中美股价比＝当月沪深300/标普500－滚动12个月中美股市相关性。

资料来源：Macrobond，兴业研究。

我国跨境资金流入实证分析

基于上述讨论，我们对跨境资金流入的影响因素进行实证检验。其中股票市场资金流入取陆股通流入数据，债券市场资金流入取央行口径下外资增持人民币债券规模。

借鉴国际研究，我们选取中国与美国相对产出增速、中美利差、中美股比、美元流动性、VIX变动、中国主权信用风险作为解释变量，同时引入新的解释变量人民币流动性、中美股债相关性。我们曾尝试将人民币汇率变动纳入解释变量，但无论股市还是债市该变量的影响并不显著。这与实践认知一致，即当汇率充分波动时，其升贬更多是作为股债资金流动变动的结果，而非原因。此外，使用实际利差替代名义利差进行回归，效果也不及名义利差。这可能是因为在样本区间的多数时间，通胀问题并不明显，但是从2021年开始，在投资者做决策时实际利差可能起到更大的作用。

考虑到数据可得性和数据频率，中国与美国相对产出增速取中美经济意外指数差；中美债市利差和相关性取中美10年期国债利率之差并计算其相关性；中美股市比和相关性取A股和标普500股比并计算其相关性；美元流动性取3个月银行间拆借利率相对隔夜拆借基准利率的利差（FRA-OIS利差）；中国主权信用风险取中国5年期CDS价格；人民币流动性取银行间质押式7天回购利率（R007）。

我们收集上述变量月度数据，经单位根检验所有自变量和因变量原序列平稳，故采取普通最小二乘法（OLS）进行回归。剔除不显著的解释变量后，实证检验结果如下：

债券市场方面，除自身滞后项外，债市资金流入与经相关性调整后的中美利差有显著正相关性（中美利差正相关、相关性负相关），与主权信用风险显著负相关，与中美股比显著正相关。这与经济学常识相吻合，即当中美利差扩大，或是中债对美债的对冲效果增强时，外资倾向于增持人民币债券；而主权信用风险增加时，外资倾向于减持人民币债券。此外当A股表现较美股更优时，往往对应国内经济表现较好、利率水平具有竞争性，外资流向人民币债市的资金增加。并且也有部分外资在增持国内股票的时候，也会相应增持国内债券。

亿元人民币

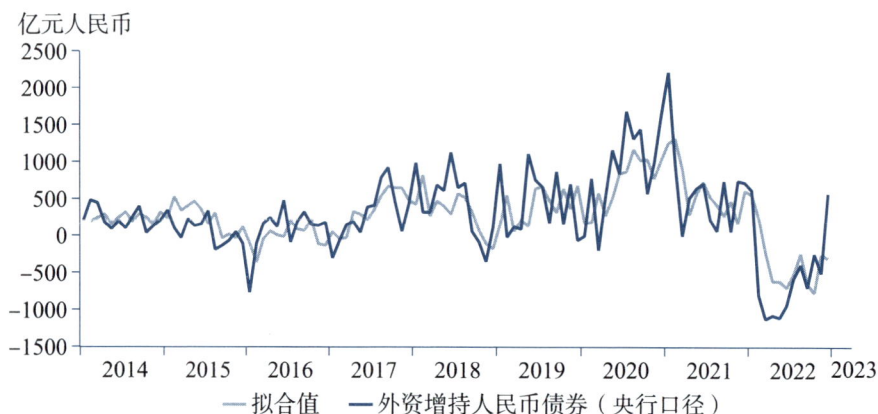

— 拟合值 — 外资增持人民币债券（央行口径）

因变量：央行口径外资增持人民币债券　　（亿元人民币）

解释变量	债市资金流入滞后项	经相关性调整后的中美利差	中国主权信用风险	中美股市比	R2	D.W. 值
系数	0.4123***	145.29**	−4.7501**	265.45*	0.5945	1.96

图 2-65　债券资金流入回归结果

注：

1. 回归取 2014 年至 2022 年 12 月底数据。

2. *、**、*** 分别指在 10%、5%、1% 水平下显著。

3. 经相关性处理的中美名义利差 = 中美 10 年期国债名义利差 − 中债和美债滚动相关性。

资料来源：Macrobond，兴业研究。

亿元人民币

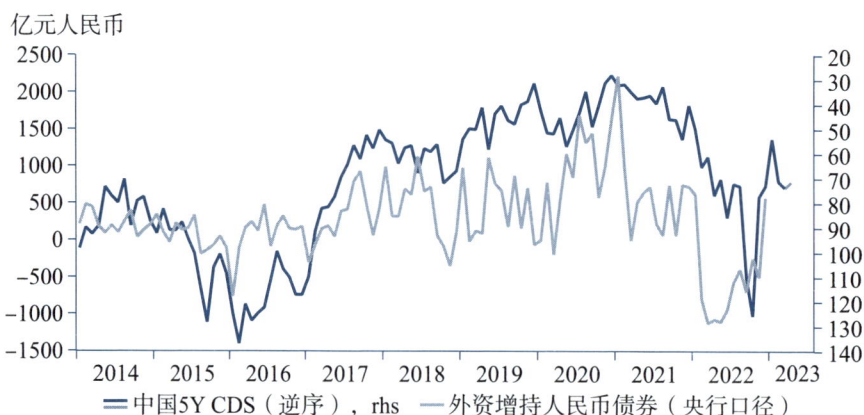

— 中国5Y CDS（逆序），rhs　— 外资增持人民币债券（央行口径）

图 2-66　债市外资流入与解释变量相关性

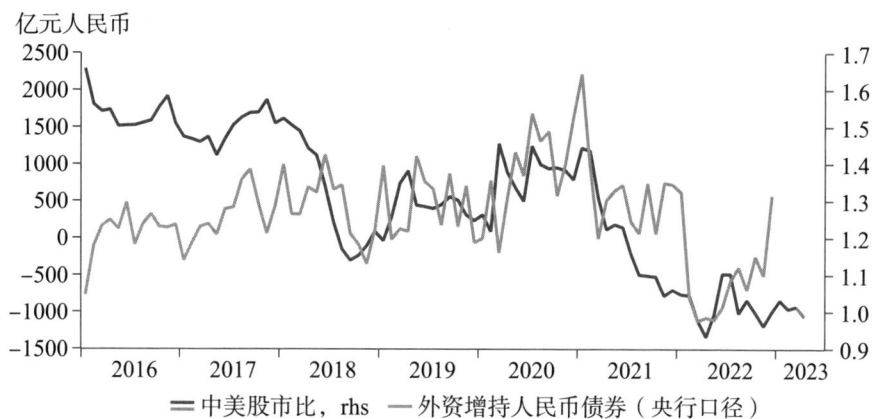

图2-66 （续图）

资料来源：Macrobond，兴业研究。

股票市场方面，全周期来看，股市资金流入与经相关性调整后的A股增长率显著正相关（A股增长率正相关、相关性负相关），受VIX变动的影响不显著，与主权信用风险显著负相关。其中VIX变量的系数不显著的主要原因是2022年前后外资持股的交易逻辑发生了变化。我们区分2022年前和2022年后进行分段回归：

2022年前，股市资金流入与中美股比、VIX变动和主权信用风险显著负相关。即当A股跑输美股、全球风险偏好回升、我国主权信用风险降低时，外资边际增持A股。这说明在我国主权信用风险不大时，外资对A股投资的核心逻辑可能是"抄底"，并且A股是一种典型的风险资产。

2022年后，交易逻辑发生了变化，体现在外资流入规模同VIX变动的关系转为正相关。且当A股具备高回报率、与美股低相关性时，外资增持A股的热情上涨。这一阶段A股投资的避险属性更强，且兼顾了投资组合的风险分散化。2022年以来美股大幅下跌，外资分散化投资需求可能明显上升。值得一提的是，由于这一阶段数据量尚小，外资持股交易逻辑是否真正发生改变需要更长时间、更多数据的验证。

亿元人民币

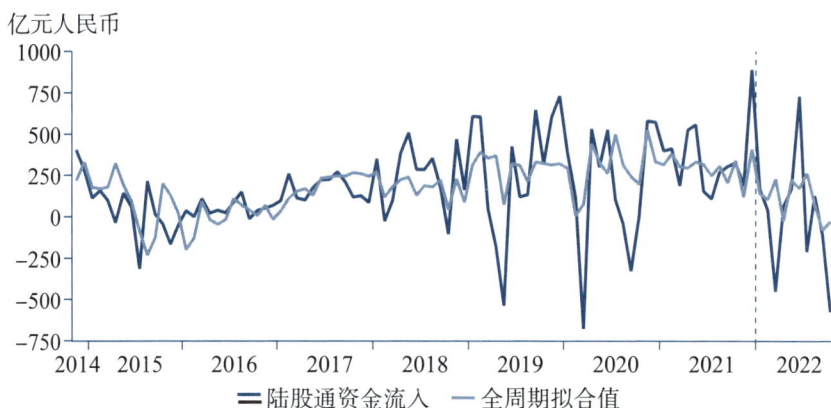

图2-67 股票资金流入回归结果（全周期）

因变量：陆股通资金流入 （亿元）

解释变量	经相关性调整后的A股增速	中国主权信用风险	VIX变动	常数	R2	D.W.值
系数	11.014**	−4.4628***	−8.0682	465.41***	0.2437	1.45

注：回归取2014年11月至2022年10月数据。*、**、***分别指在10%、5%、1%水平下显著。经相关性处理的A股增速＝沪深300同比增速－沪深300和标普500当月相关性。

资料来源：Macrobond，兴业研究。

亿元人民币

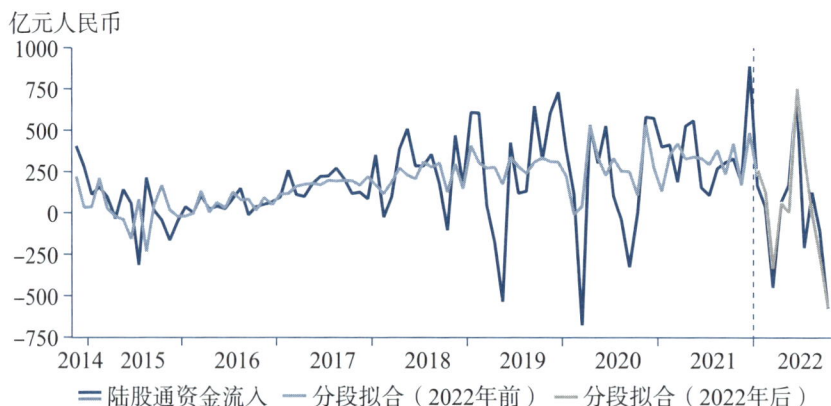

图2-68 股票资金流入回归结果（分阶段）

因变量：陆股通资金流入（亿元人民币）	
中美股比	−241.48*
VIX 变动	−13.854***
中国主权信用风险	−2.3418**
常数	698.44***
R^2	0.3077
D.W. 值	1.71

2022年前

因变量：陆股通资金流入（亿元人民币）	
经相关性调整后的 A 股增速	79.065*
VIX 变动	33.786
中国主权信用风险	−17.140**
常数	1429.7**
R^2	0.5249
D.W. 值	2.05

2022年后

图2-68　（续图）

注：回归取 2014 年 11 月至 2022 年 10 月数据。*、**、*** 分别指在 10%、5%、1% 水平下显著。经相关性处理的 A 股增速 = 沪深 300 同比增速 − 沪深 300 和标普 500 当月相关性。

资料来源：Macrobond，兴业研究。

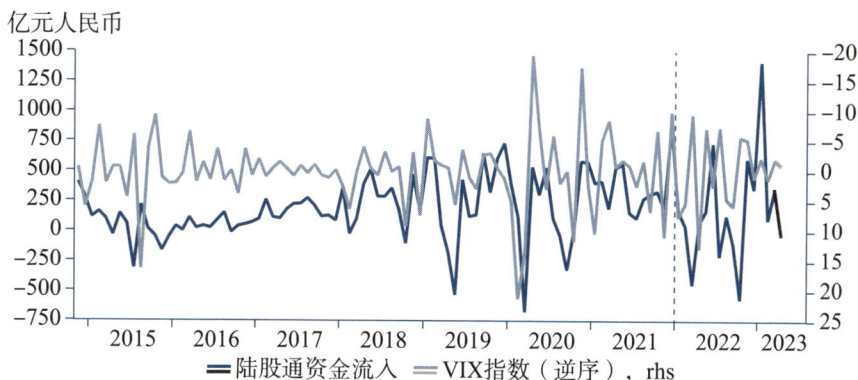

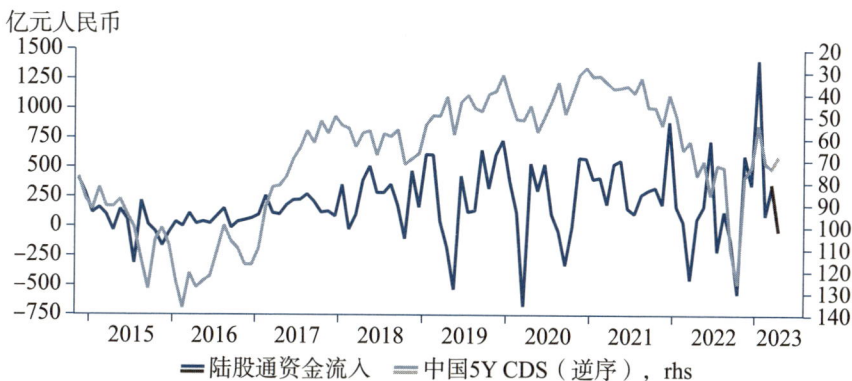

图2-69　股市外资流入与解释变量相关性

资料来源：Macrobond，兴业研究。

最后，在前述回归模型的基础上，我们可以使用VAR模型对股市和债市的资金流入规模进行预测。其中股票市场方面，为提高预测的准确度，我们将回归模型的起始点设置为2018年（股市流入数据开始大幅波动），并将2022年前后符号发生变化的解释变量——VIX变动剔除解释变量序列。尽管如此，由于2022年前后外资增持A股的逻辑发生变化，导致基于历史关系进行回归的VAR模型对于2022年后资金流入的拟合效果变差，这也会影响模型预测的准确度。

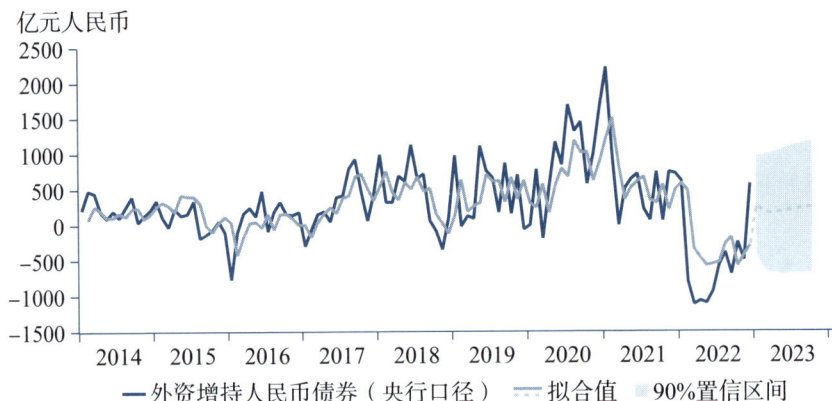

亿元人民币

图2-70 债市外资流入预测（基于VAR模型，未来半年）

注：解释变量囊括经相关性调整后的中美利差、中国主权信用风险、中美股比。
资料来源：Macrobond，兴业研究。

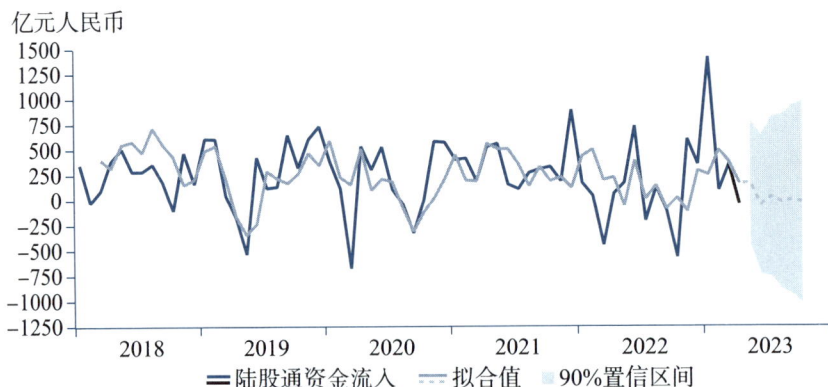

亿元人民币

图2-71 股市外资流入预测（基于VAR模型，未来半年）

注：解释变量囊括经相关性调整后的沪深300增速、中美股比、中国主权信用风险。
资料来源：Macrobond，兴业研究。

人民币汇率新范式：避险货币

在研究外资对 A 股的交易行为时，我们注意到一个有趣的现象，2022 年以来股票市场外资净流入规模同 VIX 指数的关系由负相关转为正相关，这意味着 A 股投资的避险属性增强。这不禁使我们思考，人民币资产以及人民币汇率本身是否开始出现避险属性？避险属性又将对人民币的交易范式起到怎样的影响？

从行情直观感受，后疫情时代人民币汇率确实常常表现出避险升值的特征。一方面，历次海外新冠疫情暴发的高峰期，人民币汇率均出现升值行情；即使是在 2022 年人民币贬值大周期中，2022 年 6 月到 8 月全球新增确诊人数增长时，人民币汇率也是止贬维稳的，这是以我国独树一帜的抗疫优势作为支撑的。另一方面，2021 年后历次美股从高位回落的初期，我们往往能观察到陆股通下外资流入境内的规模在增加。

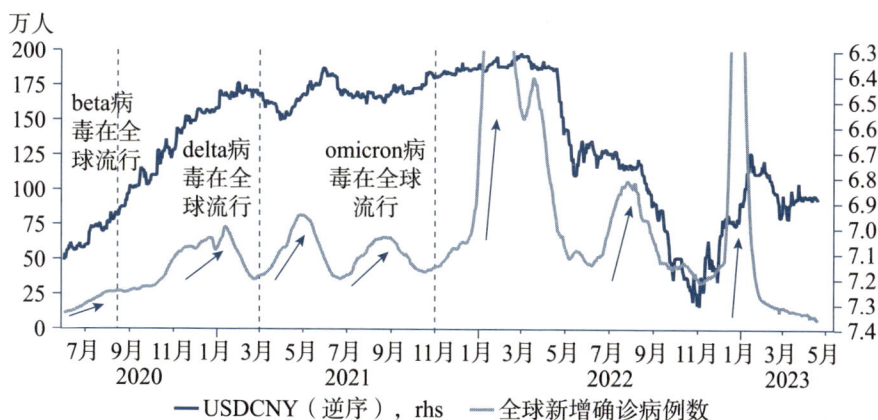

图 2-72　全球新冠新增确诊人数、美元兑人民币

资料来源：Macrobond，兴业研究。

人民币避险属性的本质与其他避险资产不同。市场公认的避险资产包括瑞郎、日元、黄金、白银和美债，美元在部分时期也呈现出避险升值特征。我们一一分析这些避险资产的根源：

- 对于瑞郎和日元而言，避险的本质在于其融资货币属性。高风险时

101

期，日本和瑞士投资者使用本币换汇后投资海外高息资产获取利差收益，海外投资者也可以通过融入日元和瑞郎获得低成本资金，再将之投入高息资产取得超额回报（即套息交易），这一过程中日元和瑞郎将出现贬值。待风险事件来临时，高息资产下跌叠加汇率波动侵蚀了套息收益，本国投资者的风险厌恶情绪也会提升，套息交易平仓以及本国投资者去外币杠杆带动资金回流日本或瑞士，日元和瑞郎避险升值。日元和瑞郎持仓由空转多的前夕美股往往出现大的波动。这部分内容我们将在本书第三章节日元分析框架中详细展开。

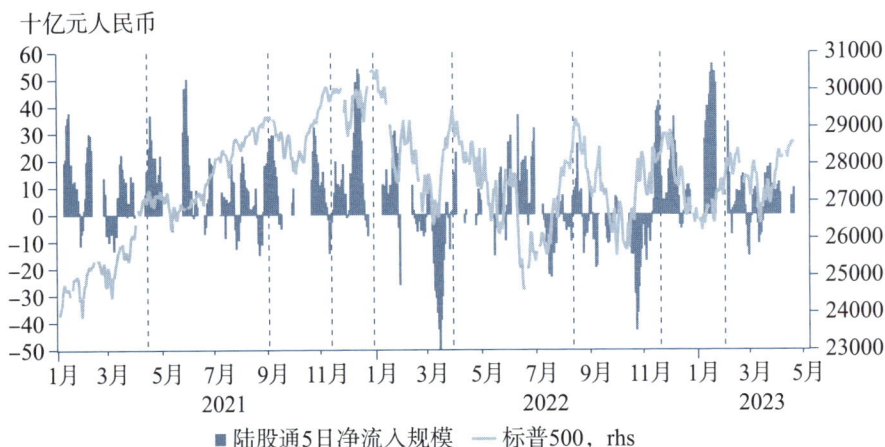

图2-73　标普500指数、陆股通下资金净流入规模

注：图中竖线代表美股从高位回落的时点。
资料来源：Macrobond，兴业研究。

- 美元的避险属性来源于其国际本位币地位。当发生战争或衰退时，美元作为全球储备货币被认为是"流动性好且安全的资产"，极端情况下甚至会出现美元流动性危机，被动推升美元指数。倘若战争和衰退爆发后美国经济"一枝独秀"，美联储相对非美经济体货币政策率先紧缩，则美元升值动能更强。

- 美债避险是美元本位币地位和低利率预期达成的。美元本位币地位奠定了其"避风港"属性，加之相比股市，债市的防守属性更强，由此形成了美债的避险升值特征。增持美债隐含着"货币政策宽松从而托底经济"的预期，因此美债和美元的避险属性往往并不同步，倘若风险事件"遭遇"美联储紧缩周期，则美债避险属性褪色，美元的升值空间更大。除此之外，美债避险属性受到下述因素的限制：一是高通胀预期利空债券，因此2000年全球进入低通胀时代后美债的避险属性得到增强，而后疫情时代通胀预期持续抬升削弱了美债的避险属性。二是战争一旦涉及美国本土，美债也将失去避险功能。

- 黄金和白银避险的根源在于"抗通胀"。倘若战争（尤其是产油国参与的战争）、全球大放水或是货币信用体系坍塌等造成通胀预期大幅抬升，黄金往往能获得强劲的上涨动能。反过来说，未引发通胀大幅提升的风险事件也就不会触发黄金和白银避险升值，其影响就仅是脉冲式的，反观"抗通胀"带来的上涨持续性更好。

- 人民币的避险属性同上述已知的范式都有所区别。与日元、瑞郎不同的是，人民币不具备成为融资货币的条件。IMF（2013）[①]将融资货币的必要条件总结为"低利率+庞大的海外资产净头寸+金融市场流动性充足且具备市场纵深"。我国利率水平并未明显低于发达经济体，且不考虑国家外汇储备，私人国际投资头寸仍呈现净负债。

人民币的避险属性根源是人民币资产的投资吸引力。2021年后，由于国内货币环境宽松且供应链优势仍存，国内通胀温和使得实际利率较高，人民币资产成为避险资金的"避风港"。此外SWIFT踢除俄罗斯的举动也暴露了美国长臂监管的风险，这加快了全球去美元化的进程。以俄罗斯为例，美元储备占俄罗斯外汇储备总额的比重从2018年初的45.8%下降到2021年6月底的16.4%（约970亿美元），人民币储备占比则从2.8%上升到13.2%（约781亿美元），倘若剩余的美元储备按3∶1比例转化为人民币储备，将带来约320亿美元（约合2000亿元人民币）的资金流入。

---

① Botman, Filho, Raphael, 2013, The Curious Case of the Yen as a Safe Haven Currency: A Forensic Analysis, IMF Working Paper.

人民币的避险属性与人民币国际化的进程相辅相成。长期来看，人民币在国际支付结算和全球外汇储备中的占比将趋势性抬升，使得人民币资产对于外资更具吸引力。

表2-8 避险货币基本面情况对比

标准	指标	日元	瑞郎	人民币
利率	政策利率（2022年10月）	−0.1%	0.5%	2.0%（7天逆回购）
	10年期国债收益率（2022年10月）	0.24%	1.06%	2.67%
国际投资头寸	国际投资净头寸/GDP（2020年）	66%	409%	15%（含外储）；−8%（不含外储）
金融发展	上市公司总市值/GDP（2020年）	132%	266%	83%
负债率	一般政府总债务/GDP（2020年）	254%	42%	66%
外汇OTC日均转手率（2019年4月）	即期（亿美元）	3602	857	969
	衍生品（亿美元）	7475	2413	1873

资料来源：Wind，BIS，兴业研究。

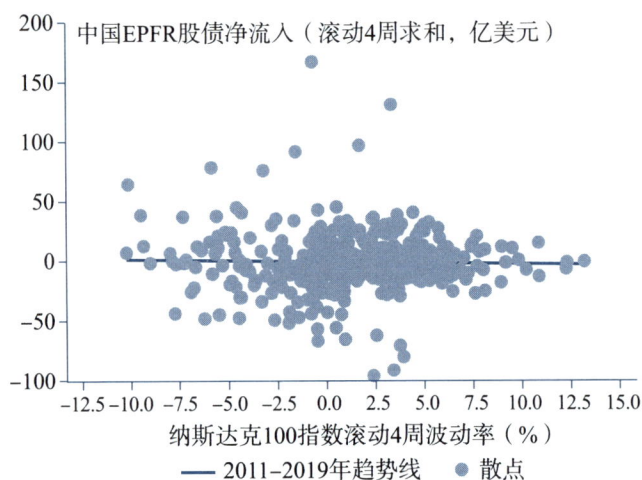

图2-74 中国EPFR股债资金净流入与纳斯达克收益率

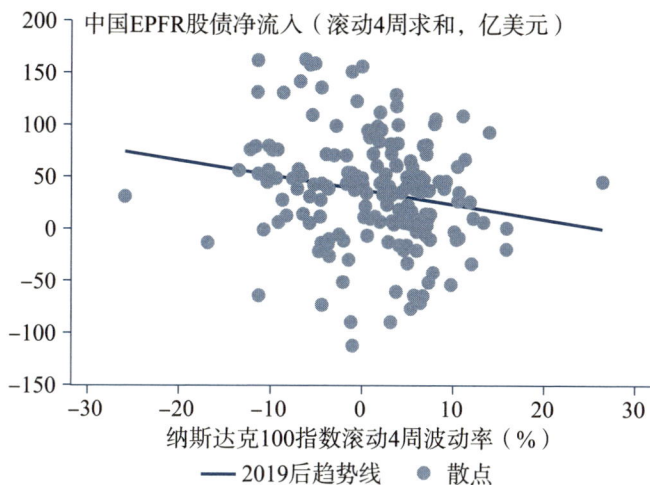

图2-74　（续图）

注：数据截至2023年3月底。

资料来源：Macrobond，兴业研究。

2.6　境内美元流动性

从外汇留成与上缴制度，到强制结售汇制度，再到意愿结售汇制度，既记录了境内外汇市场的改革之路，也标志着境内银行间美元市场的从无到有。

2007年，我国取消账户限额管理，允许企业根据经营需要自主保留外汇；2008年，修订后的《中华人民共和国外汇管理条例》明确企业和个人可以按规定保留外汇或者将外汇卖给银行。实施意愿结售汇之初，由于人民币汇率存在单边升值预期，企业持有外汇的意愿并不强，外贸和直投账户下外汇资金被人民银行外储吸收。2014年之后人民币汇率开启双边波动行情，企业结售汇失衡的局面得以改善，外汇资金开始在银行间市场沉淀，银行间美元资金池水位上升。2017年我国资本金融账户双向开放加速，跨境投融资行为引发资金快进快出，银行间美元市场的波动因此加剧。

随着境内银行间美元市场发展壮大，其对人民币即期汇率和掉期汇率产生的影响逐渐难以忽视。一方面，当境内美元流动性长时间维持宽松时，相对"稀缺"的人民币往往在当期维持强势；甚至在2021年下半年，充裕的境内美元流动性使得境内美元利率取代美元指数，成为人民币即期汇率的新定价"锚"。另一方面，境内美元利率与人民币利率之差直接影响境内美元兑人民币掉期点。

接下来，我们从境内美元市场的存量、价格，以及如何对人民币汇率产生影响等方面对境内美元市场进行全面剖析。

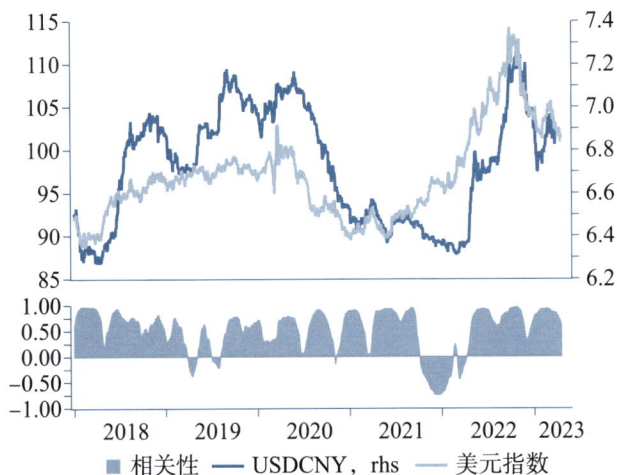

图2-75　人民币与美元指数

图2-76　人民币与境内美元利率

资料来源：Macrobond，Bloomberg，兴业研究。

测量境内美元资金池"存量"

测量境内美元资金池的规模，我们需要先考虑跨境美元收支情况，再考虑沉淀在境内的美元资金在人民银行外储与私人部门（银行间市场为主，还有企业和居民自持）之间的分配。

美元收支方面，境内外汇收入主要源自货物和服务贸易出口，外商直接投资、股权投资等中长期资金流入，境外主体投资境内金融资产（股票与债券），以及境内主体跨境外币融资（外币债、外币贷款、同业拆借等）。外汇支出主要用于支付货款和服务贸易进口，通过对外直接投资、对外证券投资以及对外放款等渠道流动至境外。

将美元的跨境收支映射到国际收支平衡表中：我国经常账户、直接投资账户完全开放，资本金融账户有限开放的背景下，经常账户顺差与直接投资账户顺差构成境内美元市场的主要资金来源；证券投资账户下跨境资金越发活跃，但多数以跨境人民币的形式流动；其他投资账户与经常账户形成"天然"对冲，其他投资项下无论是境内存款类资金转移境外、境外放款，抑或是贸易信贷增长均属于境内美元向外支出。

需要澄清的概念是，国际收支统计并不能完全囊括境内美元市场的收支信息。其一，国际收支描画的跨境资金流动既包括本币也包括外币。根据国家外汇管理局数据，跨境货物贸易和服务贸易中人民币结算比重大致为15%，直接投资中人民币结算比重大致为40%-60%。证券投资和其他投资账户下，跨境人民币收付款金额（包括代客人民币和银行自营人民币）大于代客本外币跨境收付金额。一方面是因为银行自营跨境人民币投融资较为活跃，另一方面也反映出跨境投融资关联的外币资金有限——2022年前8个月数据显示，证券投资和其他投资账户下代客结售汇规模仅占代客涉外收付款规模的约15%。海外投资者（部分有中资背景）常常使用自有人民币进行投资，或是使用外币投资并在离岸市场进行汇兑；一部分跨境融资则用于借新还旧；这些跨境投融资行为均不涉及外汇资金跨境。有趣的是，2018年后证券投资和其他投资账户人民币收付比重逐年下降，这可能反映出纯外资背景的海外投资者对人民币的投融资行为增加。

其二,国际收支强调的是居民与非居民之间的交易,境内外居民与居民之间、非居民与非居民之间发生的跨境美元交易并不被记录在国际收支中,但会引发境内美元资金池变化。

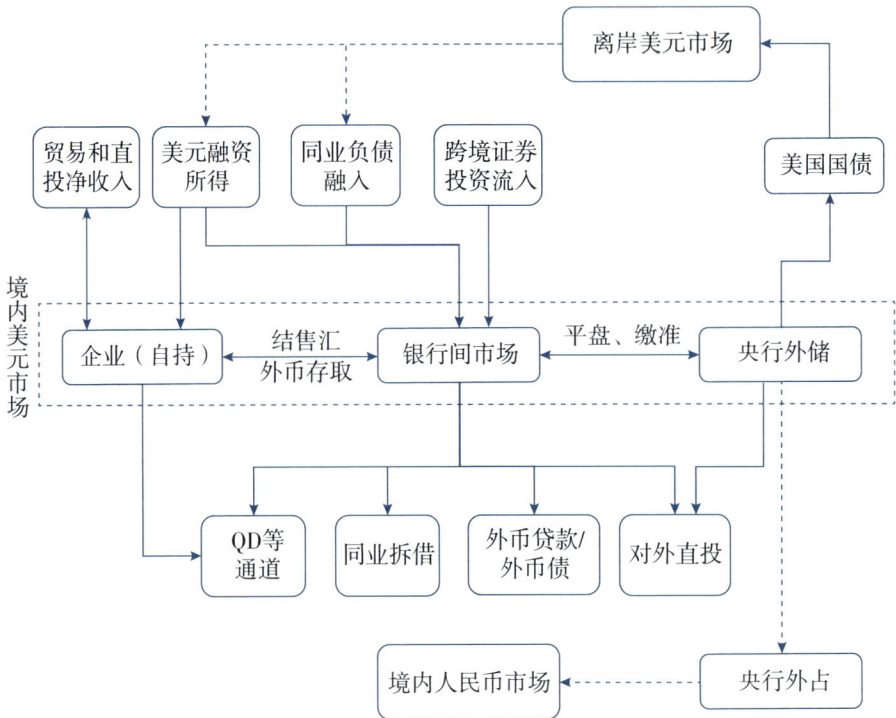

图2-77 境内美元流动性分析框架1

注:上图仅考虑企业和银行等机构行为,不考虑个人持有和外汇交易。
资料来源:兴业研究。

结合国家外汇管理局、人民银行公布的统计数据,我们将境内美元资金在外汇储备和银行间市场的分配过程进行细化:

- 境内企业和银行通过贸易项、资本金融项获得的跨境美元收入被记录在"跨境涉外收付款"账户下。但国家外汇管理局仅公开披露了企业端"代客"跨境涉外收付款数据,银行"自营"跨境涉外收付款数据并未公开。

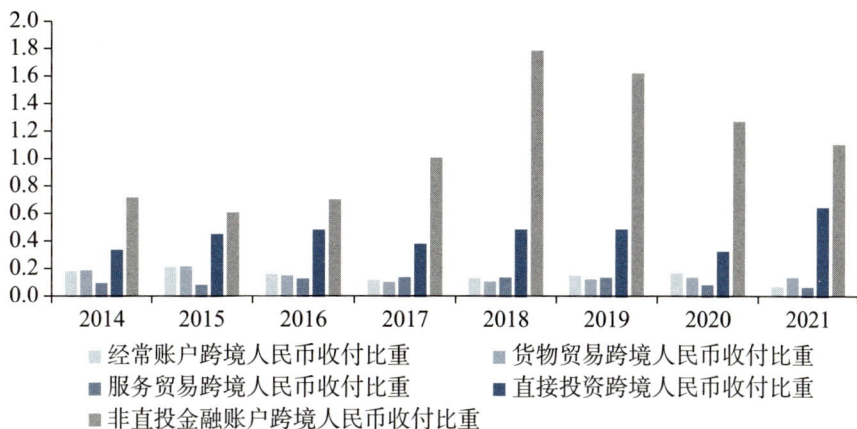

图2-78　跨境人民币收付比重

注：

1.跨境人民币收付比重＝人民币跨境收付金额／本外币银行代客涉外收付款金额，暂不考虑银行自营涉外收付款。

2.非直投金融账户（包括证券投资和其他投资）跨境人民币收付比重大于1，原因可能是银行跨境人民币自营双向投资规模较大，而分母却仅包含代客证券投资和其他投资。

资料来源：货币政策执行报告，Wind，兴业研究。

表2-9　2021年证券投资和其他投资账户跨境资金分解

2021年证券投资和其他投资账户	跨境人民币收付（收＋付）22.9万亿元人民币（A）	跨境外币收付总额（收＋付）	跨境本外币收付总额（收＋付）
代客	17.8万亿元人民币（D）	2.9万亿元人民币＊（C）	20.7万亿元人民币（B）
银行自营＊＊（估算）	5.1万亿元人民币（E）		

注：

1.A、B为人民银行和国家外汇管理局数据，C为假设数据，E为估算数据。其关系是A＝D＋E，B＝C＋D。

2.＊假设证券投资和其他投资账户下银行代客结售汇规模为外币跨境收付的总金额，即企业不考虑使用自有美元进行投融资，则2021年代客外币跨境收付为2.9万亿元人民币。

3.＊＊考虑到企业将使用外汇存贷款或是自持美元现钞进行投融资，因此C实际值较假设值更高，证券投资和其他投资账户下银行自营跨境人民币收付款（E）数值有所低估。

资料来源：兴业研究。

• 代客方面，通过跨境涉外收付款账户入境的美元，一部分遵循"意愿结汇"通过商业银行兑换成人民币，以支撑境内生产投资；一部分以外币存款或理财的形式存放在境内美元市场；一部分以外币现钞的形式被企业持有。

◇ 意愿结汇将形成商业银行外汇占款或是人民银行外汇占款。前者同未结汇美元存款一同流入境内银行间美元市场，后者伴随着人民银行外汇储备存量规模增加。外汇储备可以被用于海外金融资产投资（例如投资美国国债），对外直投资金"出表"（例如投资"一带一路"项目），以及购买其他储备资产等，比如购买黄金。

◇ 未结汇美元中，企业自持现钞可以通过 QDII、QDLP 等通道进行对外投资。存放在商业银行的外币存款则与银行自有外币资金一同交由银行管理，在银行间美元市场流转，或是进行跨境直接投资、跨境证券投资和对外放款等。

• 银行自营方面，与代客收付款类似，经结汇后形成商业银行外汇占款或是人民银行外汇占款，未经结汇的美元直接进入银行间美元市场。

• 当跨境资金流动出现异常波动时，人民银行在即期和掉期市场上的数量型调控将导致境内美元资金在人民银行外汇储备和银行间美元市场之间转移，并对境内人民币市场流动性产生冲击。

• 资产端视角下，外币涉外收付款资金（包括银行代客和自营）会引起人民银行和其他存款类金融机构的国外资产变化。其中人民银行资产负债表中国外资产由外汇占款、黄金和其他国外资产[①]构成，外汇占款占比约97%。其他存款性公司[②]的国外资产则刻画了以人民币计价的对非居民的债权，包括库存外币现金、存放境外同业、拆放境外同业、境外有价证券投资、境外贷款、商业银行结售汇所形成的外汇占款等。

---

① 央行口径外汇占款，采用历史成本法并以人民币计价。黄金是指人民银行从国内（人民币）或国外（外汇储备）黄金市场购入黄金，以历史成本计价。其他国外资产是指人民银行持有的 IMF 头寸、SDRs、其他多边合作银行的股权，以及其他存款性公司以外汇缴存的准备金。

② 包括商业银行、政策性银行、信用社及财务公司等存款类金融机构。

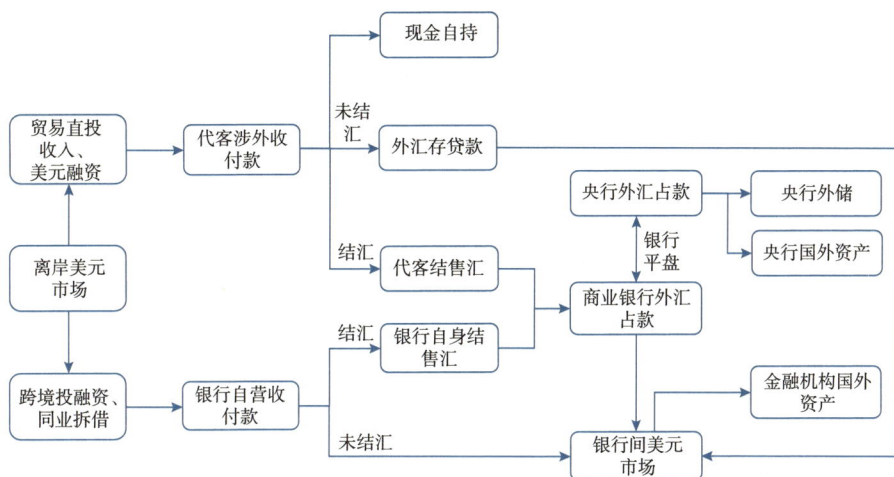

图2-79　境内美元流动性分析框架2

注：图中仅考虑企业和银行等机构行为，不考虑个人持有和外汇交易。

资料来源：兴业研究。

若不考虑企业自持美元现钞、外汇市场逆周期调节等情况，跨境资金流动指标之间的关系可以总结如下。数据的表现亦证实了这些关联。

外汇存款−外汇贷款=代客外币涉外收付款−代客结售汇

银行代客结售汇+银行自营结售汇=商业银行外汇占款+央行外汇占款

央行国外资产+银行国外资产=代客涉外收付款+银行自营涉外收付款

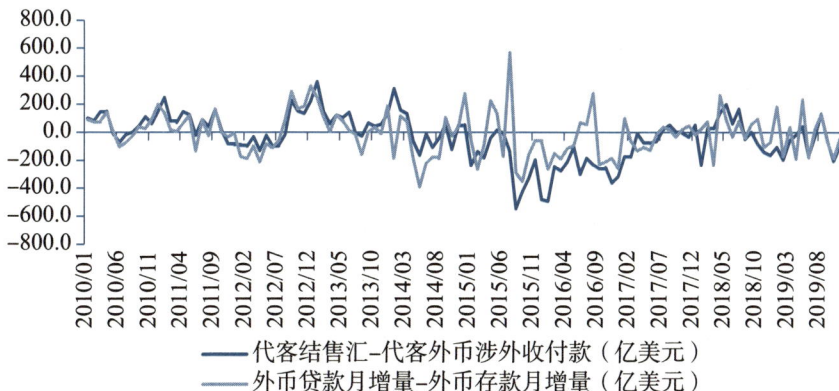

图2-80　涉外收付款与结售汇差、外汇存贷差

资料来源：Wind，兴业研究。

万亿元人民币

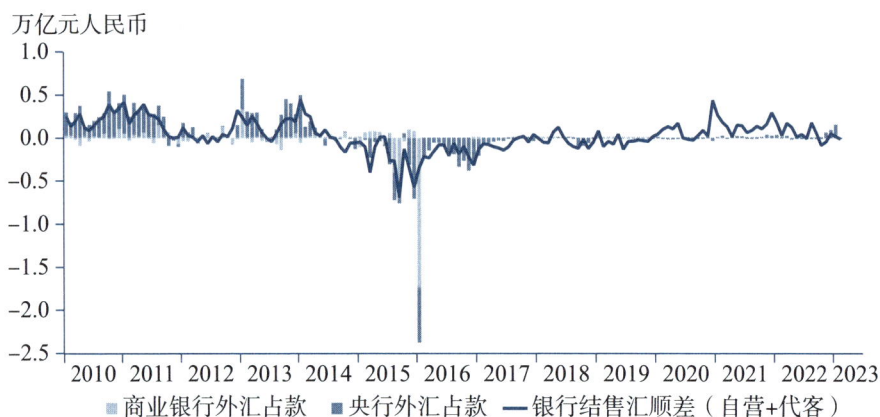

■商业银行外汇占款 ■央行外汇占款 —银行结售汇顺差（自营+代客）

图2-81 银行结售汇、央行和商业银行外汇占款

注：2016年之后不再公布商业银行外汇占款数据。

资料来源：Macrobond，兴业研究。

十亿元人民币

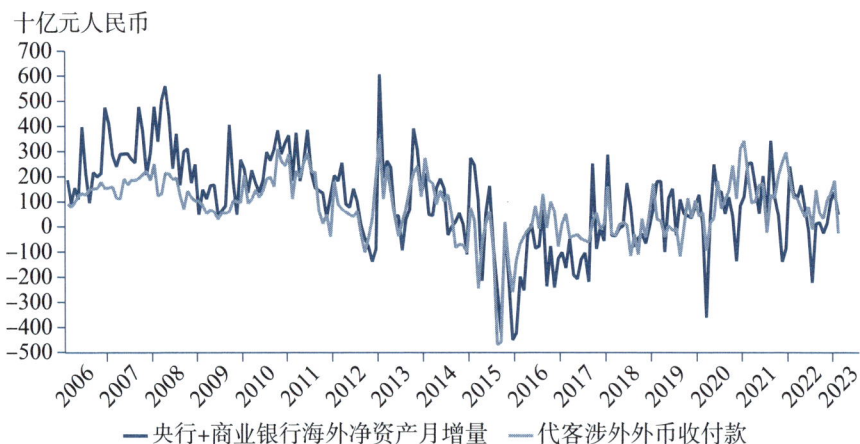

—央行+商业银行海外净资产月增量 —代客涉外外币收付款

图2-82 央行和商业银行海外净资产变动、涉外收付款

注：银行自营涉外收付款数据并未公开披露。

资料来源：Macrobond，兴业研究。

在对美元的跨境收支以及美元在境内的分配有了基本的认识后，我们讨论如何测算境内银行间美元资产池的规模。

一个直观的方法是使用"中国商业银行海外净资产"指标来衡量境内银

行间市场美元资金池的规模，2014年后官方外汇储备与银行间美元市场的一跌一涨深刻诠释了"藏汇于民"的内涵。

然而"中国商业银行海外净资产"指标难以预测，我们需要从背后的资金流来构建可预测的美元资金池规模指标。我国资本金融账户尚未完全开放的背景下，我们可以使用"代客涉外外币净收款－外储"以及"净出口＋直投账户－外储"两个指标来简单估量境内银行间美元资金池的增量，通过观察贸易和直投变化，以及外汇储备的变动规律，我们能够对未来美元资金池的扩张或收缩有一个基本的认识。然而，这两个指标蕴含了一个基本假设，即不考虑银行自营投资造成的境内美元资金池变动。实际上，由于银行自营交易大多为证券投资，而证券投资中使用人民币进行跨境结算的比重较大，因此对美元资金池的影响应当有限。

境内美元资金池的增量决定了境内外美元利差走向（即"基差"，这部分内容我们将在本书第四章节进行展开）。2022年境内美元流动性较离岸更快收紧与我国大额贸易顺差收汇产生背离，一个可能的解释是境内企业的贸易顺差收汇并未完全在境内银行间市场沉淀，而是在离岸市场滞留，或是在离岸经结汇后以跨境人民币的方式回流。

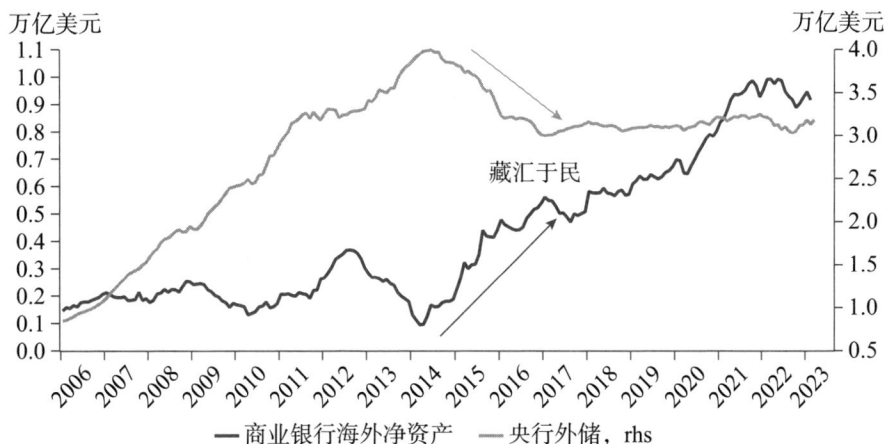

图2-83　境内美元资金池规模：银行间市场、官方外汇储备

资料来源：Macrobond，兴业研究

十亿美元

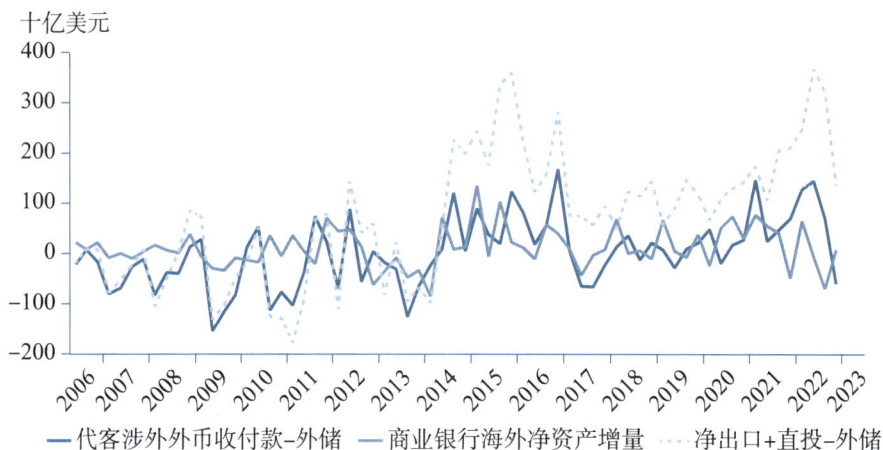

图2-84 境内银行间美元资金池增量估算

资料来源：Macrobond，兴业研究。

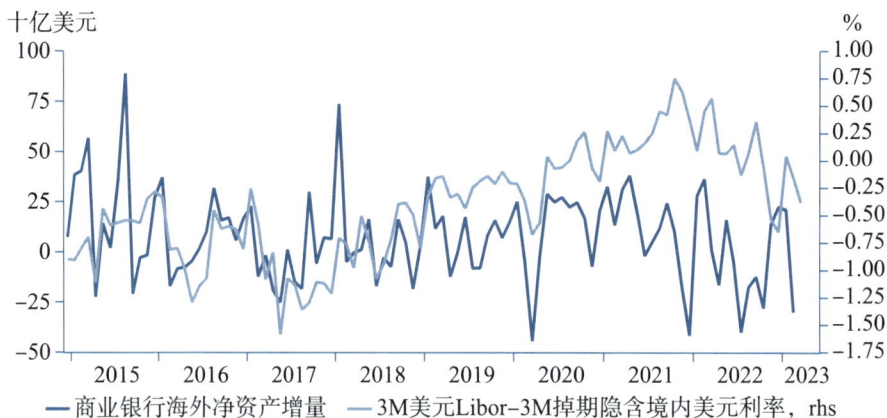

图2-85 商业银行海外净资产增量与基差

资料来源：Macrobond，兴业研究。

十亿美元

%

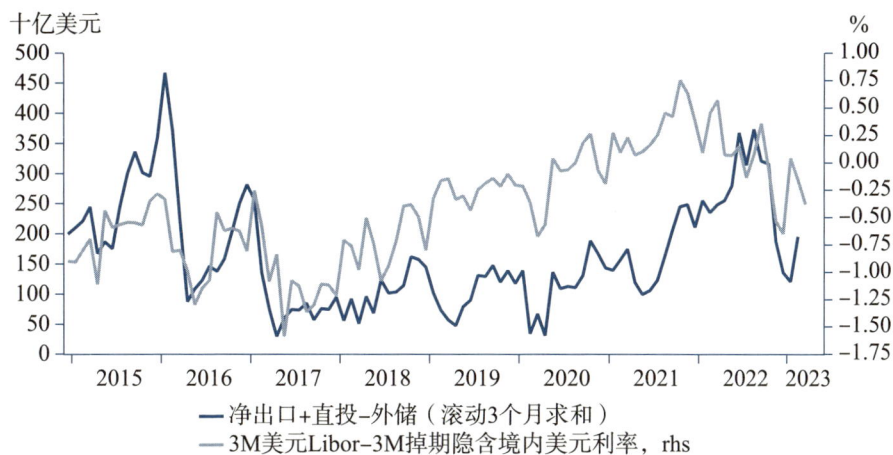

图2-86　（净出口＋直投－外储）与基差

净出口+直投-外储（滚动3个月求和）
3M美元Libor-3M掉期隐含境内美元利率，rhs

资料来源：Macrobond，兴业研究。

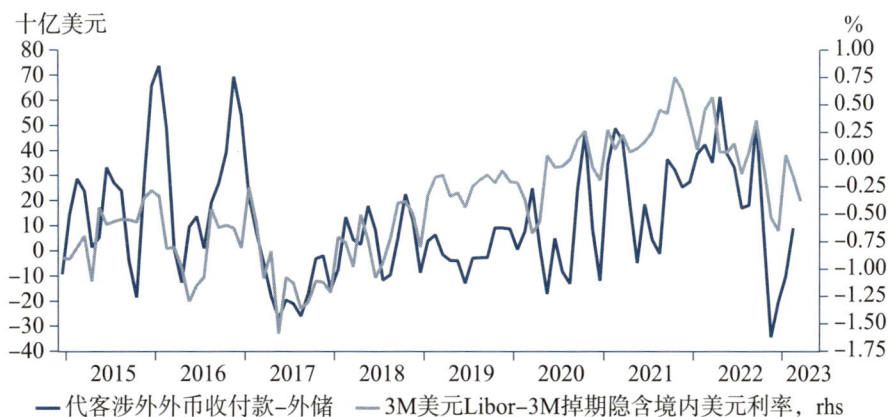

十亿美元

%

图2-87　（代客外币收付款－外储）与基差

代客涉外外币收付款-外储
3M美元Libor-3M掉期隐含境内美元利率，rhs

资料来源：Macrobond，兴业研究。

观察境内美元资金池规模的变动还对预测人民币汇率颇有助益。我们通过考察境内外汇存款的增速可以发现，10%的外汇存款增速是人民币汇率升贬行情的切换点。当境内金融机构外汇存款增速回落到10%以下时，人民币趋势性贬值行情即将启动，2015年7月、2018年3月、2022年1月无一例外出现趋势性贬值行情；2016年11月、2020年8月外汇存款增速回升到10%以上，人民币汇率则呈现趋势性升值行情。

图2-88　境内外汇存款增速、美元兑人民币

资料来源：Macrobond，兴业研究。

盘点境内美元利率

2014年人民币汇率双向波动推动外汇资金在境内银行间市场沉淀，这对境内美元市场的产品创设和制度完善提出了要求。本章节我们从银行资产和负债的角度审视境内美元市场的发展，并盘点境内美元市场上众多利率的走势及内涵。

从银行负债端来看，境内银行可以通过外币拆借、外币回购和发行外币同业存单获取短期负债，也可以通过居民和企业外币存款获取中长期负债，或是发行外币债券融资。从银行资产端来看，境内银行所持有的外币可以发放外币贷款，或是通过资管通道以及自营投资投向境外可投资品，包括海外股市、海外债券、中资美元债、另类投资等。此外，外汇掉期市场为银行调整资负币种结构、调节本外币流动性提供了媒介。

外币拆借

境内美元市场最早出现的融资工具是外币拆借。外汇交易中心于2015年4月正式上线外币拆借业务[①]，即"信用拆借"。"信用拆借"需要占用全额授信，且存续期内若要"平仓"，须反向再达成一笔交易并二次占用双方的授信。

根据外汇交易中心披露的数据，2018年至今境内外币拆借的月成交额大多在7000亿美元至9000亿美元区间波动，2021年上半年外币拆借的月成交额一度增长至13000亿美元。从体量上看，外币拆借成交规模有时比银行间市场即期外汇交易量更大。

期限方面，隔夜外币拆借占比在90%以上，一周至一个月期限占比约为7%，而一个月以上期限占比仅2%左右。

月成交额：亿美元

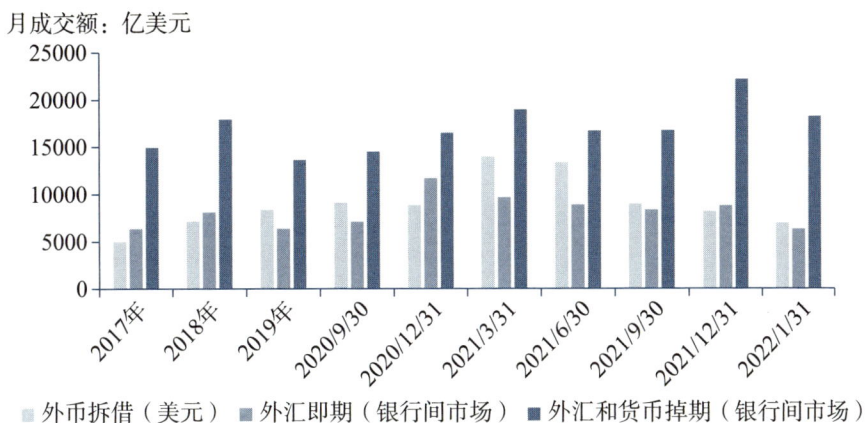

■ 外币拆借（美元）　■ 外汇即期（银行间市场）　■ 外汇和货币掉期（银行间市场）

图2-89　境内外币拆借、银行间外汇即期、银行间外汇掉期成交额

注：美元拆借规模占外币拆借总规模的99%以上。
资料来源：外汇交易中心，Wind，兴业研究。

外币回购

2018年7月、2019年12月、2021年7月外汇交易中心先后推出了以境

---

① 经过多次扩容后，外币拆借业务已覆盖了美元、欧元、港币、日元、澳元、英镑、加元、新西兰元、新加坡元、瑞士法郎、俄罗斯卢布、韩元共12个币种。

外外币债、上海清算所托管境内债券、中央结算公司托管境内债券为抵押品的外币拆借业务[①]。2021年7月，外汇交易中心进一步推出外币回购（三方）业务。

"抵押拆借"即国际市场上常见的债券回购业务，与"信用拆借"不同，"抵押拆借"能够在节约授信资源的同时加杠杆。因此在成熟市场上回购业务较拆借业务交易量更大。美国货币市场中，回购业务占回购与拆借成交额总和的90%以上，而境内人民币市场该比重也占85%以上。然而，2021年我国外币回购月均成交额规模仅215.74亿美元，相较外币拆借月均成交额10368亿美元存在较大差距。未来无论是境内外币回购，抑或是境内美元存单，其业务体量及应用场景均有待进一步挖掘。

期限方面，与外币拆借类似，外币回购以隔夜期限最为活跃，其次是3天至3个月期限，3个月以上期限占比较小。

外币同业存单

2021年2月，外汇交易中心推出境内外币同业存单业务；2021年5月，外汇交易中心为外币同业存单提供现券买卖和回购交易服务，提高二级市场的流动性。在此业务推出之前，中资银行仅能通过海外分支行或是自贸区分行发行美元同业存单。

截至2022年3月14日，共28家境内银行发行了34只境内美元存单，总发行规模30.4亿美元，未偿额7亿美元[②]。境内美元存单以3个月及以下期限为主，具体来说，1个月、3个月、半年和1年期限占比分别为59%、29%、6%和6%。

境内美元债

截至2022年3月14日，境内发行的美元债共26只，总发行规模179亿美元，未偿额48亿美元。境内美元债发行主体为国开行和口行等政策性银行，以及中化、上海城投、中石油等国企。期限以3年期和5年期为主，二

---

① 目前外币回购业务覆盖美元、欧元、港元、日元、澳元、英镑、加元、新西兰元和新加坡元共9个币种。

② Bloomberg中并未披露每只境内美元存单的票息数据。

者合计占比77%。利率方面，以规模最大的5年期债券来看，2005年至2022年3月间，境内美元债发行票息相较5年期国开行人民币债收益率平均低194bp。

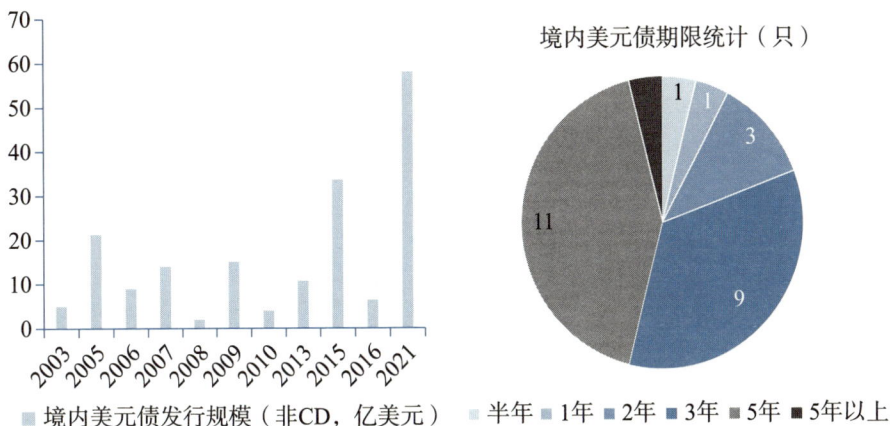

图2-90 境内美元债发行和期限统计

注：数据截至 2022 年 3 月 14 日，下同。
资料来源：Bloomberg，兴业研究。

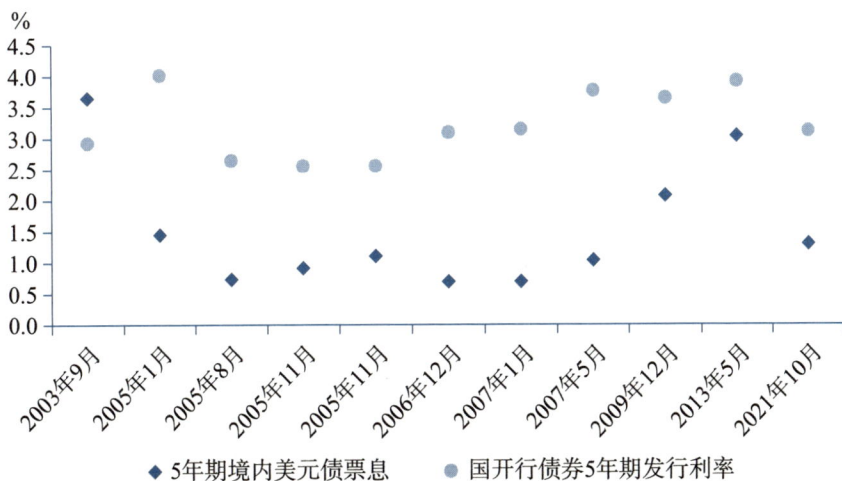

图2-91 境内5年期美元债发行票息、中债5年期国开行利率

注：5 年期期限为境内美元债发行量最大的期限。
资料来源：Bloomberg，兴业研究。

表2-10　同一发行人境内美元债、离岸美元债利率对比

发行人名称	境内美元债			离岸美元债		
	发行日期	期限	发行利率（%）	发行日期	期限	票息率（%）
国家开发银行	2021/12/3	2	0.80	2021/9/9	3	0.725
国家开发银行	2021/6/17	0.5	0.20	2021/6/7	2	0.733
国家开发银行	2021/6/10	1	0.38			
国家开发银行	2015/9/29	3	3.33	2015/10/9	5	2.5
国家开发银行	2015/8/5	3	3.36			
国家开发银行	2013/5/8	5	3.04			
国家开发银行	2010/7/15	3	1.40			
国家开发银行	2008/12/29	2	1.25			
国家开发银行	2007/5/30	5	1.04			
国家开发银行	2006/12/12	5	0.70	2006/12/27	3	1.264
国家开发银行	2006/7/5	7	0.86			
国家开发银行	2005/11/29	5	1.11			
国家开发银行	2005/8/16	5	0.73	2005/10/11	10	5
国家开发银行	2005/1/7	5	1.45			
国家开发银行	2005/1/7	3	3.95			
国家开发银行	2003/9/25	5	3.65			

注：国开行为发行境内美元债最多的主体。右侧为相似时间发行的离岸美元债相关要素及票息，空白区域代表境内美元债的发行时间附近无离岸美元债发行。

资料来源：Bloomberg，兴业研究。

境内美元存贷款

截至2022年2月，金融机构外汇存款总额10500亿美元，外汇贷款总额9557亿美元。外汇存款中，非金融企业存款、境外存款（NRA）、境内住户存款、非银金融机构存款和政府存款占比分别为53%、30%、13%、4%和1%。外汇贷款中，境外贷款、企事业单位贷款、非银金融机构贷款分别为61%、38%、1%。

外汇掉期

2021年银行间外汇及货币掉期市场月均成交额为16950亿美元，规模上较银行间即期外汇市场、境内外币拆借市场更大。按期限划分，3个月以下

成交占比在85%-95%，3个月到1年期成交占比为5%-15%，1年期以上成交占比不及1%。

万亿美元

图2-92 金融机构外汇存款、外汇贷款

资料来源：Macrobond，兴业研究。

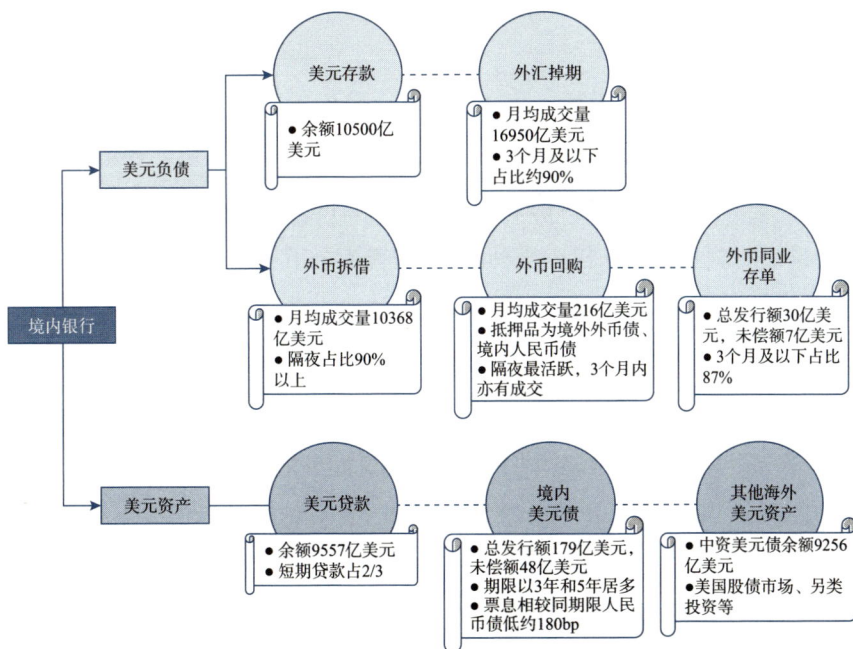

图2-93 境内银行间市场美元资负情况

注：月成交量均取2021年月均数值，余额取截至2022年3月14日数据。

资料来源：Macrobond，兴业研究。

境内美元投融资市场各自衍生出不同的境内美元利率。其中外币拆借市场、外汇存贷款市场以及外汇掉期市场由于交易量活跃，其对应利率——境内美元同业拆放参考利率（美元CIROR利率）、境内美元存贷款利率、美元兑人民币掉期隐含美元利率是当前最值得关注的。

美元CIROR利率

美元CIROR利率（境内外币同业拆放参考利率，CFETS Interbank Reference Offered Rate）是由外汇交易中心于2018年9月推出的，中国境内离岸美元市场重要的参考利率之一。CIROR利率是根据境内信用等级较高、外币定价能力较强、外币拆借交易相对活跃的银行报价计算并发布的以单利计息、无担保、批发性的拆出利率。简而言之，CIROR利率与美元Libor利率相似，为高信用等级、无担保的美元拆借利率。

走势方面，美元CIROR利率曲线在2018年7月到2021年12月期间持续回落，2022年开始CIROR利率曲线上行，这与美元SOFR和Libor利率的走势是一致的。

美元拆借加权成交利率

CIROR与Libor利率同为报价利率，并非真实成交价格。外汇交易中心另行公布了外币拆借成交价格数据，即"银行间美元拆借加权成交利率"和"境内银银间美元拆借加权成交利率"。前者为全市场拆借交易加权价格，后者在此基础上剔除了境外机构和非银机构的成交数据，随后再进行加权，二者均按量加权。

根据外汇交易中心的数据，3个月以下银行间（全市场）美元拆借加权成交利率基本在美元CIROR利率上下波动，而3个月和6个月银行间美元拆借加权成交利率显著高于美元CIROR利率。此外银行间拆借成交利率中3个月和6个月期限有时会发生倒挂。对于银银间美元拆借加权成交利率而言，3个月以下期限都持平甚至略低于同期限美元CIROR利率，3个月和6个月期限则显著高于美元CIROR利率。说明较长期限的境内美元拆借市场容易出现流动性分层现象。

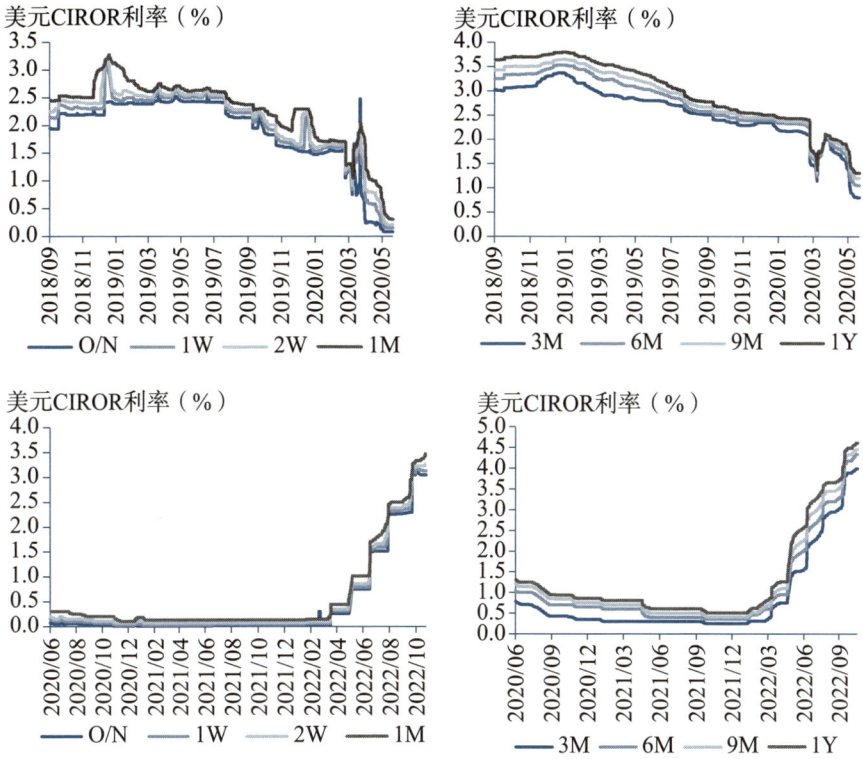

图 2-94　美元 CIROR 利率历史变化

资料来源：外汇交易中心，兴业研究。

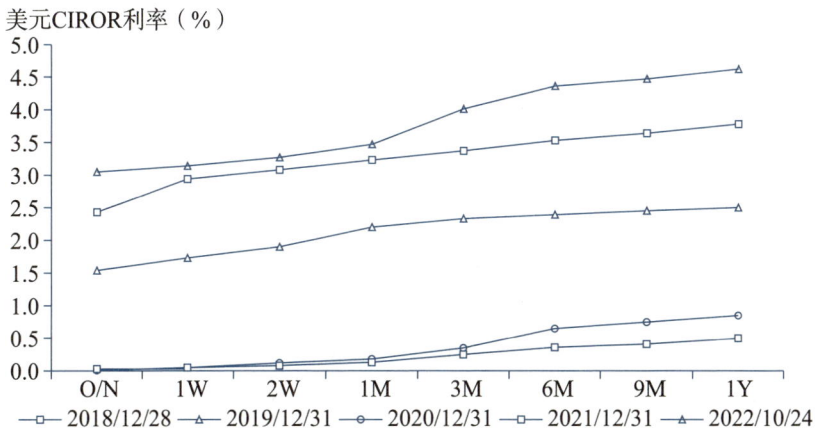

图 2-95　美元 CIROR 利率曲线

资料来源：外汇交易中心，兴业研究。

全市场和银银间美元拆借成交利率相比较，3个月利差（银行间–银银间）最大，2022年（截至2022年10月24日）3个月利差均值为8.7bp；其次为1个月利差，利差均值为5.2bp；其余期限二者的成交利率较为接近，利差在2bp以内。

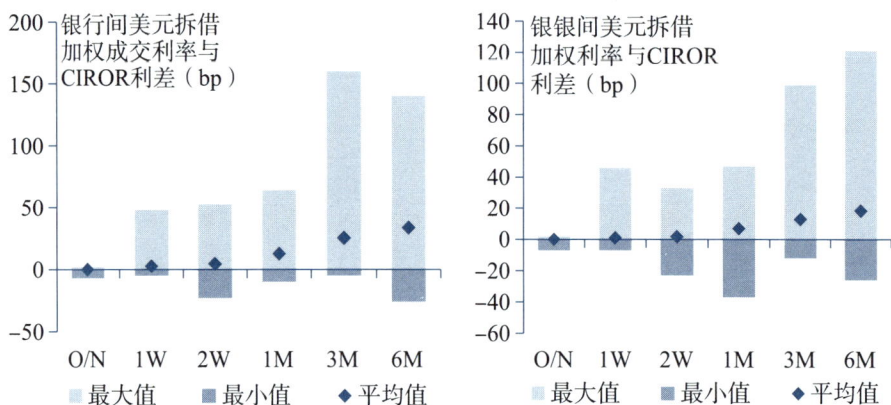

图2-96 美元拆借加权成交价格与美元CIROR利差统计（2022年数据）

注：数据截至2022年10月24日。
资料来源：Bloomberg，兴业研究。

外汇掉期隐含的境内美元利率

根据抛补利率平价理论，外汇掉期的定价取决于本币和外币的利差，以及本币即期汇率。因此，在已知本币利率、本币相对外币即期汇率，以及给定外汇掉期点数的情况下，能够倒推出境内离岸市场的外币隐含利率。

外汇交易中心每日更新各期限境内美元兑人民币掉期隐含的境内美元利率日度数据。参数方面，外汇交易中心提供了Shibor利率、Shibor利率互换和FR007利率互换三个人民币利率的参数指标，以及美元兑人民币中间价和即期询价均值两个即期汇率的参数指标，本文选取以"Shibor利率＋即期询价均值"为参数计算的掉期隐含境内美元利率。

掉期隐含美元利率较美元CIROR利率变动更加敏锐，且不受"零利率下限（Zero Lower Bound）"的约束，覆盖的期限也更长。掉期隐含美元利率曲线相较美元CIROR利率曲线往往更加陡峭。

图2-97　掉期隐含境内美元利率

注：SOFR利率拟合是指用同期限的Libor利率对SOFR利率进行回归，从而补充SOFR利率缺失的数据。

资料来源：Macrobond，兴业研究。

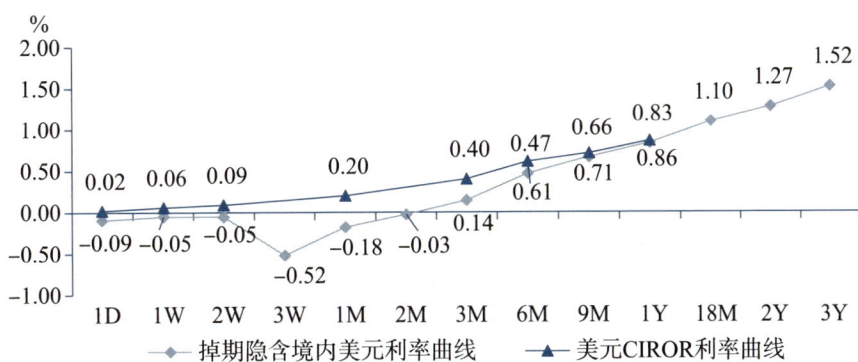

图2-98a　2022年3月14日掉期隐含境内美元利率曲线

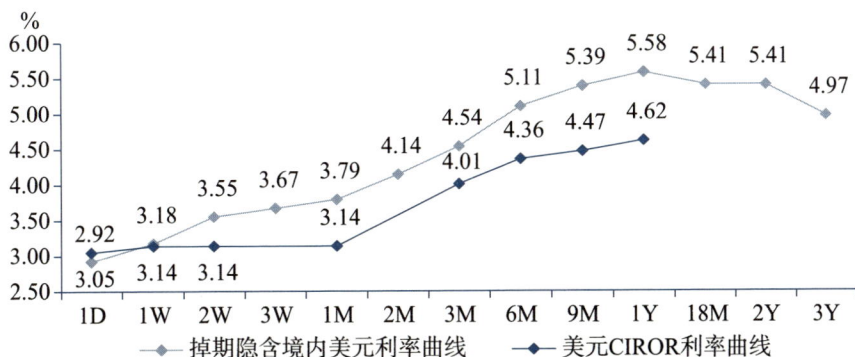

图2-98b　2022年10月24日掉期隐含境内美元利率曲线

资料来源：外汇交易中心，兴业研究。

表2-11 掉期隐含境内美元利率与境内美元债票息率对比

发行日期	境内美元债发行人	期限（年）	票息率（%）	同期限掉期隐含美元利率（%）
2021/6/10	国家开发银行	1	0.38	0.5071
2021/6/11	中国进出口银行	3	0.7	1.0878
2021/6/17	国家开发银行	0.5	0.2	0.1988
2021/7/20	中国进出口银行	2	0.6	0.4937
2021/12/3	国家开发银行	2	0.8	0.4983

资料来源：外汇交易中心，Bloomberg，兴业研究。

境内美元存贷款利率

人民银行《货币政策执行报告》定期公布境内大额美元存款加权利率和贷款加权利率。境内美元存贷款加权平均利率的数据区间较长，但数据频率相对较低（月度频率），且期限划分较为笼统。

境内大额美元存款方面，3-6个月存款加权利率显著高于3个月以内存款，二者利差均值在50bp左右。而3个月以上各期限美元存款利率之间差别不大，1年期以上存款相较3-6个月存款加权利率仅高37bp。

境内美元贷款方面，1年期以上贷款加权利率显著高于1年期贷款，二者利差均值在71bp附近。而1年期以内贷款加权利率之间相差不大，以1年期贷款与最短期限（3个月以内）贷款利率作对比，2019年5月之前利差均值仅40bp左右，2019年5月后二者利率倒挂，倒挂在2022年方才结束。

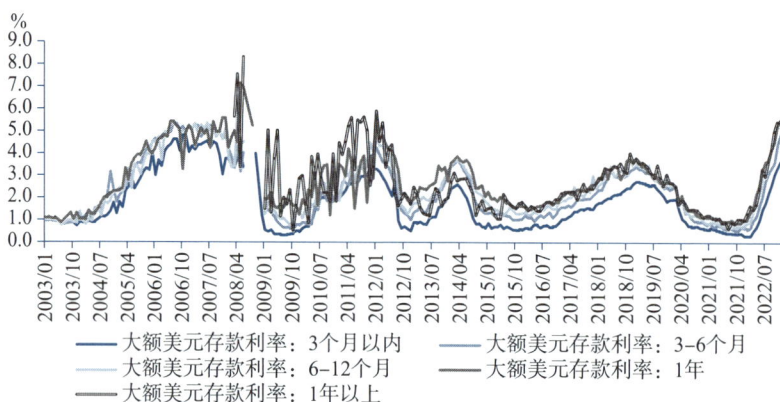

图2-99 境内大额美元存款加权平均利率

资料来源：Wind，兴业研究。

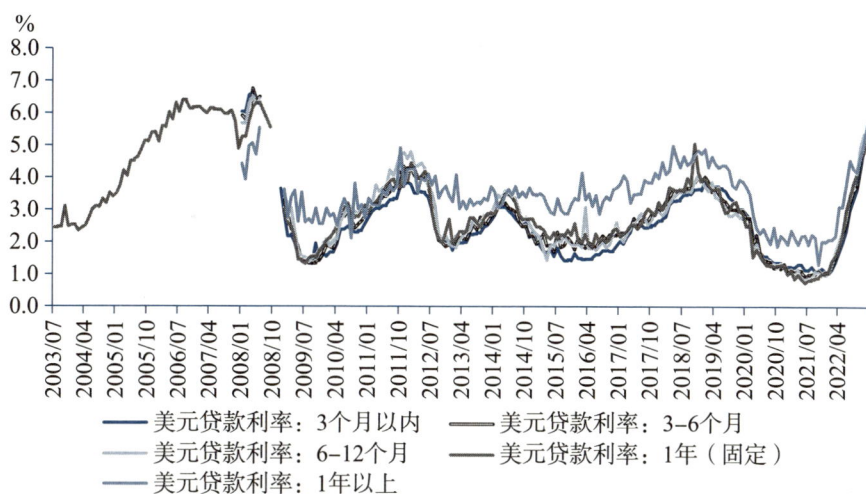

图2-100　境内大额美元贷款加权平均利率

资料来源：Wind，兴业研究。

境内美元收益率曲线基本形成

2014年至今，外币拆借、外币回购、外币同业存单市场从无到有，外汇掉期、美元存贷款以及境内美元债规模也稳步提升。

境内美元利率市场已经基本形成了以外币拆借和外币回购利率为短期定价基准，以外币同业存单利率及美元存贷款为中期定价基准，以美元债利率为长期定价基准的美元收益率曲线；而外汇掉期隐含美元利率是当前唯一可以覆盖短中长期限的品种，短期限更为活跃。未来外币回购市场、外汇同业存单市场有望继续完善，定价功能也会相应增强；1年以上长期美元融资市场（例如境内美元债融资）亟须进一步发展。

表2-12　境内美元利率大盘点

	美元CIROR	掉期隐含境内美元利率	美元存贷款加权利率	美元拆借加权成交利率	美元同业存单利率	境内美元债利率
对应市场	美元拆借市场	外汇掉期市场	美元存贷款	美元拆借市场	美元同业存单市场	中资美元债市场
参与者	23家报价行	境内外银行、财务公司、主权财富基金、超主权机构等	居民、境内外企业、金融机构、政府等	境内外银行、财务公司、金融租赁公司等	银行	政策性银行、国企

	美元 CIROR	掉期隐含境内美元利率	美元存贷款加权利率	美元拆借加权成交利率	美元同业存单利率	境内美元债利率
数据起始	2018 年 9 月至今	2012 年 10 月至今	2003 年 1 月至今	2017 年 9 月至今	2021 年 2 月至今	2003 年至 2021 年期间零星发行
期限	隔夜、1 周、2 周、1 个月、3 个月、6 个月、9 个月、1 年	隔夜、1 周、2 周、3 周、1 个月、3 个月、6 个月、9 个月、1 年、18 个月、2 年、3 年	3 个月以内、3-6 个月、6-12 个月、1 年、1 年以上	隔夜、1 周、2 周、1 个月、3 个月、6 个月	1 个月、3 个月、半年、1 年；其中 3 个月及以下居多	半年、1 年、2 年、3 年、5 年、7 年；其中 3 年和 5 年居多
频率	日度	日度	月度	日度	不定期	不定期
特征	与 Libor 类似为报价利率	数据波动敏锐，市场化波动，市场流动性好	数据区间最长，市场化波动	真实成交利率，按量加权；区分银行间（全市场）和银银间利率	市场刚起步，银行参与	发行主体为政策性银行和央企
不足	数据波动不敏感	易受利率预期和外汇逆周期调节的影响	数据公布滞后，频率较低，期限划分较笼统	波动比 CIROR 大，但仍不够敏感	市场规模小，无官方公开数据	市场规模小，流动性差

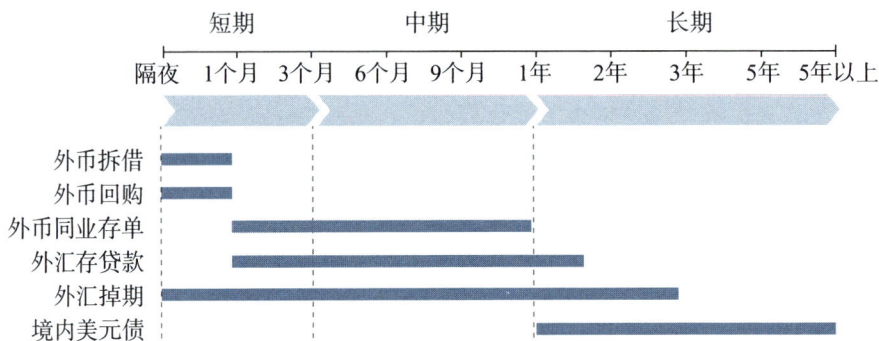

图2-101 境内美元利率曲线的构成

资料来源：兴业研究。

境内美元利率同欧洲美元市场美元 Libor 利率走势相一致。以 1 年期为例，2008 年前，境内美元贷款加权利率和大额美元存款利率围绕美元 Libor 波动，前者略高于 Libor，而后者略低于 Libor 利率。2008 年至 2016 年间，美元 Libor 利率处于低位水平，境内美元存贷款利率更多跟随境内人民币利率变动。2016 年以来，随着境内美元拆借市场、外汇掉期市场的发展以及更多美元投融资产品的推出，境内美元利率与 Libor 利率相关性显著增强。境内美元利率大多时间高于Libor利率，这反映了中资银行因国际评级和授信额度等因素，美元融资相较国际大型商业银行有一定的信用风险溢价。

相比境内美元利率，2019年以来，境内美元存贷款利率利差较之前有所收窄，二者均高于境内美元CIROR利率；而掉期隐含美元利率较美元CIROR利率具有更大的弹性，即利率下行波段中回落幅度更大，利率上行波段中反弹更快。目前人民币外汇掉期会员主要是中资和外资银行，以及部分国企财务公司。

从境内外美元利差来看，我们统计了各期限掉期隐含境内美元利率与离岸Libor利率（或美国国债收益率）利差的分布，发现越短期限的利差波动越剧烈，境内美元利率相对境外偏离的范围越大。

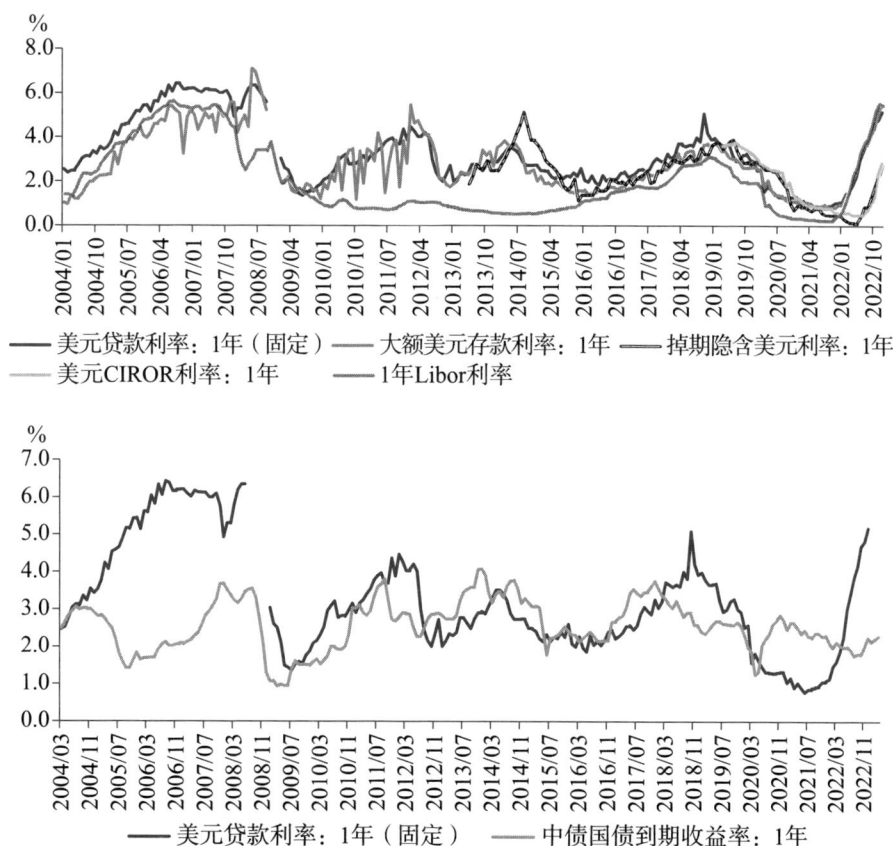

图2-102　1年期境内外美元利率对比

资料来源：货币政策执行报告，外汇交易中心，Macrobond，兴业研究。

129

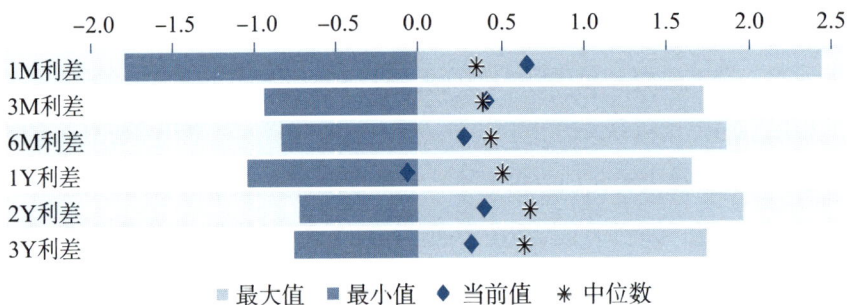

图2-103　不同期限境内外美元利差统计

注：1年期及以下利差取人民币掉期隐含境内美元利率–Libor利率；1年期以上利差取人民币掉期隐含境内美元利率–美债收益率。上图最大值、最小值、中位数取2015年至今利差数据进行统计，当前值取2023年4月14日数据，单位%。

资料来源：Macrobond，兴业研究。

寻找境内美元利率的"锚"[①]

在上一章节中，我们简单讨论了境内美元利率的影响因素以及境内外美元利差的分布，本章节我们系统性地分析境内美元利率的定价"锚"并进行实证检验。

在众多的境内美元利率中，高频、公开发布且市场化程度最高的指标为"掉期隐含的境内美元利率"（USD Implied Yield），本章节进行的境内美元利率的所有研究均以"掉期隐含境内美元利率"作为代理变量，区分短期限（3个月）和长期限（1年期）进行研究。

境内美元利率"锚"的猜想与验证

境内美元利率的"锚"是什么呢？一个直观的感受是，境内美元利率先后锚定境内人民币利率和离岸美元利率。

境内人民币利率方面，我们选取交投活跃的中国国债收益率作为其代理变量。离岸美元利率方面，我们选取美元SOFR利率作为代理变量。SOFR本身是隔夜利率，但CME等期货交易所推出了不同期限的SOFR利率期货

---

① 如无特别说明，本章节数据全部截止于2022年8月底。

和期权产品，从而搭建出SOFR利率曲线。SOFR利率曲线与美债利率曲线、美元OIS利率曲线走势相近。由于SOFR的数据区间较短，我们使用美元Libor利率对其历史数据进行补充；Libor利率对SOFR利率回归后的拟合优度超过0.95，拟合效果较好。

通过比较后发现，2015年以前境内美元利率更多跟随境内人民币利率变动，2015年后SOFR利率对于境内美元利率的"锚"效应开始凸显。尤其在2021年中国国债利率与离岸美元利率出现背离，境内美元利率坚定跟随离岸美元利率变动。这主要是因为2015年前人民币单边升值预期使得企业倾向于"早结汇"，境内美元流动性主要集中于央行外储，银行和企业的自留美元较少，境内美元利率的市场化程度较低；2015年后人民币汇率双向波动叠加我国金融市场加速双向开放，"藏汇于民"使得境内银行间美元市场水位上升、跨境资金流动消除了境内外美元利率之间趋势方向上的背离。

图2-104 美元SOFR利率、中国国债利率和掉期隐含境内美元利率（3M）

资料来源：Macrobond，Bloomberg，兴业研究。

接下来我们分别使用格兰杰因果检验、OLS回归分析和均值回归等方法验证SOFR利率对于境内美元利率的"锚"效应。

图2-105 美元　SOFR利率、中国国债利率和掉期隐含境内美元利率（1Y）

资料来源：Macrobond，Bloomberg，兴业研究。

　　格兰杰因果检验结果显示，2015年前后境内美元利率的"锚"确实发生了结构性变化。2015年之前中国国债利率是掉期隐含境内美元利率的格兰杰原因，而SOFR利率则不是。2015年后SOFR利率是掉期隐含境内美元利率的格兰杰原因，中国国债利率对境内美元利率的格兰杰检验显著性明显弱于SOFR利率。

表2-13　格兰杰因果检验

2012年10月至2014年12月			
原假设	P值	原假设	P值
3个月SOFR利率不是3个月掉期隐含境内美元利率的格兰杰原因	0.1223	1年期SOFR利率不是3个月掉期隐含境内美元利率的格兰杰原因	0.0691
3个月国债利率不是3个月掉期隐含境内美元利率的格兰杰原因	0.0000***	1年期国债利率不是3个月掉期隐含境内美元利率的格兰杰原因	0.0065***
2015年1月至2022年8月			
原假设	P值	原假设	P值
3个月SOFR利率不是3个月掉期隐含境内美元利率的格兰杰原因	0.0001***	1年期SOFR利率不是3个月掉期隐含境内美元利率的格兰杰原因	0.0000***

续表

2015 年 1 月至 2022 年 8 月			
原假设	P 值	原假设	P 值
3 个月国债利率不是 3 个月掉期隐含境内美元利率的格兰杰原因	0.0854	1 年期国债利率不是 3 个月掉期隐含境内美元利率的格兰杰原因	0.0121**

注：P 值为拒绝原假设的概率。数据截至 2022 年 8 月底，下同。

资料来源：Stata，Macrobond，Bloomberg，兴业研究。

回归分析方面，本文使用美元 SOFR 利率、中国国债利率及境内美元利率的滞后期作为解释变量，对境内美元利率进行回归。三个解释变量的系数均在 1% 水平下显著，但 2015 年前中国国债利率的显著性高于美元 SOFR 利率（T 值更高），而 2015 年后美元 SOFR 利率的显著性提升，高于中国国债利率。

表 2-14　掉期隐含境内美元利率回归分析

因变量	3M 掉期隐含境内美元利率		1 年掉期隐含境内美元利率	
时间区间	2012–2014/12	2015/1–	2012–2014/12	2015/1–
滞后期	0.9965***	0.9910***	0.9993***	0.9825***
美元 SOFR 利率	0.5626*** （2.81）	0.0148*** （4.53）	0.1050*** （2.93）	0.0152*** （7.11）
中国国债利率	0.0352*** （3.82）	0.0101*** （3.71）	0.0218*** （3.19）	0.0067*** （5.21）
Adj. R2	0.9922	0.9962	0.9940	0.9980
D.W 值	1.8026	2.0042	1.7011	1.8803

注：***、** 和 * 分别表示在 1%、5% 和 10% 的水平下显著，为比较显著性括号内标注了部分解释变量的 T 值，T 值越大，该变量越显著。

资料来源：Macrobond，Bloomberg，兴业研究。

最后我们考察境内美元利率相对美元 SOFR 利率是否有均值回归的特征。

由于SOFR利率以美国国债作为抵押品，而外汇掉期并无债券抵押，加之中资行与外资行的美元负债成本存在差异，境内美元利率"天然"高于离岸美元利率，境内外利差（境外–境内，下同）通常情况下中枢为负。2020年之前美元利差的走势符合这一规律。

2020年新冠疫情后，由于我国经常账和资本金融账双双资金流入，境内外美元利差的中枢明显抬升。3个月境内外美元利率自2020年起开始出现倒挂（境外高于境内），但在2022年5月后基本处于中轴以下区间；1年期利率在2021年第四季度方出现倒挂，随后一直处于中轴上方。2022年随着外资从境内股债市场流出，境内各期限美元利率纷纷反弹，境内外利差回落。目前3个月和1年期利差均处在均值附近。

无论是3个月还是1年期境内外美元利差都不会持续偏离中枢，当超出1倍或2倍标准差后会出现均值回归。3个月和1年期利差回归的速度相似，但3个月利差偏离中枢的幅度更大。

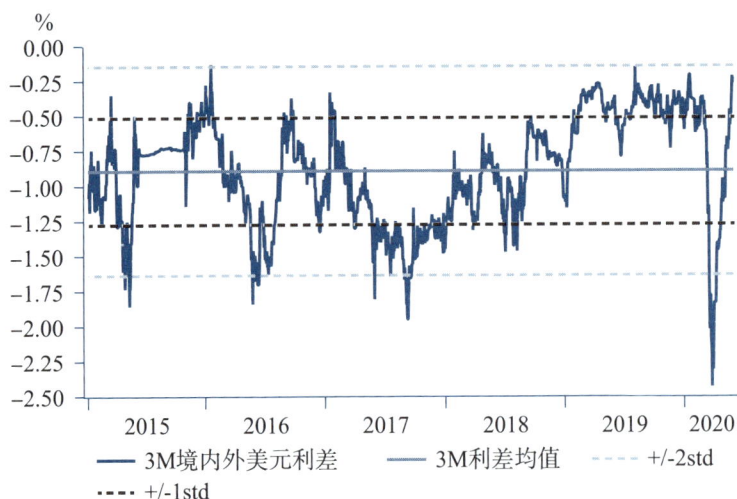

图2-106　3个月利差均值回归（2015–2020/5）

注：1std和2std分别指1倍标准差和2倍标准差，下同。数据截至2023年4月20日。

资料来源：Macrobond，Bloomberg，兴业研究。

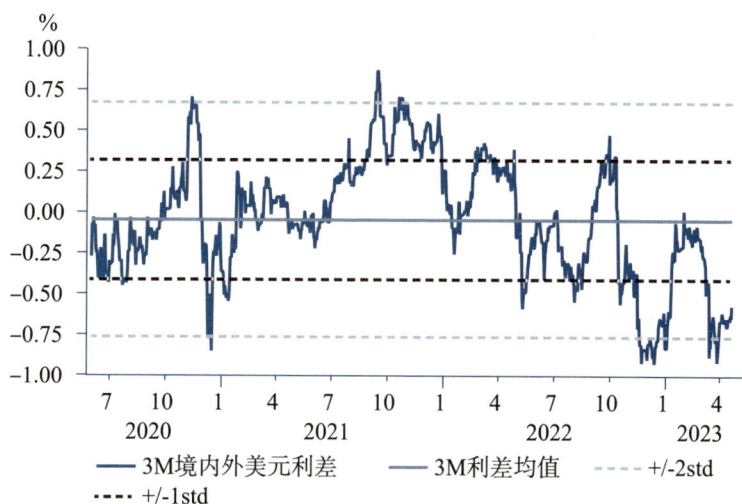

图2-107 3个月利差均值回归（2020/5–）

注：1std和2std分别指1倍标准差和2倍标准差，下同。数据截至2023年4月20日。
资料来源：Macrobond，Bloomberg，兴业研究。

图2-108 1年期利差均值回归（2015–2020/5）

资料来源：Macrobond，Bloomberg，兴业研究。

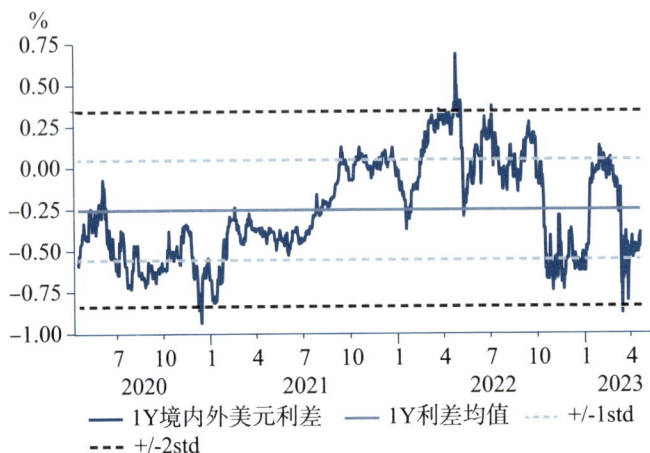

图2-109 1年期利差均值回归（2020/5–）

资料来源：Macrobond，Bloomberg，兴业研究。

表2-15 3个月境内外美元利差均值回归统计

超出 +/-1std 的时段	方向	超出 +/-1std 天数（交易日）	超出 +/-2std 天数（交易日）	最大超出均值 幅度（bp）
2015 年 4 月 20 日 –2015 年 5 月 18 日	向下	21	3	–97
2015 年 12 月 17 日 –2016 年 1 月 26 日	向上	36	1	76
2016 年 5 月 19 日 –2016 年 7 月 29 日	向下	52	6	–95
2017 年 5 月 25 日 –2018 年 1 月 3 日	向下	160	15	–106
2019 年 2 月 12 日 –2020 年 3 月 4 日	向上	277	0	74
2020 年 3 月 17 日 –2020 年 4 月 21 日	向下	26（连续）	16	–154
2020 年 11 月 6 日 –2020 年 11 月 25 日	向上	14（连续）	4	66
2020 年 12 月 7 日 –2021 年 1 月 15 日	向下	30	5	–90

超出 +/−1std 的时段	方向	超出 +/−1std 天数（交易日）	超出 +/−2std 天数（交易日）	最大超出均值幅度（bp）
2021 年 8 月 31 日 –2021 年 12 月 27 日	向上	85	10	22
2022 年 7 月 14 日 –2022 年 8 月 24 日	向下	30	0	−59
平均	—	73	6	84（绝对值）

注：数据统计时间为 2015 年至 2022 年 8 月。筛选条件是连续 10 个交易日以上超过 1std 区间。以 2020 年 5 月为界，本文对 2015 年到 2020 年 5 月、2020 年 5 月至今的分别进行统计，并计算其标准差和均值，下同。

资料来源：Macrobond，兴业研究。

表2–16　1年期境内外美元利差均值回归统计

超出 +/−1std 的时段	方向	超出 +/−1std 天数（交易日）	超出 +/−2std 天数（交易日）	最大超出均值幅度（bp）
2015 年 1 月 5 日 –2015 年 5 月 21 日	向下	90	33	−85
2015 年 12 月 25 日 –2016 年 1 月 25 日	向上	22	0	50
2016 年 8 月 23 日 –2016 年 9 月 27 日	向上	26（连续）	0	55
2017 年 1 月 23 日 –2017 年 3 月 13 日	向上	36	0	53
2017 年 7 月 4 日 –2018 年 1 月 15 日	向下	140	24	−84
2018 年 7 月 19 日 –2018 年 9 月 5 日	向下	35	0	−51
2019 年 2 月 14 日 –2019 年 6 月 13 日	向上	86	1	54
2020 年 1 月 6 日 –2020 年 3 月 11 日	向上	48	10	51

超出 +/−1std 的时段	方向	超出 +/−1std 天数（交易日）	超出 +/−2std 天数（交易日）	最大超出均值幅度（bp）
2020 年 6 月 26 日 –2021 年 1 月 25 日	向下	152	3	−70
2022 年 2 月 17 日 –2022 年 7 月 15 日	向上	107	11	93
平均	—	74	5	65（绝对值）

注：数据统计时间为 2015 年至 2022 年 8 月。

资料来源：Macrobond，兴业研究。

构建境内美元利率的利率走廊

使用无套利原理，我们可以构建境内美元利率的利率走廊，进而分解境内美元利率的定价因素。

对于境内美元的需求方而言，金融机构可以通过人民币融资和外汇掉期（近购远结）获得境内美元，其融资成本为人民币融资利率（$r_{¥融}$，使用境内同业拆借利率Shibor来代替），掉期点数（Swap）视为其收益，二者之差为掉期隐含境内美元利率（R_{USD}）；金融机构可以将获得的美元资金用于无风险投资并获得投资收益（$r_{f\$}$，使用美国国债收益率代替），根据无套利原理有如下不等式：

$$R_{USD} - r_{¥融} - Swap \geqslant r_{f\$}$$

对于境内美元的供给方而言，金融机构需要支付美元融资成本（$r_{¥融}$使用美元SOFR利率）以及掉期市场上融出美元的成本（Swap），将人民币进行无风险投资可以获得收益（$r_{¥投}$）：

$$r_{\$融} + Swap \geqslant r_{¥投}$$

同时考虑境内美元的供给方和需求方后形成如下的利率走廊：

$$r_{f\$} \leqslant R_{USD} \leqslant r_{\$融} + r_{\$融} - r_{¥投}$$

2015 年之前境内美元利率跟随人民币利率波动时期，境内美元利率频繁超出上限。这体现出资本账户有限开放之下，在离岸市场融入美元再前往境内融出的套利操作难以成行。疫情后由于我国贸易顺差激增导致境内美元流动性泛滥，加之境内美元资产荒等因素，3个月境内美元利率多次向下限发起挑战。

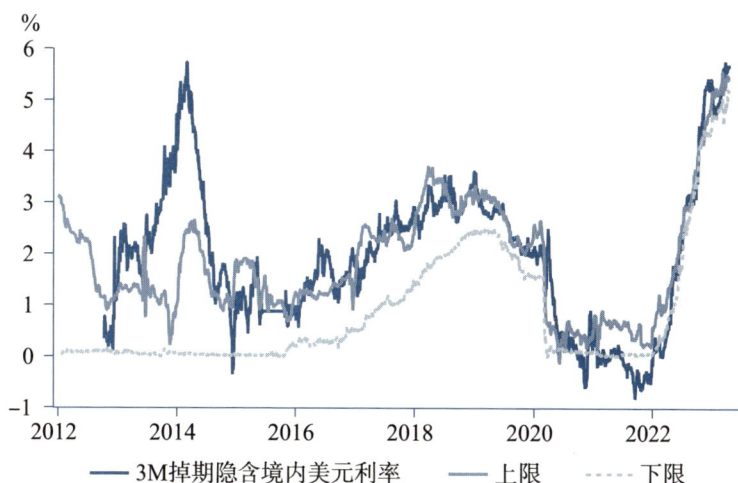

图2-110　3M掉期隐含境内美元利率走廊

资料来源：Macrobond，Bloomberg，兴业研究。

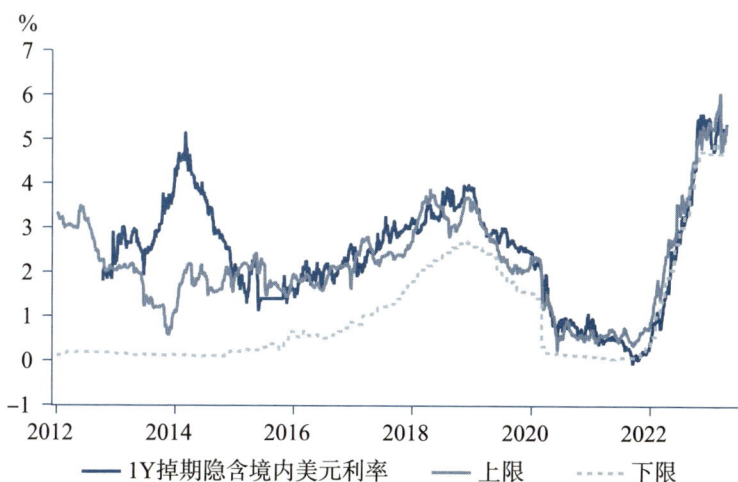

图2-111　1Y掉期隐含境内美元利率走廊

资料来源：Macrobond，Bloomberg，兴业研究。

接下来我们计算掉期隐含美元利率相对于上限的偏差，这反映出境内美元供给方能否进行无风险套利，也能体现掉期市场供求失衡的程度，即"掉期融资压力"。

令

$$\alpha = R_{USD} - (r_{\$融} + r_{\$融} - r_{¥投}),$$

则

$$R_{USD} = \alpha + r_{\$融} + (r_{\$融} - r_{¥投})$$

=掉期融资压力+离岸美元融资成本+境内人民币融资压力

如此我们把境内美元利率分解为三个因素：离岸美元融资成本、境内人民币融资压力以及掉期融资压力。其中掉期融资压力 α 越大，表示境内掉期市场上美元供不应求。

因子分解后我们发现，2015 年前境内人民币融资压力起到的影响较大，且彼时掉期市场上美元相对"稀缺"。2015 年后离岸美元融资成本对境内美元利率的影响大幅加强，这呼应了前文我们对 SOFR 利率是境内美元利率"锚"的判断。掉期市场上美元紧缺的局面也大大缓解，疫情后掉期市场美元供给一度高于需求。

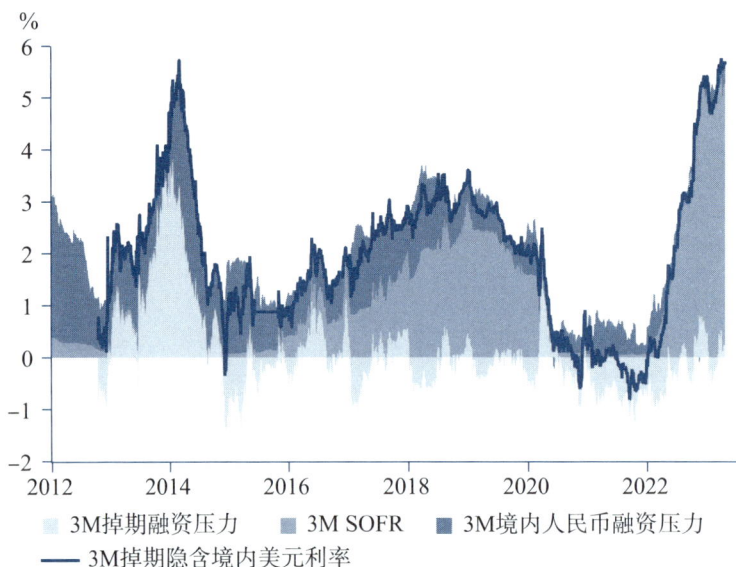

图2-112　3个月掉期隐含境内美元利率因素分解

资料来源：Macrobond，Bloomberg，兴业研究。

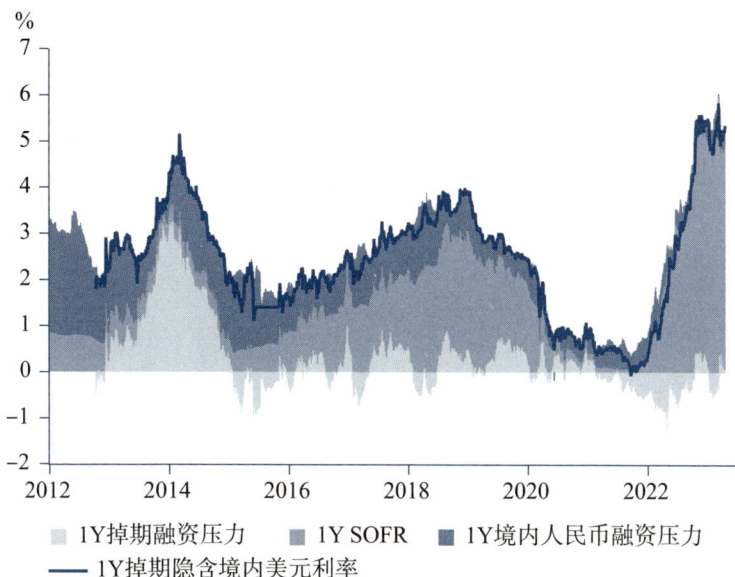

图2-113 1年期掉期隐含境内美元利率因素分解

资料来源：Macrobond，Bloomberg，兴业研究。

境内美元相对"锚"的偏差——境内外美元利差分析

接下来，我们探索境内美元利率与"锚"（离岸美元利率）之间的差异受哪些因素的影响。长期来看，境内外美元利差（境外–境内）受外贸和直投等中长期美元收支的影响；短期来看，人民币汇率预期、股债跨境资金流动均会引发利差变动。

一方面，境内银行间市场美元资金池水位上涨时，境内美元利率走低，进而导致境内外利差走扩。倘若仅考虑中长期投资，我们使用"净出口＋直接投资–外储"指标来观察境内银行间美元资金池规模的变动，其与境内外美元利差之间呈正相关。倘若将证券市场短期资金流动考量在内，我们使用"陆股通–港股通＋外资债券托管增量"指标来观察金融账户下外资流动情况，2020年后该指标同美元利差间的正相关性提高。

另一方面，人民币汇率预期会对境内外美元利差造成影响。当人民币升值预期增加时，境内机构倾向于将美元存款转换为人民币存款，境内美元需求减弱导致境内美元利率走低、境内外利差走扩；倘若人民币利率出现同步上行，则会加剧存款币种的转化。本文使用境内外美元兑人民币汇差和3个月 USDCNH 风险逆转期权隐含波动率两个变量作为人民币汇率预期的代理变量，二者和境内外美元利差之间均呈负相关关系。

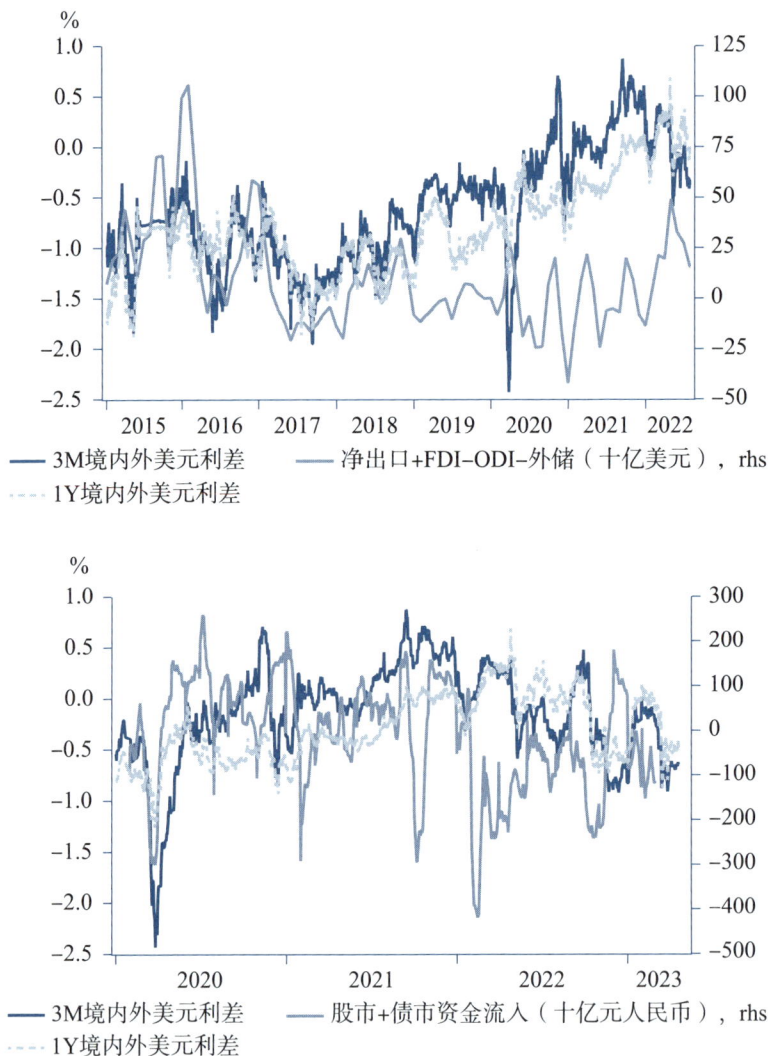

图 2–114　境内外美元利差与跨境资金流动

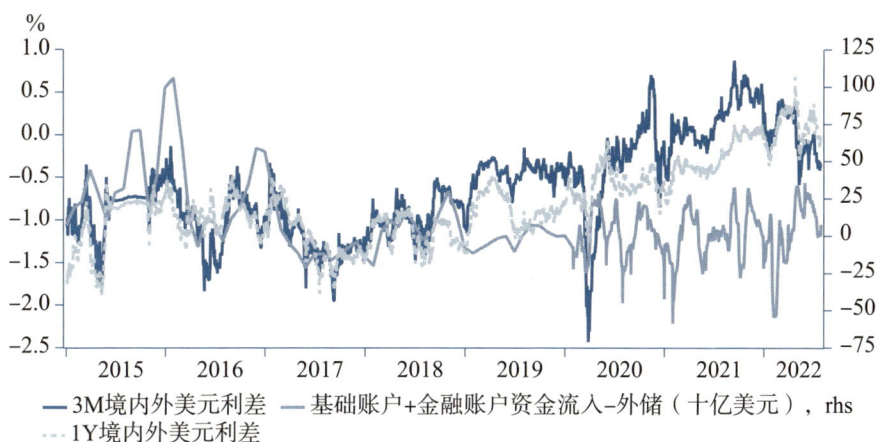

图2-114 （续图）

注："净出口＋直投－外储"经过三个月滚动平均处理。

资料来源：Macrobond，Bloomberg，兴业研究。

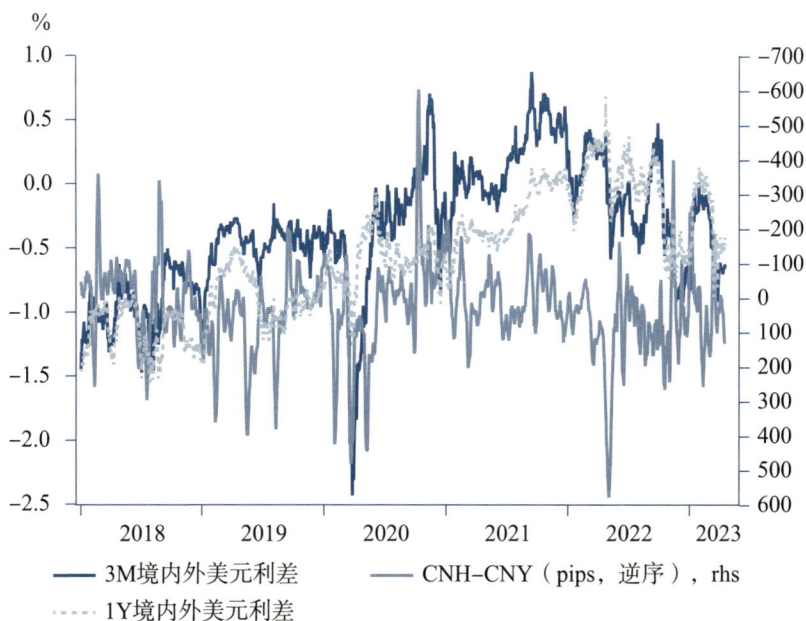

图2-115 利差与CNH-CNY

资料来源：Macrobond，Bloomberg，兴业研究。

图2-116　利差与3M风险逆转期权隐含波动率

资料来源：Macrobond，Bloomberg，兴业研究。

境内美元利率对人民币汇率影响分析

2021年下半年人民币背离美元指数形成"双强"格局，境内美元利率和中美实际利差在此期间主导了汇率的变动。基于此，我们研究如何使用境内美元利率更好地预测人民币汇率走势，下文全部使用3M境内美元利率指标进行分析，1Y境内美元利率的分析结果与之相似。

偏离度视角

逻辑上，境内美元利率走低表示境内美元流动性泛滥、人民币相对"稀缺"，这正是2021年下半年人民币汇率升值的推手之一；倘若境内美元利率反弹，美元兑人民币汇率将随之上行，若配合美元指数升值，则上行速率将加快，这是2022年人民币修复高估的背景。

然而，境内美元利率与人民币汇率的变动并非同步，二者之间存在背离。我们以境内美元利率作为自变量对美元兑人民币进行回归，并计算美元兑人民币的偏离程度。结果显示，2018年后美元兑人民币相对境内美元利率的偏离程度大多在-5%~7%区间，一旦偏离度靠近极值，往往预示着美元兑人民币可能发生行情反转。我们使用境内外美元利差进行类似处理，结果同境内美元利率相似，美元兑人民币相对境内外美元利差的偏离程度大多在−5%–7%区间。

图2-117　美元兑人民币相对于3M境内美元利率

注：回归区间取2018年至今。

资料来源：Macrobond，Bloomberg，兴业研究。

图2-118　美元兑人民币相对于3M境内外美元利差

注：回归区间取2018年至今。

资料来源：Macrobond，Bloomberg，兴业研究。

模拟境内美元利率路径预测美元兑人民币

通过模拟境内美元利率的变化路径，我们可以预测未来美元兑人民币变动的区间。境内美元利率由离岸美元 SOFR 利率和境内外美元利差两部分组成，我们分别对两部分进行预测：

- 对美元 SOFR 的预测，我们首先采用联邦基金利率期货隐含的加息概率来推测美联储政策利率（Fed Rate）的走势，再根据 SOFR 利率相对 Fed Rate 的历史加点来预测 SOFR 走势。举例来说，2023 年 4 月 17 日的数据显示，未来半年，即 2023 年 10 月上旬美联储政策利率将上行到 5.25% 后经降息至 5% 附近，对应 SOFR 利率在 4.92% 水平。

- 对于境内外美元利差，我们通过统计人民币升贬周期中境内外美元利差的中枢来获取利差中枢的统计规律。以 3 个月期限为例，在历次人民币贬值行情中，境内外美元利差中枢最高为 –0.14%，最低为 –0.95%，中位数为 –0.88%；历次人民币升值行情中，境内外美元利差中枢最高为 0.12%，最低为 –1.22%，中位数为 –0.52%。

- 将美元 SOFR 利率和境内外美元利差加总即得到境内美元利率未来的变化路径。举例来说，根据上述条件，2023 年 10 月境内美元利率中枢在 5.28% 到 6.09%，中位数为 6.02%。

- 我们进一步可使用境内美元利率对美元兑人民币进行回归，二者相关性在 2020 年后显著提高。

表 2–17   人民币升贬周期境内外美元利差中枢统计规律

周期类型	时间	天数	3M 利差中枢	1Y 利差中枢
人民币弱势周期	2015/8/10–2016/12/28	363	–0.88%	–0.91%
	2018/6/14–2018/10/31	100	–0.93%	–1.19%
	2019/5/5–2019/9/30	107	–0.45%	–0.96%
	2020/1/20–2020/5/27	93	–0.95%	–0.66%
	2022/4/19–2022/11/3	199	–0.14%	0.01%
人民币弱势周期中位数	—		–0.88%	–0.91%

续表

周期类型	时间	天数	3M 利差中枢	1Y 利差中枢
人民币强势周期	2017/1/11–2018/2/6	280	−1.22%	−1.23%
	2018/11/30–2019/4/17	99	−0.59%	−0.92%
	2019/10/10–2020/1/17	72	−0.44%	−0.86%
	2020/8/4–2022/2/28	410	0.12%	−0.33%
人民币强势周期中位数	—		−0.52%	−0.89%

注：利差取美元 SOFR 利率 − 掉期隐含境内美元利率。

资料来源：Macrobond，兴业研究。

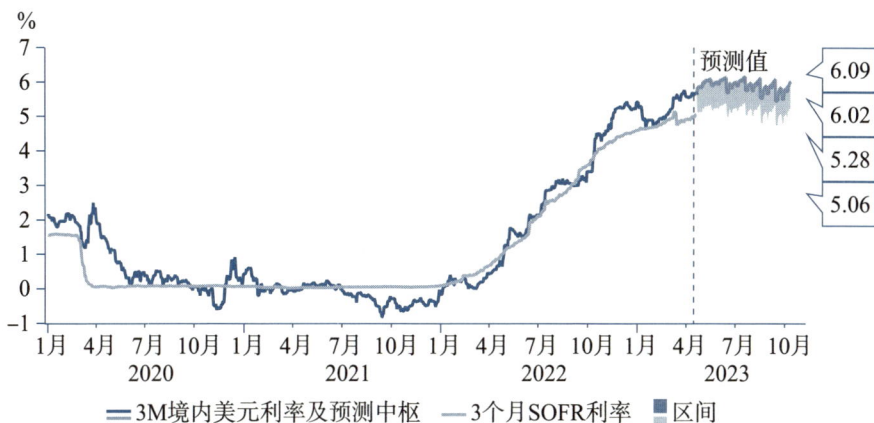

图2-119　境内美元利率路径预测（基于统计规律）

注：关键数据（例如联邦利率期货隐含的加息概率）取 2023 年 4 月 17 日数据。

资料来源：Macrobond，Bloomberg，兴业研究。

2.7　逆周期调节政策工具箱

孙国峰在2017年的人民银行工作论文《货币政策、汇率和资本流动——从"等边三角形"到"不等边三角形"》中论证了"倘若资本完全自由流动，即使汇率实现自由浮动，货币政策的独立性仍不能保证"，并据此提出人民银行应在"固定汇率和资本开放中寻求中间解"，最适宜的政策组合为"宏观审慎管理+汇率灵活性+货币政策国际协调"。因此在外汇逆周期调节工具的帮助下，人民币汇率应当避免大涨大跌对实体经济造成的冲击；而面临外部环境变化和国际收支失衡时，人民币有效汇率应当发挥"调节宏观经济和国际收支自动稳定器的作用"。

细数外汇逆周期调节工具箱

我国外汇逆周期调节工具主要分为四大类：

一是数量型工具，通过在即期和掉期外汇市场上买卖美元，直接影响即期和掉期汇率走势。数量型工具见效快但成本高，容易消耗外储或是被动投放货币，影响货币政策的独立性。在2017年前，数量型工具活跃在人民币汇率超调的各个时期，造成外汇储备先升后降，2017年后数量型工具基本退出常态化调节，仅在极端情况下出现。值得一提的是，2015年"811汇改"后境内美元资金池规模逐渐扩大，商业银行使用自有美元在即期和掉期市场上进行"逆势"操作也会产生汇率"减速"的效果。

二是价格型工具，包括中间价逆周期因子、调节离岸人民币流动性（CNH Hibor）、远期购汇风险准备金率、外汇存款准备金率等。中国香港人民币市场离岸央票发行的初期也有调节人民币汇率预期的功能，但常态化发行机制建立后，离岸央票的发行时间只与到期时间有关。价格型工具相对透明，但往往在政策实施当期对即期汇率产生显著影响，随后影响趋于中性。而且，逆周期因子不符合淡化甚至取消中间价的长期汇率市场化改革目标，而远期购汇风险准备金则对于企业等主体实需汇率套保增加了额外的成本。

三是外汇和跨境宏观审慎管理，包括调节跨境融资和境外放款宏观审慎参数、对银行施加"货物贸易结汇/收汇率比例"考核要求、对实需结售汇期限加以限制、控制QDII/QFII/RQFII审批额度等。该工具能够有效维持跨境资本流动的均衡，但不能长期使用，以免制约资本账户可兑换长期目标的实现。

四是官方通过口头发声引导市场预期，对汇率实行预期管理。2018年10月国家外汇管理局潘功胜局长曾表示"对于那些试图做空人民币的势力，几年前我们都交过手，彼此也非常熟悉，我想我们应该都记忆犹新"，即为预期管理工具的有效尝试。预期管理成本最小，但对货币当局的信誉提出较高的要求。

实施顺序方面，2015年前数量型干预是最常用的逆周期工具，QDII审批额度也随着逆周期调节的目标而波动。2015年"811汇改"后众多价格型工具被创设，外汇逆周期调节工具箱更加丰富。2015年至2020年间，数量型工具逐渐退出，而远期购汇风险准备金率成为每一轮逆周期调节中率先使用的工具，中间价逆周期因子在关键时点加以配合。2021年开始，境内外汇存款准备金率取代远期购汇风险准备金率成为每一轮逆周期调节中最先使用的工具，外汇存款准备金率虽不会对实需套保产生负面影响，但对汇率的调节效果有限；中间价逆周期因子继续相机抉择；远期购汇风险准备金率则成为最后的"撒手锏"。跨境融资和境外放款宏观审慎参数也随着逆周期调节的目标而调整，但其影响无法在短期内及时显现。

远期购汇风险准备金率工具常常搭配预期管理，这增加了前者的政策效率。举例来说，2022年9月26日人民银行宣布将远期售汇业务的外汇风险准备金率从0上调至20%，同时外汇自律机制在9月27日召开电视会议并提出"自律机制成员单位要自觉维护外汇市场的基本稳定，坚决抑制汇率大起大落；报价行要切实维护人民币汇率中间价的权威性；银行自身要基于风险中性原则合理开展自营交易，向市场提供真实流动性；成员单位要进一步加强对企业和金融机构风险中性的宣传和引导，进一步提升帮助企业避险的服务水平"。

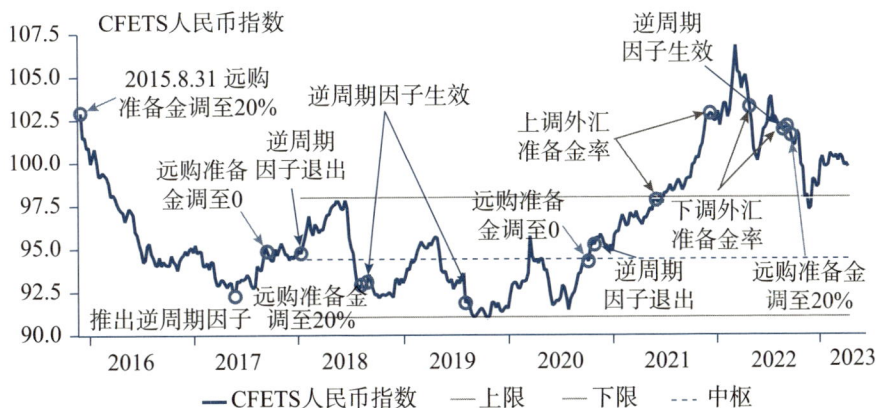

图2-120　人民币汇率与逆周期调节政策

图2-120 （续图）

资料来源：Macrobond，兴业研究。

接下来，我们针对中间价逆周期因子和远期购汇风险准备金率两个工具进行深入分析。

中间价逆周期因子是2017年5月26日加入到美元兑人民币中间价定价机制中的，其初衷是克服2015年"811汇改"后人民币汇率易贬难升的特征，使人民币汇率能更灵活地反映国内经济基本面变化；在逆周期因子推出后，其在人民币汇率升贬两个方向发挥作用。2017年第二季度《货币政策执行报告》中对逆周期因子的算法进行了明确："在计算逆周期因子时，可先从上一日收盘价较中间价的波幅中剔除篮子货币变动的影响，由此得到主要反映市场供求的汇率变化，再通过逆周期系数调整得到逆周期因子"。据此我们可以得到美元兑人民币中间价的定价机制：

中间价$_t$=f（中间价$_{t-1}$）+g（收盘价$_{t-1}$）+h（篮子货币变动$_{t-1}$）+i（逆周期因子$_t$）

远期购汇风险准备金率工具自2015年"811汇改"后创设，2015年8月31日、2018年8月3日和2022年9月26日，人民银行宣布将远期购汇风险准备金率从0上调至20%；2017年9月8日、2020年10月10日，人民银行宣布将远期购汇风险准备金率从20%调整到0。

从2015年8月31日和2018年8月3日的经验看，远期购汇风险准备金率上调确实会导致实需购汇率下降、银行代客远期净结汇规模边际增加。但是在远期购汇风险准备金率下调时，实需购汇率不一定会抬升，2020年10月后银行代客远期净结汇规模也未回落。这是因为人民币升值时期实需购汇意愿相对较低，取消准备金对购汇的促进作用相对有限；相比之下人民币走弱时购汇意愿增强，提高风险准备金率实际增加了远期购汇的成本，政策的效果往往更强。

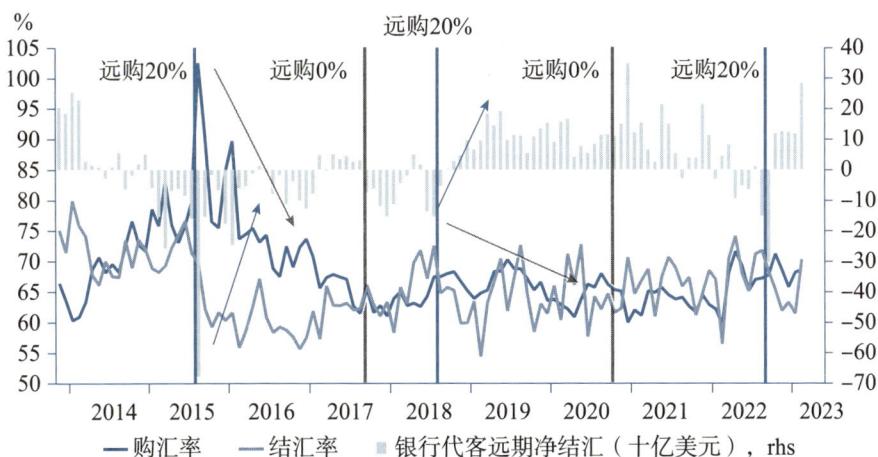

图2-121　远购风险准备金率调节、结购汇率、远期净结汇

资料来源：Macrobond，兴业研究。

实施效果方面，外汇逆周期工具对调节人民币汇率预期卓有成效，企业的结售汇行为由"追涨杀跌"转变为"高抛低吸"。2017年前企业实需结售汇行为容易随市场预期呈现顺周期的单边行为。例如在人民币升值预期下早结汇、晚购汇，造成2014年前结汇率持续高于购汇率；而在人民币走弱时则更早进行购汇，使得结汇率回落到购汇率下方。这种顺周期行为会加剧即期汇率的超调。2018年后，结汇率和购汇率彼此维持在相近的水平，时常与人民币汇率呈反向相关；尤其是2022年人民币汇率快速修复高估的行情中，结汇率始终维持较高水平。这是汇率预期中性和汇率风险中性的双重结果。

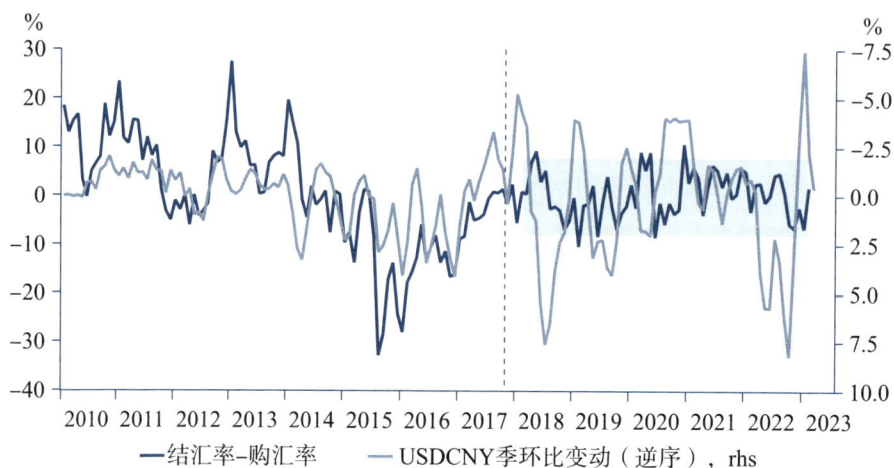

图2-122　结汇率与购汇率、美元兑人民币

资料来源：Macrobond，兴业研究。

外汇稳定的目标——人民币有效汇率

人民币有效汇率（多边汇率）描述了人民币与一篮子货币的相对价格变化，其直接影响出口竞争力和经济潜在增速，因而受到政策制定者的广泛关注。

多边汇率常用指标为BIS（国际清算银行）公布的名义有效汇率指数和实际有效汇率指数，频率为月度。2015年12月11日起外汇交易中心发布了更高频的周度CFETS人民币汇率指数，其走势与BIS人民币名义有效汇率一致。

需要说明的是，根据《CFETS人民币汇率指数货币篮子调整规则》（中汇交公告〔2016〕81号），自2017年起外汇交易中心按年评估CFETS人民币汇率指数的货币篮子，并根据情况适时调整篮子的构成或相关货币权重。2017年至今一共调整了四次：

- 第一次调整出现在2017年初，主要考虑到2016年开通了若干人民币对外币直兑交易。外汇交易中心将其全部纳入CFETS指数篮子中，再根据2015年各经济体的贸易权重进行加权。其结果是CFETS篮子货币数量由13种增加到24种，原有币种在篮子中的权重全部调低，尽管有些经济体对华贸易权重增加了（如美国、欧元区、日本、英国等）。

- 第二次调整出现在2019年末，未改变篮子货币数量，仅根据2018年各经济体贸易比重的变化调整各币种的权重。如中美进出口金额受贸易摩擦影响而比重下降，美元权重相应下调0.81个百分点至0.2159，欧元权重则上调1.06个百分点至0.1740。

- 第三次调整出现在2020年末，未改变篮子货币数量，仅根据2019年各经济体贸易比重的变化调整各币种的权重。欧元区取代美国成为对华进出口金额最大的经济体，受此影响，美元权重下调2.8个百分点至0.1879，欧元权重则上调0.75个百分点至0.1815，此外英国、澳大利亚等经济体对华进出口规模也在增加，使得英镑、澳元在CFETS篮子中的权重提高。

- 第四次调整出现在2021年年末，根据2020年各经济体贸易比重的变化增加美元、欧元和英镑的权重，调低日元、港币、澳元等货币的权重。

相比于双边汇率，央行更注重维护有效汇率的基本稳定。我国外汇逆周期调节工具的出台往往发生在CFETS人民币汇率指数接近区间中轴或是上下沿的时点。在逆周期工具的加持下，CFETS指数在2016年到2020年间呈现标准的箱体震荡，2021年震荡中枢虽然系统性抬升，但很快稳定在新的区间内。2021年CFETS人民币汇率指数中枢抬升的背景是，一方面，抗疫优势下我国贸易顺差快速增加，贸易收汇使得结汇需求不断累积；另一方面，2021年全球通胀中枢回升，外部原材料和能源价格反弹使得我国输入性通胀压力增加，人民币汇率升值在一定程度上起到了稳定国内物价的"宏观经济稳定器"作用。

高估还是低估？IMF视角

人民币汇率高估和低估之争一直是中美交锋的关键领域。2019年8月6日，在中美关系紧张时期，美国财政部就曾指控我国汇率操纵。即便2020

年1月美国财政部新发布的《美国贸易伙伴外汇政策观察报告》（Foreign Exchange Policiesof Major Trading Partners of the United States）取消了对汇率操纵的指控，但并不符合三项硬性指标中任意两项的我国却始终被保留在"观察名单"之中。汇率高估或是低估与否并无统一的标准，但作为第三方国际组织的IMF（国际货币基金组织）对此拥有一套完整的评估体系，我们可以此作为参考。

自1997年起，IMF使用CGER（Consultative Group for Exchange Rate）体系对各经济体实际有效汇率进行评估，该体系包括宏观平衡法（MB）、均衡实际汇率法（ERER）和外部可持续性法（ES）三种方法。2012年IMF将CGER体系加以改进——增加自变量以缩小残差、将滞后期因变量剔除自变量、引入产出缺口将内部均衡与外部均衡相联系等——最终形成EBA（External Balance Assessment）体系，但整体的框架仍得以保留。接下来，我们就EBA体系下的三种评估方法进行介绍。

宏观平衡法（MB）

宏观平衡法是EBA评价体系的核心。其主要方法是通过经济基本面要素估测"基准"的经常账户余额规模[①]，实际经常账户余额与"基准"之间的差距即为汇率失衡程度。具体来说，首先，采用面板数据（49个经济体1986年至今的年度数据）估算全样本经常账户余额与经济基本面变量之间的回归关系；其次，基于单个经济体各基本面变量的中期预测值来模拟其"基准"的经常账户余额规模（或范围）；最后，比较该经济体实际经常账户余额与"基准值"来判断汇率水平是否合理，再结合该经济体经常账户余额对实际有效汇率变化的弹性系数，即可计算出汇率需要调整的幅度。

整个过程中，认定经常账户余额的基准值是关键。在下述两个等式的基础上，能够改变储蓄和投资行为、资本金融账户变动的变量将在中长期影响经常账户余额。家庭和企业储蓄越多、投资越少，经常账户顺差越大；将外

---

① 如无特殊标注，文中所述"经常账户余额"均指经常账户余额/GDP指标。

汇储备变动视为外生变量，资本金融账户顺差越小时，经常账户逆差越小。

不考虑政府行为的宏观经济均衡等式：$S - I = X - M = CA$

国际收支恒等式：$CA + FA = \Delta R - $误差遗漏项

其中 S、I、X、M、CA、FA、ΔR 分别表示储蓄、投资、出口、进口、经常账户顺差、资本金融账户、外汇储备变动。

在此基础上，IMF（2013）[①]经过实证检验总结出如下估测经常账户余额的解释变量指标：

第一，传统基本面要素中，预期GDP增速越高、老龄化程度越轻、制度和政治环境越稳定，投资倾向更高，经常账户余额越小。海外净资产头寸、自然资源禀赋和金融中心地位则对国际收支特定项目产生影响，海外资产净头寸越大、石油等能源禀赋越多、金融中心地位较稳固的经济体，经常账户余额越大。对于相对劳动生产率指标，IMF理论逻辑和实证检验均呈正相关。

第二，金融变量中，储备货币地位越高，经常账户顺差越小；当全球风险偏好回升，储备货币经济体经常账户顺差倾向于扩大。

第三，周期性变量中，相对产出缺口扩大时，投资倾向增强，经常账户余额减少；相对产出缺口对于短期经常账户变动具有较强的解释力，但同其他解释变量间存在一定的自相关性。当商品贸易条件周期性改善时，也有助于经常账户顺差余额增加。

第四，政策变量中，财政预算赤字扩大，以及公共卫生支出增加将对民间储蓄形成挤出，最终导致经常账户顺差收窄。用外储变动作为外汇干预的代理变量，外储增加意味着外汇干预下汇率的升值速率放缓，经常账户因此改善，二者呈现正比例关系，资本管制强度会影响其系数。货币当局对金融过热的控制会影响投资和储蓄，从而干扰经常账户，但这一指标实证的稳健性较差——用私人信贷占比指标作为代理变量时该系数显著，但更换代理变量后其系数不显著。

---

① IMF, 2013, The External Balance Assessment (EBA) Methodology.

表2-18 影响经常账户余额的基本面变量

	变量	影响途径	对CA的影响	指标
传统基本面变量	相对劳动生产率[#]	影响储蓄和投资	生产率提升初期，储蓄更多，正比；生产率提升中期，投资更多，反比，系数大小和显著性与资本开放程度有关	劳均GDP（基于购买力平价）相对美日德均值的差距 以资本开放度交叉项出现[1]
	预期GDP增速	影响投资	反比	未来5年实际GDP增长率
	海外净资产头寸[#]	影响初次收入，但初次收入和CA顺差不代表贸易账户顺差	正比；当海外净资产负值较大时，该系数不显著	海外净资产/GDP
	石油和天然气等自然资源	影响货物贸易差额	资源净出口经济体，正比；资源净进口经济体，不相关	石油和天然气净出口/GDP × 开采意愿（当前开采量/已探明储量）
	人口年龄结构	影响储蓄和投资	老龄化速度越快，CA顺差越大	65岁以上/30-64岁间人口比例（人口抚养比）
	金融中心地位（虚拟变量）	影响资本金融账户（净海外负债）	正比	瑞士、荷兰等取为1，其余取为0
	制度和政治环境变更风险	影响投资	政治环境越安全，CA顺差越小	政治风险指数数据库5指标均值[2]
金融变量	储备货币地位	影响资本金融账户	反比	本币在全球储备货币中份额
	全球风险程度[#]	影响投资和资本金融账户，区分储备货币经济体和非储备货币经济体	非储备货币经济体VIX与CA成正比，储备货币经济体成反比；系数大小和显著性与资本开放程度有关	VIX/VXO指数，VXO数据期限更长 以资本开放度交叉项出现
周期变量	相对产出缺口	影响储蓄和投资	反比	官方数据或HP滤波法
	商品贸易条件	影响货物贸易差额	正比；系数大小和显著性与贸易开放程度有关	43类商品出口几何加权价格/进口几何加权价格 以贸易开放度交叉项出现[3]

续表

	变量	影响途径	对 CA 的影响	指标
政策变量	财政盈余预算（周期性特征）	影响储蓄和投资（挤出效应）	正比	官方财政盈余预算 / 财政收支相对产出缺口的残差
	公共卫生支出[#]	影响储蓄和投资（挤出效应）	反比	公共医疗支出 /GDP
	外汇干预 & 资本管制	影响资本金融账户	正比，外汇干预系数大小和显著性与资本开放程度有关	外汇干预：外储变动 /GDP 以资本开放度交叉项出现
	调控金融过热	影响储蓄和投资	反比	私人信贷 /GDP

注：1. 资本管制使用 Quinn 指数；

2. 5 指标分别是社会经济状况、投资局势、腐败、宗教紧张局势、民主问责制；

3. 贸易开放度 = 进出口总额 /GDP；

表示实证模型中该变量使用滞后项；

模型中所有交叉项均采用两个变量相乘模式；

在实际回归中，考虑到经常账户余额受到滞后期影响较大，采用混合和面板 AR（1）估计。

资料来源：IMF（2013），兴业研究。

均衡实际汇率法（ERER）

CGER 自 2003 年开始使用均衡实际汇率法进行估测并延续至今。其方法是：首先，假定经济体的宏观基本面决定汇率的中期均衡水平，构建实际有效汇率的基本面模型；其次，使用面板数据（40 个经济体 1990 年至今年度数据）回归得到各基本面变量的系数，以此计算单个经济体均衡汇率水平；最后，比较单一经济体实际汇率相对均衡汇率的偏离，即为实际汇率需要调整的幅度。

建模过程中，为保持宏观平衡法和均衡实际汇率法估测结果的一致性和稳健性，EBA 将影响经常账户余额的基本面变量全部纳入实际有效汇率模型中。从理论逻辑出发，影响储蓄和投资行为的基本面变量同时影响经常账户余额和利率水平，而后者将显著影响实际有效汇率，从而使得经常账户余额与实际有效汇率成反比①。

实证检验中，IMF进一步剔除了系数符号错误以及高度不相关的变量，或是更换代理指标，最终确定如下影响实际有效汇率的基本面变量：

第一，与经常账户余额建模相类似，相对劳动生产率、全球风险程度、预期GDP增速、商品贸易条件、公共卫生支出、外汇干预和调控金融过热指标会影响实际有效汇率。

第二，实际有效汇率的解释变量中新加入金融本土偏好、贸易开放程度、价格行政管制和货币政策变量。越偏好本土融资的经济体，其非储备金融账户下资金流入量相对较少，对应经常账户赤字减少；贸易开放程度增加将降低可贸易品的国内价格，促使汇率贬值；（转型经济体）价格行政管制将挫伤投资行为和实际有效汇率；紧缩型货币政策将推升短期实际利率和实际有效汇率。

第三，关于人口结构变量，经常账户余额模型采用的人口抚养比指标对实际有效汇率的影响并不显著，IMF更换代理指标为人口增长率。

表2-19　影响实际有效汇率（REER）的基本面变量

	变量	对REER的影响	指标
传统基本面变量和金融变量	相对劳动生产率#	单一变量：正比 与资本开放交叉项变量：反比	劳均GDP（基于购买力平价）相对美日德均值的差距 单一变量，以及与资本开放度形成交叉项变量
	全球风险程度#	非储备货币经济体VIX与汇率成反比，储备货币经济体成正比	VIX/VXO指数，VXO数据期限更长 以资本开放度交叉项，以及资本开放度&全球外储份额交叉项出现
	金融本土偏好#	正比	居民持有的国内债务占比

---

① IMF实证结果表明经常账户余额和利率（货币政策）之间关系并不显著，这可能是因为一方面利率提高将促使汇率升值，从而施压经常账户顺差；另一方面利率提高将挫伤投资行为，从而利多经常账户顺差，两个影响相互抵消，使得利率与经常账户余额间的相关性失去一致性。

	变量	对 REER 的影响	指标
传统基本面变量和金融变量	人口增长	正比	人口增长率
	预期 GDP 增速	正比	未来 5 年实际 GDP 增长率
	商品贸易条件	正比	6 品类[1] 商品出口几何加权价格 / 进口加权价格
	贸易开放程度[#]	反比	进出口总额 /GDP
	价格的行政管制	反比	对于转型经济体，计算 CPI 中管制价格所占份额；对于非转型经济体，取 0
政策变量	公共卫生支出[#]	正比	公共医疗支出 /GDP
	外汇干预 & 资本管制	反比	外汇干预：外储变动 /GDP 以资本开放度交叉项出现
	货币政策	正比	短期实际利率 以资本开放度交叉项出现
	调控金融过热	正比	私人信贷 /GDP

注：1. 6 品类是指食品、燃料、农业原材料、金属、黄金和饮料。# 表示实证模型中该变量使用滞后项。

资料来源：IMF（2013），兴业研究。

外部可持续性法（ES）

外部可持续性法是唯一不基于回归分析、不构建模型的方法。主要方法是首先确定一个稳定、可持续的"基准"海外净资产头寸（NFA/GDP）；其次根据该头寸确立与之相适应的"基准"经常账户余额水平；最后比较"基准"经常账户与实际经常账户之间的差距，并估算汇率应当调整的幅度大小。

外部可持续性法的关键是确定"基准"海外净资产头寸规模，以及估算适配的经常账户余额水平。

对于前一个问题，IMF 通常采纳最近时点的 NFA/GDP 作为海外净资产头寸"基准"。

对于后一个问题，IMF（2008）基于跨期偿付能力约束假设——即未来的贸易顺差应足够偿还当前的海外负债——对海外净资产和经常账户余额的关系进行量化。理论上，海外资产或负债回报率越大，债务国隐含的经常账户顺差、债权国隐含的经常账户赤字越大；其他条件不变，对于海外资产回报率小于海外负债回报率的经济体，其需要更大的经常账户顺差以偿还潜在的回报支出。

IMF（2013）指出，对于海外净资产存在较大失衡的经济体（主要是对于净负债经济体），外部可持续性法对于有效汇率的评估优于前两个方法。

表2-20　由海外净资产头寸逆推经常账户顺差

理论假设	公式
跨期偿付能力约束	$B_t - B_{t-1} = CA_t + KG_t + E_t$
令 $b_t = B_t/GDP_t$，$GDP_t = GDP_{t-1}(1+g_t)(1+\pi_t)$，其中 g_t 表示实际 GDP 增速，π_t 表示通货膨胀率	
假设 $E_t = 0$	$b_t - b_{t-1} = ca_t + kg_t - \dfrac{g_t + \pi_t(1+g_t)}{(1+g_t)(1+\pi_t)} b_{t-1}$
不考虑资产、负债回报率和资本收益的情形	
假设资本收益为 0，假定海外净资产占比为"基准" b^s	$ca^s = \dfrac{g + \pi(1+g)}{(1+g)(1+\pi)} b^s$
考虑资产、负债回报率和资本收益的情形	
将经常账户中投资收益和其他项（$bgst_t$）分离，区分资产和负债回报率	$ca_t = bgst_t + \dfrac{i_t^A A_{t-1} - i_t^L L_{t-1}}{GDP_t}$ $KG_t = kg_t^A A_{t-1} - kg_t^L L_{t-1}$ $r_t^A = \dfrac{1 + i_t^A + kg_t^A}{1 + \pi_t} - 1$ ④⑤⑥带入②：$b_t - b_{t-1} = bgst_t + \dfrac{r_t^L - g_t}{1+g_t} b_{t-1} + \dfrac{r_t^A - r_t^L}{1+g_t} a_{t-1}$ $bgst_t = -\dfrac{r_t^L - g_t}{1+g_t} b_{t-1} + \dfrac{r_t^L - r_t^A}{1+g_t} a_{t-1}$

注：B_t 表示海外净资产，CA_t 表示经常账户余额，KG_t 表示估值变动引发的资本收益，E_t 表示资本账户转移、误差遗漏项等残差项。ca^s 为"基准"经常账户余额。i_T^A 和 i_T^L 分别是海外资产和负债的名义投资回报率，A_{t-1} 和 L_{t-1} 表示海外资产和负债头寸，二者之差即为 B_{t-1}。r_t^A 和 r_t^L 代表境外资产和负债实际投资回报率。

资料来源：IMF（2005、2008），兴业研究。

基于上述评价体系，IMF每年在ARTICLE IV系列报告中对各经济体的汇率高估和低估与否进行评估。我们将与人民币汇率相关的结论总结如下。2015

年以前IMF对于人民币的评估结果均为低估，幅度在3%到12%之间。2015年后IMF始终认可人民币实际有效汇率与基本面和预期政策对应的"合意"汇率水平相一致。其中2015年、2016年和2021年人民币汇率均呈现高估。

表2-21　采用EBA评估体系后ARTICLE IV报告对人民币汇率的评价

评估年份	汇率评估	经常账户评估
2012	MB：低估4%-12%（EBA体系）/低估15%（CGER体系） ERER：低估17%（EBA体系）/低估7%（CGER体系） ES：9%（CGER体系） 综合评估：低估5%-10%	实际比"基准"高1.8% （前一期为高2.6%）
2013	MB：低估4%-12% ERER：低估12% 综合评估：低估5%-10%	实际比"基准"高1.8% （前一期为高1.8%）
2014	综合评估：低估3%-12%	实际比"基准"高1%-3%
2015	综合评价：人民币汇率与基本面和预期政策相一致；人民币汇率相对基本面高估3.9%	实际比"基准"高2.4%
2016	综合评价：人民币汇率与基本面和预期政策相一致；人民币汇率相对基本面高估2.7%*	实际比"基准"高0.5%-2.5%
2017	综合评价：人民币汇率与基本面和预期政策相一致；人民币汇率相对基本面低估5.3%	实际比"基准"高1.7%；经常账户对汇率变动的弹性降到0.23
2018	综合评价：人民币汇率与基本面和预期政策相一致；人民币汇率相对基本面的偏离区间为-11.5%到8.5%	实际比"基准"高0.8%
2019	人民币汇率相对基本面的偏离区间为-12%到8%，中值为-2%	实际比"基准"高1.0%
2021	人民币汇率相对基本面的偏离区间为-7.9%到12.1%，中值为2.1%（高估）	实际比"基准"高0.4%

注：

1. 2012年IMF更换了汇率评估体系，因此从2013年开始统计。

2. *代表2017年ARTICLE IV中对2016年人民币汇率的评估是低估2.7%；而2018年ARTICLE IV提及2016年评估结果却是高估2.7%。

3. 2020年的评估结果缺失。

4. 表格中的MB、ERER、ES分别表示EBA体系下三种汇率评估方法。

资料来源：IMF，兴业研究。

构建CFETS人民币汇率指数的预测模型

在前文介绍的IMF均衡实际汇率法（ERER）基础上，我们搭建人民币名义有效汇率的预测模型。

借鉴均衡实际汇率法（ERER），我们选取相对劳动生产率、全球风险程度、金融本土偏好、人口增速、预期名义GDP增速、贸易条件指数、贸易开放程度、公共支出占比、外汇干预、货币政策和私人信贷作为解释变量，不考虑解释变量间的交叉项。其中相对劳动生产率我们选取两个代理指标，分别是中国人均名义GDP与美欧日人均名义GDP比值，以及中国人均GDP与美欧日人均名义GDP的增速差；选取VIX指数、本土居民国内债务与外债比值、进出口总额占GDP比重、公共财政支出占GDP比重、外储变动占GDP比重、1个月Shibor利率作为全球风险程度、金融本土偏好、贸易开放程度、公共支出占比、外汇干预和货币政策的代理指标。

我们收集了人民币名义有效汇率以及上述解释变量2000年到2021年年度数据。首先进行解释变量和被解释变量间的Granger因果分析检验，结果发现人民币名义有效汇率是影响外汇干预、私人信贷、贸易开放程度、金融本土偏好的Granger原因，为避免内生性问题，我们将上述指标进行滞后期处理。其次将解释变量及滞后期放入模型中进行回归，发现人口增长率、财政支出占比、短端名义利率、全球风险程度、贸易开放程度、金融本土偏好或是解释变量不显著，或是回归系数与理论模型相悖，我们将其剔除出自变量序列。最后将剩余指标进行二次回归，根据选择的变量不同，形成了3组拟合回归模型。第一组解释变量包括相对劳动生产率（中国人均名义GDP与美欧日人均名义GDP比值）、商品贸易条件和预期名义GDP增速，模型拟合优度为95.9%；第二组解释变量包括相对劳动生产率（中国人均名义GDP与美欧日人均名义GDP增速差）、商品贸易条件和私人信贷（滞后期），模型拟合优度为99.8%；第二组解释变量包括相对劳动生产率（中国人均名义GDP与美欧日人均名义GDP增速差）、商品贸易条件、预期名义GDP增速、私人信贷（滞后期）和外汇干预（滞后期），模型拟合优度为99.9%。

需要说明的是，模型中预期名义GDP增速的系数均为负，与理论假设不符；理论假设中预期GDP增速越高，投资倾向越高，推动国内利率和汇率上行；然而考虑到实际GDP增速的预期中可能蕴含了"汇率贬值推升贸易顺差和经济增长"的逻辑，因此预期名义GDP增速与有效汇率负相关也是容易理解的。

接下来我们对解释变量在2022年和2023年的取值进行预测，从而模拟出人民币名义有效汇率在这两年的取值区间。我们作出如下假设：

第一，相对劳动生产率方面，全国人均名义GDP与北上广深的人均名义GDP数据进行对标——全国2020年对标北上广深2010年，再将北上广历史数据填充全国未来的人均GDP数据；美德日人均GDP使用IMF的预测数据。

第二，贸易条件指标，即出口价格指数/进口价格指数，采用OECD的预测数据。

第三，私人信贷数据较上一年的增量基本等同于当年我国社融增速相较名义GDP增速的差值，因此，在预判2022年和2023年我国社融增速和名义GDP增速的基础上，可以得到私人信贷数据的预测值。

第四，预期名义GDP增速取IMF的预测值。

第五，外汇干预的历史数据取外汇储备净变动与GDP的比重，2017年后数量型干预逐渐退出，外储的变动呈现市场化。因此取IMF对我国经常账户顺差占比的预测数据作为外储变动的预测值。

结合上述假设，我们估测出2022年和2023年人民币名义有效汇率的中枢大概率先平后降，CFETS人民币汇率指数与之呈现相同走势。针对人民币名义有效汇率的预测模型，我们不得不谈及它的不稳健性。一方面，在不同的时间区间下，有效汇率回归模型中的解释变量可能并不一致。这与数据长度较短有关，也是因为人民币汇率仍处在市场化改革的进程中，受基本面因素影响的程度和交易范式时刻在发生变化。另一方面，替换掉代理指标后，模型的拟合效果、预测方向都会发生改变，这给预测工作带来了一定的困难。

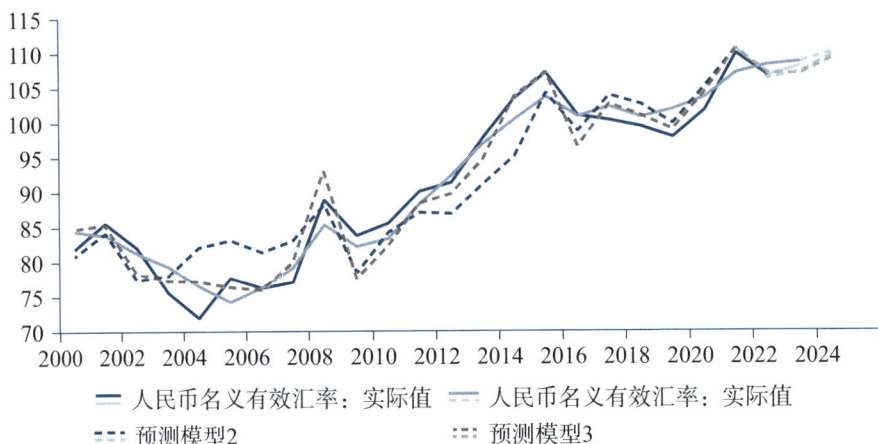

图2-123　人民币名义有效汇率回归模型

自变量	模型1	模型2	模型3	指标含义	预测值来源
相对劳动生产率	135.27***			中国人均GDP/美德日人均GDP	北上广历史数据对标并填充全国人均GDP数据；IMF对美德日人均GDP的预测
相对劳动生产率		0.5409**	0.3819*	中国人均GDP增速－美德日人均GDP增速	
商品贸易条件	32.507***	47.496***	66.961***	出口价格指数/进口价格指数	OECD对进出口价格指数的预测
私人信贷（滞后期）		0.3216***	0.2719***	私人部门信贷/GDP，来源于BIS	我国社融增速相对GDP增速差
预期名义GDP增速	-0.6738***		-1.1245***	未来3年平均名义GDP增速，来源于IMF	IMF对我国名义GDP的预测
外汇干预（滞后期）			90.680**	外储变动/GDP	IMF对我国经常账户占比的预测
截距项	64.012***				
R^2	0.9594	0.9976	0.9991		
D.W.值	1.72	0.70	1.91		

注：模型拟合时间为2000年到2021年年度数据。***、**和*表示解释变量分别在1%、5%和10%水平下显著。

资料来源：Macrobond，兴业研究。

运用CFETS人民币指数预测即期美元兑人民币

应用CFETS人民币汇率指数与美元指数，我们可以大致框定一段时间内美元兑人民币的运行区间。

根据CFETS人民币汇率指数的定义，我们可以将之拆分成"美元兑人民币双边汇率"和"其他篮子货币相对美元汇率"两个部分：

$$CFETS_t = \left(\frac{CNY}{USD}\right)_t^{w1} \times \left(\frac{CNY}{EUR}\right)_t^{w2} \times \left(\frac{CNY}{JPY}\right)_t^{w3} \times \left(\frac{CNY}{GBP}\right)_t^{w4} \times \cdots$$

$$= \left(\frac{CNY}{USD}\right)_t^{w1+w2+w3+w4} \times \left(\frac{USD}{EUR}\right)_t^{w2} \times \left(\frac{USD}{JPY}\right)_t^{w3} \times \left(\frac{USD}{GBP}\right)_t^{w4} \times \cdots$$

"其他篮子货币相对美元汇率"可以近似使用美元指数USDX表示，由此可以推导出：

$$CFETS_t \approx \left(\frac{USD}{CNY}\right)_t^{-1} \times USDX_t^{w'} \times \varepsilon_t$$

$$ln\,(USDCNY)_t \approx w'\,ln\,(USDX)_t - ln\,(CFETS)_t + \varepsilon$$

换言之，给定CFETS人民币汇率指数和美元指数的前提下，美元兑人民币能够被估测出来。全周期回归下估测误差在−2%到3.7%以内，考虑到模型系数随着时间推移而变化，我们以2017年5月和2020年2月作为分解，分三个阶段分别进行回归，则误差缩小到−1.7%到2.1%。

在实践中，根据CFETS人民币汇率指数在固定时间内升贬大小的规律，配合对于美元指数的判断，我们可以大致知晓双边汇率的波动区间。抑或是在趋势性行情中，考虑到CFETS人民币汇率指数受到逆周期工具的调节而呈现区间震荡，我们能够大致匡算出双边汇率在趋势性行情中的支撑和阻力位。

外汇逆周期调节的国际经验镜鉴

在IMF体系里，MPM（宏观审慎措施）和CFM（资本流动管理措施）是不同概念，但二者存在交叉。

MPM是指"使用审慎工具抑制系统性风险"，主要作用于境内居民的借贷行为，无须区分信贷来源于境内或是境外，具体措施包括（IMF，2013b、

美元指数

	CFETS	90	91	92	93	94	95	96	97	98	99	100	101	102	103	104	105	106	107	108	109	110
10.0%	108.74	5.80	5.85	5.90	5.96	6.01	6.06	6.11	6.16	6.21	6.26	6.31	6.36	6.41	6.46	6.51	6.56	6.61	6.66	6.71	6.76	6.81
9.5%	108.25	5.82	5.87	5.92	5.97	6.03	6.08	6.13	6.18	6.23	6.28	6.33	6.38	6.43	6.48	6.53	6.59	6.64	6.69	6.74	6.79	6.84
9.0%	107.75	5.84	5.89	5.94	5.99	6.04	6.10	6.15	6.20	6.25	6.30	6.35	6.40	6.45	6.50	6.55	6.61	6.66	6.71	6.76	6.81	6.86
8.5%	107.26	5.86	5.91	5.96	6.01	6.06	6.11	6.17	6.22	6.27	6.32	6.37	6.42	6.47	6.52	6.58	6.63	6.68	6.73	6.78	6.83	6.88
8.0%	106.76	5.87	5.93	5.98	6.03	6.08	6.13	6.19	6.24	6.29	6.34	6.39	6.44	6.49	6.54	6.60	6.65	6.70	6.75	6.80	6.85	6.90
7.5%	106.27	5.89	5.94	6.00	6.05	6.10	6.15	6.21	6.26	6.31	6.36	6.41	6.46	6.51	6.57	6.62	6.67	6.72	6.77	6.82	6.87	6.92
7.0%	105.77	5.91	5.96	6.02	6.07	6.12	6.17	6.22	6.28	6.33	6.38	6.43	6.48	6.53	6.59	6.64	6.69	6.74	6.79	6.84	6.89	6.94
6.5%	105.28	5.93	5.98	6.03	6.09	6.14	6.19	6.24	6.30	6.35	6.40	6.45	6.50	6.56	6.61	6.66	6.71	6.76	6.81	6.86	6.91	6.96
6.0%	104.79	5.95	6.00	6.05	6.11	6.16	6.21	6.26	6.32	6.37	6.42	6.47	6.52	6.58	6.63	6.68	6.73	6.78	6.83	6.88	6.94	6.99
5.5%	104.29	5.97	6.02	6.07	6.13	6.18	6.23	6.28	6.34	6.39	6.44	6.49	6.55	6.60	6.65	6.70	6.75	6.80	6.86	6.91	6.96	7.01
5.0%	103.80	5.99	6.04	6.09	6.15	6.20	6.25	6.30	6.36	6.41	6.46	6.51	6.57	6.62	6.67	6.72	6.77	6.82	6.87	6.93	6.98	7.03
4.5%	103.30	6.01	6.06	6.11	6.17	6.22	6.27	6.32	6.38	6.43	6.48	6.54	6.59	6.64	6.69	6.74	6.80	6.85	6.90	6.95	7.00	7.05
4.0%	102.81	6.03	6.08	6.13	6.19	6.24	6.29	6.35	6.40	6.45	6.50	6.56	6.61	6.66	6.71	6.77	6.82	6.87	6.92	6.97	7.03	7.08
3.5%	102.31	6.04	6.10	6.15	6.21	6.26	6.31	6.37	6.42	6.47	6.52	6.58	6.63	6.68	6.74	6.79	6.84	6.89	6.94	7.00	7.05	7.10
3.0%	101.82	6.06	6.12	6.17	6.23	6.28	6.33	6.39	6.44	6.49	6.55	6.60	6.65	6.70	6.76	6.81	6.86	6.91	6.97	7.02	7.07	7.12
2.5%	101.33	6.08	6.14	6.19	6.25	6.30	6.35	6.41	6.46	6.51	6.57	6.62	6.67	6.73	6.78	6.83	6.88	6.94	6.99	7.04	7.09	7.15
2.0%	100.83	6.10	6.16	6.21	6.27	6.32	6.38	6.43	6.48	6.54	6.59	6.64	6.70	6.75	6.80	6.86	6.91	6.96	7.01	7.07	7.12	7.17
1.5%	100.34	6.12	6.18	6.23	6.29	6.34	6.40	6.45	6.50	6.56	6.61	6.66	6.72	6.77	6.82	6.88	6.93	6.98	7.04	7.09	7.14	7.19
1.0%	99.84	6.15	6.20	6.25	6.31	6.36	6.42	6.47	6.53	6.58	6.63	6.69	6.74	6.79	6.85	6.90	6.95	7.01	7.06	7.11	7.17	7.22
0.5%	99.35	6.17	6.22	6.28	6.33	6.38	6.44	6.49	6.55	6.60	6.66	6.71	6.76	6.82	6.87	6.92	6.98	7.03	7.08	7.14	7.19	7.24
0.0%	98.86	6.19	6.24	6.30	6.35	6.41	6.46	6.52	6.57	6.62	6.68	6.73	6.79	6.84	6.89	6.95	7.00	7.05	7.11	7.16	7.21	7.27
−0.5%	98.36	6.21	6.26	6.32	6.37	6.43	6.48	6.54	6.59	6.65	6.70	6.76	6.81	6.86	6.92	6.97	7.02	7.08	7.13	7.19	7.24	7.29
−1.0%	97.87	6.23	6.28	6.34	6.39	6.45	6.50	6.56	6.61	6.67	6.72	6.78	6.83	6.89	6.94	6.99	7.05	7.10	7.16	7.21	7.26	7.32
−1.5%	97.37	6.25	6.31	6.36	6.42	6.47	6.53	6.58	6.64	6.69	6.75	6.80	6.86	6.91	6.96	7.02	7.07	7.13	7.18	7.23	7.29	7.34
−2.0%	96.88	6.27	6.33	6.38	6.44	6.49	6.55	6.60	6.66	6.71	6.77	6.82	6.88	6.93	6.99	7.04	7.09	7.15	7.20	7.26	7.31	7.37
−2.5%	96.38	6.29	6.35	6.41	6.46	6.52	6.57	6.63	6.68	6.74	6.79	6.85	6.90	6.96	7.01	7.07	7.12	7.18	7.23	7.28	7.34	7.39
−3.0%	95.89	6.32	6.37	6.43	6.48	6.54	6.60	6.65	6.71	6.76	6.82	6.87	6.93	6.98	7.04	7.09	7.15	7.20	7.26	7.31	7.36	7.42
−3.5%	95.40	6.34	6.39	6.45	6.51	6.56	6.62	6.67	6.73	6.79	6.84	6.90	6.95	7.01	7.06	7.12	7.17	7.23	7.28	7.33	7.39	7.44
−4.0%	94.90	6.36	6.42	6.47	6.53	6.59	6.64	6.70	6.75	6.81	6.86	6.92	6.98	7.03	7.09	7.14	7.20	7.25	7.31	7.36	7.42	7.47
−4.5%	94.41	6.38	6.44	6.50	6.55	6.61	6.66	6.72	6.78	6.83	6.89	6.94	7.00	7.06	7.11	7.17	7.22	7.28	7.33	7.39	7.44	7.50
−5.0%	93.91	6.40	6.46	6.52	6.57	6.63	6.69	6.74	6.80	6.86	6.91	6.97	7.03	7.08	7.14	7.19	7.25	7.30	7.36	7.41	7.47	7.52
−5.5%	93.42	6.43	6.48	6.54	6.60	6.66	6.71	6.77	6.83	6.88	6.94	6.99	7.05	7.11	7.16	7.22	7.27	7.33	7.38	7.44	7.49	7.55
−6.0%	92.92	6.45	6.51	6.56	6.62	6.68	6.73	6.79	6.85	6.91	6.96	7.02	7.08	7.13	7.19	7.24	7.30	7.35	7.41	7.47	7.52	7.58
−6.5%	92.43	6.47	6.53	6.59	6.65	6.70	6.76	6.82	6.87	6.93	6.99	7.04	7.10	7.16	7.21	7.27	7.33	7.38	7.44	7.49	7.55	7.60
−7.0%	91.94	6.50	6.56	6.61	6.67	6.73	6.79	6.84	6.90	6.96	7.01	7.07	7.13	7.18	7.24	7.30	7.35	7.41	7.46	7.52	7.58	7.63
−7.5%	91.44	6.52	6.58	6.64	6.69	6.75	6.81	6.87	6.92	6.98	7.04	7.10	7.15	7.21	7.27	7.32	7.38	7.44	7.49	7.55	7.60	7.66
−8.0%	90.95	6.54	6.60	6.66	6.72	6.78	6.83	6.89	6.95	7.01	7.06	7.12	7.18	7.24	7.29	7.35	7.41	7.46	7.52	7.58	7.63	7.69
−8.5%	90.45	6.57	6.63	6.69	6.74	6.80	6.86	6.92	6.98	7.03	7.09	7.15	7.21	7.26	7.32	7.38	7.44	7.49	7.55	7.60	7.66	7.72
−9.0%	89.96	6.59	6.65	6.71	6.77	6.83	6.89	6.94	7.00	7.06	7.12	7.17	7.23	7.29	7.35	7.40	7.46	7.52	7.57	7.63	7.69	7.74
−9.5%	89.46	6.62	6.68	6.74	6.79	6.85	6.91	6.97	7.03	7.09	7.14	7.20	7.26	7.32	7.37	7.43	7.49	7.55	7.60	7.66	7.72	7.77
−10.0%	88.97	6.64	6.70	6.76	6.82	6.88	6.94	7.00	7.06	7.11	7.17	7.23	7.29	7.34	7.40	7.46	7.52	7.57	7.63	7.69	7.75	7.80

（CFETS 标签位于表格左侧中部）

图2-124　用CFETS人民币指数与美元指数估算美元兑人民币

注：截止日期取 2023 年 4 月 17 日，回归模拟区间取最近半年，因此该预测表格是随截止日期而动态变化的。

资料来源：Macrobond，兴业研究。

2014、2017）：（1）针对广义信用风险的工具（Broad-based Tools），例如逆周期资本缓冲（CCB）、杠杆比率（leverage ratios）、动态贷款损失准备（DPR）。（2）家庭部门工具（Household Sector Tools），应对信用过度扩张所致家庭部门脆弱性增加，例如贷款价值比率（LTV）、偿债收入比率（DSTI）、调整部门资本要求（风险权重）等。（3）企业部门工具（Corporate Sector Tools），针对企业部门内部的系统性风险和外汇风险，例如限制企业部门信贷增长、管理商业房地产相关贷款价值比率（LTV）和偿债覆盖率（DSC），以及限制企业外汇信贷占信贷总额比重等。（4）流动性工具（Liquidity Tools），管理流动性风险，尤其是防范经济脆弱性导致银行筹资和再融资能力下降可能引发的系统性风险，此外，流动性工具也可起到辅助控制信贷增速的作用；核心工具包括流动性覆盖率（LCR）和净稳定资金比率（NSFR）。（5）结构性工具（Structural Tools），防范整个系统内部门和机构之间系统性风险的传染和扩散；实践中采取具体措施并未达成共识，IMF的讨论中增加风险部门的资本要求（风险权重）、在证券借贷和衍生品市场上引入最低保证金要求以及流动性工具均可一定程度上奏效；这类工具的目标在于一方面增强"大不能倒"机构的抵御能力，另一方面阻止金融体系内风险超出控制，系统重要性金融机构被要求额外增加资本金即是有效的尝试之一。

表2-22　IMF体系下MPM工具纵览

MPM分类	目的	工具
广义信用风险工具	防范信用过度扩张风险	逆周期资本缓冲（CCB）、杠杆比率（leverage ratios）、动态贷款损失准备（DPR）
家庭部门工具	阻碍信用过度扩张向家庭部门传导	提升部门资本要求（风险权重）、贷款价值比率（LTV）、债务收入比率（DSTI）
企业部门工具	管理企业部门内部的系统性风险和外汇风险	限制企业部门信贷增长、限制商业房地产相关贷款价值比率（LTV）和偿债覆盖率（DSC）、限制企业外汇信贷占信贷总额比重
流动性工具	管理流动性风险，辅助控制信贷增速	流动性覆盖率（LCR）和净稳定资金比率（NSFR）
结构性工具	防范系统性风险在不同主体和部门之间传染和联动	增加风险部门的资本要求（风险权重）、在证券借贷和衍生品市场上引入最低保证金要求、流动性工具、系统重要性金融机构管理

注：指标选择方面，CCB可选择"信贷占GDP比重"指标；DPR可选择"拨备相对净利息收入或毛利润比率"指标；家庭部门LTV/DSTI可选择"家庭抵押贷款增长率""房屋租售比"等指标；偿债覆盖率可选择"债务偿还占经营盈余比重"指标。

资料来源：兴业研究。

CFM则是指"限制资本自由流动"的措施，具体来说是"对于居民或非居民进行的资本交易或者与资本交易相关的转让与付款的权利加以限制的措施"，主要作用于非居民参与的金融交易。比较来看，我国跨境资本宏观审慎管理同IMF体系下的MPM大相径庭，从概念上与CFM措施更为接近。

IMF 始终未对资本账户可兑换做出强制要求。对于经常账户，IMF 协定（Agreement of the IMF）明确规定"未经基金组织同意，各成员国不得对国际经常性交易的支付和资金转移实行限制"；而对于资本账户，IMF 协定则表示"成员国可以采取必要的管制，以调节国际资本流动，但这种管制不能限制经常性交易的支付或者不适当地阻滞清偿债务的资金转移"（IMF，2016b）。

近年来，IMF 对资本流动管理的态度经历了一番变化。20 世纪 90 年代 IMF 一直鼓励资本自由流动，并在 1997 年世界银行和国际货币基金组织年会上提出"将资本账户自由化列入 IMF 协定"的修改设想；然而 1997 年亚洲金融危机资本账户开放的发展中经济体受到严重打击，使得这一提议破灭。随后 2008 年国际金融危机波及发达经济体，催发 IMF 就资本流动管理再度思考，经过讨论和研究后，IMF 于 2012 年 11 月发布《资本流动自由化与管理：机构观点》，确立了 CFM 体系管理思路和实施框架。

当面临资本流动"激增"（surge）时，新兴经济体有借助 CFM 管理跨境风险的动力。IMF（2012a）设定两种方法来定义跨境资本流动的"激增"。其一是"门槛法"，即当经济体资本净流动[1]占 GDP 比重（包括净流入、净流出两个方向）落在自身时间序列和全样本[2]截面序列的前 30% 时，可视作资本流动"激增"；其二是"聚类法"，即当经济体资本净流动规模超过长期净流动趋势项的一倍标准差范围，可视作资本流动"激增"。

IMF（2011a；2011b）进一步研究发现，资本流动"激增"受到推动型因素（push factor）和拉动型因素（pull factor）的影响。其中推动型因素包括全球流动性、发达经济体货币政策倾向、全球风险偏好等，属于外生变量；拉动型因素包括增长前景、宏观基本面、政策选择和制度有效性等内生变量。IMF 发现，推动型因素往往影响资本流动流向以及整体的风险程度，

---

[1] 指非储备性金融账户。

[2] IMF（2012a）考察了 56 个新兴经济体 1980 年到 2009 年间的面板数据，"门槛法"是指某个时间点经济体净流量占比既在自身时间序列的前 30%，又在该时间点截面序列的前 30%。

拉动型因素则决定剧烈的跨境资本流动是否会形成"激增"以及"激增"发生的幅度。一般而言，外部脆弱性越大、汇率制度越僵化、经常账户逆差越严重、国际贸易和金融市场参与程度越高，跨境资本引发"激增"的可能性以及幅度越大。

总体来说，由外部政策环境变化所引起的新兴经济体资本流动失衡主要由外生变量决定，是不可逆转的，但及时正确的政策应对可以起到化解资本流动"激增"的作用，避免其进一步恶化成危机。CFM措施作为宏观政策的一部分，在此过程中起到重要作用。

资本流动"激增"时的政策选择

如何管理资本流动"激增"，IMF（2012b、2013a、2015、2016a）的核心观点是，资本流动管理是"最后防线"而非"首要选择"。以资本大量流出为例，未出现经济衰退和资产价格萎靡、汇率并未低估时，IMF建议首先采取汇率贬值、调升利率等措施；倘若国内出现通缩迹象时，可利用公开市场操作等对外汇干预进行冲销；倘若外汇储备相较出于预防角度的充足水平相对充裕，也可通过抛售外储等方式干预市场。IMF认为只有特殊情况下才可采取CFM措施：一是当调整宏观政策的空间有限时，例如经济出现衰退、汇率大幅贬值蕴含风险，进一步抛售外储是不恰当且过于昂贵的情况；二是当宏观政策传导需要时间时，例如财政政策的实施和见效较慢，货币政策传导渠道薄弱或是通缩预期具有较强惯性的情况。

在CFM实施的过程中，一方面要遵从透明性、有针对性和非歧视性原则，另一方面一旦资本流出压力减轻，需逐步减少和停止CFM政策，以避免市场信号的长期扭曲。

实际经济表现和政策应对中，资本流出"激增"的经济体往往面临负产出缺口，汇率相对高估或与基本面基本一致。

货币并未低估且资产负债表外汇敞口不大的经济体，汇率贬值是最大的缓冲器；汇率低估的经济体本币进一步贬值的空间有限[①]，往往配合外汇市场

---

① 根据IMF表述，这类经济体在资本外流期间货币贬值并未造成有效汇率加剧低估。

干预或是上调利率、扩张财政等措施应对资本外流（例如韩国、马来西亚）。

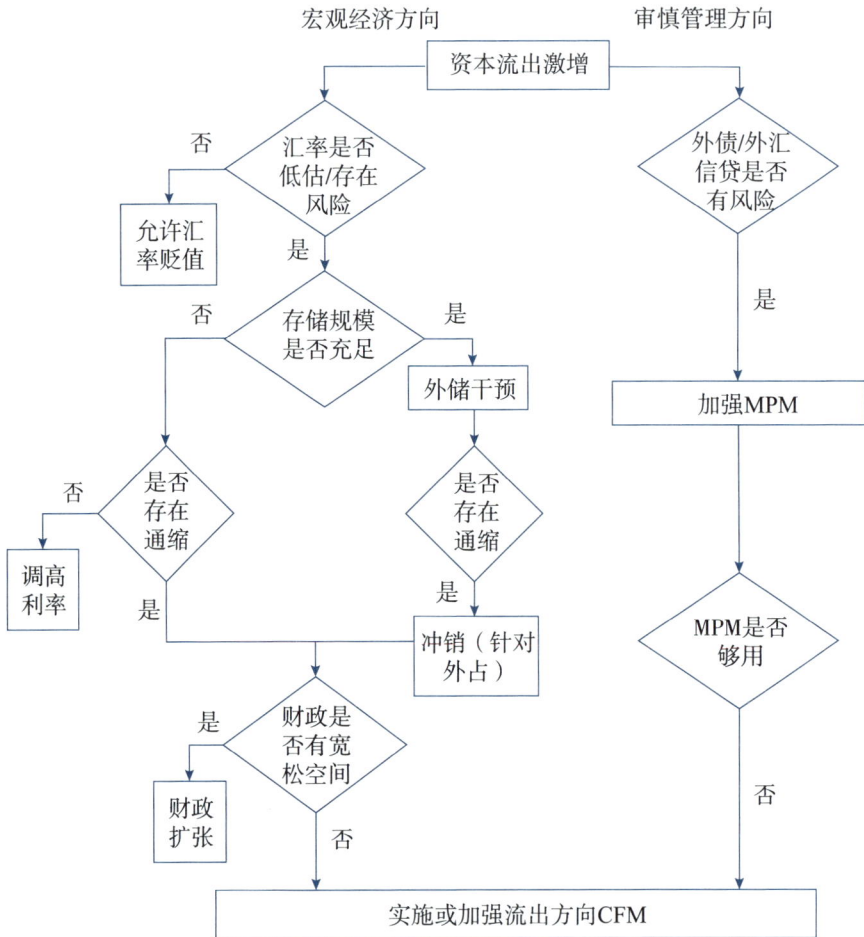

宏观经济方向　　　　　　　　审慎管理方向

资本流出激增

否　　汇率是否低估/存在风险

允许汇率贬值

是

存储规模是否充足　　是

外储干预

否　　是否存在通缩

调高利率

是　　是否存在通缩

是

冲销（针对外占）

是　　财政是否有宽松空间

财政扩张

否

外债/外汇信贷是否有风险

是

加强MPM

MPM是否够用

否

实施或加强流出方向CFM

图2-125　资本外流政策应对

资料来源：IMF（2012a、2015），兴业研究。

货币政策专注于调节"内需"，基本参照通胀率进行调整，较常与外汇周期相逆。而财政政策常常受到财政空间有限的约束，逆周期调控的作用可能难以发挥。资本外流和本币贬值将使得外债负担加重，对于商品出口国而言，大宗商品价格下跌也将恶化财政状况，使得部分经济体"被迫"紧缩财政政策。

此外，大部分经济体抛售外汇储备来干预外汇市场，这使得部分经济体外汇储备大量削减（马来西亚、土耳其）；常规数量型干预占据主导，实施资本流动管理的经济体并不多。

表2-23 2013年到2016年间部分经济体应对资本外流

经济体	宏观环境				政策应对				
	产出缺口	通胀	实际有效汇率（前/后）	外储充裕	政策利率	名义有效汇率	外汇干预	财政政策	CFM
巴西	+/−	↑	高/微高	√	↑	↓	√	扩张/紧缩	×
智利	+/−	↑	平/低	√	↓	↓	×	扩张	×
印度	−	↑/↓	平/平	√	↑	↓/↑	√	紧缩	×
印尼	−	↓	高/平	√	↓	↓/↑	√	紧缩	×
韩国	−	↓	低/低	√	↓	↑/↓	√	扩张	×
马来西亚	−/+	↑/↓	低/低	√/×	↑	↓	√	紧缩	×
墨西哥	−	↓	平/平	√	↓/↑	↓	√	紧缩	×
菲律宾	+	↓	高/微高	√	↑	↓/↑	√	紧缩/扩张	×
波兰	−	↓	平/平	√	↓	→	√	紧缩	×
南非	−	↑/↓	高/微高	×	↑	↓	×	紧缩	×
泰国	−	↓	平/平	√	↓	↓	√	扩张	×
土耳其	−	↑	高/微高	√/×	↑	↓	√	紧缩/扩张	×
中国	−	↓	平/平	√	↓	↓	√	扩张	CFM
秘鲁	+/−	↑	平/低	√	↓/↑	↓	√	扩张	√
俄罗斯	+/−	↑	高/平	√	↑	↓	√	扩张	√
白俄罗斯	−	↑	高/微高	×	↑/↓	↓	√	紧缩	√
塞浦路斯	−	↓	高/平	√	无	↓	无	紧缩	√
希腊	−	↓	高/高	无	无	↓	无	紧缩	√
乌克兰	−	↑	高/微高	×	↑	↓	√	紧缩	√

注：无代表数据缺失；判断汇率是否高估依据 IMF CGER（Consultative Group on Exchange Rate Issues）评估体系；倘若外储同短期外债和经常账户逆差之和的比值超过100%则认为外汇储备充裕。

资料来源：IMF（2016a），兴业研究。

海外CFM措施暨经验借鉴

各经济体在CFM工具箱方面进行了大量探索，总体来说可以分为四大类：价格类、数量类、限制类和信贷管理类（IMF，2012a、2016a、2018）。

价格类工具主要是针对跨境资金流入/出、投资收益、外币计价资产/负债等征税（类托宾税），此外比较特殊的价格类工具是将本外币利差与国际收支相挂钩（金满涛，2018），从而调控居民与非居民借贷行为，但这会损害货币政策独立性；数量类工具以针对远掉期交易、外汇存贷款、非居民资产负债等征收准备金为主要形式；限制类工具内涵广泛，包括限制金融机构外汇敞口头寸、外汇衍生品头寸、外汇存贷比、短期外债比率等，以及限制居民或非居民持有金融资产或负债的期限等；从国际经验来看，信贷管理类工具包括限制外汇贷款的借款人资格，例如规定有外汇收入的主体才可举借外债，或是限定企业借入外汇贷款用途，以降低外币错配的风险。此外，不仅新兴经济体实施资本流动管理措施，发达经济体亦会，但更多是对非居民购买本地住宅等行为进行限制。

借鉴海外经验，其一，我国现有的资本管理措施主要集中在数量类工具（远期购汇风险准备金、外汇存款准备金）、限制类工具（银行考核中限制货物贸易结汇与收汇比率等）和信贷管理类工具（限制房地产和城投企业举借外债、跨境融资和境外放款宏观审慎参数），价格类工具主要体现在中间价逆周期因子和调节离岸人民币拆借利率上，未来在类托宾税等工具上可以进行更多探索。具体来说，对证券组合和债务资金流动征税、对居民与非居民之间金融交易取得的收益（包括衍生品交易）征税、对衍生品合约征税等；税率也可根据资产和负债期限、资金流动规模或是国际收支失衡的程度进行调整，实行渐进税制。

其二，相比较升值和资本流入，新兴经济体往往更"惧怕"贬值和资本流出，加之国际贸易摩擦和外部政治压力，使得流出方向CFM措施"严防死守"，流入方向则相对宽松。但其实全球经济危机时期发达经济体大放水所致新兴经济体资本流入"激增"和资产泡沫"幻象"，正是发达经济体紧缩周期新兴经济体资本外流超出承受范围的"祸根"，IMF（2016a）也将资本外流称作"资本流动逆转（capital flow reversals）"。此外，对于未实现自由浮动的经济体而言，汇率升贬方向弹性失衡会使得实际有效汇率倾向于高估，长期来看对经济造成负面影响。因此，对于大规模资本流入的监控和管理体系也应当受到新兴经济体的广泛重视。

其三，CFM起到阶段性"应急"之用，中长期来看，新兴经济体需要不断提高债券市场和多层次资本市场的发展，增加境内金融市场的深度和广度，增强汇率弹性，方能增强对国际资本和短期限热钱的吸收能力，从根本上提高对资本流动的抵御力。

表2-24　CFM措施梳理

	类型	具体措施
流入方向 CFM	税收	针对固定收益证券、股票、保证金存款、衍生品合约和FDI等流入 针对预付信用卡、借记卡、旅行支票和ATM现金提款等支付 针对非居民对私营部门发行的固定收益证券所赚取的利息 针对非居民对国库券等赚取的利息 针对银行的非存款外币计价负债 针对与居民进行金融衍生品交易的非居民收益 针对非居民购买国债获取的利息和资本收益
	限制	针对银行外汇贷存比率 针对每日银行短期外债占资本比率 针对银行的外汇衍生品头寸
	持有期上限	针对央行债券
	准备金管理	针对外汇存款账户 针对非居民新增外汇掉期和远期交易 针对非居民负债 针对新购买的央票
流出方向 CFM	税收	针对银行购买的外汇
	遣返要求	针对出口收益 针对所有外汇收益
	准备金管理	针对外汇远期合约及相关衍生品

续表

	类型	具体措施
流出方向 CFM	限制	针对从银行提取的现金 针对无本金交割外汇衍生品交易 针对国有企业净外资持有量 将非居民商业贷款到期日下调到 90 天 针对个人与贸易无关的国际转移 针对在境外使用外币计价的支付卡 针对银行自有的每日购汇头寸 针对银行外汇敞口
	禁止	针对非居民一年以内到期的贷款 针对向国外转移资金 针对转移股息 针对银行外汇衍生品交易 针对提前偿还非居民贷款
	准入要求	针对购买外币
	其他	海外股息、利息、付款需要用外币 还有自有外汇前不能通过购汇来进行对外付款和转账

资料来源：IMF（2016a），兴业研究。

表2-25　部分经济体CFM措施不完全统计

经济体	时间	措施
澳大利亚	2015	对境外购买维多利亚州住宅的行为，在土地转让税基础上征收3%额外税（FPAD）
	2017	房地产开发商禁止向境外出售50%以上新住宅开发项目
加拿大	2016	安大略省对购买或收购特定地区住宅的非公民／永久居民征收15%投机税
新加坡	2011	对购买某些类别住宅征收买方额外印花税（ABSD），ABSD税率对居民和非居民是歧视性的
冰岛	2008	停止本币账户资本交易的兑换 居民所得所有外币必须汇回冰岛
阿根廷	2001	限制银行提款，并对外币转账和贷款实施限制
	2011	当地保险公司禁止在海外投资（此前允许持有高达50%海外投资和资金）

经济体	时间	措施
阿根廷	—	限制银行净外汇头寸，包括持有现金和美元债券以及净外汇远期头寸
马来西亚	1998	非居民转移出售马来西亚证券的收益转移需 12 个月等候期
	1998	要求在岸银行不得参与和推动离岸林吉特衍生品交易
泰国	1997	限制远期交易和引入出口
	2010	对新购买国债的资本收益以及非居民利息收入征收 15% 预扣税
秘鲁	2010	非居民购买央票的费用增至 400 个基点
	2010	对海外信贷额度和其他两年内到期的外部债务征收 35% 准备金
	2015	对于外汇衍生品空头头寸超过 2014 年 12 月平均空头头寸 100% 或是超过 8 亿美元的金融机构设立额外准备金要求
韩国	2011	恢复利息收入和转移境外国债所获转移收益的预扣税
巴西	2008	对于外部贷款有关的资金流入征税，税率和税期各不相同
	2009	对证券组合和债务资金流入征收 2% 税收
印尼	2011	规定央行债券 6 个月持有期限，并限制短期国外借款占资本比重限制在 30%
希腊	2015	除某些特定机构和个人，禁止在希腊银行开立账户
	2015	对每家银行自营和代客境外转移资金设立单日上限
乌克兰	2008	对非居民外币存款和贷款征收 20% 准备金，期限要求不超过 183 个自然日
	2014	禁止居民提前赎回外汇或与非居民签订外汇信贷（包括通过发布额外的贷款协议修正案）

资料来源：IMF（2012a、2016a、2018），兴业研究。

2.8 离岸人民币生态与定价[①]

以中国香港特别行政区（以下简称中国香港）为代表，我们研究离岸人

---

① 本章节除特殊说明外，数据全部截止于 2022 年 10 月 20 日。

民币市场的生态及其定价。次贷危机后，以美元为主导的国际货币体系陷入流动性短缺，特别是对于很多新兴经济体来说，支付结算过程中美元的"缺位"需要由其他货币来补足。由于中国内地是全球很多经济体排名前列的贸易伙伴，人民币币值较为稳定，在周边经贸往来中自然受到青睐，部分经济体主动提出开展人民币互换。以此为契机，2009年六部委下发《跨境贸易人民币结算试点管理办法》，中国香港离岸人民币市场迎来蓬勃发展。2015年人民币告别单边升值后，中国香港人民币存款规模一度"腰斩"。2017年以来，随着两岸互联互通机制不断完善，以及2018年后人民银行在中国香港常态化发行离岸央票、管理离岸人民币利率曲线，跨境人民币投融资逐渐活跃。

离岸人民币资金池受谁影响

在公开数据中，离岸人民币存款是对离岸人民币资金池规模最好的刻画。

从总量上看，最大的离岸人民币市场——中国香港人民币存款余额呈现"双峰"结构，峰值均超过1万亿元人民币，2015年和2022年存款总额从峰值回落。按资金性质划分，中国香港人民币存款受到跨境贸易结算和跨境投融资两方面影响。跨境贸易结算减少是2015年中国香港人民币存款下降的主要原因，而2022年则是因为外资撤出大中华区，人民币跨境投融资减少。

一方面，跨境贸易相关的中国香港人民币存款与人民币汇率预期息息相关。当市场预期人民币升值时，受到离岸投机盘影响，USDCNH往往低于USDCNY，贸易商有动力将在岸人民币输送至离岸市场购汇，从而导致离岸人民币存款规模增加；反之当市场预期人民币贬值时，套利机制的反向运作将使离岸人民币回流在岸。另一方面，倘若境内贸易顺差扩大，也会有更多的本币贸易收入和美元收入经结汇后留存在境内企业的离岸账户中，尤其是当离岸人民币利率高于在岸时。

跨境投融资相关中国香港人民币存款与美联储资产负债表扩张和收缩、

人民币汇率周期相关度较高。当美联储放水时，部分外币存款转化为离岸人民币存款；当人民币处于升值周期时，转化的效率更高。2019年后，投融资行为不再简单受到美联储周期的"被动"影响，开始与外资对人民币资产的"主动"配置有关。2022年面对美联储收水，中美利差收窄使得外资流出人民币债市，进而造成离岸人民币存款下降；4月之后随着外资开始配置人民币股市，人民币离岸存款规模回升。

按主体划分，2016年前以企业与居民为主的境内银行代客人民币涉外净支出与离岸人民币存款同比例变动，反映出企业和居民贡献了离岸人民币存款的大头。2016年企业和居民人民币出海规模较大，但离岸人民币存款并未增加，反映出人民币资金并未在中国香港市场沉淀，而是兑换成外币或是流向其他离岸市场。2017年开始，随着内地金融市场双向开放，同业人民币存款的规模和比重上升，代客人民币涉外净支出与离岸存款规模的相关性降低。

图2-126　中国香港人民币存款及分类

注：投融资有关及同业存款由中国香港人民币存款总量减去跨境贸易结算有关人民币汇款，近似代表。

资料来源：Macrobond，兴业研究。

十亿元人民币

%

2011 2012 2013 2014 2015 2016 2017 2018 2019 2020 2021 2022 2023

— 中国香港：人民币存款：与跨境贸易结算有关的人民币汇款总额（季环比变动）
— 3个月USDCNY风险逆转期权隐含波动率（逆序），rhs

十亿元人民币

十亿元人民币

2010 2011 2012 2013 2014 2015 2016 2017 2018 2019 2020 2021 2022 2023

— 中国香港：人民币存款：与跨境贸易结算有关的人民币汇款总额
— 中国大陆贸易顺差，rhs

图2-127 中国香港人民币存款：贸易结算影响因素（逆序）

资料来源：Macrobond，兴业研究。

十亿元人民币

%

2010 2011 2012 2013 2014 2015 2016 2017 2018 2019 2020 2021 2022 2023

— 中国香港：人民币存款：投融资有关及同业存款
— 美联储资产负债表扩张增速，rhs

图2-128 中国香港人民币存款：投融资影响因素（逆序）

十亿元人民币

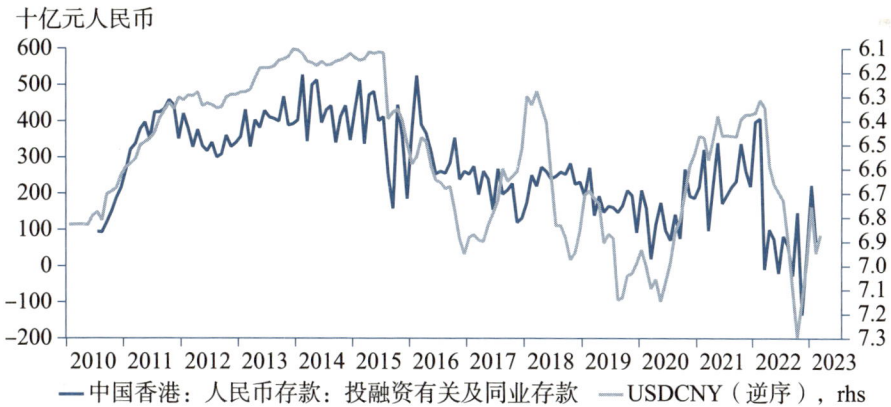

中国香港：人民币存款：投融资有关及同业存款 ——— USDCNY（逆序），rhs

十亿元人民币   十亿元人民币

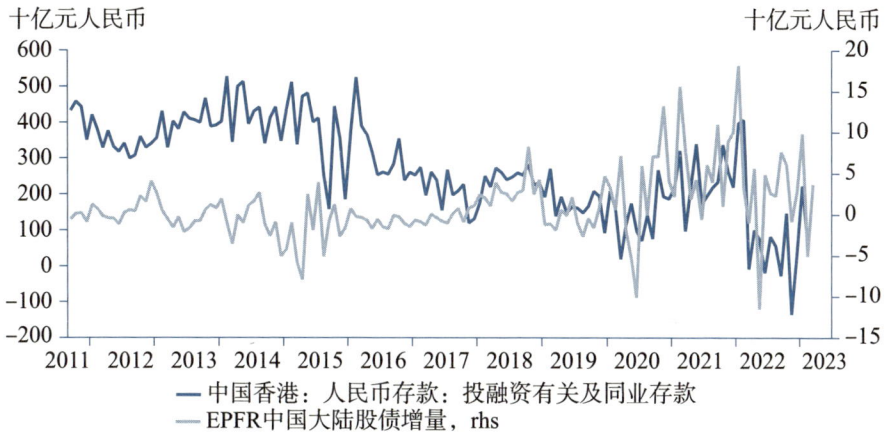

中国香港：人民币存款：投融资有关及同业存款
EPFR中国大陆股债增量，rhs

图2-128 （续图）

资料来源：Macrobond，兴业研究。

十亿元人民币

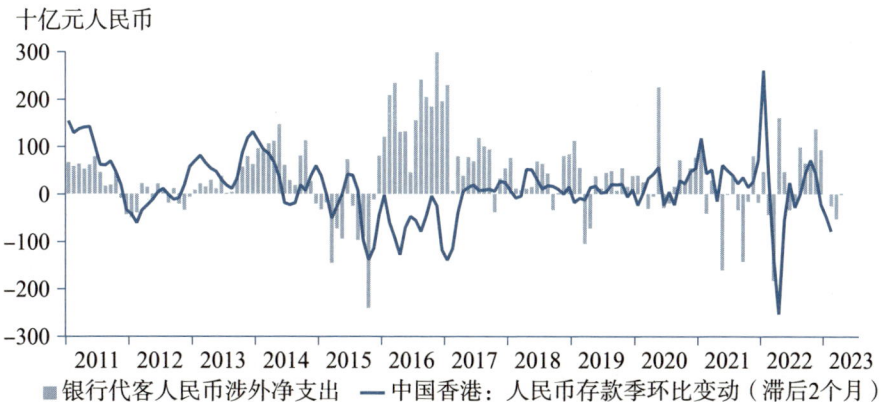

■ 银行代客人民币涉外净支出 ——— 中国香港：人民币存款季环比变动（滞后2个月）

图2-129 中国香港人民币存款、银行代客跨境人民币净支出

十亿元人民币

图2-129 （续图）

资料来源：Macrobond，兴业研究。

银行资负视角看离岸人民币供求

本章节我们从银行资产和负债的角度审视中国香港离岸市场人民币供给和需求。

银行负债端

在港银行等金融机构获取短期离岸人民币流动性的主要方式包括香港金管局人民币流动性资金安排、银行间拆借和外汇掉期，中长期负债包括离岸人民币存款、离岸人民币债券发行等。

- 香港金管局人民币流动性资金安排（回购）。香港金管局为离岸市场"参与人民币业务的认可机构"（即人民币参加行）提供日间流动性便利（T+0）、隔夜流动性便利（T+0）、次日流动性便利（T+1）和1周流动性便利（T+1）。其资金来源是中国人民银行与香港金管局之间的货币互换协议。人民银行最早于2009年1月与香港金管局签署货币互换协议，起始规模为2000亿元人民币，2011年11月、2020年11月、2022年7月货币互换规模先后扩容到4000亿元人民币、5000亿元人民币、8000亿元人民币。

香港金管局还指定9家交易商银行作为一级流动性提供行，每家一级流动性提供行可凭人民币回购协议从金管局获取20亿元离岸人民币，可为其他金融机构提供人民币流动性。

金管局的流动性安排均为有抵押融资，抵押品为人民银行/中国财政部/地方政府/政策性银行发行的高等级点心债，以及跨币种政府债，包括香港特区政府发行的政府债和外汇基金票据/债券，以及中国内地类政府机构发行的美元/欧元债券。所有抵押品以剩余期限每年2%的比率扣减，外币计价的政府债券还需额外扣减2%的折扣率。

利率方面，日间流动性便利、隔夜流动性便利分别取最近3次隔夜同业拆借利率（CNH Hibor）的均值以及均值基础上上浮50bp，次日和1周流动性便利参考当前市场利率。

- 银行间拆借市场。由16家报价行牵头的无抵押信用拆借市场，需要占用授信额度。期限隔夜到1年不等。每个交易日报价行报价利率经处理后形成中国香港银行同业人民币拆息（CNH Hibor fixing），该利率是离岸人民币的基准利率。

  报价行包括农行、中银香港、交行、建行亚洲、花旗银行、汇丰香港、工行亚洲、渣打香港、东亚银行、三菱东京银行、中信国际、国开行香港分行、星展香港、恒生银行、摩根大通、华侨银行。

- 外汇掉期市场。以美元等外币为抵押的人民币担保融资，交易最为活跃。期限隔夜到5年不等。掉期市场隐含的离岸人民币利率（CNH Implied Yield）是同业拆借市场报价行报价时的参考利率。

- 离岸人民币存款，是中长期负债的主要来源。

银行资产端

离岸人民币可配置于点心债（6322亿元人民币）、离岸人民币存单（3381亿元人民币）、离岸人民币贷款（1766亿元人民币）、离岸央票（800亿元人民币）等，还可以通过RQFII（逾7200亿元人民币）、债券通北向通（37683亿元人民币）、陆股通（16651亿元人民币）[1]等投资境内市场。

---

[1]　括号内数据释义：点心债、CNH CD、CNH 贷款、离岸央票取存量规模；RQFII 为审批额度，数据公布到 2020 年 5 月；债券通北向通取债券托管总规模；陆股通取累计买入成交净额。除 RQFII 外其余数据均截止于 2022 年 6 月 15 日。

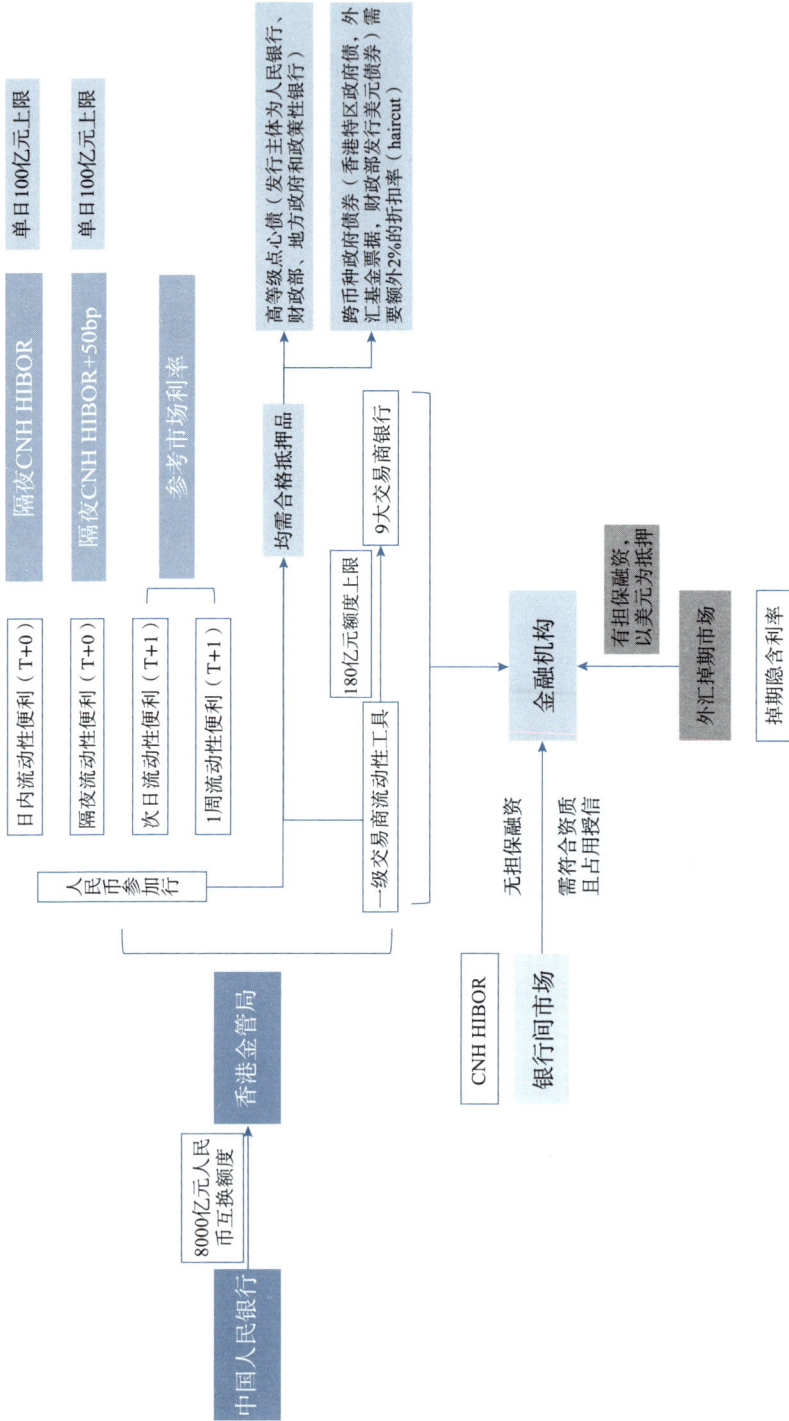

图2-130 中国香港人民币流动性体系

资料来源：兴业研究。

单日100亿元上限

单日100亿元上限

隔夜CNH HIBOR

隔夜CNH HIBOR+50bp

参考市场利率

高等级点心债（发行主体为人民银行、财政部、地方政府和政策性银行）

跨币种政府债券（香港特区政府债、外汇基金票据，财政部发行美元债券）需要额外2%的折扣率（haircut）

均需合格抵押品

9大交易商银行

日内流动性便利（T+0）

隔夜流动性便利（T+0）

次日流动性便利（T+1）

1周流动性便利（T+1）

人民币参加行

180亿元额度上限

一级交易商流动性工具

金融机构

有担保融资，以美元为抵押

外汇掉期市场

掉期隐含利率

无担保融资

需符合资质且占用授信

CNH HIBOR

银行间市场

香港金管局

8000亿元人民币互换额度

中国人民银行

- 点心债。点心债发行热情受离岸人民币相对融资成本影响。2014年前，CNH Hibor利率较同期限Shibor利率更低，点心债市场蓬勃发展；2015年至2017年间，离岸融资成本飙升，点心债发行萎缩；2018年之后两岸利差收敛于0附近震荡，随着今年以来联储持续收紧货币政策，离岸高于在岸利率，但点心债市场未再出现萎缩，可能与发行人类别转换有关。从发行人类别来看，2019年前境内外金融机构是点心债的发行大头，2019年后中国内地主权机构及政策性金融机构比重明显上升。我们以发行量最大的3年期点心债为例（发行存量约占总额的32%），其发行利率较同期限掉期隐含离岸人民币利率更高。该利差在2017年前较大，2017年后明显回落，这与内地高评级机构赴港发债增加有关。

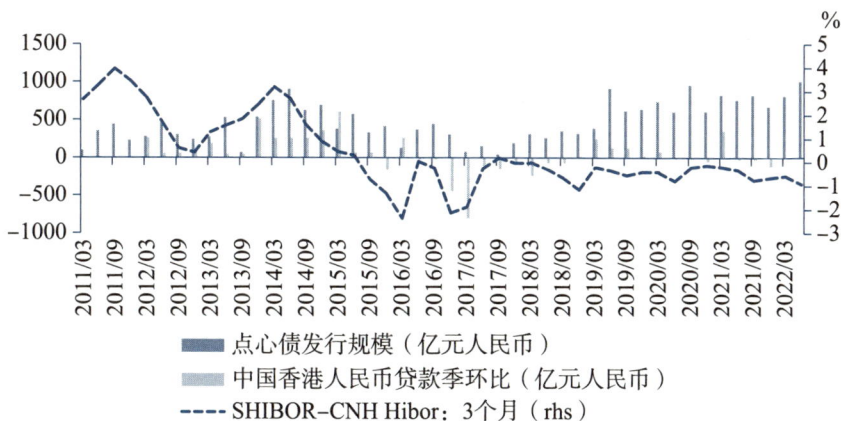

图2-131 点心债发行规模、中国香港人民币贷款规模

注：数据截至2022年6月15日。

资料来源：Bloomberg，兴业研究。

- 离岸人民币存单（CNH CD）。CNH CD自2010年起发行，发行规模的变动与点心债相类似。期限方面以3个月、6个月、1年期为主，其中1年期的发行量占据"半壁江山"。以1年期为例，与CNH Hibor大多时间高于Shibor不同，CNH CD的平均发行利率往往低于境内NCD利率；仅在2015年第三季度到2016年第二季度、2018年下半年以及 2022 年以来，CNH CD 发行利率高于同期限的境内 NCD 利率。

亿元人民币

图2-132　按发行人划分点心债发行规模

注：2022 年数据截至 6 月 15 日。
资料来源：Bloomberg，兴业研究。

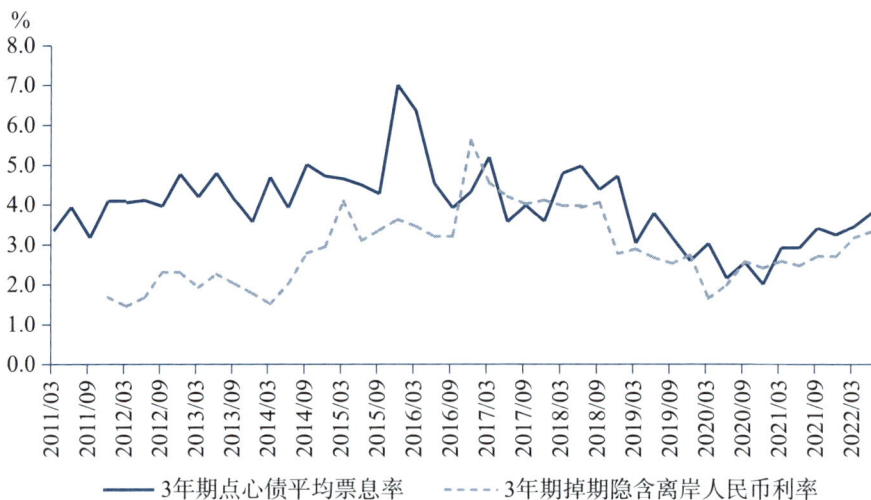

图2-133　点心债发行利率、CNH Hibor 利率

注：考虑到样本的数量限制，点心债不考虑主体评级差异。
资料来源：Bloomberg，兴业研究。

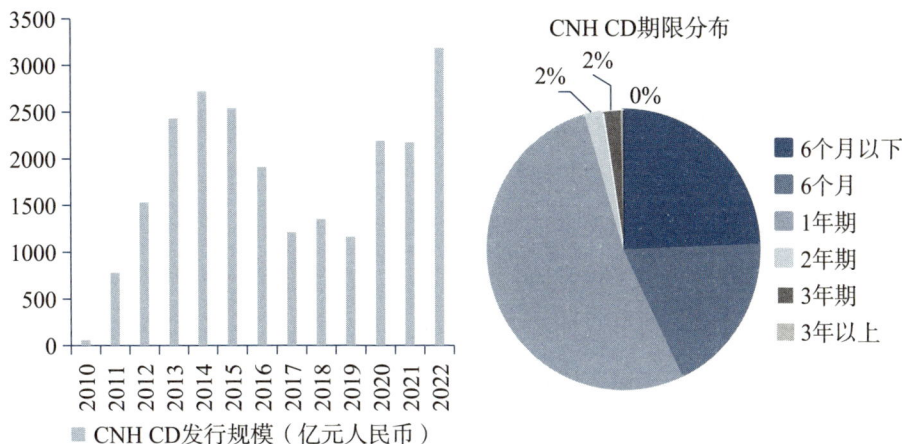

图2-134　CNH CD发行规模及期限分布

资料来源：Bloomberg，兴业研究。

图2-135　境内外1年期人民币存单发行利率对比

资料来源：Bloomberg，Wind，兴业研究。

- 离岸央票。2018年11月起，中国人民银行在中国香港建立离岸人民币央票常态化发行机制，滚动发行3个月、6个月、1年期人民币央票共800亿元人民币。最近两年3个月和1年期央票投标倍数在2倍到3倍，6个月投标倍数在4倍到6倍间。利率方面，3个月央票利率相较同期限CNH Hibor利率低10bp到61bp，6个月央票低27bp到84bp，1

年期央票低7bp到83bp；与同期限掉期隐含离岸人民币利率相接近。
离岸人民币央票发行的主要目的一是为海外投资者提供稳定的、高信
用等级的人民币可投资品；二是在需要时起到回收货币市场流动性、
打压人民币空头从而稳定汇率预期的作用，通过常态化发行机制避免
像过去那样因快速抽水造成CNH Hibor无序波动；三是形成可供市场
参考的离岸人民币债券收益率曲线。2021年1月，中银香港宣布以中
国香港人民币业务参加行身份，启动中国香港人民币央票的回购做市
机制，激活了离岸人民币央票二级市场；投资者可以以离岸人民币央
票为抵押获取人民币流动性，交割时间为T+0,T+1或T+2。

表2-26　离岸人民币央票常态化发行机制

央票期限	发行规模	发行日期
3个月	100亿元人民币	每年2月、5月、8月、11月
6个月	50亿元人民币	每年6月、12月
6个月	50亿元人民币	每年3月、9月
1年	150亿元人民币	每年11月
1年	150亿元人民币	每年2月
1年	150亿元人民币	每年5月
1年	150亿元人民币	每年8月
共计	800亿元人民币	

注：除表格所列常态化滚动发行外，2019年6月26日人民银行曾发行200亿元人民
币1个月期限央票。

资料来源：人民银行网站等，兴业研究。

离岸人民币利率锚：CNH Hibor和CNH Implied Yield

在所有离岸人民币利率中，高频、高市场化且公开发布的仅有同业拆借
利率（CNH Hibor）和掉期隐含离岸人民币利率（CNH Implied Yield）。CNH
Hibor被认为是离岸人民币基准利率，但其定价权实则依赖CNH Implied
Yield。

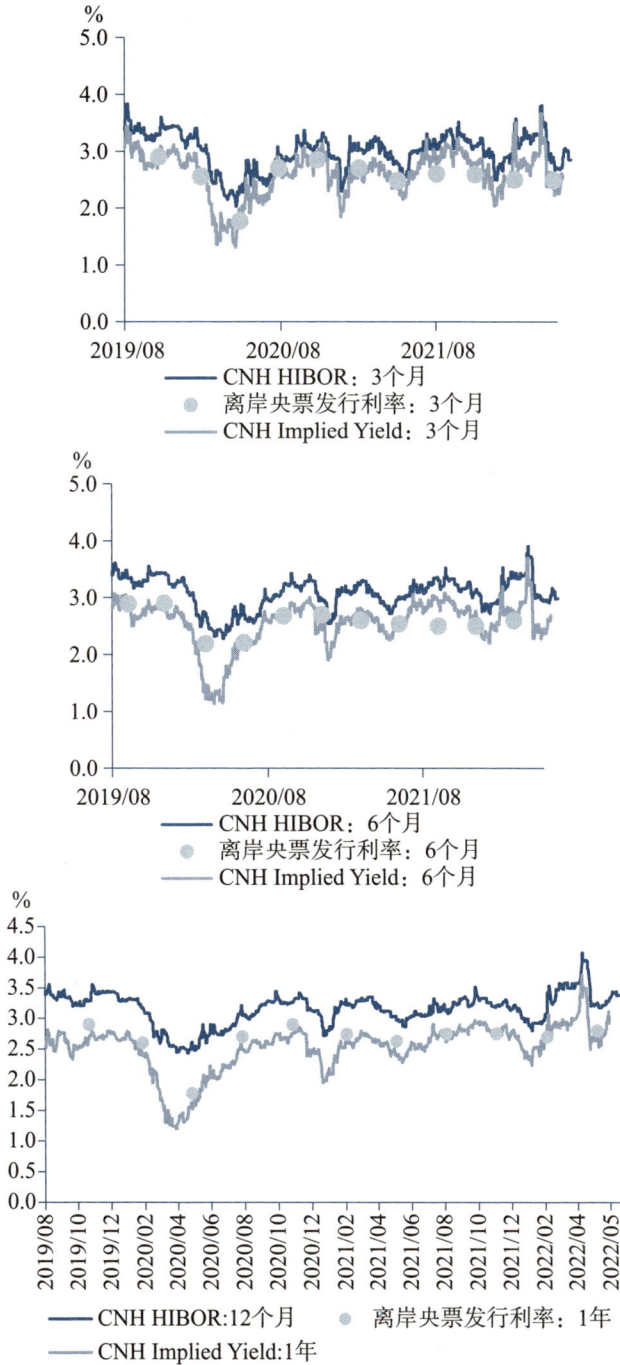

图2-136　离岸人民币央票利率、CNH Hibor利率对比

资料来源:人民银行网站等,兴业研究。

何谓CNH Implied Yield？

根据利率平价理论，基期使用本币进行投资的收益率，应当与换汇后使用外币投资并换回本币后的收益率相等。我们假设离岸市场上人民币利率和美元利率分别为 R_{CNH} 和 R_{USD}，即期和远期美元兑人民币汇率分别为 S_t 和 F_t，则使用本币投资的收益率 $(1 + R_{CNH})$ 应当等于外汇投资收益 $\frac{F_t}{S_t}(1 + R_{USD})$。

由 $(1 + R_{CNH}) = \frac{F_t}{S_t}(1 + R_{USD})$ 可得：

$$CNH\ Implied\ Yield = R_{CNH} = \frac{F_t}{S_t}(1 + R_{USD}) - 1$$

由此可以得到3个月和1年期掉期隐含离岸人民币利率。我们计算的掉期隐含人民币利率与彭博上公布的CNH Implied Yield走势一致。由于市场机构参考彭博数据进行CNH Hibor报价，后续研究我们将使用彭博公布的CNH Implied Yield数据。2022年上半年由于1年期OIS明显高于Libor，反映了美国预期流动性紧于实际流动性，分别使用OIS和Libor利率计算出的CNH Implied Yield存在明显差异。

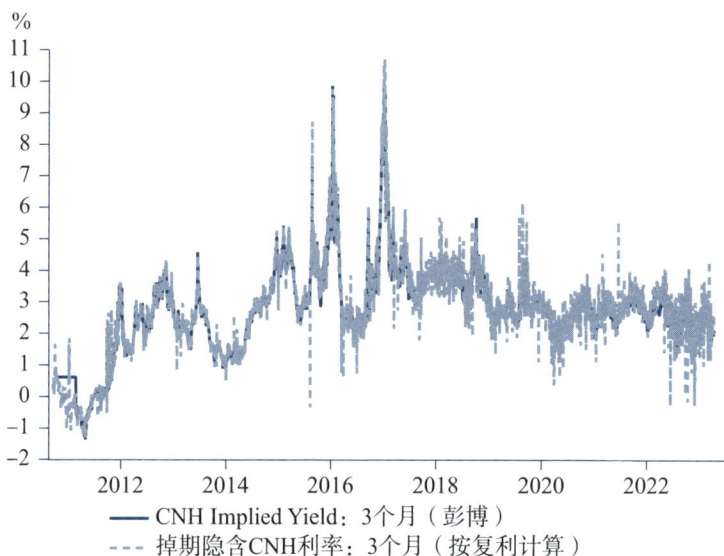

图2-137　3个月、1年期掉期隐含离岸人民币利率

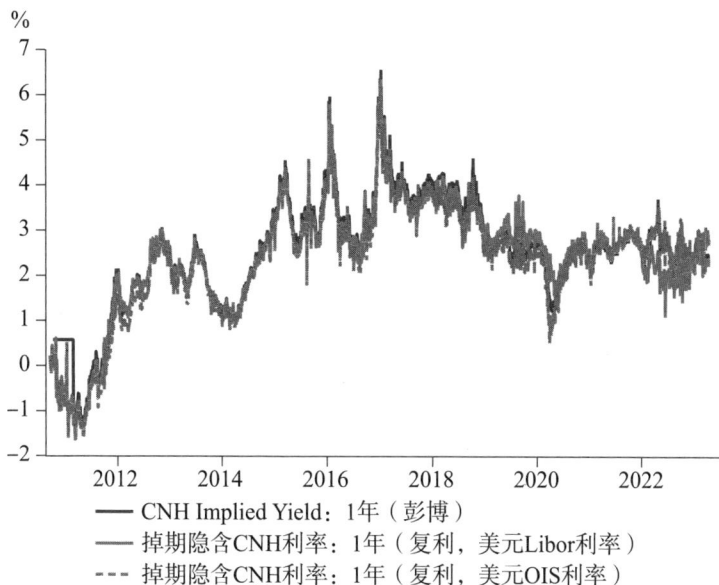

图2-137 （续图）

资料来源：Macrobond，Bloomberg，兴业研究。

CNH Implied Yield 的定价权地位

CNH Implied Yield 和 CNH Hibor 两个利率中谁拥有定价权呢？

资本金融账户不完全可兑换将全球市场分割成多个"区块式"的子市场，跨境资金的不对称流动使得各子市场上的货币出现了"强弱"分化，"强弱"差距体现在市场容量、货币流动性、参与者种类等多个方面。以我国为例，境内外两个市场上出现了四种市场——境内人民币市场（CNY）、境内美元市场、离岸人民币市场（CNH）、离岸美元市场，其中境内市场上人民币居于主导地位，而离岸市场处于主导的则是美元。一般来说，同一个市场中"弱势"货币的利率是由"强势"货币的利率和汇率共同决定的。也就是说，境内美元利率取决于境内人民币利率和人民币掉期汇率，而离岸市场人民币利率则受离岸美元利率和掉期汇率的影响。

事实也正是如此，同业拆借市场上人民币拆出方参考 CNH Implied Yield 进行报价，短期限 CNH Hibor 利率与 CNH Implied Yield 基本同轨，长期限 CNH Hibor 利率在 CNH Implied Yield 的基础上溢价。

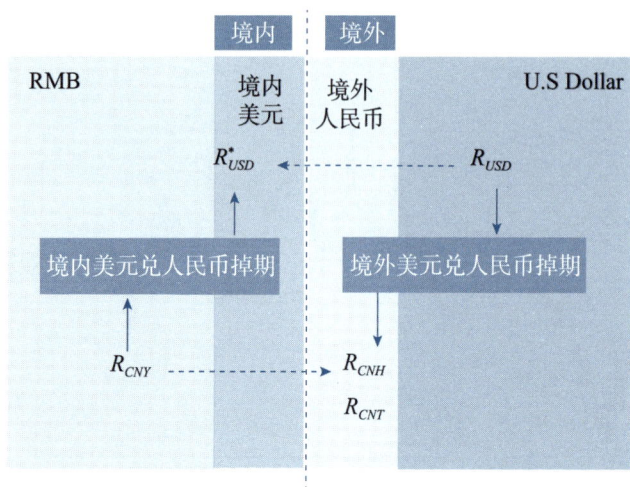

图2-138 "强势"货币对"弱势"货币具有定价权

资料来源：兴业研究。

我们对CNH Hibor和CNH Implied Yield之间的因果关系进行了格兰杰检验。长期限利率体现得更为明显，掉期隐含离岸人民币利率是CNH Hibor利率的Granger原因，反之则不成立。

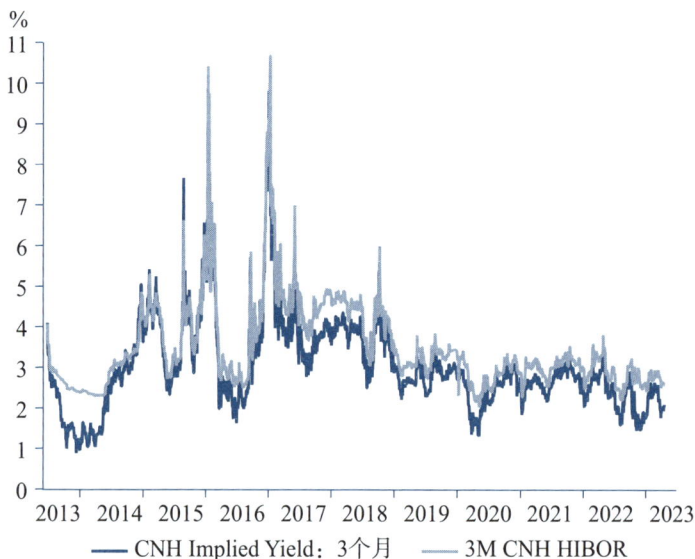

图2-139 3个月、1年期掉期隐含离岸人民币利率

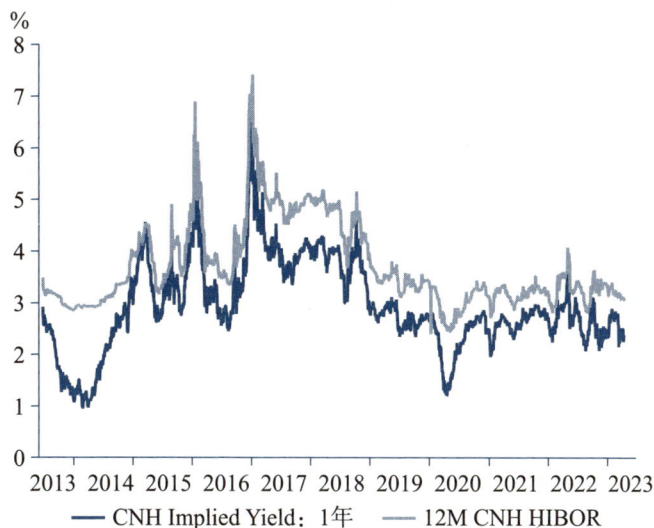

图2-139 （续图）

资料来源：Macrobond，Bloomberg，兴业研究。

表2-27 CNH Hibor和CNH Implied Yield格兰杰检验

原假设	P值	原假设	P值
3 个 月 CNH Hibor 不 是 CNH Implied Yield 的格兰杰原因	0.0474	12 个 月 CNH Hibor 不 是 CNH Implied Yield 的格兰杰原因	0.8401
3 个 月 CNH Implied Yield 不 是 CNH Hibor 的格兰杰原因	0.0000	12 个 月 CNH Implied Yield 不 是 CNH Hibor 的格兰杰原因	0.0000

注：滞后阶均取 1 期。数据截至 2022 年 6 月 15 日。
资料来源：Eviews，兴业研究。

CNH Implied Yield 利率走廊及影响因素分解

通过构建一个简单的低风险套利模型，我们可以将 CNH Implied Yield 的影响因素进行分解。

对于离岸人民币的需求方而言，外资行等金融机构可通过美元融资+人民币掉期获得离岸人民币，其融资成本为美元融资利率（$r_{\$融}$）加掉期成本（$Swap$），二者之和即为掉期隐含人民币利率（$R_{CNH}$）；外资行可以将获得的人民币资金用于无风险（或是低风险）投资并获得投资收益（$r_{f¥}$）。

对于离岸人民币的供给方而言，中资大行需要支付融入人民币的利率成本（$r_{¥融}$）；在掉期市场上融出人民币可以获取掉期收入（$Swap$），以及美元无风险（或是低风险）投资的投资收益（$r_{\$投}$）。

对于均衡市场而言，一个基本的原则是无风险或是低风险投资的收益不得超过其成本，否则套利行为会将其消除。对于离岸人民币的需求方和供给方而言：

$$R_{CNH} = r_{\$融} + Swap \geqslant r_{f¥}$$

$$r_{¥融} \geqslant r_{\$投} + Swap$$

二者结合可得：$r_{f¥} \leqslant R_{CNH} \leqslant r_{¥融} + r_{\$融} - r_{\$投}$ ①

通常而言，离岸美元的融资成本为美元 Libor 利率（换锚后则为 SOFR 利率），美元 OIS 利率可做美元无风险投资收益率；人民币融资成本为境内同业拆借利率 Shibor，目前离岸市场人民币可投资品较少，人民币无风险利率取境内人民币国债收益率。代入具体指标，我们能够得出离岸人民币利率的"利率走廊"。

对于离岸人民币利率而言，"利率走廊"的约束并不十分有效。2015年前，CNH Implied Yield 长期位于同期限中国国债收益率下方。这意味着"从离岸市场融入人民币并将之投资境内国债"可以获得无风险的正收益，但由于彼时人民币跨境存在资本管制，"制度摩擦"抵消了此交易背后的套利空间。2015年后跨境人民币通道逐渐开放，境内国债收益率作为利率走廊的"下限"，对 CNH Implied Yield 的约束大多时间成立，但 CNH Implied Yield 常常发起对"上限"的挑战。这意味着离岸市场上"中资大行利用掉期拆出人民币（近购远结）"有时可以获得无风险的正收益，例如2016年到2017年、2022年以来，这与中国香港离岸人民币资金池仍小、参与者相对有限有关。随着套利交易的进行，CNH Implied Yield 将逐渐回落到"上限"下方。

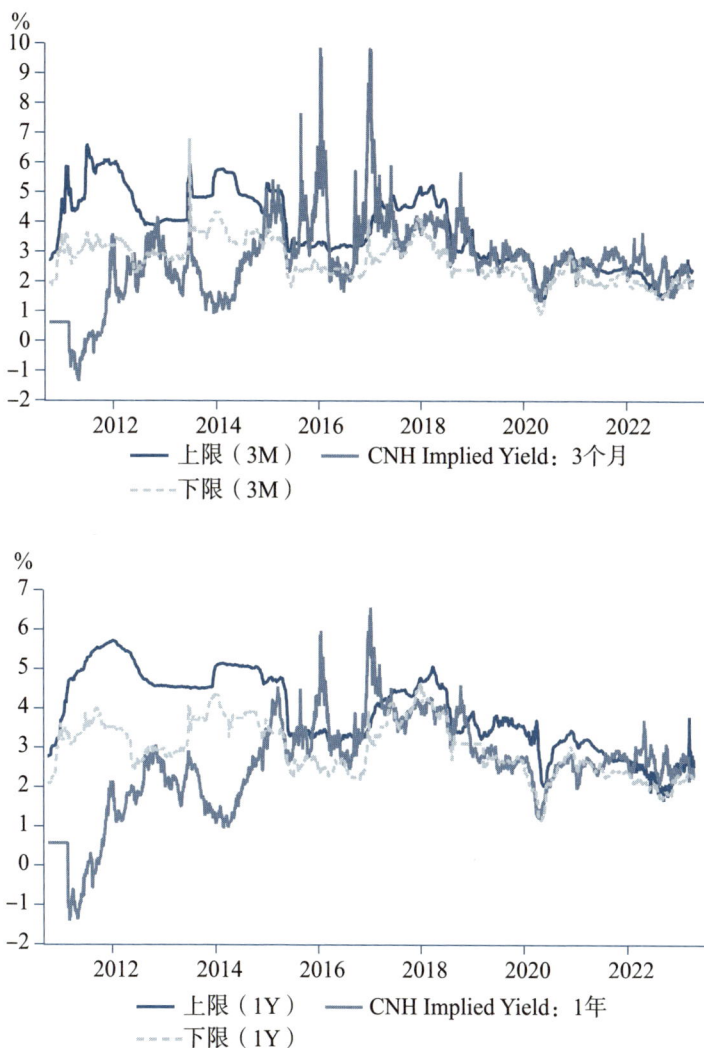

图2-140　CNH Implied Yield利率走廊

资料来源：Macrobond，Bloomberg，兴业研究。

为了度量CNH Implied Yield相对"上限"的失衡程度（亦即套利空间），我们对不等式①进行一定的变形：

令　　　　　　　　　　　$\alpha = R_{CNH} - (r_{¥融} + r_{\$融} - r_{\$投})$

得到　　　　　　　　　$R_{CNH} = r_{¥融} + r_{\$融} - r_{\$投} + \alpha$

$$R_{CNH} = Shibor + (US\ Libor - US\ OIS) + \alpha$$

基于此，我们将3个月和1年期CNH Implied Yield的影响因素分解为"境内人民币融资成本"（*Shibor*）、"离岸美元融资压力"（*US Libor – US OIS*）和残差（α）三个部分，α代表掉期市场供需失衡的程度，我们将之定义为"掉期融资压力"。

历史经验表明，2017年前，"境内人民币融资成本"和"掉期融资压力"共同主导了CNH Implied Yield变动，以2015年11月为界，"掉期融资压力"的影响由负转正。2017年后"掉期融资压力"的影响大幅削弱，Shibor利率对CNH Implied Yield的定价权提高。全周期来看"离岸美元融资压力"的影响较弱，也因此"掉期融资压力"近似等于境内外人民币利差。

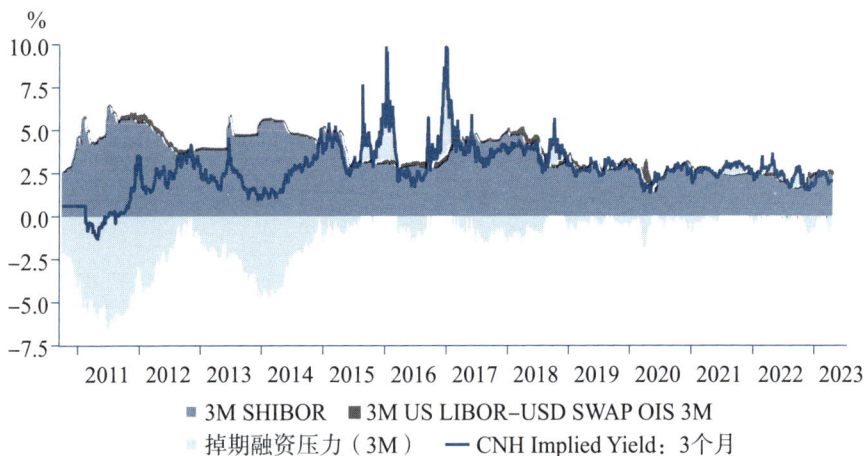

图2-141　3个月CNH Implied Yield影响因素分解

资料来源：Macrobond，兴业研究。

境内外人民币利差分析

延续上一章节对"掉期融资压力"和境内外人民币利差的讨论，我们针对境内外利差进行更深入的分析。本章节所指利差均为境外 – 境内。

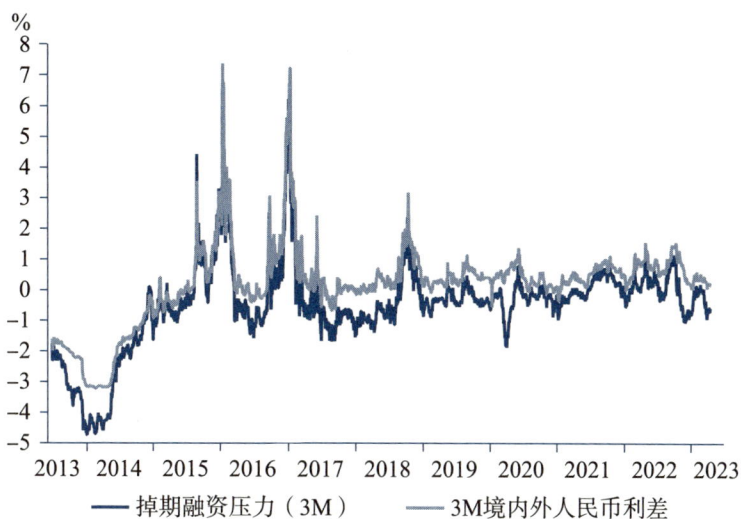

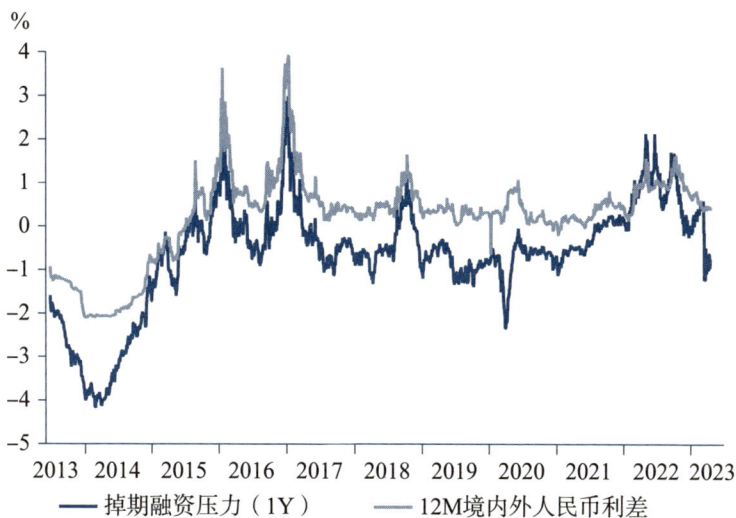

图2-142　掉期融资压力、境内外人民币利差

资料来源：Macrobond，兴业研究。

利差分布及均值回归

从利差的分布来看，2019年前境内外人民币利差水平和波动较大，2019年后利差的波动区间明显收敛，2019年后境外人民币利率大多时间高于境内。

在68.3%置信区间（即均值+/–1个标准差，利差单位均为bp）下，2019年前3个月利差落在［–1.78,1.57］，1年期利差落在［–1.24,1.26］；2019年后3个月利差落在［0.18,0.84］，1年期利差落在［0.09,0.77］（截止日期取2022年10月20日）。偶尔超出该区间，利差将会在一定时间后向均值回归。

利差均值回归对于人民币汇率和沪深300指数变动具有一定的启示作用。我们对2015年"811汇改"后的全周期进行统计，对于人民币汇率而言，1年期利差超过"均值+1倍标准差"往往预示着离岸空头遭受打击。在2017年前，利差超过1倍标准差的整个阶段对应人民币汇率筑底、酝酿反弹；2017年后利差接近1倍标准差的时点对应了美元兑人民币阶段性高点。

对于沪深300指数而言，1年期利差在1倍标准差上方向均值回归（2017年前），或是接近"均值+1倍标准差"（2017年后）时沪深300往往处于阶段性行情探底，即将酝酿较大规模的趋势性反弹。

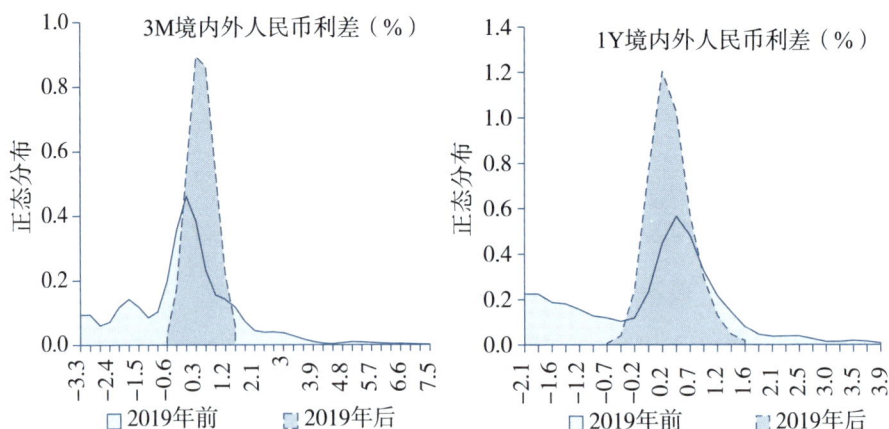

图2-143　境内外人民币利差正态分布

资料来源：Macrobond，兴业研究。

3M境内外人民币利差（%，2019年前）

━━ +/−1个标准差　┄┄┄ +/−2个标准差
━━ 境内外利差　　┄┄┄ 均值

3M境内外人民币利差（%，2019年后）

━━ +/−1个标准差　┄┄┄ +/−2个标准差
━━ 境内外利差　　┄┄┄ 均值

图2-144　境内外人民币利差均值回归（3M）

资料来源：Macrobond，兴业研究。

1Y境内外人民币利差（%，2019年前）

━━ +/−1个标准差　┄┄┄ +/−2个标准差
━━ 境内外利差　　━━━ 均值

图2-145　境内外人民币利差均值回归（1Y）

图2-145 （续图）

资料来源：Macrobond，兴业研究。

表2-28 境内外人民币利差均值回归天数统计（3M）

利差超出均值 +/-1 倍标准差的阶段	方向	超出 1 倍标准差时间（连续交易日）	超出 2 倍标准差时间（累积交易日）
2013 年 8 月 16 日 –2014 年 6 月 26 日	向下	225	0
2015 年 12 月 11 日 –2016 年 2 月 29 日	向上	57	16
2016 年 12 月 1 日 –2017 年 2 月 6 日	向上	48	32
2018 年 9 月 10 日 –2018 年 10 月 26 日	向上	35（不连续）	1
2019 年 1 月 28 日 –2019 年 2 月 20 日	向下	18	0
2019 年 4 月 25 日 –2019 年 5 月 9 日	向下	11	0
2019 年 8 月 21 日 –2019 年 9 月 3 日	向上	10	2
2020 年 4 月 20 日 –2020 年 6 月 8 日	向上	36（不连续）	8
2020 年 7 月 16 日 –2020 年 8 月 3 日	向上	13	0
2020 年 10 月 28 日 –2021 年 1 月 25 日	向下	64（不连续）	8
2021 年 8 月 30 日 –2021 年 10 月 25 日	向上	41（不连续）	3
2022 年 2 月 22 日 –2022 年 7 月 5 日	向上	100（不连续）	13
2022 年 8 月 30 日至今	向上	38	21

注：筛选条件是连续 10 个交易日以上超出 1 倍标准差。本文区分 2019 年前和 2019 年后两个阶段分别对 3M 利差的均值和标准差进行统计，数据统计截止日期 2022 年 10 月 20 日，下同。

资料来源：Macrobond，兴业研究。

表2-29 境内外人民币利差均值回归天数统计（1Y）

利差超出均值 +/-1 倍标准差的阶段	方向	超出 1 倍标准差时间（连续交易日）	超出 2 倍标准差时间（累积交易日）
2013 年 9 月 10 日–2014 年 11 月 26 日	向下	317	0
2015 年 12 月 18 日–2016 年 3 月 4 日	向上	56（不连续）	16
2016 年 11 月 11 日–2017 年 3 月 15 日	向上	89（不连续）	32
2019 年 7 月 3 日–2019 年 7 月 25 日	向上	17（不连续）	0
2020 年 4 月 9 日–2020 年 6 月 8 日	向上	43	2
2020 年 7 月 16 日–2020 年 8 月 3 日	向上	13	0
2020 年 10 月 30 日–2021 年 1 月 25 日	向下	62（不连续）	1
2021 年 5 月 21 日–2021 年 6 月 8 日	向下	13	0
2022 年 3 月 9 日至今	向上	162	37

注：数据统计截止日期 2022 年 10 月 20 日。

资料来源：Macrobond，兴业研究。

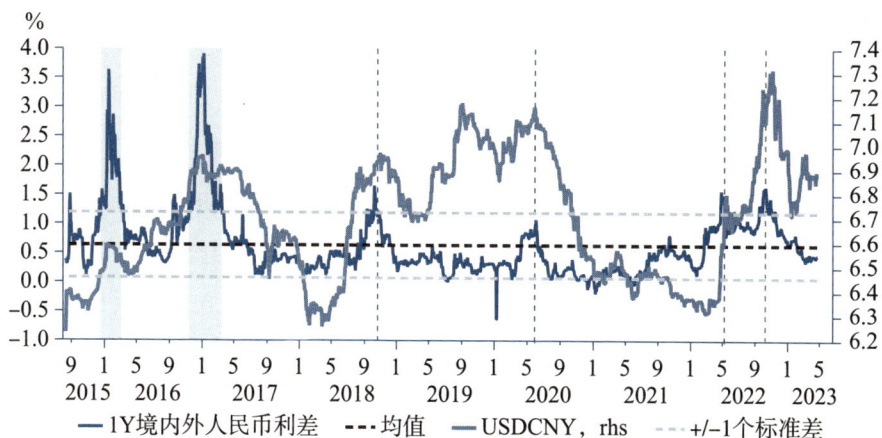

图2-146 1年期境内外人民币利差、美元兑人民币

注：本文对全周期（2015 年"811 汇改"至今）利差数据进行均值和标准差统计，下同。

资料来源：Macrobond，兴业研究。

利差影响因素分析

境内外人民币利差受到人民币汇率预期、境内外汇差和政策的共同

影响。

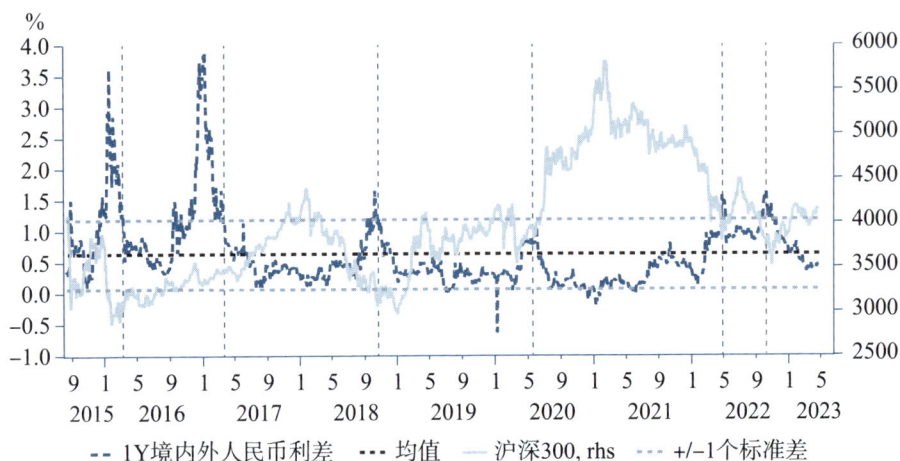

图2-147　1年期境内外人民币利差、沪深300

资料来源：Macrobond，兴业研究。

第一，当人民币汇率存在贬值预期时，离岸市场上人民币融出方要求更高的利率"补贴"，因为倘若将持有的人民币兑换成外币，则到期时将换回比当期更多的人民币。代表人民币汇率预期的指标——美元兑人民币风险逆转期权隐含波动率增加时（预示着贬值预期提升），境内外利差往往上行。

第二，境内外汇差大小代表了套利方向。当USDCNH-USDCNY为正时，离岸主体倾向于将人民币跨境后在境内购汇，这会导致境内外利差扩大；当USDCNH-USDCNY为负时，境内主体可以在离岸市场将人民币兑换成外币，此举将导致离岸人民币资金池扩张、利差缩小。CNH与CNY汇差同境内外利差正相关。

第三，2015年到2017年，人民银行多次通过抬升隔夜人民币拆借利率的方法，对离岸空头进行狙击，此举导致各期限CNH Hibor随之上行；2017年后此类政策逐渐退出离岸人民币市场。

除此之外，港股通下资金从内地流向香港也对利差变动产生了一定影响，这一影响在2020年后更加凸显，尤其是当港股通下资金大进大出时期。

基于此，我们以汇率预期和汇差作为解释变量，构建了境内外人民币利

差的回归方程。2019年以来，汇率预期、汇差和利差的滞后项能够解释90%
以上利差的变动。我们将港股通变量放进2020年后的回归模型中，发现港
股通资金对利差的影响尚不显著。以利差、汇率预期和汇差构建的VAR模
型能够对境内外人民币利差的未来走势进行预测，VAR模型显示，境内外人
民币利差中枢在长时间偏离中枢后将向中枢回归。

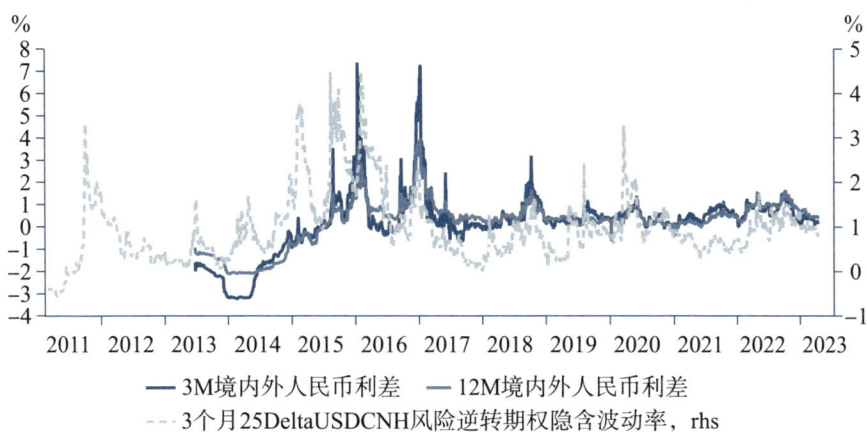

图2-148　境内外人民币利差、美元兑人民币风险逆转期权隐含波动率

资料来源：Macrobond，兴业研究。

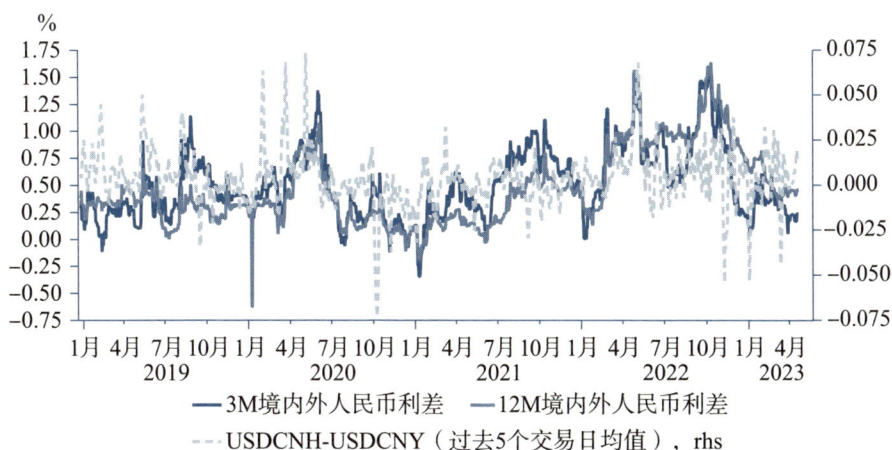

图2-149　境内外人民币利差、境内外汇差

资料来源：Macrobond，兴业研究。

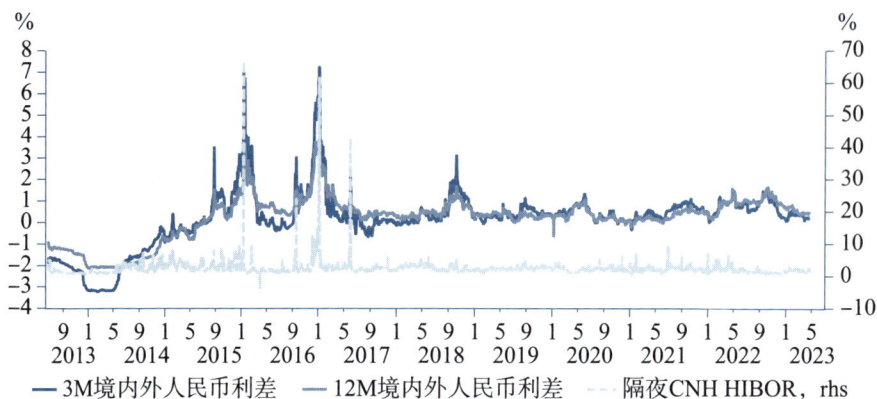

图2-150 境内外人民币利差、隔夜 CNH Hibor

—— 3M境内外人民币利差　—— 12M境内外人民币利差　---- 隔夜CNH HIBOR，rhs

资料来源：Macrobond，兴业研究。

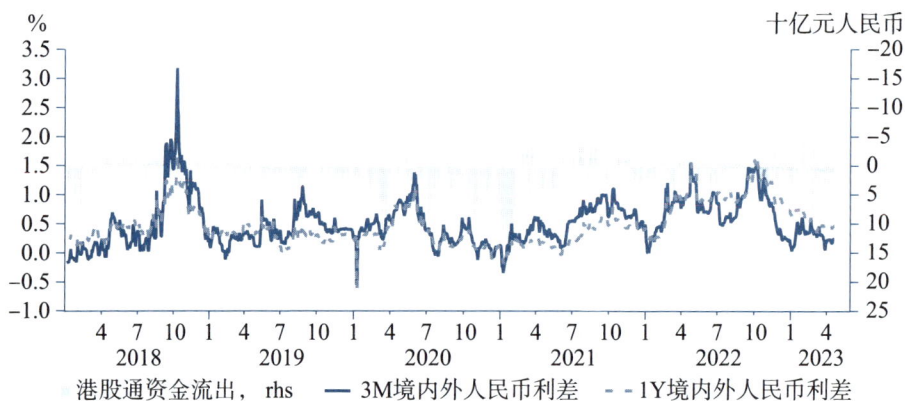

港股通资金流出，rhs　—— 3M境内外人民币利差　---- 1Y境内外人民币利差

图2-151 境内外人民币利差、港股通资金流出

资料来源：Macrobond，兴业研究。

表2-30 利差影响因素回归结果

	3个月利差	1年期利差	3个月利差	1年期利差
时间区间	2019年后	2019年后	2020年后	2020年后
滞后期	0.9573***	0.9723***	0.9585***	0.9676***
汇率预期	0.0143***	0.0073***	0.0154***	0.0105**
汇差	0.5540***	0.2692	0.6671**	0.3762
港股通			−0.9412	−0.9001

	3个月利差	1年期利差	3个月利差	1年期利差
R2	0.93	0.95	0.93	0.95
D.W 值	1.92	1.96	1.86	1.90

注：解释变量中汇差取5个交易日均值，港股通资金流单位万亿元人民币。数据截至2022年6月15日。

资料来源：Macrobond，兴业研究。

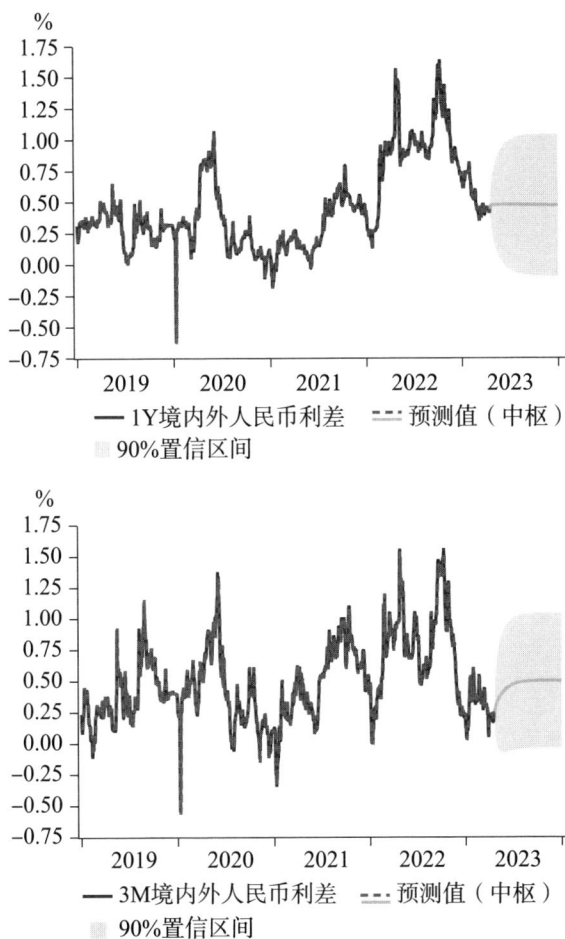

图2-152　3M、1Y境内外人民币利差预测（基于VAR模型）

注：经检验境内外人民币利差、汇率预期和汇差原序列均平稳。

资料来源：Macrobond，兴业研究。

第三章

汇率分析框架：其他货币

研究非美货币的分析框架不仅对于人民币汇率分析颇有助益——美元指数本身就是人民币汇率的重要定价因素，日元变动所引发的"以邻为壑"效应也会间接影响人民币汇率，尤其是在亚洲经济体面临强美元冲击之时；而且也是预判人民币与非美货币走势的必要环节——欧元区和中国香港特别行政区作为中国内地重要的贸易伙伴，其汇率变动会干扰与之拥有资金交互的境内企业利润率。

3.1 美元周期回溯

美元作为最主要的国际储备货币，其周期性变动不仅反映了自身基本面变化和货币政策走向，还与其他资产和经济指标存在着千丝万缕的联系，研究美元周期对于研判非美货币的趋势方向大有裨益。

美元指数的周期前奏

美元指数诞生于1973年3月，初始值为100，由当时的美联储构建。虽然美元指数1973年3月才正式诞生，但可以由历史双边汇率加权拟合出此前的美元指数，如此得到的美元指数通常早于1973年3月。美联储构建美元指数的初衷是在浮动汇率制度下以美元兑主要贸易伙伴双边汇率的几何加权平均反映美元的相对价值。美联储公布的美元指数分为名义和实际两类，二者虽然货币篮子和权重有一定差异，但走势基本一致。

1986年9月3日，纽约洲际交易所（ICE）推出了美元指数期货合约，使得美元指数可以被交易。市场语境中的美元指数通常特指ICE美元指数，如无特别说明，本书中美元指数均指ICE美元指数。

美元指数中权重最大的是欧洲经济体货币。过去德国和日本作为美国最大的两个贸易伙伴，其货币也被赋予了前两位的权重。而如今，中国已经是美国最大的贸易伙伴，但人民币并未被纳入美元指数篮子之中。这也是美元指数一直被诟病的缺陷之一。但这并不妨碍美元指数作为最具代表性的美元相对强弱指标。随着1999年欧元区正式启用欧元作为法定货币，各经济体原有货币逐步退出历史舞台。美元指数篮子货币的权重也做出了重大调整，欧元权重超过50%，因而欧元兑美元常与美元指数呈现相反走势，日元仍是权重第二大的货币。

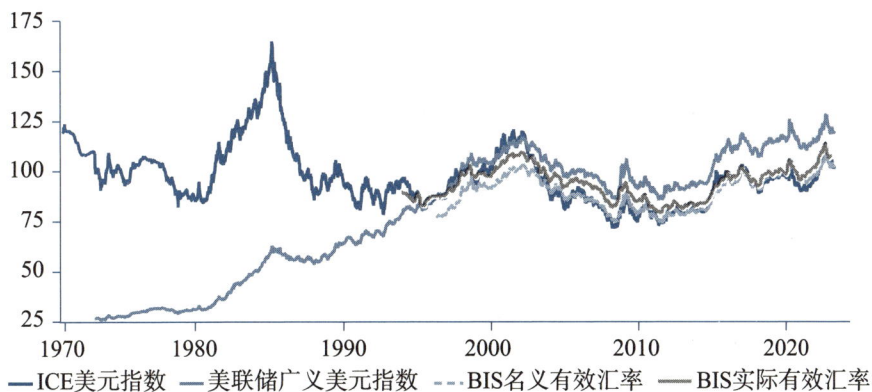

图 3-1　各类美元指数

注：1986 年 9 月以前的 ICE 美元指数为历史汇率拟合而成。

资料来源：Macrobond，兴业研究。

表 3-1　美元指数篮子货币权重

1973-1999 年		1999 年至今	
货币	权重	货币	权重
德国马克（DEM）	20.8%	欧元（EUR）	57.6%
日元（JPY）	13.6%	日元（JPY）	13.6%
法国法郎（FRF）	13.1%	英镑（GBP）	11.9%
英镑（GBP）	11.9%	加元（CAD）	9.1%
加元（CAD）	9.1%	瑞典克朗（SEK）	4.2%
意大利里拉（ITL）	9.0%	瑞士法郎（CHF）	3.6%

1973-1999 年		1999 年至今	
荷兰盾（NLG）	8.3%		
比利时法郎（BEF）	6.4%		
瑞典克朗（SEK）	4.2%		
瑞士法郎（CHF）	3.6%		

资料来源：兴业研究。

现行的美元指数计算公式为：

$$USDX = 50.14348112 \times EURUSD^{-0.576} \times USDJPY^{0.136} \times GBPUSD^{-0.119}$$

$$\times USDCAD^{0.091} \times USDSEK^{0.042} \times USDCHF^{0.036}$$

周期前奏："特里芬难题"

1945年第二次世界大战结束后，美国和苏联成为唯二的超级大国，西欧老牌强国在战后徒留残垣断壁。为了避免各经济体竞争性贬值引发贸易战，并建立美元霸权，"布雷顿森林体系（Bretton Wood System）"应运而生。该体系最重要的安排是所有签约国的货币盯住美元，通过央行干预将汇率波动控制在1%以内。美元与黄金兑价则固定在35美元/盎司，且美元是唯一可以直接兑换黄金的货币。国际货币基金组织（International Monetary Fund, IMF）也同时成立，一个重要的职责是给贸易逆差国提供短期贷款，以平衡贸易赤字。在制度设计者看来，"布雷顿森林体系"和黄金一样完美（It's as good as gold）。

然而好景不长，随着20世纪50年代美国经常项目顺差转为逆差，美国面临巨大的黄金兑付压力。继而"特里芬难题（Triffin's Dilemma）"被提出，预言了"布雷顿森林体系"的消亡。"特里芬难题"指出，如果美国不能维持贸易逆差，则全球经济将因失去流动性而失速；如果美国输出美元以维持全球经济增长，则长期增长的贸易逆差将侵蚀美元作为储备货币的信用。

进入20世纪60年代，"布雷顿森林体系"已经岌岌可危。美国卷入越南战争后，巨额军事订单造成贸易赤字、政府债务进一步恶化。与此同时，欧共体和日本经济增速超越美国，美元地位被极大削弱。1961年，为了将金价稳定在35美元/盎司，美国联合其他发达经济体建立了"伦敦黄金池（London Gold Pool）"，设想在黄金市场价高于官方定价时抛售黄金，反之则在市场购回黄金。西德也宣布不会用美元兑换黄金。然而随着美国深陷越南战争难以自拔，市场对美元的信心丧失殆尽，对黄金的热情则有增无减。1968年11月，稳定金价的一切努力以失败告终，伦敦现货黄金市场临时关闭。

大崩溃："尼克森冲击（Nixon Shock）"

1971年8月13日，尼克松总统在大卫营秘密会见白宫高级官员、财政部长和美联储主席，决定单方面终止"布雷顿森林体系"。两天后，官方正式宣布美国退出"布雷顿森林体系"，暂停美元兑换黄金，实行90天价格管制和工资管制。随后，德国马克、日元、法国法郎等货币兑美元大幅升值。1971年12月，G10经济体在华盛顿签署"史密斯协定"，调整官方金价为38美元/盎司，意味着美元一次性贬值7.9%，且金价浮动区间为2.25%。日元、德国马克、法国法郎、英镑和意大利里拉分别兑美元升值16.9%、13.6%、8.6%、7.5%和7.5%。1973年2月14日，美元兑黄金再度贬值10%以后，日本和欧共体宣布汇率自由浮动。这标志着发达经济体进入汇率自由浮动时代。同年3月，美元指数诞生，初始值为100。

美元指数的周期回溯

以月度K线的最高点和最低点划分周期，美元指数诞生以来经历了两轮比较完整的大周期，过去两轮周期的完整长度均约为16年，升值周期约为6年，贬值周期约为10年。按照过去的经验，本轮美元升值周期早在2017年便应该结束，但事实上美元指数近年来一直维持高位震荡，2022年更是刷新了近20年新高。过往的美元周期似乎失灵了。为了更好地理解美元周期，我们将首先回顾两轮美元大周期的历史背景。

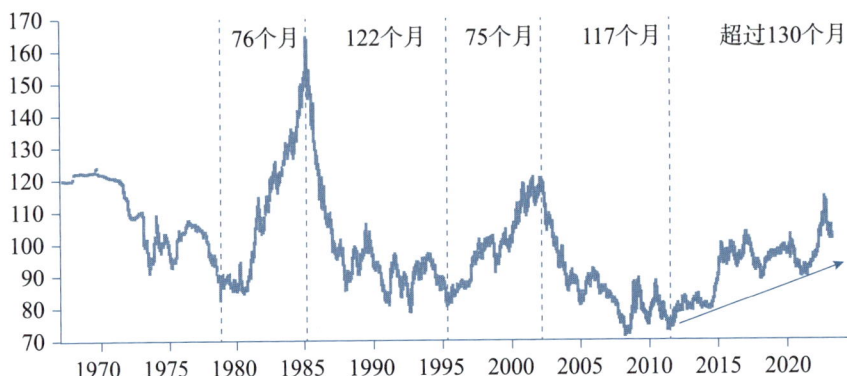

图3-2　1970年至今美元指数

资料来源：Macrobond，兴业研究。

20世纪70年代："石油美元"崛起

1973年10月，因美国向以色列提供武器，帮助其发动针对埃及、叙利亚的"赎罪日"战争（又称"10月战争""阿以战争"），OPEC宣布对美国实施石油禁运。恰逢美国国内原油产量衰退，美国国内油价飙升，引发"第一次石油危机"。尽管"布雷顿森林体系"崩溃以后，美元的国际地位岌岌可危，然而当时的原油贸易仍主要以美元结算。油价飙升也导致了美元流动性的紧张，出现了美元和油价齐涨的局面。为了保住美元国际储备货币的特殊地位，1972年至1974年间，美国与最大产油国沙特进行了一系列沟通后建立了"石油美元"体系，主要内容为：

（1）沙特利用自身在OPEC的主导地位，保证未来的全球原油贸易只能以美元结算；

（2）沙特将原油出口收入的大部分用于购买美国国债，并将利息所得用于支付美国公司承建的沙特基础设施现代化改建；

（3）保证油价处于美国可以接受的范围内，并防止OPEC再次发生原油禁运。

沙特也从"石油美元"中获益，譬如美国向沙特出口先进武器；给予沙特政治优待。1974年3月17日，除利比亚以外的OPEC成员宣布解除原油禁运。"第一次石油危机"宣告结束，美元流动性紧张的局面缓解，美元指数恢复贬值。1975年美国率先走出滞胀，美元指数短暂升值，但随后德国、日本等经济体也相继复苏，美元再度贬值[①]。1976年1月，IMF成员国签署"牙买加协定"，允许金价自由浮动，美元与黄金彻底脱钩。

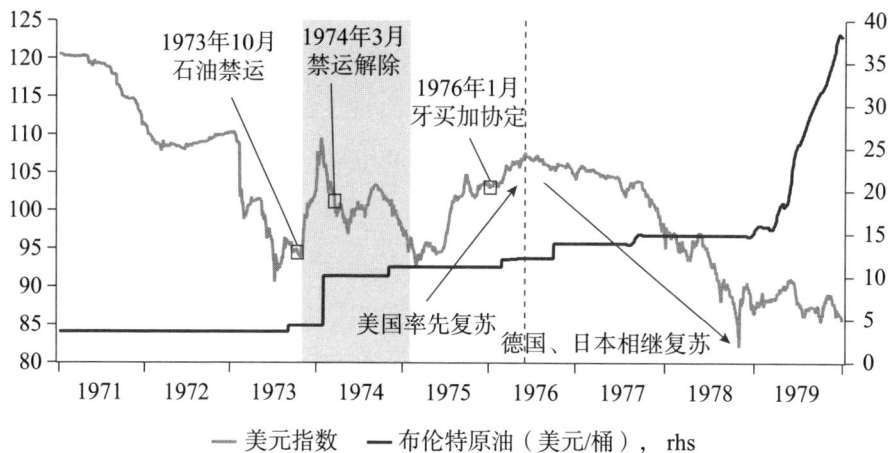

图3-3　1971–1979年美元指数

注：阴影表示美国衰退期，下同。

资料来源：Macrobond，兴业研究。

20世纪80年代："加息狂人"和"广场协议"

1979年1月，伊朗爆发伊斯兰革命，推翻了亲美政权。全球原油产量下降4%，再度引发市场恐慌，造成"第二次石油危机"。1980年9月，伊朗、伊拉克之间爆发"两伊战争"，伊拉克原油生产遭遇重创，伊朗则几乎停止了原油出口。战争进一步加剧了恐慌情绪，油价持续上涨。1979年8月"加息狂人"保罗·沃尔克（Paul Volcker）上任美联储主席。面对恶性通胀压力，沃尔克毫不手软，在不到1年的时间内，将联邦基金利率上限从10%迅速提高到了21%。过度紧缩的货币政策造成了战后最严重的经济衰退。1981

[①]　参考 Hans H. Helbling, Foreign Trade and Exchange Rate Movements in 1975, Federal Reserve Bank of St. Louis, January 1976。

年美联储曾短暂降息刺激经济复苏，但居高不下的油价还是让美联储将克服通胀放在了第一位，重回加息路径。

20世纪80年代初苏联西伯利亚、美国阿拉斯加和墨西哥湾、北海地区相继发现大型油田，原油供给前景乐观。同时，在经历两次石油危机后，发达国家通过节能和产业结构调整等措施，大幅降低了原油消费量。原油供给短缺开始转换为过剩，1982年开始油价呈现下跌趋势，美联储也随之放松了货币政策。但在1983年油价再次出现上涨苗头后，美联储立即加息回应，势将通胀扼杀在摇篮之中。20世纪80年代初的激进加息给美国制造业、服务业、农业都造成了沉重打击，巨额利息支出加重了美国政府债务负担，贸易赤字也急剧扩大。为了应对这一局面，1985年9月，美国与西德、法国、日本、英国签署了著名的"广场协议"，通过政府干预实现美元贬值。1987年2月，"广场协议"签约国及加拿大签署了"卢浮宫协议"，终止了政府主导的美元贬值进程，并达成了削减赤字、减税等的协定。

1987年至1990年2月，美元指数基本跟随联邦基金利率趋势。1990年2月"海湾战争"期间油价短暂飙升，市场担忧石油危机重演，美元被抛售。1991年初美国率领的多国部队迅速取得胜利，油价回到战前水平，美元大幅反弹，5月以后再度跟随联邦基金利率下行。

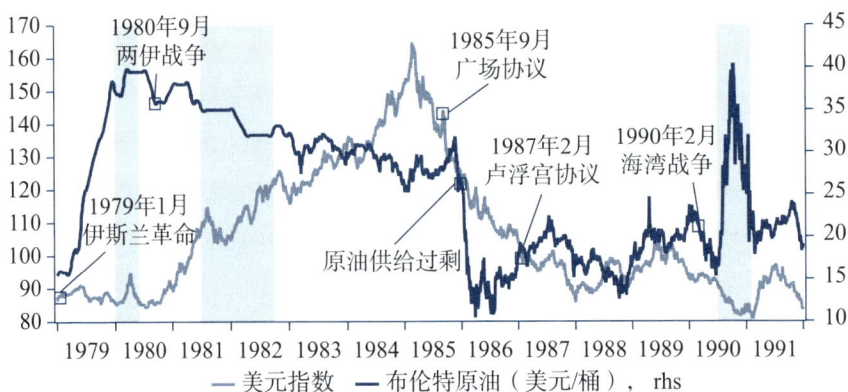

图3-4　1979-1991年美元指数

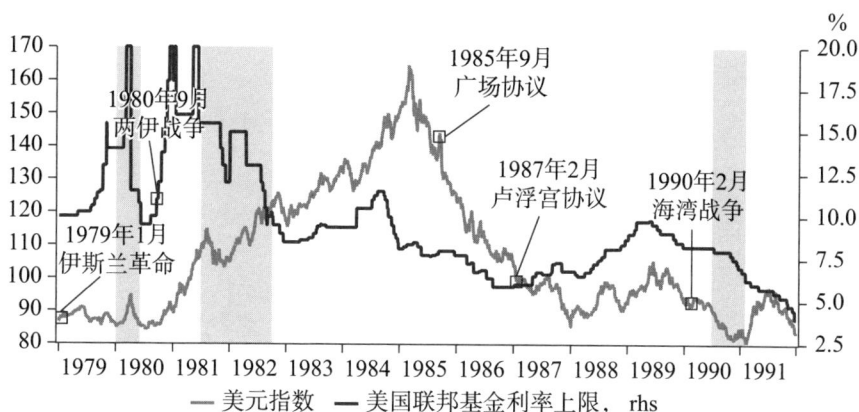

图3-4　（续图）

资料来源：Macrobond，兴业研究。

20世纪90年代：美股神话，王者归来

1992年9月，欧洲汇率危机爆发[①]，英镑不得不退出刚刚加入两年的"欧洲汇率机制（European Exchange Rate Mechanism，ERM）"，欧洲汇率波动加剧。美联储当时处于降息周期，维持着相对较低的利率（3%），但是欧洲的动荡使得美元受到避险资金的追捧。这场危机在1993年底得以平复。

1994年美联储再次启动加息。但在1994年至1995年上半年间美元指数出现了明显的下跌。主要由于这段时间美元收益率低于其他发达经济体和新兴经济体，且此段时间美国国债收益率波动较大。

1995年下半年开始至2002年初，美元经历了长达约6年的牛市。这一时期最主要的驱动因素是互联网的飞速发展带来的美国科技股疯狂上涨。股市上涨的财富效应使得整个宏观经济受益。1997年7月的亚洲金融危机和1998

---

① 欧洲汇率机制要求欧洲货币相互盯住，每一种货币只允许在一定范围内浮动，一旦超出了规定的汇率浮动范围，各成员国的中央银行就有责任通过买卖本国货币进行市场干预。英国在1992年处于经济衰退，需要降息和货币贬值刺激经济，但欧洲汇率机制制约了英国央行降息和英镑贬值。索罗斯等国际炒家大量做空英镑，做多德国马克，英国央行干预失败，被迫退出欧洲汇率机制。

年9月的卢布危机①使得新兴市场遭遇巨大打击，更加凸显了美股的吸引力。2000年9月股市见顶开始下跌，随后美联储开始降息。2001年"911"恐怖袭击加速了股市下跌。直到2002年3月，美股已经回吐1994年以来近70%涨幅时，互联网泡沫彻底破灭。与此同时，美元开始狂泻，进入了另一轮长达近10年的熊市。

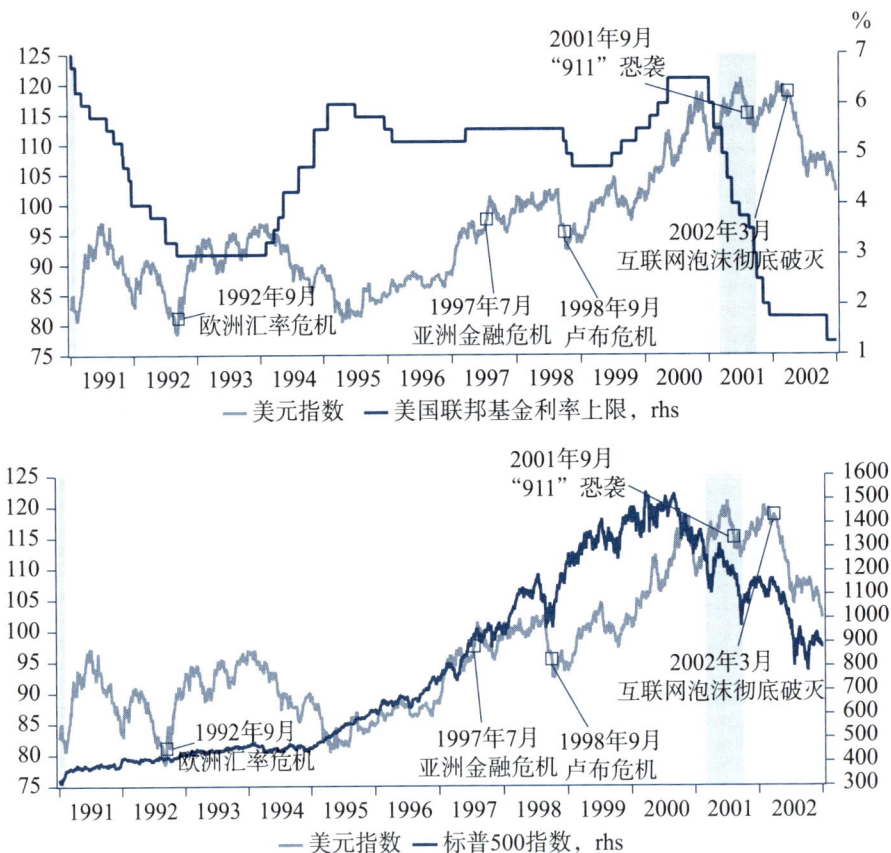

图3-5 1991-2002年美元指数

资料来源：Macrobond，兴业研究。

① 在美联储加息、高额外债、固定汇率制等因素的共同作用下，1997年7月亚洲新兴经济体爆发金融危机，股市暴跌，楼市崩盘，多个经济体放弃固定汇率制。1998年9月，在亚洲金融危机和全球原油需求放缓的冲击下，俄罗斯爆发金融危机，俄罗斯政府宣布卢布贬值，主权债务违约。

新千年伊始：战争泥淖

2001年10月和2003年5月，美国先后在阿富汗和伊拉克发起了旷日持久的"反恐战争"，导致政府财政支出再度恶化。尽管2003年开始，美股牛市再次启动，但此时市场丧失了对美元和美元资产的兴趣，而对以中国为代表的海外新兴市场更感兴趣，资本大量流出美国。尽管2004年美联储开始新一轮加息周期，但加息起点较低（1%），因而加息初期并未挽回美元颓势。2005年利率提高到2%以上，美元短暂升值。然而，2006年初美联储考虑结束加息周期，同时市场预期欧央行将采取更为激进的加息路径。同年4月公布的G7会议声明称中国等新兴经济体的汇率弹性将增大。虽然新兴市场货币并不在美元指数篮子中，但市场仍将此视为美元将贬值以修复经常账户逆差的信号。另外，2006年前后欧洲和新兴经济体的经济增长也好于美国，有利欧元等非美货币升值。2006年4月后美元再度贬值，熊市一直持续到2008年7月——"次贷危机"危机爆发近1年后。[1]

图3-6 2000-2008年美元指数

资料来源：Macrobond，兴业研究。

---

[1] 本段内容参考2006年美国财政部和美联储汇率执行报告，Treasury and Federal Reserve Foreign Exchange Operations: Quarterly Reports。

次贷危机与后危机时代

2009年"次贷危机"的影响蔓延到全球，美元指数大涨的主要原因有[1]：（1）海外股票遭到抛售，资金回流美国购买国债避险；（2）新兴市场波动加剧，套息交易风险收益比下降，导致高息货币（主要是澳元、巴西雷亚尔等）遭抛售，美元、日元受到青睐；（3）美元需求旺盛导致欧洲美元流动性紧张，LIBOR利率飙升，加速美元升值；（4）海外金融机构在"次贷危机"前大量借入美元投资美元资产，资产减计和偿债压力迫使这些金融机构锁定远期美元汇率对冲汇率风险。然而"过度对冲（overhedging）"也强化了美元升值预期。到2009年下半年，G10经济体经济数据有所改善，经济前景好转，恐慌情绪逐渐平复，市场风险偏好提升，美元指数回落。2010年上半年，欧洲债务危机的扩散再度引发市场恐慌，避险资金又一次青睐美元。2010年下半年开始，欧洲危机暂时平复，全球经济前景改善，金融市场趋于稳定，资金从美国流向其他经济体，尤其是新兴市场。美元指数下跌，进入盘整。2011年下半年，虽然欧元区给出了初步的欧债危机解决方案，但是缺乏具体的可操作细节，遭到市场质疑，欧元遭抛售，美元开启新一轮升值周期。同时全球和美国经济增长出现放缓迹象，美元再度被视为避险资产升值。2014年9月美联储正式退出QE，并着手货币政策正常化。1年半的时间美元指数升值超过20%，逼近100关口[2]。

2015年以来，美元指数主要受到加息节奏、利率、海外风险事件等的影响。2017年起特朗普就职期间，美国国内政治的不确定性成为另一个影响美元走势的重要因素。2020年新冠疫情暴发以来，美元指数走势与美元流动性放松与收紧息息相关，也受到美国相对欧洲基本面表现的影响。为狙击2000年之后未有过的顽固通胀，2022年美联储快速加息、缩表，美元利率、汇率

---

[1] 参考详见 Robert N McCauley & Patrick McGuire, Dollar appreciation in 2008: safe haven, carry trades, dollar shortage and overhedging, BIS Quarterly Review, December 2009。

[2] 本段内容参考 2009 年至 2014 年财政部和美联储汇率执行报告：Treasury and Federal Reserve Foreign Exchange Operations: Quarterly Reports。

共振上行，双双突破震荡区间上沿；与此同时，欧洲深陷俄乌冲突带来的能源危机之中，市场加速抛弃欧系资产，进一步推升了美元指数。

图3-7　2007年至今美元指数

资料来源：Bloomberg，兴业研究。

美元指数影响因素总结

回顾1973年以来的美元波段，我们发现美元升值的驱动因素包括：美国经济增长强劲、美国加息、海外风险、国际政治、美元相对收益和美国经济危机。其中美国经济增长、加息、美元资产相对收益率高更多体现美元的投资属性，而海外风险、国际政治、美国经济危机更多体现美元的避险属性。美元贬值的驱动因素包括：国际政治、海外经济增长强劲、美国降息、美国经济危机和美元资产相对收益率下降。国际政治主要指对美国不利的政治事件或汇率干预协议。

美元升值周期往往是美元资产相对收益率上行和海外风险引发的避险需求驱动；而贬值周期往往是美元资产相对收益率下降或汇率协定驱动。需要特别指出的是，美联储利率周期与美元指数走势并不一致，联邦基金利率并不能单方面决定美元走势，美国相对海外经济体的增长和美元资产的相对收益率对美元走势有着更大的影响。汇率协定造成的干预也是不可忽视的力量。

表3-2 美元指数驱动因素

时间段	升值/贬值	驱动因素	驱动因素分类
1973/10–1974/3	升值	OPEC 石油禁运	国际政治
1974/3–1975/4	贬值	OPEC 解除石油禁运、美国滞胀	国际政治、美国经济危机
1975/4–1976/7	升值	美国经济复苏	经济基本面、资产相对收益率
1976/7–1980/7	贬值	德国、日本复苏	经济基本面
1980/7–1985/5	升值	美联储激进加息	资产相对收益率
1985/5–1987/2	贬值	广场协议	汇率协定
1987/2–1992/9	先升后贬	美联储先加息，后降息	资产相对收益率
1992/9–1994/3	升值	欧洲汇率危机	海外风险
1994/3–1995/4	贬值	美元相对收益率低	资产相对收益率
1995/4–2002/3	升值	美股牛市、亚洲金融危机、卢布危机	资产相对收益率、海外风险
2002/3–2008/7	贬值	战争、降息、G7 会议声明	资产相对收益率、汇率协定、国际政治
2008/7–2009/3	升值	次贷危机	美国经济危机
2009/3–2009/12	贬值	海外经济前景好转	经济基本面
2009/12–2010/7	升值	欧债危机	海外风险
2010/7–2011/9	贬值	海外经济前景好转	经济基本面
2011/9–2016/12	升值	退出 QE，加息，美股	经济基本面、资产相对收益率
2017/1–2018/3	贬值	欧元区经济好转、欧央行紧缩预期，美联储缓慢加息	经济基本面
2018/4–2020/4	升值	美联储持续紧缩、欧元区经济恶化、疫情引发经济衰退	经济基本面、美国经济危机
2020/5–2021/5	贬值	美联储维持宽松，海外经济前景好转	经济基本面、资产相对收益率
2021/6 至今	升值	美联储快速紧缩，海外滞胀风险、政治不确定性	经济基本面、海外风险

美国经济危机，2% 国际政治，1%

经济基本面，17%

资产相对收益率，53%

海外风险，27%

美元升值驱动因素占比

国际政治，4% 美国经济危机，4%

经济基本面，20%

资产相对收益率，44%

汇率协定，28%

美元贬值驱动因素占比

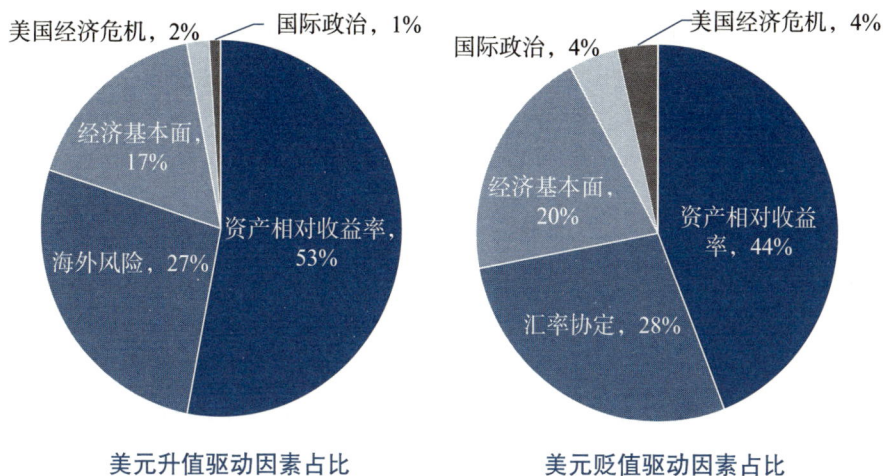

资料来源：Bloomberg，兴业研究。

3.2 美元周期研判：微笑曲线

"美元微笑曲线（Dollar Smile）"理论最初由 Stephen Jen 在 2008 年提出，其对于研判美元的周期性波动具有较好的指引。

"美元微笑曲线"假设了三种基本场景：

场景一：全球经济衰退，避险资金对于美国国债的需求推升美元。

场景二：美国相对其他经济体表现偏弱，但并未衰退，美联储有降息倾向，资金流出美国追求更高的收益，美元走弱。

场景三：美国相对其他经济体表现更强劲，美联储有加息倾向，资金流入美国，美元走强。

然而，上述三类场景仍然有遗漏的情况，例如美国经济相对疲弱或强劲，存在非美经济体处于复苏和衰退的差别。本章节将进一步完善场景分类，并验证美元微笑曲线的有效性。

从历史经验来看，美国通常引领全球复苏，因而最先收紧货币政策，资金回流美国，此阶段美元走强；此后美国经济复苏外溢至其他经济体，非美经济体开始收紧货币政策，美国与非美货币政策收敛，美元走弱；最后，全球陷入衰退，衰退初期由于市场恐慌以及美元流动性紧张等问题，美元走强；但随着美国祭出大规模宽松，资金外溢至外围市场，美元再度走弱。以此循环，周而复始。

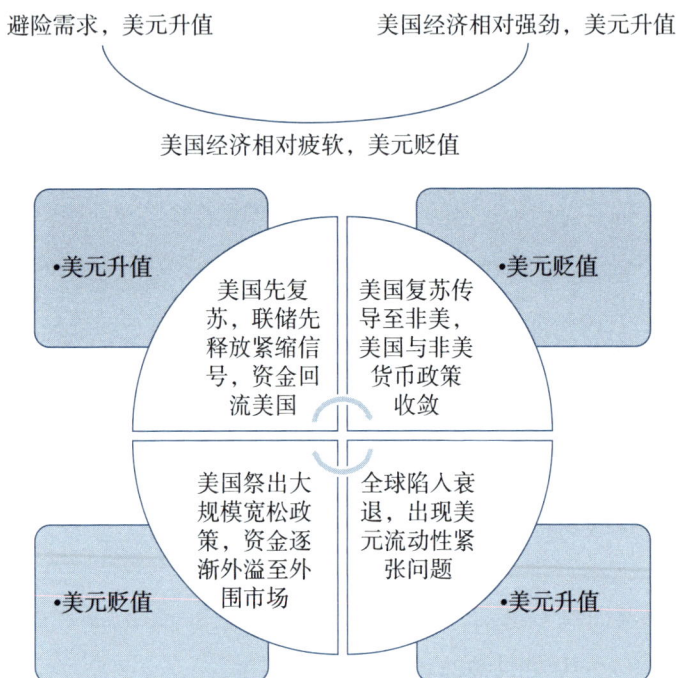

图 3-8　美元微笑曲线示意

资料来源：兴业研究。

由于美元指数篮子全部为发达经济体货币，因而以美国和其他发达经济体实际GDP[①]对比和衰退期[②]划分为五类场景：

场景一：全球衰退，即美国和发达经济体均处于衰退期。

场景二：美国经济弱复苏，其他发达经济体仍处于衰退期。

场景三：美国经济弱复苏，其他发达经济体强复苏。

场景四：美国经济强复苏，其他发达经济体仍处于衰退期。

———————

[①]　使用达拉斯联储计算的加权平均数值，其他发达经济体基本与 OECD 国家重合。

[②]　美国衰退期以 NBER 划分为准，发达经济体衰退期以 OECD 划分为准。OECD 衰退期为主要成员经济体同时处于衰退期。

场景五：美国经济强复苏，其他发达经济体弱复苏。

1980年以来不存在美国经济衰退，而其他发达经济体复苏的场景。

以美国和其他发达经济体实际GDP同比差值是否大于0界定复苏强弱，若大于0，则为美国强复苏，其他发达经济体弱复苏。反之，则为美国弱复苏，其他发达经济体强复苏。

图3-9　美元指数、美国与发达经济体实际GDP增速差值

注：深色阴影为美国经济衰退期，浅色阴影为其他发达经济体衰退期。次贷危机时期二者完全重合。

资料来源：Macrobond，兴业研究。

场景一：全球衰退

暂不论2020年，1980年后的四次全球衰退期中，美元表现为两次贬值、两次升值，并未如美元微笑曲线假设出现一致性的升值。

究其原因，历次衰退中美国几乎都采取了更加激进的降息，使得短期政策利率水平低于其他发达经济体。较为特殊的是1981年面临恶性通胀，美联储大幅提高利率，即便此后利率水平有所下降但仍显著高于其他发达经济体。2008年次贷危机时期的美元流动性紧张推升了美元指数。从贬值幅度看，全球衰退中美元指数的最大贬值幅度为6%至7%，在达到这一贬值幅度后美元指数将企稳震荡或出现明显反弹。

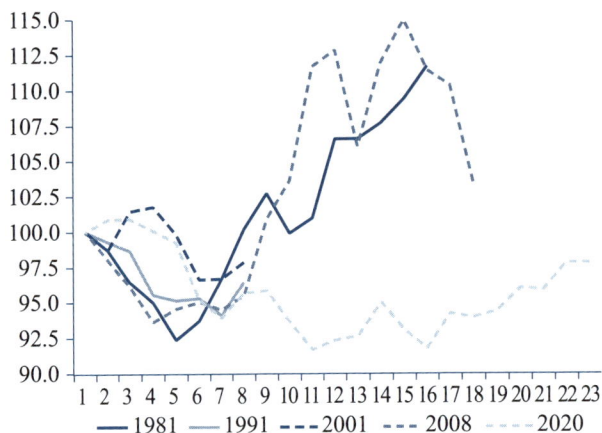

起点	结束	美元指数最大贬值（%）
1981/07	1982/10	−7.65
1990/07	1991/02	−5.94
2001/03	2001/10	−3.37
2007/12	2009/05	−6.4
2020/02	2020/12	−8.2

图3-10　全球衰退场景下的美元指数

注：初始值标准化为 100，下同。

资料来源：Macrobond，兴业研究。

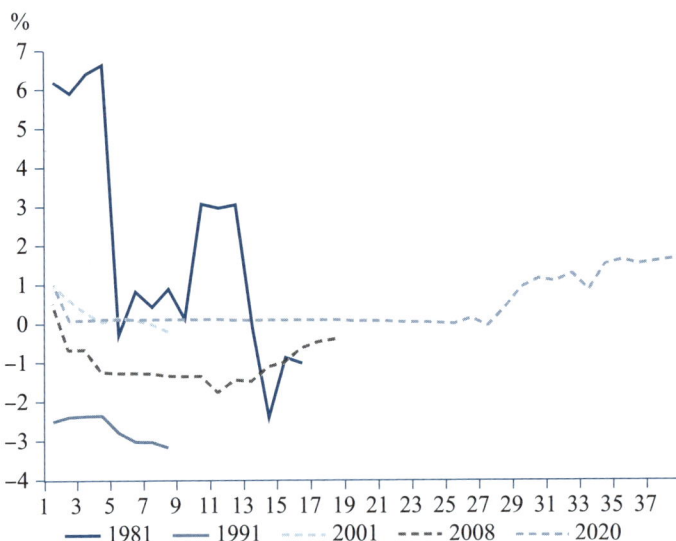

图3-11　全球衰退场景下的政策利差

注：政策利差指美国与发达经济体短期政策利差，下同。

资料来源：Macrobond，兴业研究。

场景二：美国弱复苏＋非美衰退

这一场景通常是美国处于经济衰退后的复苏初期，而其他发达经济体尚处于衰退期中。尽管经济已经复苏，但美国可能仍处于降息周期尾声，政策利率很可能低于其他发达经济体。因此这一场景下美元指数的表现仍然较为疲弱，在经济复苏初期可能短暂走强（1991年、2000年、2001年、2020年），但此后仍以贬值趋势为主。

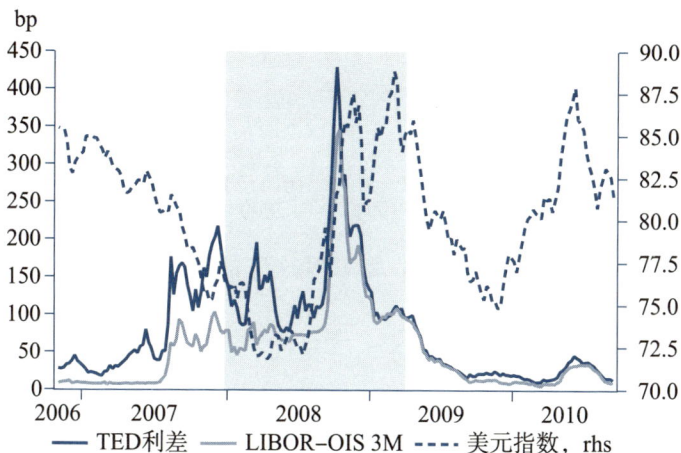

图 3-12　次贷危机时期的美元指数与美元流动性

注：政策利差指美国与发达经济体短期政策利差，下同。

资料来源：Macrobond，兴业研究。

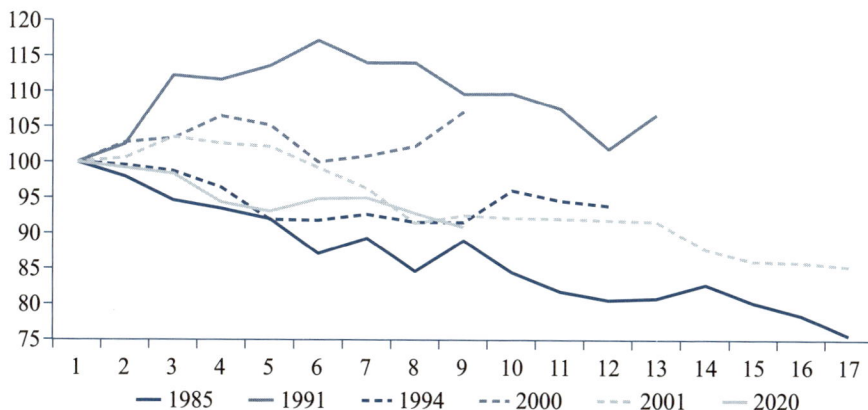

图 3-13　美国弱复苏+非美衰退场景下的美元指数

注：初始值标准化为 100。

资料来源：Macrobond，兴业研究。

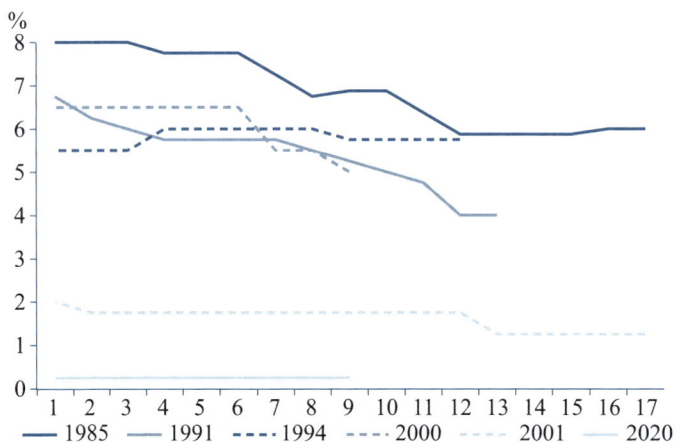

图3-14 美国弱复苏+非美衰退场景下的联邦基金目标利率

资料来源：Macrobond，兴业研究。

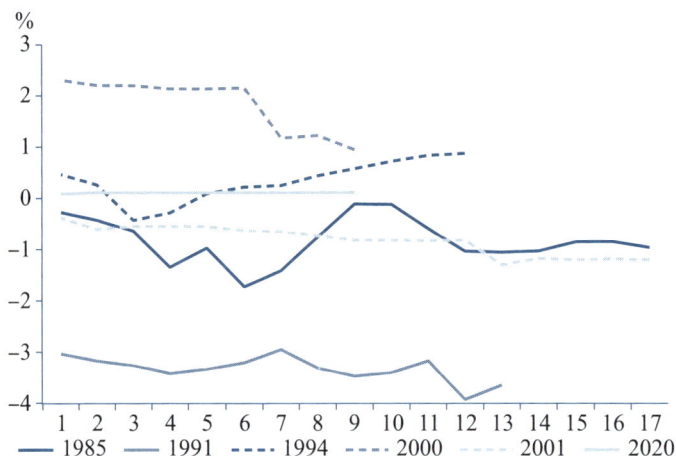

图3-15 美国弱复苏+非美衰退场景下的政策利差

资料来源：Macrobond，兴业研究。

场景三：美国弱复苏+非美强复苏

这一场景下全球进入复苏期，且美国经济增长跑输其他发达经济体。美国进入加息周期，在加息初期美元指数会有所走强，但随着其他发达经济体也进入加息周期，美元指数呈现贬值趋势。较为例外的情况是1987年和2009年。

1987年至1988年，美联储持续加息。虽然美国经济表现不及其他发达经济体，政策利差却持续走高，这一时期的美元指数随之走强。在美联储进入降息周期后美元指数转而走弱。

2009年美元指数走强主要原因是美联储进入第一轮QE后期，QE规模逐渐缩减。而在第一轮QE结束后不久美元指数重新转入贬值，直至第二轮QE结束。

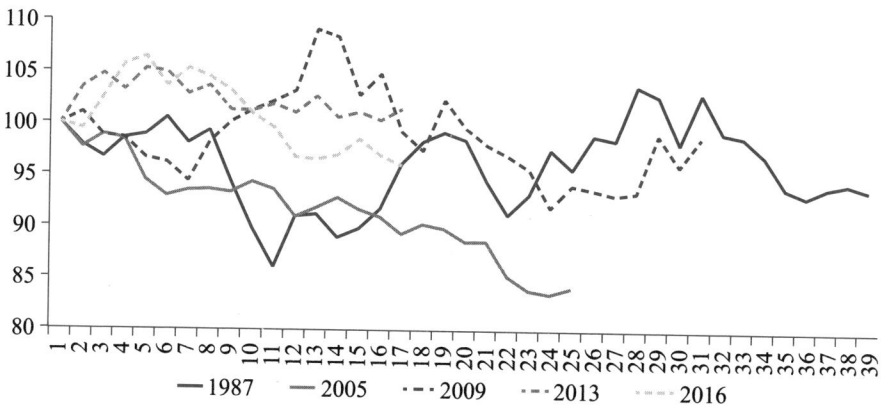

图3-16　美国弱复苏+非美强复苏场景下的美元指数

注：初始值标准化为100。

资料来源：Macrobond，兴业研究。

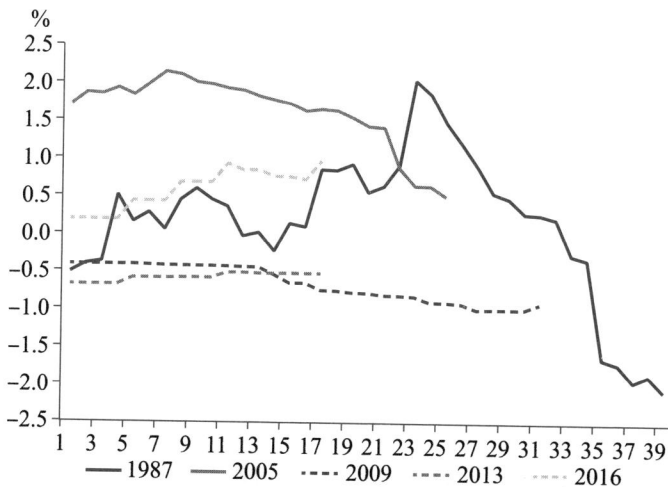

图3-17　美国弱复苏+非美强复苏场景下的政策利差

资料来源：Macrobond，兴业研究。

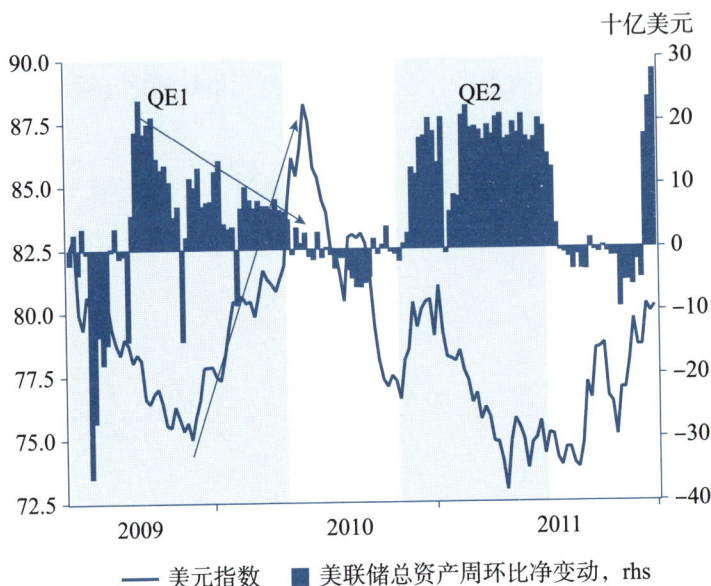

图3-18　前两轮QE期间的美元指数

资料来源：Macrobond，兴业研究。

场景四：美国强复苏＋非美衰退

此种场景下美国经济一枝独秀，但美联储的政策通常也较为保守。2011年、2015年全球宏观经济的不确定性使得美联储维持低利率（2015年末加息一次），市场对于美联储紧缩的空间也存在疑虑，因而美元指数温和升值，呈现宽区间震荡。

较为特殊的情况是1992年和1997年，这期间美联储均因为经济复苏不稳固而预防式降息，美元指数因降息而阶段性走弱。但整体走势仍是温和升值。

仅有2018年、2022年后的持续加息使得美元指数走出了较为连贯的升值趋势，对应美联储持续收紧货币政策。

场景五：美国强复苏＋非美弱复苏

此种场景下全球复苏，但美国经济更为强劲。美联储加息通常更为激进，政策利差持续走高支撑美元指数升值。唯一的例外是2003年至2004年美元指数表现低迷。这主要是由于互联网泡沫后美联储激进降息，导致美国与其他发达经济体政策利率深度倒挂。在美联储持续加息、政策利差转正后，美元指数开始走强。

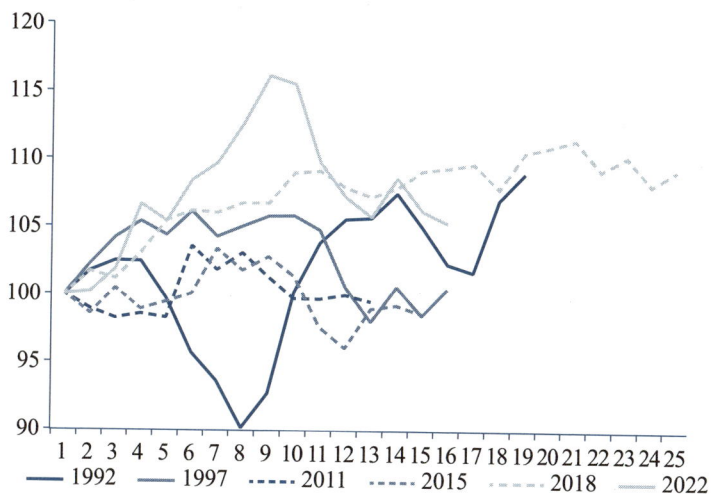

图3-19　美国强复苏+非美衰退场景下的美元指数

资料来源：Macrobond，兴业研究。

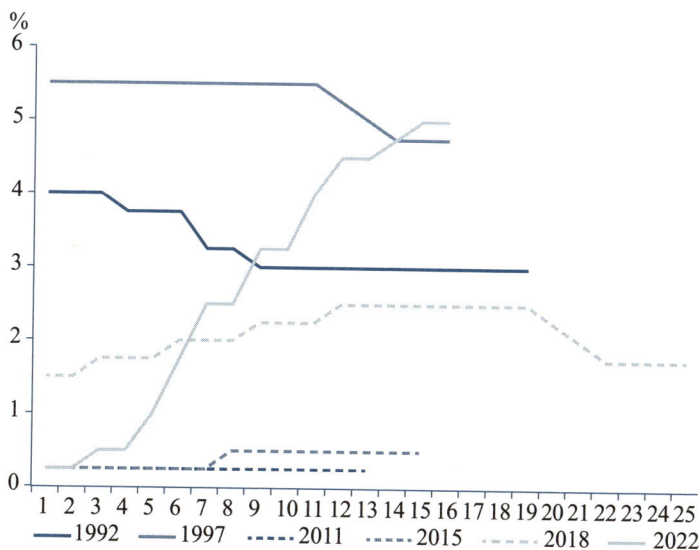

图3-20　美国强复苏+非美衰退场景下的联邦基金目标利率

资料来源：Macrobond，兴业研究。

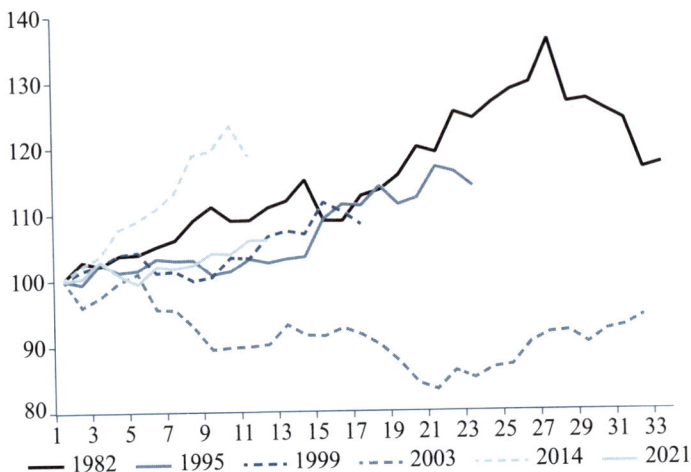

图3-21　美国强复苏+非美弱复苏场景下的美元指数

资料来源：Macrobond，兴业研究。

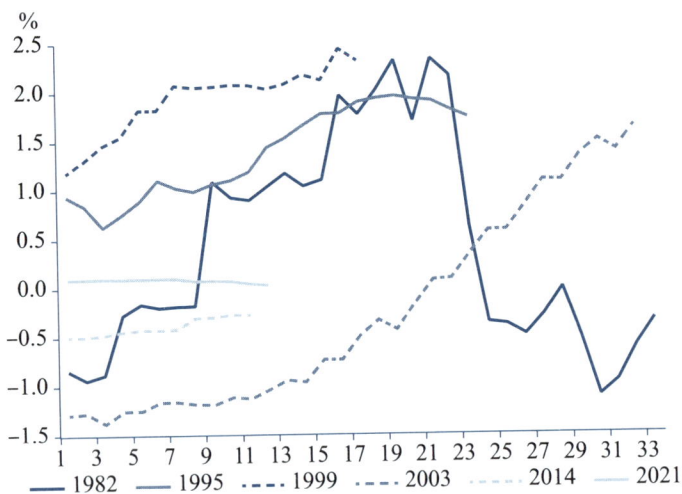

图3-22　美国强复苏+非美弱复苏场景下的政策利差

资料来源：Macrobond，兴业研究。

规律总结

在我们分类的五种场景下，美元指数基本呈现微笑曲线的特征，但需要一定的条件约束。

场景一：全球衰退，美元指数升值，同时还需要出现美元流动性紧张或美联储超预期紧缩（1981年克服恶性通胀）。否则美国更加激进的宽松将令美元指数走弱。

场景二：美国弱复苏+非美衰退，复苏初期美元指数或短暂走强，但整体上仍倾向于贬值。

场景三：美国弱复苏+非美强复苏，美联储边际紧缩或加息初期美元指数可能走强，但整体呈贬值趋势，除非美联储激进加息。

场景四：美国强复苏+非美衰退，美元指数温和升值或宽区间震荡，美联储连续加息会令美元指数明显升值。

场景五：美国强复苏+非美弱复苏，美元指数将呈明显的升值趋势，除非美国政策利差与其他发达经济体深度倒挂。

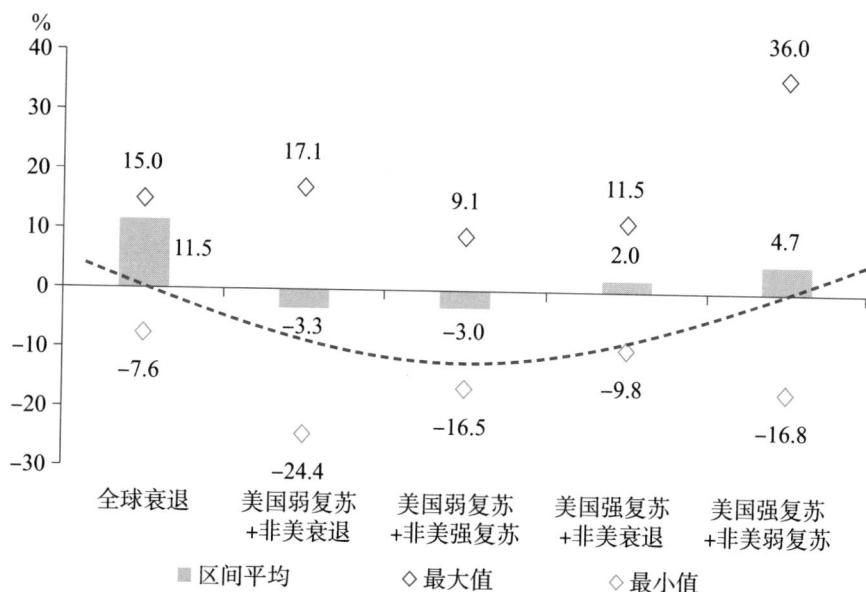

图3-23 美元微笑曲线

注：区间平均表现根据所有样本重合的区间计算，但全球衰退场景以1981和2008年两次衰退期计算，重合样本区间为 −2.8%。

资料来源：Macrobond，兴业研究。

3.3　美元分析框架：经济与货币政策视角

在美元大周期的审视中，我们提取出美元指数的最主要影响因素：与其他非美经济体相比，美国自身的基本面变化，以及为应对经济波动而采取的货币政策是美元指数最根本的驱动力。

经济周期的嵌套理论

经济周期是一个较为模糊的概念，经济学家们根据自己的实证研究提出了长短不一的周期和周期驱动因素。目前受到普遍认可的主要是以下周期理论：基钦周期、朱格拉周期、库兹涅茨周期和康德拉季耶夫周期。

基钦周期又称库存周期，以库存变动反映经济活动的周期性变化，平均长度在3年至5年，可以说是最短的经济周期。朱格拉周期又称投资周期，体现的是固定资产投资的周期性变动，平均长度在7年至11年。库兹涅茨周期又称房地产周期，反映的是建筑业或房地产的周期性经济活动，平均长度在15年至20年，也可长至30年。康德拉季耶夫周期在国内常被简称为"康波"，以生产力（科学技术）发展为驱动，长度达50年至70年，宏大的时间体系使得这一理论饱受争议。对汇率市场研究而言，我们认为把握基钦周期、朱格拉周期和库兹涅茨周期是比较有现实意义的，本书中我们暂不讨论"康波"。

由于美元指数篮子中权重最大的货币为欧元（1999年之前为德国马克），而德国又是欧元区绝对的核心经济体，比较美国与德国的经济周期对于判断美元指数是最为直接和有效的做法。对于基钦周期，我们以不变价库存变动/GDP来衡量；对于朱格拉周期，我们以不变价固定资本形成/GDP来衡量；对于库兹涅茨周期，理想的样本应是住宅空置率，但德国并无长周期数据，我们退而求其次，使用不变价的住宅价格同比；美国使用Shiller实际房价指数。

从三大周期的时间长度上，我们已经可以隐约发现似乎存在2倍的数量关系。理论上，一个朱格拉周期中嵌套两个基钦周期，一个库兹涅茨周期嵌套两个朱格拉周期，因而一个库兹涅茨周期可视为一轮大周期。从实证角度而言，这种经济周期2倍嵌套的关系确实存在。

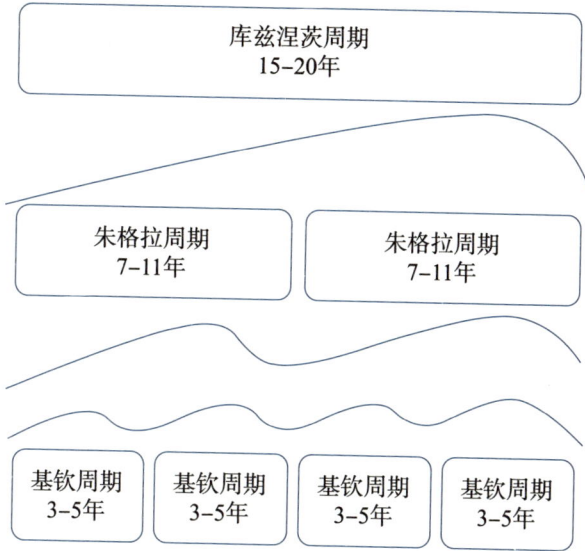

图3-24　经济周期嵌套示意图

资料来源：兴业研究。

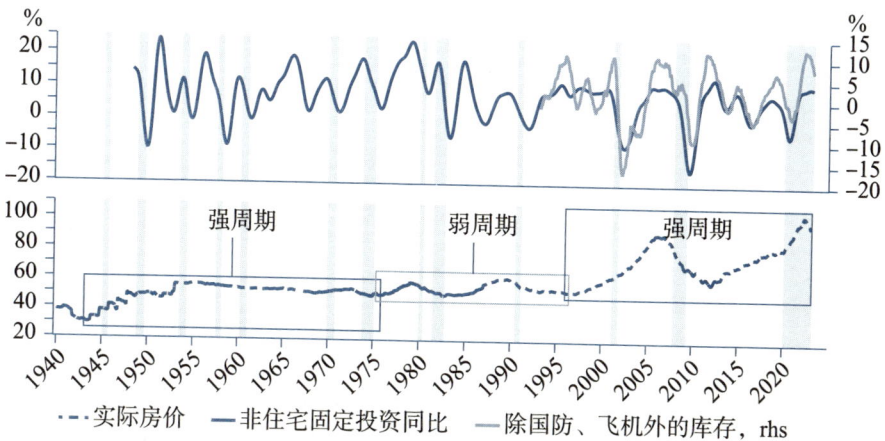

图3-25　美国经济周期

注：阴影为NBER衰退期。

资料来源：Macrobond，兴业研究。

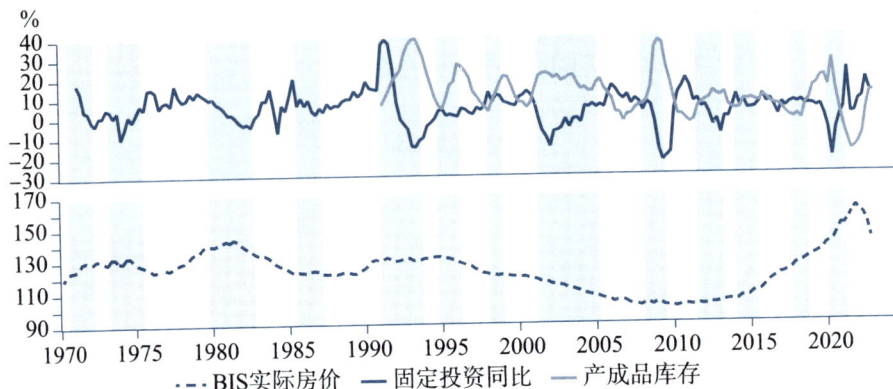

图 3-26　德国经济周期

注：阴影为 OECD 衰退期。

资料来源：Macrobond，兴业研究。

美元周期 vs 经济周期

当我们把美元周期与美国经济周期叠加，重新复盘过去的美元周期，我们对于美元趋势性行情便会产生新的认识。

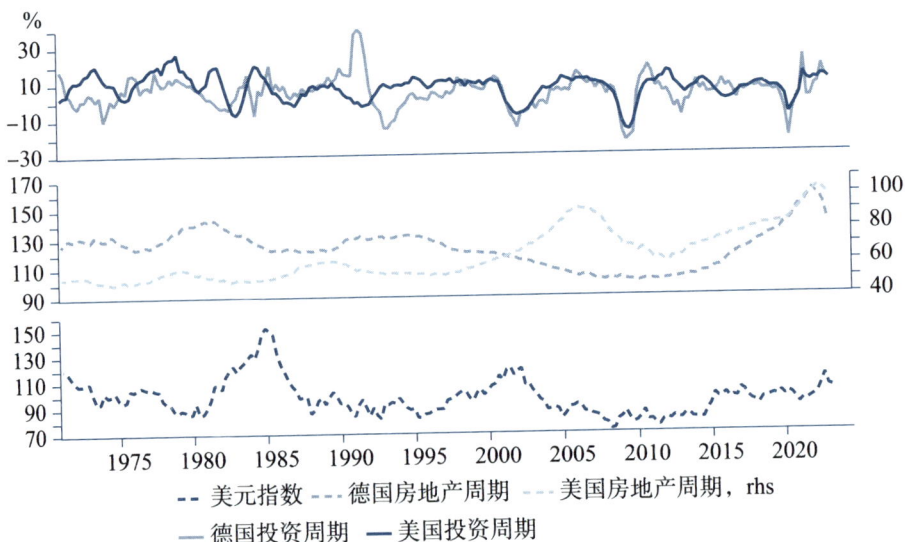

图 3-27　美元指数与美国、德国经济周期

资料来源：Macrobond，兴业研究。

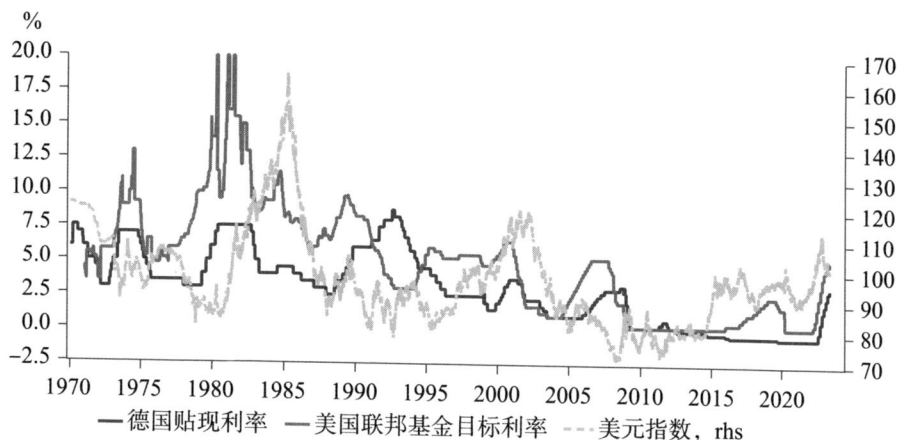

图3-28 美元指数与美国、德国政策利率

资料来源：Macrobond，兴业研究。

1971年至1980年的美元熊市较为特殊，这一阶段正值布雷顿森林体系崩溃，逐步建立新的国际货币体系的过渡时期，美元遭遇了前所未有的信用危机。此阶段美国和德国经济周期同步性较高，相应的货币政策也高度同步。在美国和德国经济、货币政策没有明显分化的情况下，美元指数走软与当时的美元体系危机直接相关，这在很大程度上解释了为何美国绝对利率水平更高，但美元指数依旧持续走弱。

在1980年至1985年的美元牛市中，美国和德国在经济周期、货币政策上均出现了明显分化。经济周期方面，美国进入了库兹涅茨周期中第二个朱格拉周期的上升期，而德国则处在库兹涅茨周期和朱格拉周期的共振下行期。经济周期的分化直接导致了货币政策的巨大差异，这一时期美联储联邦基金利率波动很大，但大部分时间维持在10%以上的高水平，而德国央行则大幅降息近5%。

1985年至1995年，美元指数进入漫长熊市。这一时期的经济周期背景是：1993年之前，美国进入库兹涅茨周期和朱格拉周期共振下行期，德国则处于库兹涅茨周期和朱格拉周期的共振上行期；美联储在前期加息后大幅降息，而德国央行稳步加息。虽然在1991年之前德国政策利率持续低于美联储，但经济周期的分化依旧使得美元指数趋势性下跌。1993年后，美国朱格拉周期出现触底反弹，1994年美联储开启加息周期；而德国朱格拉周期下行，德国央行开启降息。这一阶段德国央行政策利率高于美联储，压制美元指数弱势震荡，但经济周期和货币政策的分化使得美元指数进入熊市尾声，难以再趋势性下跌。

1995年至2002年的美元牛市中，虽然美国和德国的朱格拉周期同步，但美国处于朱格拉周期和库兹涅茨周期共振上行的强势复苏，而德国的库兹涅茨周期式微。库兹涅茨周期的分化使得货币政策的大趋势出现差异，美联储在这一时期仍是以加息为主，而德国央行仍处于降息的大周期，且美联储绝对利率水平持续高于德国央行。值得一提的是，2001年美元指数花了较长时间周期性筑顶，并未出现1985年的急速反转，一个重要原因是2000年后美国和德国经济周期同步下行，政策利率也同步下调，直到2001年下半年后欧央行政策利率水平明显高于美联储后，美元指数才进入趋势性熊市。

2002年至2011年美元熊市的前期（2005年之前），美国从第一个朱格拉周期的衰退中复苏，进入第二个朱格拉周期；而德国自朱格拉周期和库兹涅茨周期的共振下行中复苏，开始酝酿新一轮的库兹涅茨周期，但德国的复苏步伐略慢于美国。在经济周期分化不明显的情况下，美元走熊更多是因为欧央行绝对利率水平高于美联储。在2006年后，经济周期分化开始变得显著，美国进入了第二个朱格拉周期和库兹涅茨周期的共振下行期，并最终演变为严重的"次贷危机"，同时期的德国开启了新一轮库兹涅茨周期。这一时期欧央行利率水平不及美联储，但欧央行持续加息，而美联储加息逐渐停滞后开始降息。2008年后，美国衰退的冲击蔓延至德国，但欧央行利率水平高于美联储，保证了在德国朱格拉周期下行后继续压制美元指数低位震荡。

2011年至2017年美元再度进入牛市，这一时期的经济周期分化比较明显，美国进入了新一轮库兹涅茨和朱格拉周期的共振上行期，而德国在2011年受到欧债危机拖累，直到2015年末朱格拉周期才出现触底反弹迹象。货币政策方面，欧央行在2011年后逐步加码宽松，而美联储则在2014年后开始步入货币政策正常化。

综合上述历史复盘，我们可以得出两个结论：（1）当美国与德国经济周期出现明显分化时，美国经济周期的相对强势或弱势将分别导致美元指数的牛市或熊市，政策利率波动的影响居于次要位置。典型的是1980年至1985年的牛市、1985年至1990年的熊市。（2）当美国与德国经济周期较为同步或分化不明显时，美联储与欧央行政策利率的相对水平主导了美元指数趋势。此种情况下，当美联储绝对利率水平更高时，美元指数通常处于牛市，反之则进入熊市，典型的是1992年至1995年的熊市、1995年至2002年的牛市和2002年至2005年的熊市。

弱　　经济动能　　强

	美元指数	美国			德国		
		经济周期		货币政策	经济周期		货币政策
		朱格拉周期	库兹涅茨周期		朱格拉周期	库兹涅茨周期	
1971—1980	熊市	上行=>下行=>上行	下行=>上行	加息=>降息=>加息	上行=>下行=>上行	下行=>上行	加息=>降息=>加息
1981—1985	牛市	下行=>上行	下行	加息=>降息=>加息	下行	下行	降息
1985—1995	熊市	下行=>上行	下行=>上行	加息=>降息	上行=>下行	上行=>下行	加息=>降息
1995—2002	牛市	上行=>下行	上行=>下行	加息=>降息=>加息	上行=>下行	下行	降息=>加息
2002—2011	熊市	上行=>下行	下行	降息=>加息=>降息	上行=>下行	上行	降息=>加息=>降息
2011—2020	牛市	上行=>下行	上行	加息=>缩表=>降息	下行=>上行	上行	降息=>QE=>缩减Q

图3-29　美元指数与美德经济周期、货币政策总结

资料来源：兴业研究。

周期推演

未来经济周期将如何影响欧美货币政策，是否支持美元进入新一轮熊市？我们尝试进行推演。

2020年新冠疫情引发全球经济衰退，也标志着美国和德国的上一个朱格拉周期终结，自此进入新一轮周期。一轮朱格拉周期内嵌2-3个基钦周期，在基钦周期下行期通常出现经济放缓或轻度经济衰退。以2020年第二季度为复苏起点，2023年将进入基钦周期下半场、朱格拉周期中段，美国、德国的经济衰退风险加剧。不过更大的风险可能在2025年至2027年之间，届时美国始于20世纪90年代中期的房地产强周期将终结，库兹涅茨、朱格拉、基钦三周期共振下行，衰退强度或不亚于次贷危机。

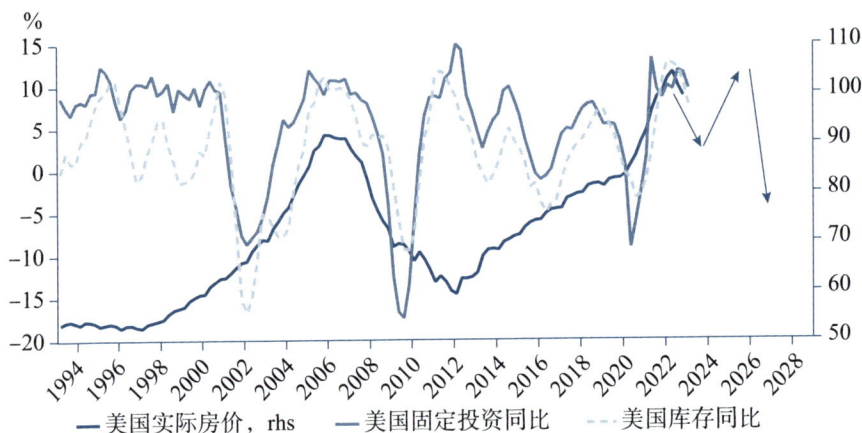

图3-30　美国经济周期推演

注：黑色箭头为未来周期的推演方向，非预测值。

资料来源：Macrobond，兴业研究。

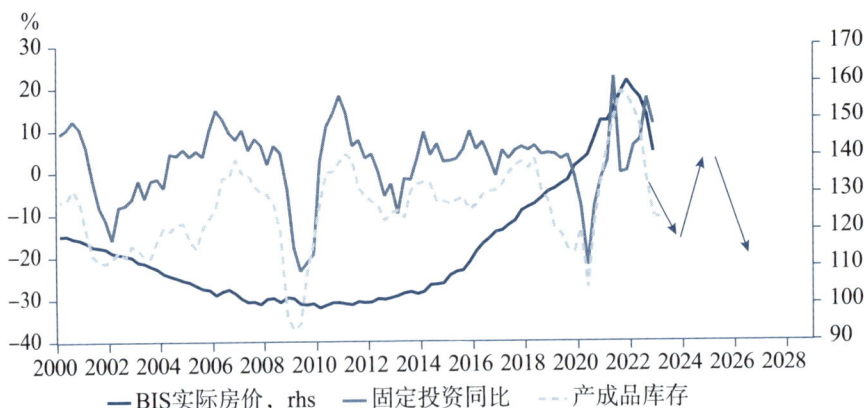

图3-31　德国经济周期推演

注：黑色箭头为未来周期的推演方向，非预测值。

资料来源：Macrobond，兴业研究。

货币政策的调整主要参考的是基钦周期和朱格拉周期。按照上文的经济周期推演，2023 年美国经济压力加大，但和以往周期不同的是美国可能持续面临较大的通胀压力，即滞胀环境。若发生此种情况，美联储货币政策进退两难，将考验美联储政策信誉度。不排除美联储调整政策目标的可能，即接受更高的中期通胀水平。若作出政策妥协，势必对全球金融体系产生巨大冲击。

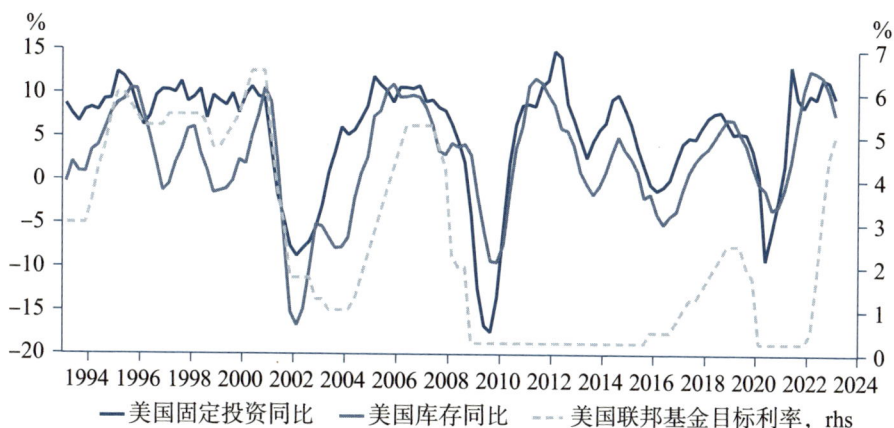

图 3-32　美国经济周期与货币政策

资料来源：Macrobond，兴业研究。

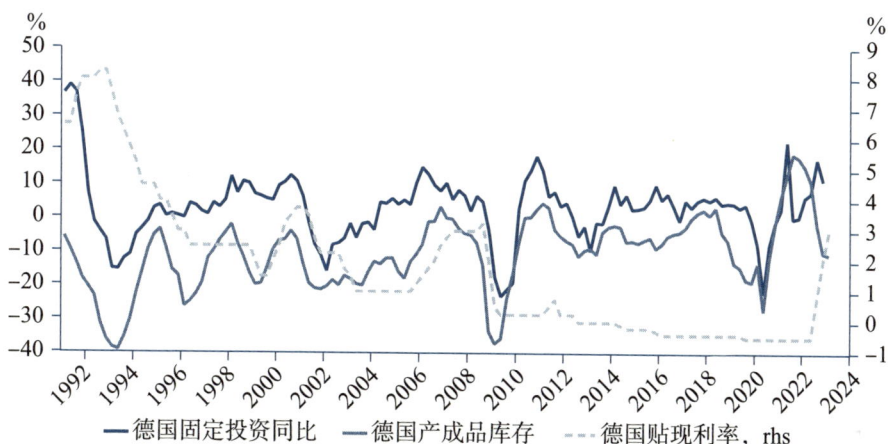

图 3-33　德国经济周期与货币政策

资料来源：Macrobond，兴业研究。

3.4　美元分析框架：孪生赤字

孪生赤字（twin deficit）的概念由经济学家费尔德斯坦（Martin Feldstein）提出，阐述了财政赤字、经常账户、美元汇率之间的关系。孪生赤字学说产生的背景是美国的财政赤字与经常账户逆差共存，而美元指数持续升值。今天看来，孪生赤字对于研究美元汇率仍有重要指导意义。

孪生赤字与美元指数

"孪生赤字"由国民收入等式推导而来，阐明了私人部门储蓄与投资、政府收支、经常账户余额三者间的关系：

$$GDP = 消费 + 投资 + 政府支出 + 净出口$$

同时，　　　　　　　$$GDP = 消费 + 储蓄 + 税收$$

进而推导出：净出口 =（储蓄 - 投资）+（税收 - 政府支出）

本章节中我们以美国的"经常账户赤字率"（ - 经常账户余额/GDP）、"财政赤字率"（ - 财政收支余额/GDP）、"私人投资/私人储蓄（后文称为投资倾向）"来刻画三者的关系。私人投资/私人储蓄代表私人部门的投资倾向，数值越大越倾向于投资，反之则倾向于储蓄。财政赤字率代表政府投资倾向，数值越大投资倾向越强。

从实际数据看，美国经常账户赤字率与财政赤字率存在一定负相关。同时，私人部门投资倾向与财政赤字率之间有着很强的负相关性，这表明政府投资对于私人投资有着明显的"挤出效应（Crowding-Out Effect）"。当财政赤字率好转甚至盈余时，往往伴随着经济好转，私人部门投资意愿增强。经济好转叠加利率上行背景下，国际收支项下金融账户余额（资金净流入）增加。因为金融账户与经常账户互为映射关系，资金净流入增加便对应着经常项目赤字扩大。

以过去两轮美元指数周期为参考，在美元指数升值周期中，美国的经常账户赤字在美元大幅升值约2年后会明显恶化。而在美元指数进入贬值周期后，经常账户赤字修复滞后美元贬值3年至5年，呈现出经济学中典型的J-Curve现象，即在本币贬值初期经常账户赤字加速恶化，在后期逐渐修复。

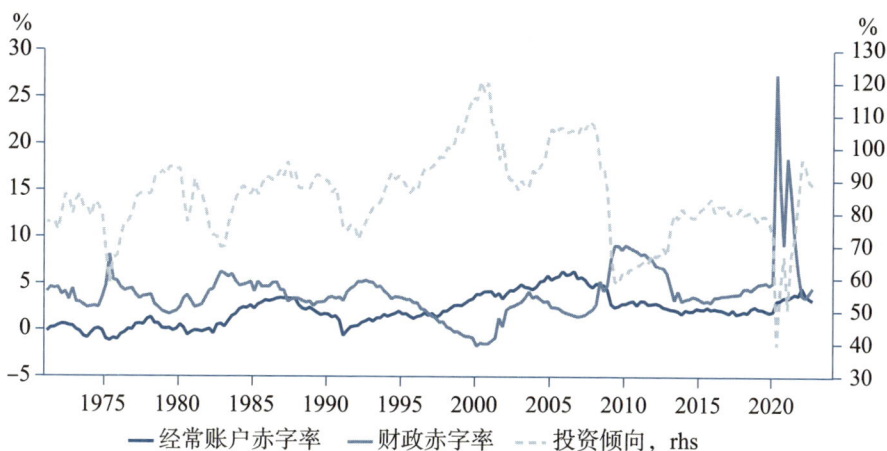

图 3-34 美国孪生赤字

资料来源：Macrobond，兴业研究。

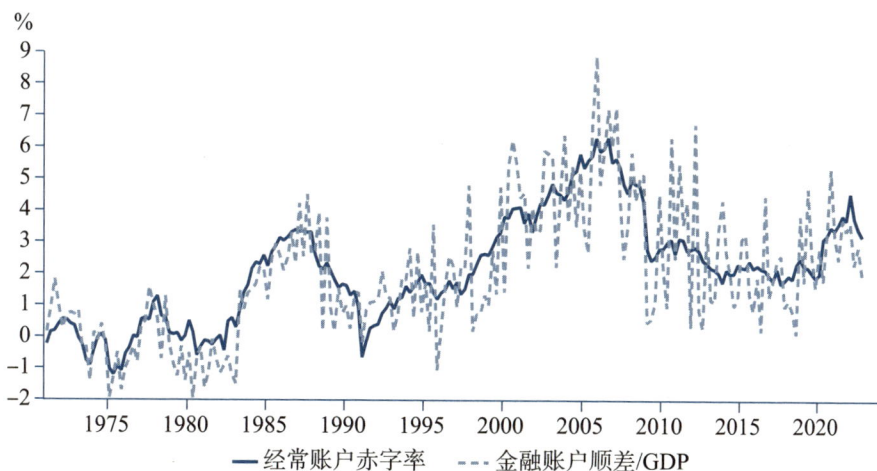

图 3-35 美国经常账户与金融账户

资料来源：Macrobond，兴业研究。

美元进入升值周期后，经常账户赤字恶化对应的是国际资本流入，进一步强化了美元升值预期。而在美元进入贬值周期后，经常项目赤字的逐渐修复意味着国际资本逐渐流出，进一步强化美元贬值预期。

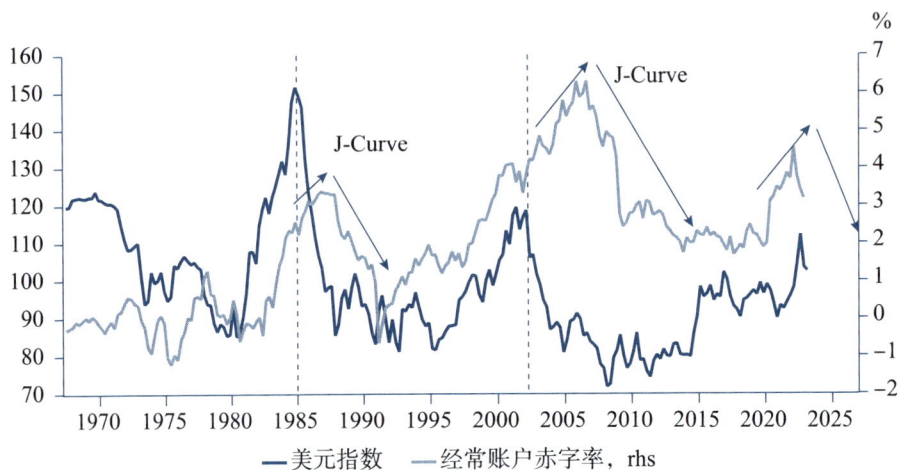

图3-36　美元指数与美国经常项目赤字率

资料来源：Macrobond，兴业研究。

费尔德斯坦认为巨额财政赤字是经常账户恶化、美元大幅升值的决定性因素。因为财政赤字恶化带来通胀压力，货币当局为了防止通胀而保持货币政策紧缩，叠加"挤出效应"后利率大幅走高，吸引资金流入，导致经常账户赤字扩大和美元升值。然而现实中多数情况下因为扩张的财政政策往往出现在经济下行时期，配套的货币政策通常是宽松的，导致国际资金流出，美元贬值。

事实上，20世纪80年代以来财政赤字扩大与货币政策紧缩并存的时期并不多，因而这一理论仅在一些特定时期比较显著，例如20世纪80年代前期和2015年至2017年等。不过2015年至2017年的政策、经济环境和20世纪80年代又有较大差异。20世纪80年代的财政扩张是为了刺激经济增长，但同时又面临恶性通胀压力，不得不紧缩货币政策。2015年至2017年的财政扩张并非因为经济衰退，通胀回升也较为温和，因而货币政策收紧并不剧烈。另外，量化宽松的出现已经使得货币政策今非昔比。倘若仅就财政政策而言，财政赤字率恶化会在中长期给予美元指数贬值压力，财政赤字修复（盈余）则会给予美元中期升值动力。

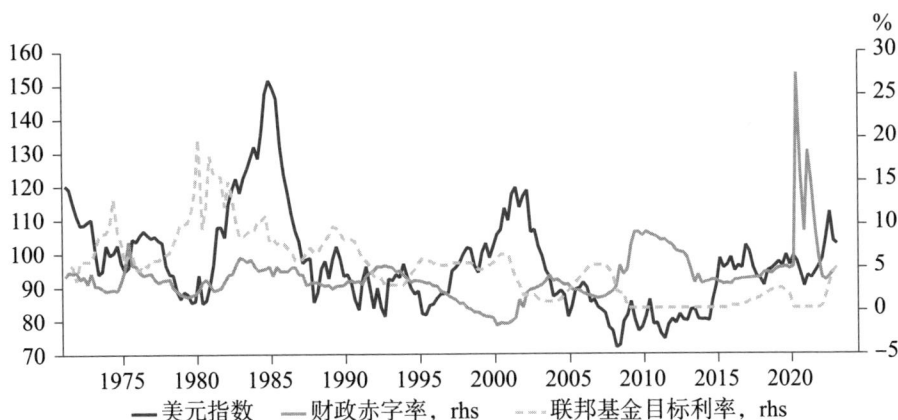

图3-37　美元指数与美国财政赤字率、联邦基金利率

资料来源：Macrobond，兴业研究。

值得注意的是，无论是经常账户赤字率还是财政赤字率，其拐点与美元指数周期的拐点均存在错位。孪生赤字的拐点较长时间地领先于美元指数周期的拐点。通过将孪生赤字按一定权重合成，可以发现合成后的指数领先美元指数约8个季度，当前指标显示至2024年上半年，美元指数仍将处于强势。美元指数周期转向为何滞后于孪生赤字？什么是美元指数周期性转向的触发因素？我们还需要更多维度审视。

表3-3　孪生赤字拐点领先美元指数周期拐点

美元指数		经常账户赤字率			财政赤字率		
拐点时间	走向	拐点时间	走向	领先美元指数拐点	拐点时间	走向	领先美元指数拐点
1980Q1	走牛	1977Q2	好转	约3年	NA	NA	NA
1984Q3	走熊	1980Q2	恶化	约4年	1981Q3	恶化	约3年
1994Q3	走牛	1987Q2	好转	约7年	1992Q4	好转	约2年
2001Q2	走熊	1991Q2、1997Q1	恶化	约10年、4年	2000Q1	恶化	约1年
2011Q1	走牛	2006Q2	好转	约5年	2009Q2	好转	约2年
2017Q1	走熊	2014Q1	恶化	约3年	2015Q4	恶化	约2年

资料来源：Macrobond，兴业研究。

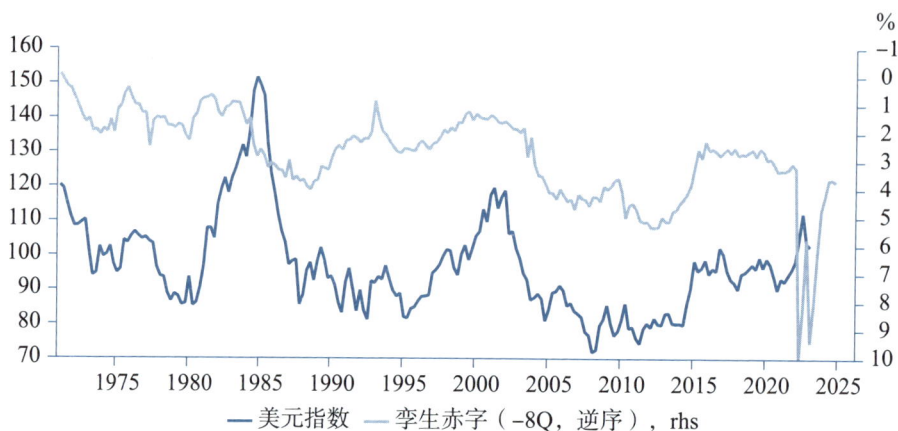

图3-38　美元指数与孪生赤字合成指标

资料来源：Macrobond，兴业研究。

孪生赤字与货币政策

仅从孪生赤字的视角不足以解释美元指数的周期性运动，尤其在美元熊市周期中会出现阶段性的经常账户赤字和财政赤字好转，这为何不能引导美元指数下跌趋势的反转，而仅能触发一年左右的反弹波段？如果从货币政策的视角审视将会有更逻辑一致的答案。

如前文所述，美国与非美经济体货币政策分化是引发美元周期性波动的重要原因之一。由于美元指数篮子中权重最大的货币是欧元（过去是德国马克），因而美国与欧元区（过去的德国）之间的货币政策走向很大程度上决定了美元指数的运动趋势。

为了更好地刻画美国与德国货币政策的变化，我们以两大央行当期政策利率之差加上过去12个月的累积利率变动之差代表货币政策的差异。但需要注意的是，由于次贷危机后各国推出了量化宽松政策，因而退出量化宽松也是货币政策紧缩，但这种紧缩无法直接反映在政策利率的变化上。

美联储相对欧央行（德国央行）的货币政策持续性相对更紧缩，是美元指数牛市周期的重要保证，反之则美元指数进入熊市周期。在熊市周期中出现的反弹波段是美联储短期内相对更加紧缩的结果，但持续时间不足以支撑美元指数完成趋势反转。

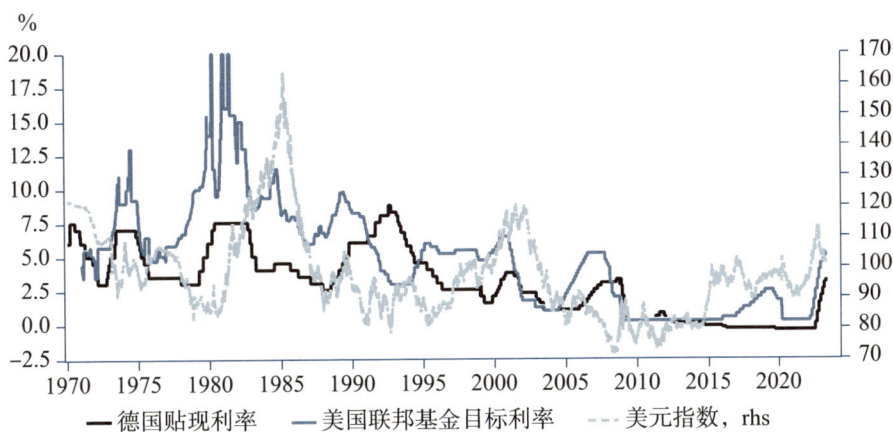

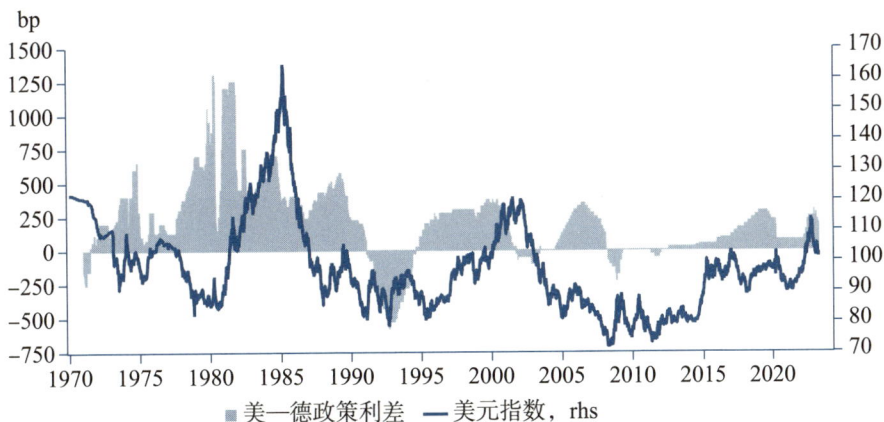

图3-39　美元指数与美德政策利率

资料来源：Macrobond，兴业研究。

孪生赤字、货币政策与汇率三位一体

将美德货币政策差异与孪生赤字结合，可以总结出"三位一体"的框架下美元指数的运行规律。

根据上文孪生赤字公式：净出口＝（储蓄－投资）＋（税收－政府支出）

我们可以进一步推导出：投资－储蓄＝（税收－政府支出）－净出口

依然用美国的经常账户赤字率、财政赤字率、投资倾向来刻画三者的关系。从等式可知，投资倾向是孪生赤字共同作用的结果，财政赤字恶化或净出口增加均会遏制投资倾向，反之则增强投资倾向。投资倾向增强会给予利率上行动力，反之则给予利率下行压力。因而孪生赤字最终会对利率产生影响。至此，我们便可以将孪生赤字与货币政策结合起来。

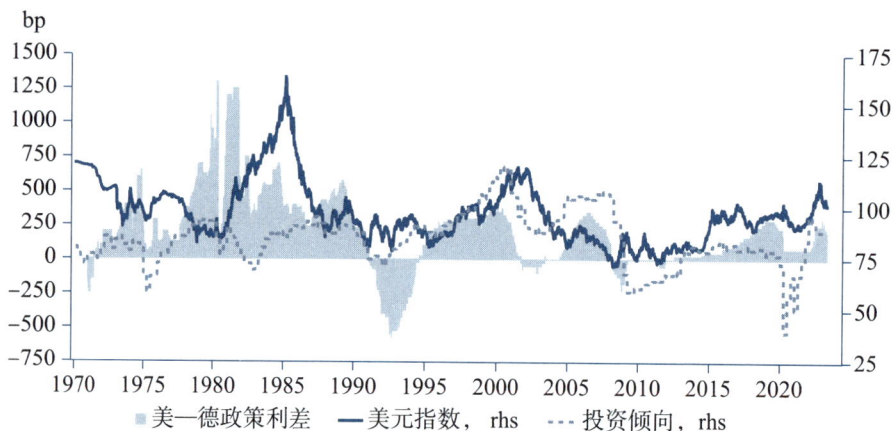

图3-40　美元指数与美德政策利率差异、投资倾向

资料来源：Macrobond，兴业研究。

我们可以发现美元指数牛市的延续通常伴随着美国货币政策相对更加紧缩，同时投资倾向增高。投资倾向增高本就会推升利率，叠加货币政策紧缩，效应被放大，形成美元升值的正反馈，形成美元牛市。而美元牛市的拐点出现则伴随着美国货币政策相对宽松，同时投资倾向降低，利率走低，美元升值趋势逐渐被扭转。这一情况的延续便会引发美元进入熊市周期。熊市周期中的反弹是因短期内美国货币政策相对紧缩和投资倾向提高，但是持续时间不足以扭转趋势，当货币政策紧缩程度和投资倾向再次下降时，美元指数再度进入下跌趋势。美元熊市的反转则需要美国货币政策相对持续紧缩和投资倾向持续提高。整体而言，货币政策起着主导性的作用，投资倾向则起着强化或削弱货币政策的作用。

表3-4　美元指数周期情景

		前期			中后期			反转	
美元牛市		1979-1982	1994-1998	2011-2014	1982-1985	1998-2001	2014-至今	1985	2001
	货币政策相对紧缩程度	▲	▲	▲	▲	▲	▲	▼	▼
	投资倾向	▼	▲	▲	▲	▲	▲	▲	▼
		初次探底		反弹		二次探底、震荡		反转	
美元熊市		1985-1987	2001-2004	1987-1988	2005-2006	1988-1994	2006-2011	1994	2011
	货币政策相对紧缩程度	▼	▼	▲	▲	▼	▼	▲	▲
	投资倾向	先▲后▼	先▼后▲	▲	▲	先▼后▲	先▼后▲	▲	▲

注：▲表示美国货币政策相对更加紧缩，或美国投资倾向增高；▼则相反。
资料来源：Macrobond，兴业研究。

3.5　欧元分析框架：利差视角

利差是分析汇率走势的重要参考。作为在超主权经济体中流通的货币，欧元除了受德国与美国的利差影响之外，意大利等高债务国与德国的利差、体现德美经济周期的期限利差等也是欧元汇率的重要扰动项。我们首先定量分析各类利差对欧元汇率的影响程度，在此基础上搭建欧元汇率的利差分析框架。

欧元与利差的相关性探究

德美利差

德美利差是欧元兑美元最直接也是最主要的影响变量。直观来看，2000年以来，两者在大多时候都保持正相关，且2年期利差的相关程度普遍大于10年期利差。

进一步，我们以货币政策对汇率影响的传导方式为依据，分成四个阶段探索德美利差与欧元兑美元的相关性。第一阶段为2004年8月至2008年10

月，即次贷危机前期。其间，欧美央行均采用传统货币政策手段（利率工具箱）调控本区域金融环境。第二阶段为2008年11月至2015年2月。此阶段当政策利率触及底部区间而不能被进一步下调时，美联储于2008年11月启用量化宽松（QE）加强市场流动性供给以应对金融危机。第三阶段为2015年3月至2020年2月。该阶段的起始时间为欧央行推出首个大规模的非传统货币工具——资产购买计划（APP）的时点。次贷危机和欧债危机的连续打击下，APP的推出旨在修复低迷的增长与通胀水平。与此同时，美联储在追求货币政策的正常化，欧美央行货币政策的分歧在此阶段日益扩大。第四阶段为2020年3月至今，即后疫情时代。其间，欧美央行先后都祭出了比以往更大规模的债券购买计划，以及2000年之后史无前例的强劲紧缩时间表，欧美货币政策差异有所收敛。

在四个时段之内，我们均使用了2年期和10年期德美利差经标准化后的月度数据作为解释变量对同频率的欧元兑美元进行回归（无特别说明，后续均采用标准化后的月度数据）。结果显示，四个阶段中德美利差对欧元兑美元的解释力度均超过40%，最高接近80%。可见，德美利差确实解释了短期欧元兑美元汇率变动的大部分原因。此外，2年期利差系数大于10年期利差系数，同时在不同时期都有显著影响。这个结果说明短期汇率波动受短端利差影响更大，与直观感受一致。值得注意的是，R^2在央行首次引入非传统货币工具后急剧下降，且10年期利差系数在第二个阶段开始显著，这说明货币政策影响汇率的渠道因非传统工具的加入而发生了改变，欧元汇率的短期变化反映了部分长端利差包含的信息以及其他扰动项。

PIIGS国债与德债利差

欧元区成立之初，各成员国国债被投资者视为一个整体。因而包括PIIGS在内的各国与核心德国的国债利率走势高度一致，其间利差保持在0值附近，对汇率变动而言并无贡献。然而，2008年金融危机的到来使得各国经济实力"原形毕露"，部分国家前期营造的假象被无情揭穿，其主权债务

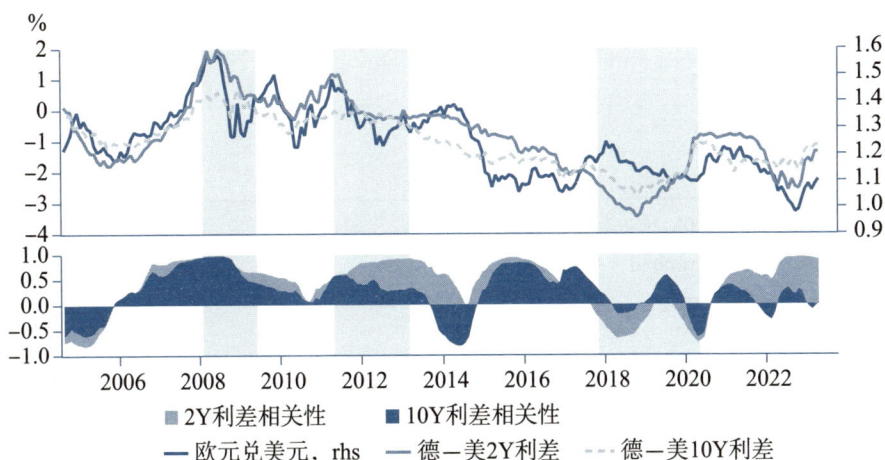

图3-41 德美利差、欧元兑美元及其间相关性

注：1.无特别说明时，数据频率为月度。2.相关性滚动窗口为24个月，下同。
资料来源：Macrobond，兴业研究。

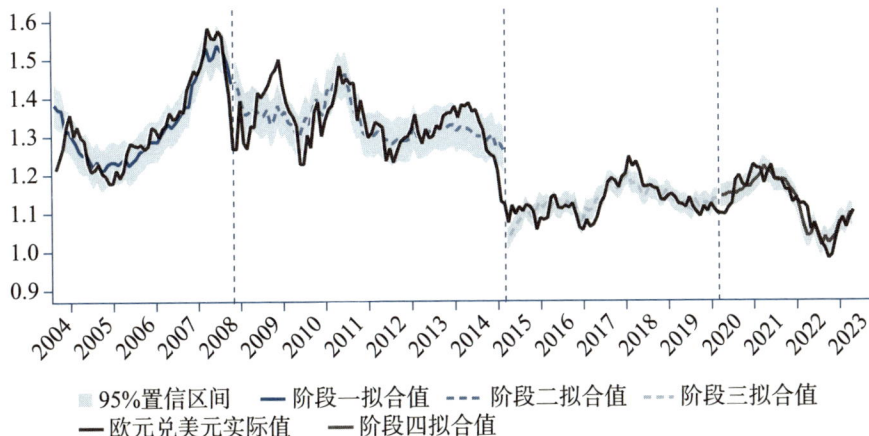

图3-42 德美利差与欧元兑美元回归结果

资料来源：Macrobond，兴业研究。

表3-5　德美利差与欧元兑美元回归模型参数

时段	2Y 德美利差系数	10Y 德美利差系数	R^2
2004/8–2008/10	0.07273	0.02709	0.78672
2008/11–2015/2	0.12557	−0.03721	0.44234
2015/3–2020/2	−0.12102	0.21305	0.61795
2020/3–2022/7	0.36715	−0.08027	0.68961

注：第一阶段 10Y 德美利差系数不显著。

资料来源：Macrobond，兴业研究。

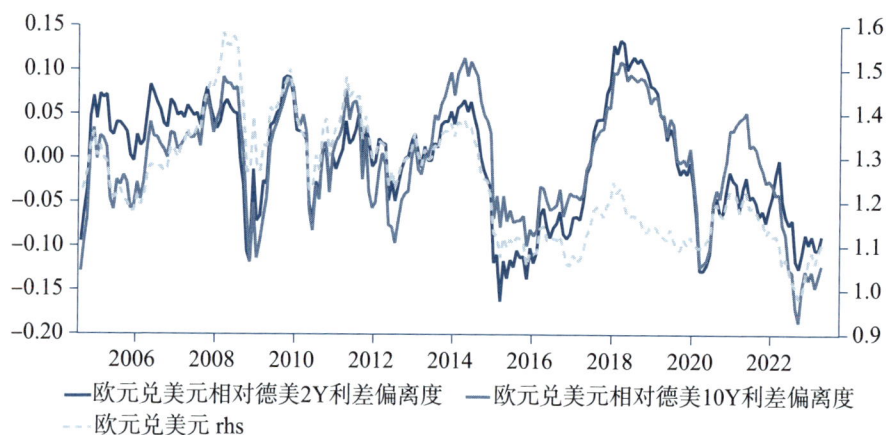

图3-43　欧元兑美元相对德美利差偏离度

资料来源：Macrobond，兴业研究。

开始被"区别对待"，信用风险溢价逐渐上升。由于欧元区财权分散，彼时尚没有统一主权担保的政府债券，此弊端在金融危机之后被放大，欧债危机接踵而至。以希腊为开端，意大利、西班牙、葡萄牙、爱尔兰的主权债务可持续性遭到质疑。自此PIIGS国债被列入欧元区高风险国债名单，单个主体的利率波动会在所有PIIGS国之间"传染"。而高风险经济体国债与德债间的利差被视为欧元区内部分化程度的衡量指标，对欧元造成负面影响。

　　为了选取此类别最具代表性的利差，我们分别以2008年后PIIGS各国与德国的10年期国债利差、按GDP加权的10年期PIIGS合成利率与同期限德债利率差值作为自变量，构建欧元兑美元汇率的回归模型。从回归结果的R^2来看，意大利与德国的国债利差的解释度最高。因而后续将以此为基础做进一步的分析。

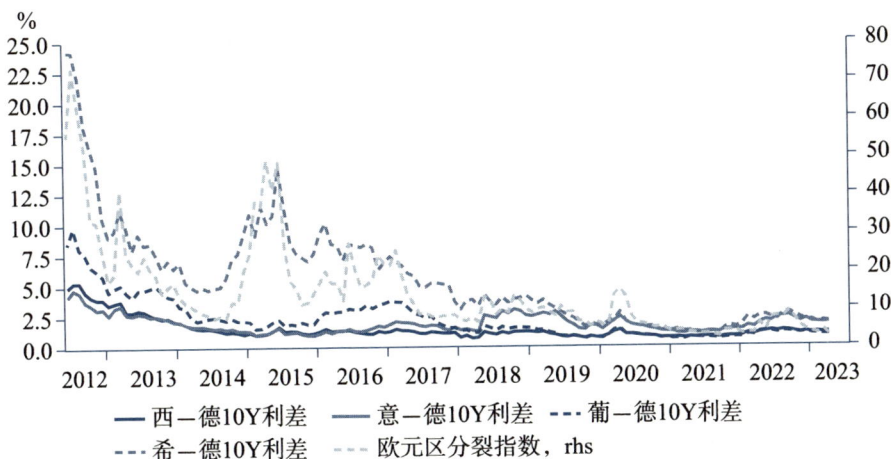

图3-44 PIIGS国债与德债利差与欧元区分裂指数

资料来源：Macrobond，兴业研究。

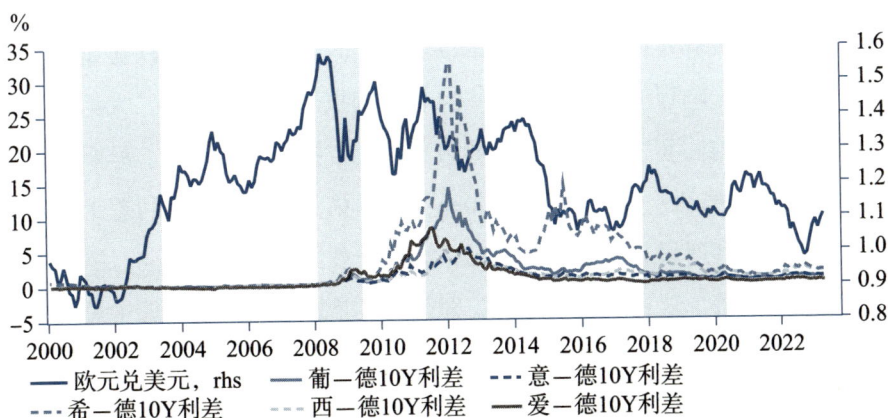

图3-45 PIIGS国债与德债利差、欧元兑美元

资料来源：Macrobond，兴业研究。

表3–6 PIIGS国债与德债利差解释度

10Y 利差	R^2
意大利 – 德国	0.35080
爱尔兰 – 德国	0.21565
葡萄牙 – 德国	0.05244
西班牙 – 德国	0.03039
希腊 – 德国	0.00686
PIIGS 加权 – 德国	0.10905

资料来源：Macrobond，兴业研究。

自2008年以来，意德利差基本上与欧元兑美元保持负相关，与前述理论一致。分期限来看，2年期利差的相关性普遍弱于10年期利差，这与德美利差的结论是相反的。因为其背后的原理并非传统货币政策传导，而是负面事件冲击造成未来不确定性增加，进而对长端利率的期限溢价因子产生影响。

进一步地，将意德利差、德美利差的相关性对比来看，可以发现意德利差在某些时段很好地补充了德美利差无法解释的部分。比较典型的例如，2018年至2019年一波三折的意大利政府换届、2022年1月意大利"救火"总理德拉吉欲放弃实权竞选总统等事件爆发期间，欧元兑美元跌势显然超出了德美利差的影响程度；2022年7月14日，因执政联盟中的第二大党派五星运动党反对参与法案投票，这直接导致了德拉吉提出辞职申请。辞职消息发布后10年期意德利差短线猛涨近200bp，欧元兑美元违背德美利差走阔趋势应声下跌。这些时段具有类似的特征，如高债务国面临政局扰动、欧元区全面性危机爆发等。这也从侧面说明，意德利差是影响欧元变动偏中短期的变量。值得注意的是，在危机解除之前，意德利差未进一步走阔但维持高位状态时也会对欧元汇率造成负面影响。

定量来看，以2018年至2019年意大利政局动荡期间（2018年3月至2019年8月）为例（因区间较短本实验数据频度为日度），仅用2年期德美利

差回归的 R^2 为0.04，但在加入10年期意德利差自变量之后，解释度大幅提升至0.72。此外，根据偏离度指标，欧元汇率与德美利差偏差增大和意德利差走阔存在一定对应关系，且待市场风险情绪缓和，偏离度大多情况下将跟随意德利差收窄而回归，该特征在近年来越发显著。

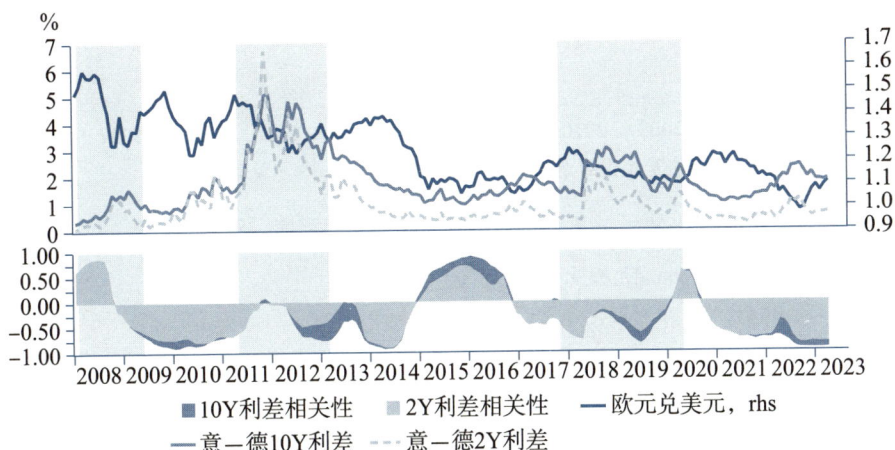

图3-46 意德利差、欧元兑美元及其间相关性

资料来源：Macrobond，兴业研究。

图3-47 意德利差、德美利差、欧元兑美元及其间相关性

注：为展示细节，本图采用日度数据。

资料来源：Macrobond，兴业研究。

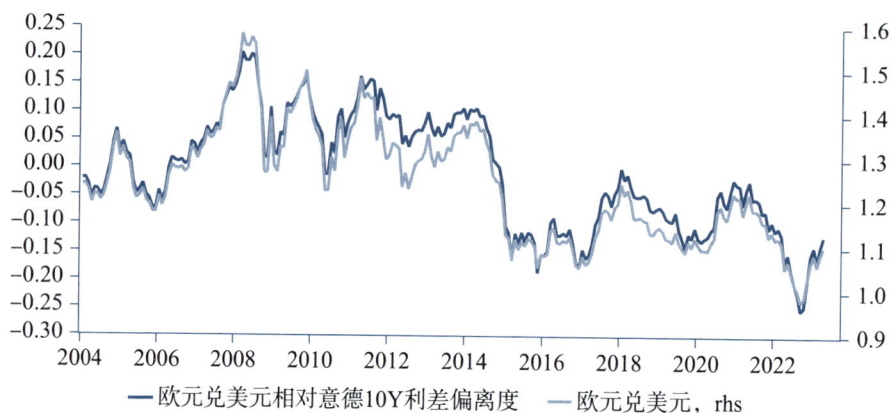

图3-48 欧元兑美元相对意德10Y利差偏离度、欧元兑美元

资料来源：Macrobond，兴业研究。

图3-49 欧元兑美元相对德美利差偏离度、意-德10Y利差

资料来源：Macrobond，兴业研究。

德美期限利差

利率的期限结构能够在一定程度上反映经济周期，对汇率变动构成中长期影响。以德美国债10年与3个月期限利差为例，该指标通常被用于衡量经济体衰退风险。然而，因国债期限利差对实际增速的预测程度因国别而异（德债10Y与3M期限利差较实际GDP同比领先近9个月，然而美债同期限利差领先于实际增速近一年），且期限利差本就存在衰退时期预测力强而繁荣时期预测力较弱的缺陷，所以不能简单地使用两国期限利差之差代表其基本面的差异。本章节将探究德美期限利差本身对欧元汇率的影响。

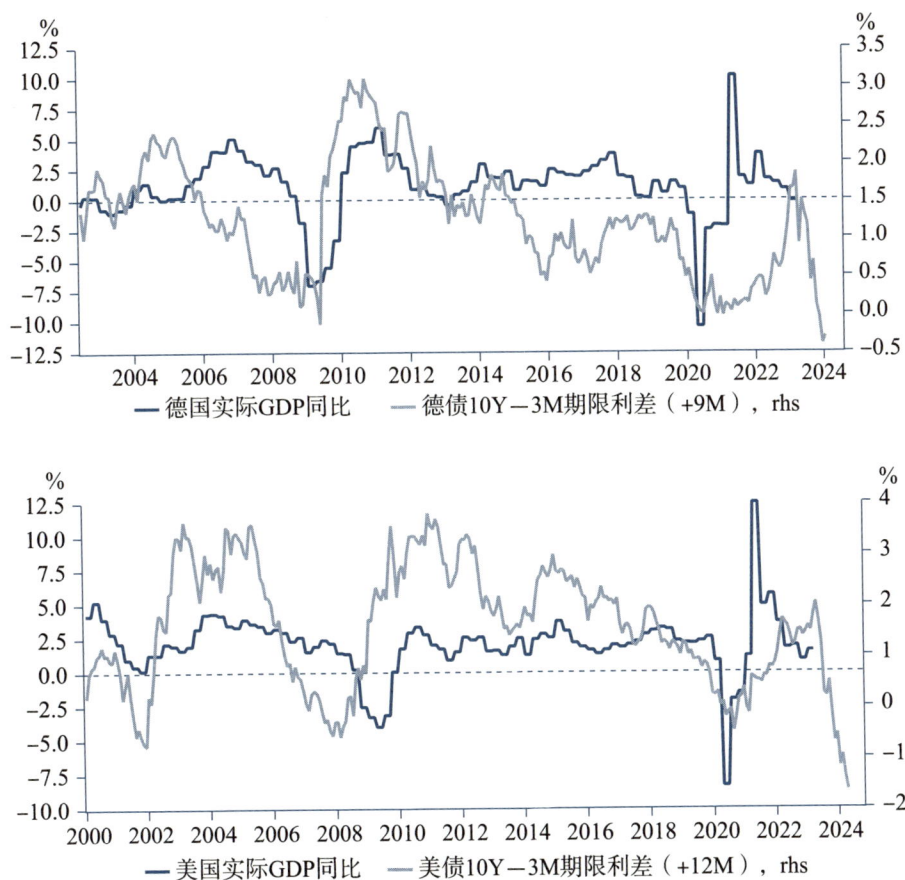

图3-50 德美实际GDP同比、国债10Y-3M期限利差

资料来源：Macrobond，兴业研究。

从相关性来看，以2008年金融危机为分界线，欧元兑美元在此前与德债期限利差相关程度较高，此后普遍与美债保持更高相关性；欧元区衰退期内，德美期限利差与欧元汇率的关联度较往常有所提升。

进一步地，我们分别在欧美衰退期及全部时段内使用德美10Y-3M期限利差作为自变量构造对欧元兑美元的回归模型以印证上述观点。从结果来看，美国衰退期内自变量系数的显著性占比仅为40%，相比之下欧元区衰退期内各变量系数的显著程度更高。与使用全时段数据的模型结果相比，衰退期内的回归结果拥有更高精确度，其中欧元区衰退期内模型的 R^2 都保持在50%以上。此外，欧元区衰退期内模型结果显示，2008年之前，德债期限利差系数维持显著；在2008年之后的衰退期中，美债期限利差系数体现出显著影响。以上定量结果与前述结论相呼应。

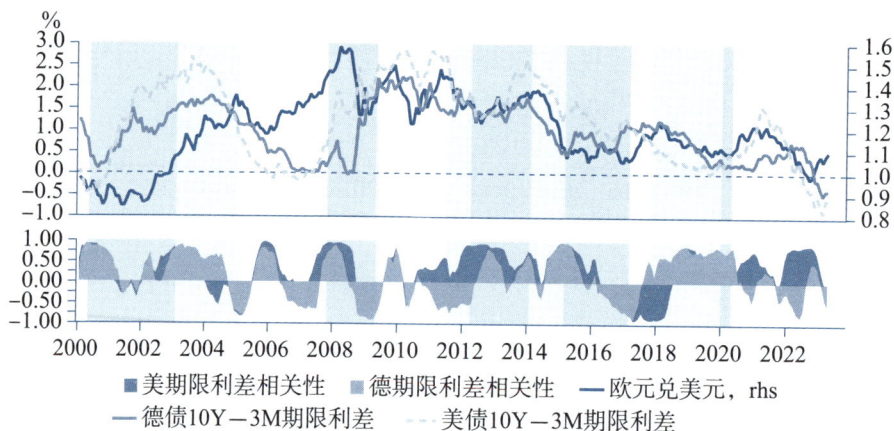

图3-51　德美期限利差、欧元兑美元及其间相关性

注：深色阴影为美国衰退期，浅色阴影为欧元区衰退期。

资料来源：Macrobond，兴业研究。

表3-7　欧元区衰退期内德美期限利差与欧元兑美元回归模型参数

时段	德债期限利差系数	美债期限利差系数	R^2
2001/2—2003/5	0.17273	0.02833	0.51104
2008/2—2009/5	−0.12684	−0.00315	0.62142
2011/5—2013/2	0.01294	0.14389	0.84828
2017/11—2020/4	0.08561	0.07571	0.85031
2001/2—2022/6	−0.0069	0.04605	0.05746

注：灰底色单元格代表对应系数不显著，下同。

资料来源：Macrobond，兴业研究。

表3-8　美国衰退期内德美期限利差与欧元兑美元回归模型参数

时段	德债期限利差系数	美债期限利差系数	R^2
2000/5–2003/1	0.07106	−0.00587	0.18122
2007/11–2009/4	−0.15169	−0.0089	0.76137
2012/4–2014/1	−0.0174	0.07203	0.61238
2015/3–2017/2	−0.06433	0.00717	0.22151
2020/1–2020/4	0.09897	−0.03406	0.98528

资料来源：Macrobond，兴业研究。

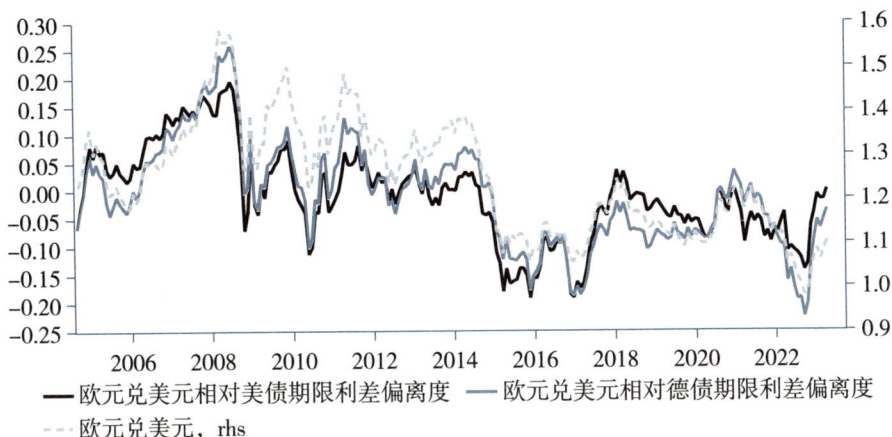

—— 欧元兑美元相对美债期限利差偏离度　—— 欧元兑美元相对德债期限利差偏离度
---- 欧元兑美元，rhs

图3-52　欧元兑美元相对德美期限利差偏离度、欧元兑美元

资料来源：Macrobond，兴业研究。

欧元的利差分析框架

综合以上分析，我们将影响欧元的利差因素分为两类——中长期变量及短期变量。中长期变量包括10年期德美利差、10年与3个月德债与美债期限利差，短期变量包括2年期和10年期德美利差、10年期意德利差。为了进一步印证此观点，我们分别利用中长、短期变量回归欧元兑美元经滤波分解后的趋势项及周期项。考虑到10年期意德利差影响起点的跛脚性，采用2008年后的月度数据集。结果显示，中长期变量能解释90%以上的趋势变动（R^2

为0.91031），但短期变量的解释力度仅为10%。

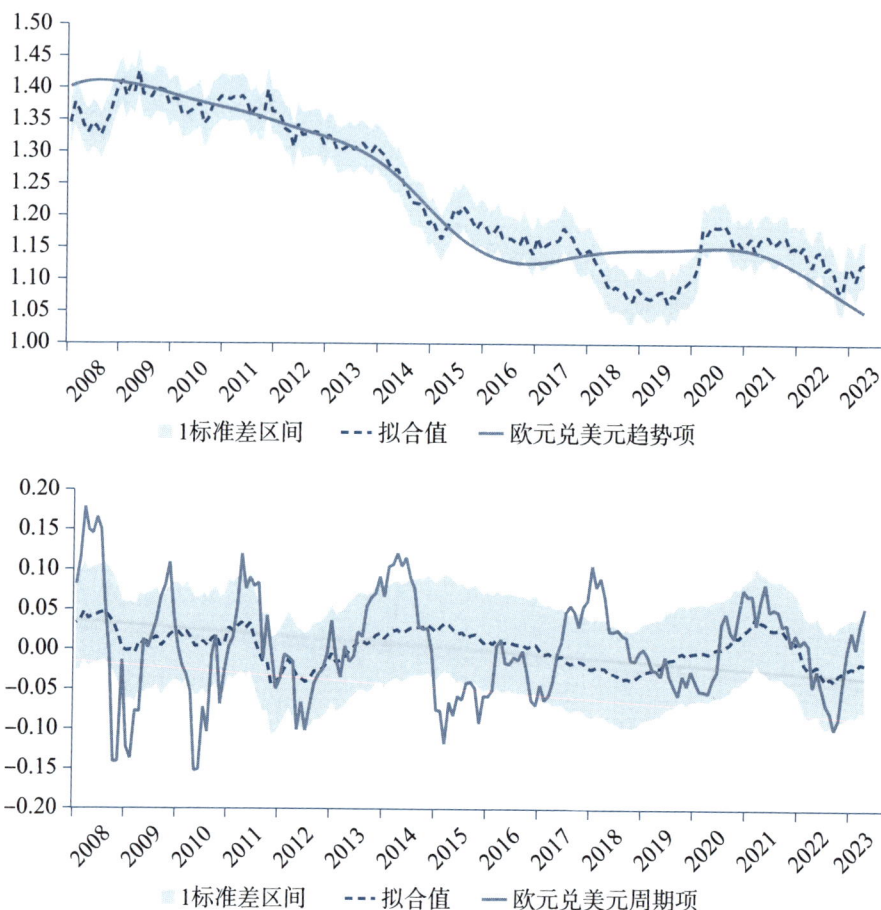

图3-53　中长期变量对欧元兑美元回归结果

资料来源：Macrobond，兴业研究。

根据周期项的回归结果图，我们对模型做出改进，将数据区间拉近至2020年至2022年6月，此时短期变量对欧元周期变动的R^2大幅提升至0.85。由此便得到了欧元利差分析的总体框架。

从利差分析框架来看，欧元短期内的波动主要还是受欧美货币政策及欧元区基本面风险影响。站在当前时点（2022年10月），欧元所处背景和2000年初期，即欧元上一轮跌破平价水平之际，存在一定相似性。

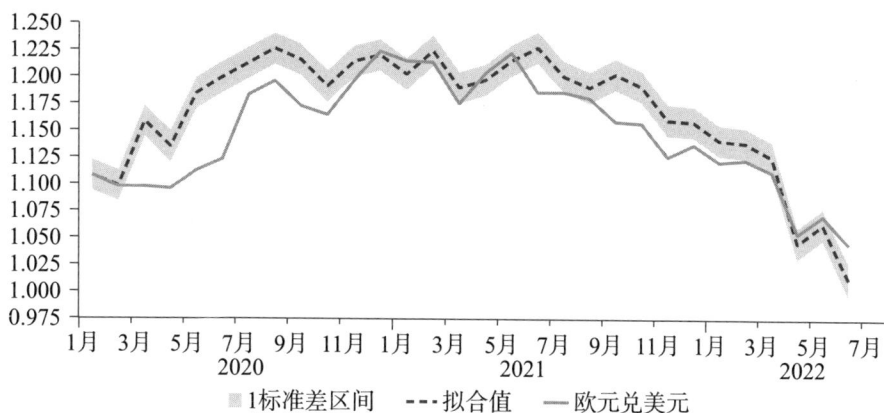

图3-54 趋势项和周期项回归结果加总

资料来源：Macrobond，兴业研究。

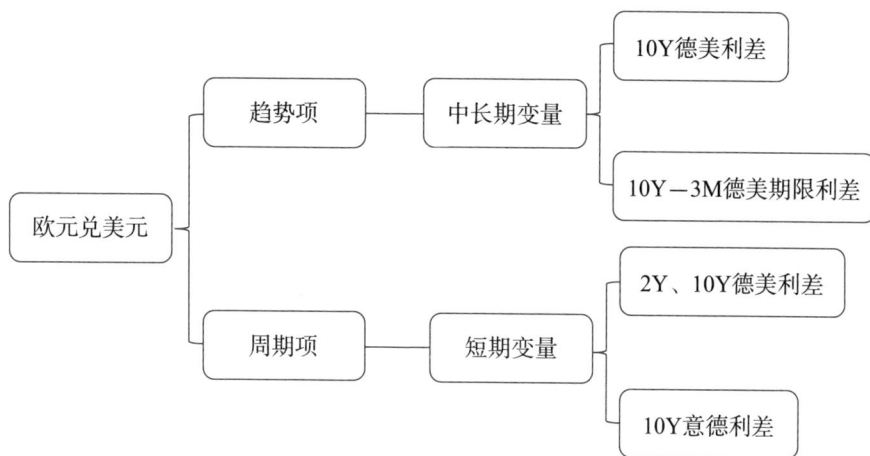

图3-55 欧元利差分析框架

资料来源：兴业研究。

1999年伊始，欧元区正式成立。同年，欧美央行先后进入紧缩周期，随之而来的是美国陷入衰退风险。2000年初欧元区成立时间尚短，欧元作为第一个在超主权国家市场中流通的货币遭到了市场的普遍质疑。当时市场聚焦于欧央行是会推行类似德国央行的"硬通货"政策还是如意大利央行的"软通货"政策，甚至认为欧元体系会重蹈已崩塌的固定汇率制度ERM的覆辙。

面对美联储紧缩压力以及市场对欧元可持续性的怀疑，欧元兑美元在21世纪初一度陷入平价水平下方。

对比来看，当前欧美货币政策和相对增长环境与1999年相似度较高。欧元区面临的基本面风险从制度本身转化为欧元区内部分裂。当前经济所处大背景已发生质的变化（高通胀环境），欧元的疲软状态并非完全复刻2000年初的情景。俄乌冲突的笼罩之下，欧元兑美元相对各类利差存在一定的低估。

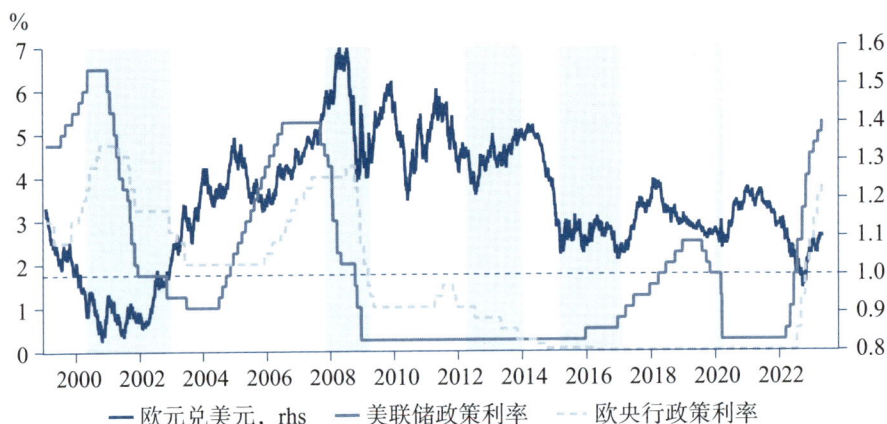

图3-56 欧美央行政策利率、欧元兑美元

注：图中阴影为美国衰退期。

资料来源：Macrobond，兴业研究。

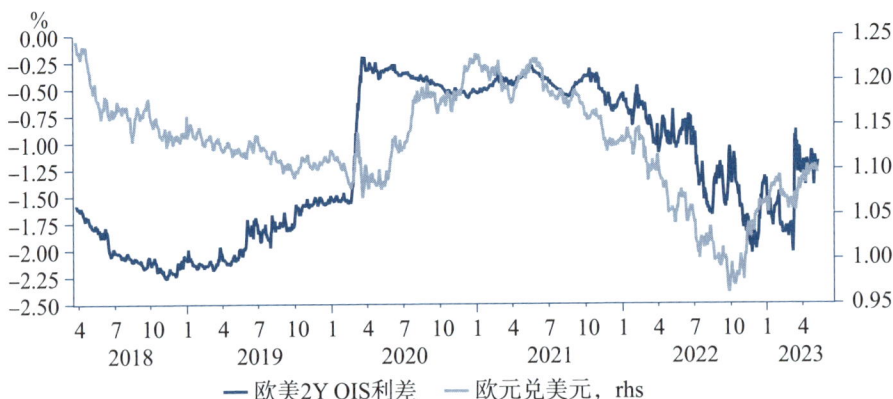

图3-57 欧元兑美元与欧美2Y OIS利差

资料来源：Macrobond，兴业研究。

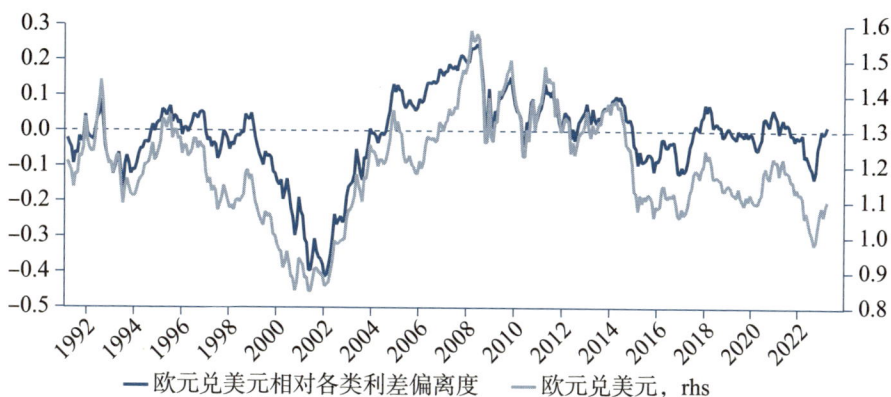

图3-58 欧元兑美元相对各类利差偏离度、欧元兑美元

资料来源：Macrobond，兴业研究。

3.6 日元分析框架：货币政策分化与避险

传统分析框架中，使用货币政策差、利率差对日元进行研判是奏效的。除此之外，日元特殊的融资属性——避险在日元的分析框架中占据重要地位。而日本央行独一无二的货币政策——"控制收益率曲线的QQE（量化和质化宽松）政策"，以及2013年安倍晋三入阁后启动并延续至今的"安倍三支箭"政策分别强化了利差和避险两个因素对日元趋势方向的驱动。

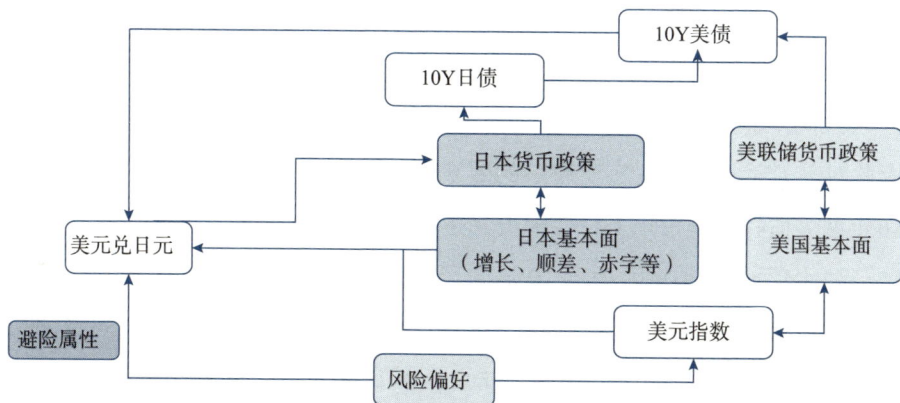

图3-59 日元汇率分析框架

资料来源：兴业研究。

传统利差分析与YCC政策的再结合

从宏观基本面的角度，双边汇率的走势往往体现了两个经济的基本面相对优势。我们发现，中长期视角下美日实际GDP的周期项之差同美元兑日元汇率息息相关。

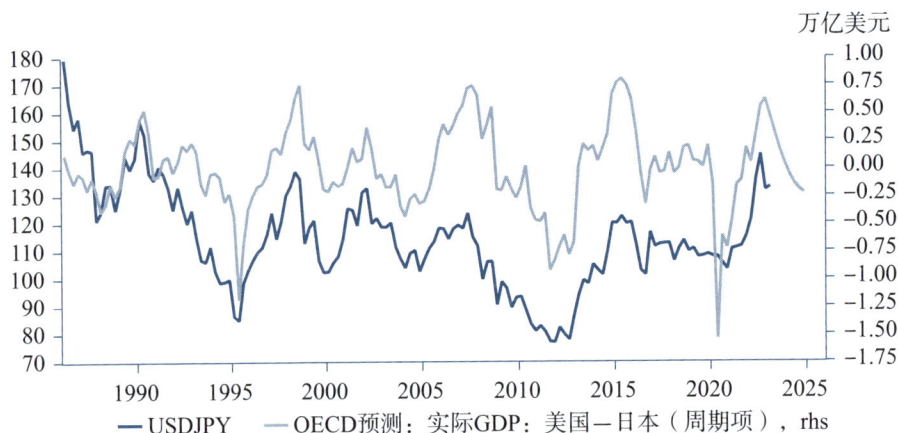

图3-60　美日实际GDP周期项差、美元兑日元

资料来源：Macrobond，兴业研究。

Carry trade（套息交易）交易下，资金追逐高收益率资产，因此传统的利差分析框架中，美债和日债的利差与美元兑日元呈正比例关系。但由于日本央行在2016年9月将YCC（Yield Curve Control，收益率曲线控制）加入到货币政策框架中。YCC的核心是控制10年期日本国债收益率在零附近，波动区间从最早的+/-0.1%扩大至当前的+/-0.25%（截至2023年3月底），因此对美元兑日元产生实质影响的因素变成了10年期美债收益率，2022年，10年期美债收益率大幅上行伴随美元指数升值情况下，日元显著贬值。

对比美元兑日元汇率与10年期美债收益率走势，2016年后，尤其是2021年以来二者的相关性较高；实际利差亦得到相似的结论。其间日元与美债发生背离的时刻——2017年11月至2018年3月、2019年1月至2019年4月、2019年12月至2020年4月、2020年8月至2021年1月，美元指数和海外证券投资主导了日元汇率的变动。日本投资者海外证券投资是日元避险属性的根源之一，当日本投资者增加海外外币投资时，相关购汇需求会导致日元当期贬值，而一旦风险来临，日本投资者抛售外币资产时，日元会呈现避险升值，这部分内容我们将在后文进行展开。

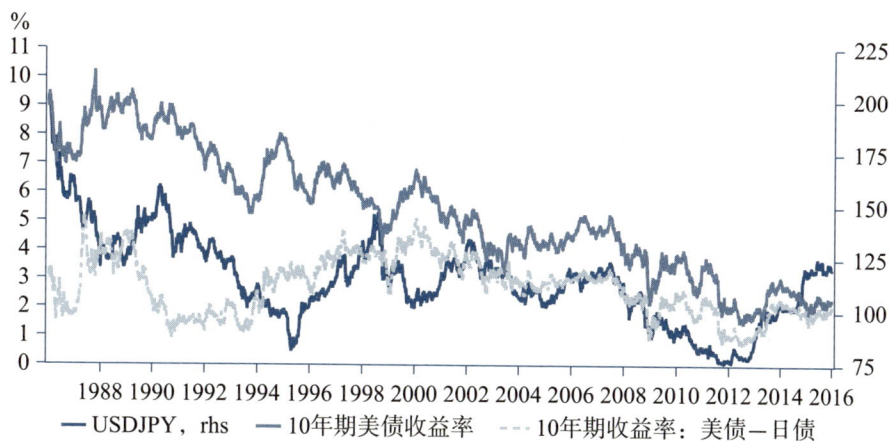

图3-61　10Y美日利差、10Y美债收益率、美元兑日元（2016年前）

资料来源：Macrobond，兴业研究。

图3-62　10Y美日利差、10Y美债收益率、美元兑日元（2016年后）

资料来源：Macrobond，兴业研究。

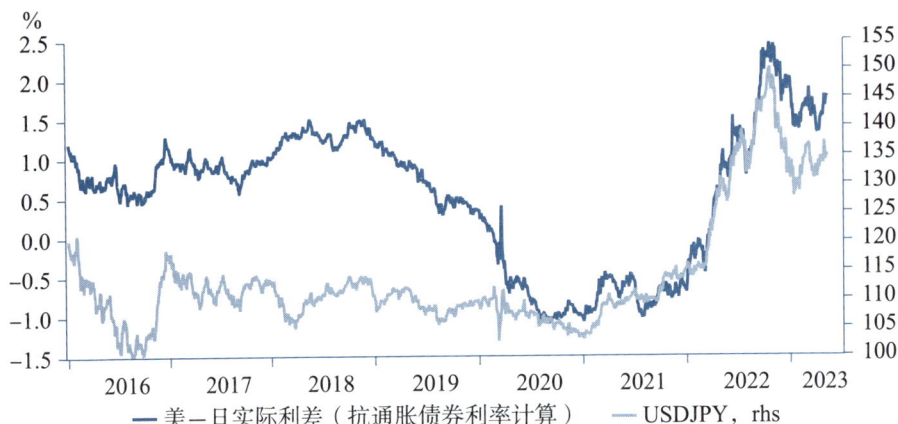

图 3-63　美元兑日元、10Y 美日实际利差

资料来源：Macrobond，兴业研究。

不仅美债利率变动会影响日元，日本投资者对美元资产的交易行为也会影响美债收益率和美股走势。商业银行、养老金和保险机构是日本出海投资的三大代表性主体。其中日本商业银行海外头寸的调整较为频繁，以交易波段行情为主，对于美债的交易策略类似于"追涨杀跌"——在美债利率上行周期内，商业银行往往减持美债；养老金和保险机构以中长期投资为主，多空策略的切换往往间隔时间较长。我们发现，三大主体为代表的日本投资者对于美债的增持和抛售行为与美债收益率的涨跌密切相关。2021 年以来日本三大主体共同抛售美债，与 10 年期美债收益率强势反弹突破 4% 息息相关。

美股方面，日本养老金是主要的参与者。2008 年和 2014 年美股调整波段中日本养老金均成功"逃顶"，而低位建仓则贯穿整个美股熊市，这也对熊市中的美股股价构成一定支撑。从季节性来看，每年 3 月和 4 月（日本新旧财年的转换期）是日本投资者调整海外资产仓位的时期，5 月开始倾向于重新配置海外资产。

日本央行 YCC 政策的实施，强化了"日元-美债"之间的双向反馈机制。这也意味着，倘若日本央行放松甚至取消 YCC 政策，会导致日元汇率重新定价。

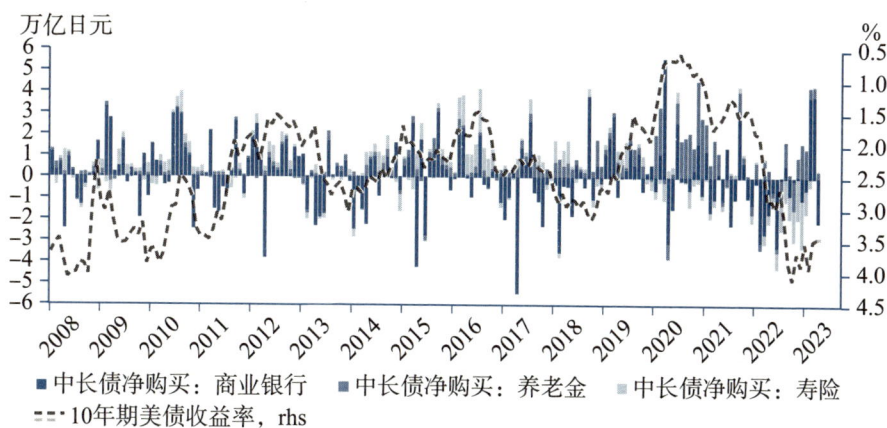

图3-64 日本投资者持有美债、美国MBS规模、10年期美债收益率

资料来源:Macrobond,兴业研究。

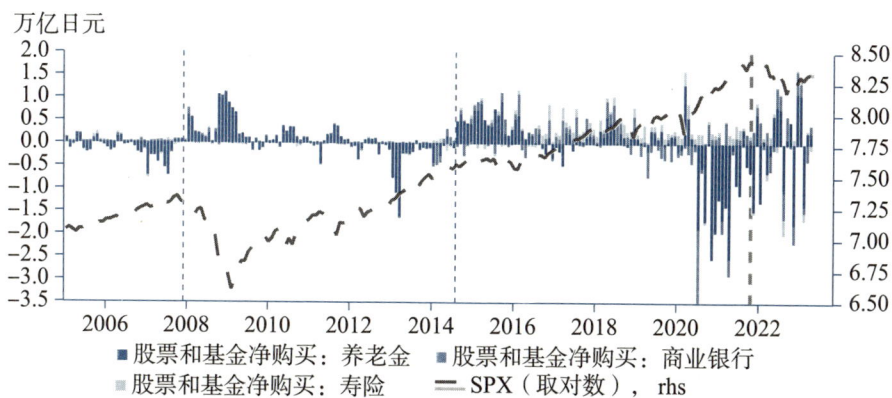

图3-65 日本投资者投资海外权益资产、美股股价

资料来源:Macrobond,兴业研究。

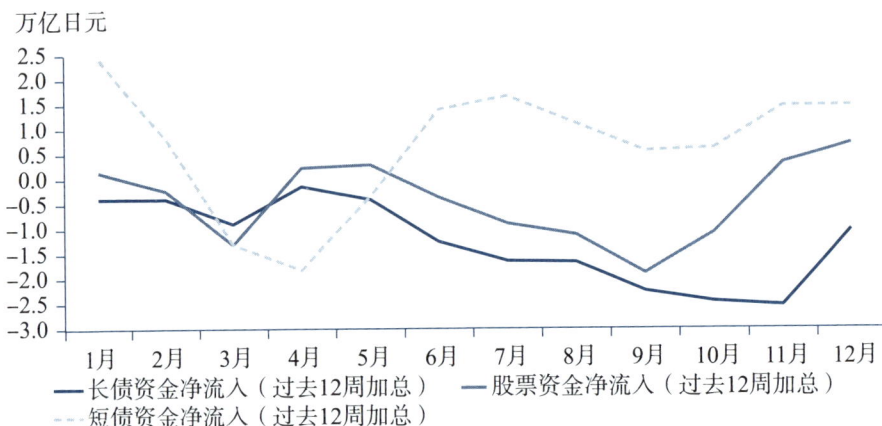

图3-66　日本海外投资的季节性分布

资料来源：Macrobond，兴业研究。

日债利率下行周期中，YCC政策实质上为日本央行保留了"弹药"，2016年9月实施YCC政策以来，日本央行购债的规模长期低于80万亿日元/年的名义购债目标。但日债利率上行周期中，为维持+/-0.25%的10年期日债收益率区间，日本央行需要采取固定利率购债。2022年6月和2022年9月随着10年期美债收益率两次上攻3.5%，日本央行连续多日出手购入10年期日债，从而维持其收益率不超过0.25%上限水平。

后疫情时代全球通胀中枢上移的背景下，日本摆脱通缩，核心CPI增速和剔除能源后的核心CPI增速分别于2022年4月和2022年10月超过2%货币政策目标。而且，本轮日本通胀回暖受到劳动人口增速回升、通胀预期系统性抬升的支持，距离日本央行期待的"稳定的通胀"仅剩薪资增长这最后一张拼图，不排除日本央行在2022年12月宣布扩大YCC控制区间后，进一步放松甚至取消YCC政策。

倘若进一步放松甚至取消YCC政策，日本央行停止购债的操作以及此措施释放的"紧缩"信号将导致10年期日债收益率出现短线飙升、日元汇率升值方向的动能加强。澳大利亚央行曾在2021年11月放弃了维持19个月的YCC政策，其后3年期澳债收益率出现了快速飙升。汇率方面，当时处在美元指数走强的大背景下，澳元兑美元整体稳中有降，但澳元有效汇率出现走强。

此外，不可忽略的是，日本央行放松YCC后，日本债券利率的上行将吸引资金回流日本，日本投资者可能加速从美国国债市场和MBS市场撤离，这将助推美债利率边际上行，美国金融环境可能更快收紧。

图3-67　日本央行持有日本国债规模

资料来源：Macrobond，兴业研究。

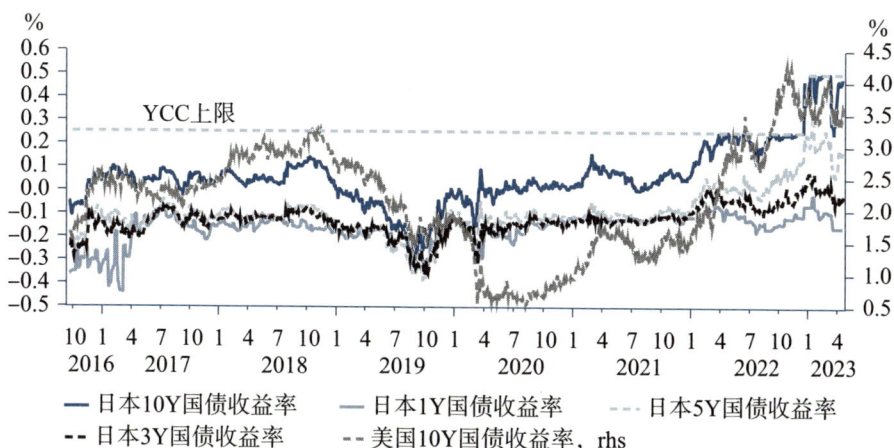

图3-68　日本央行购债守卫YCC政策

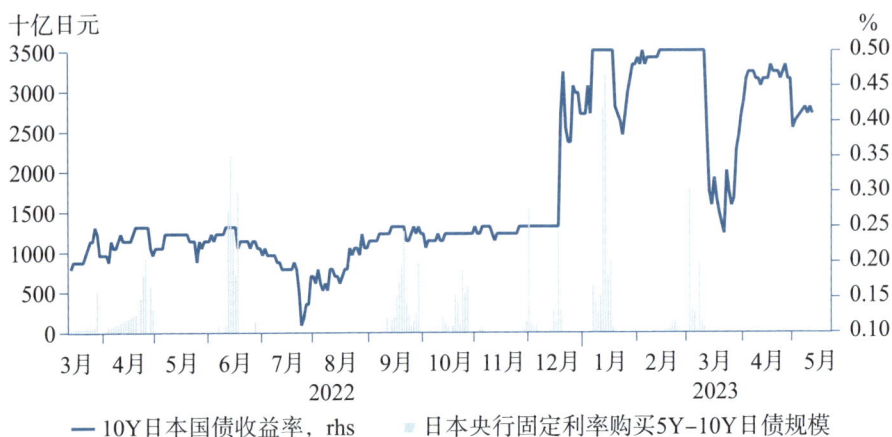

图3-68 （续图）

资料来源：Macrobond，兴业研究。

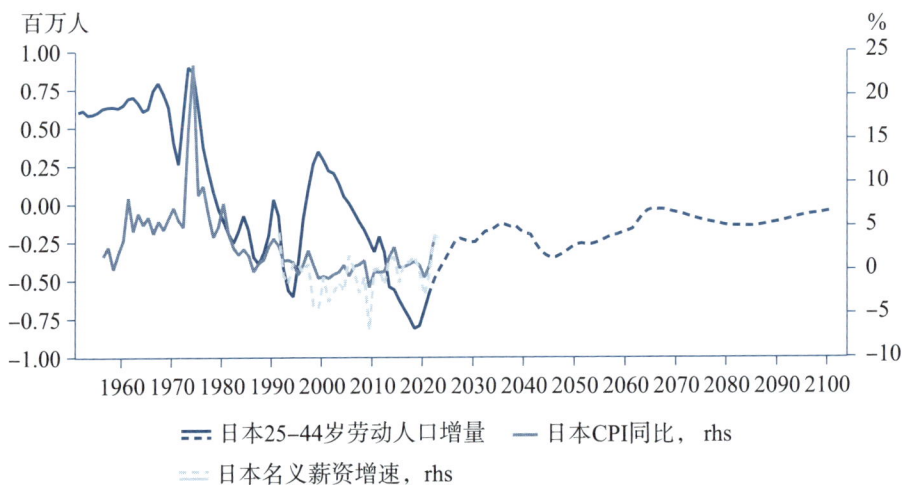

图3-69 日本CPI增速、劳动人口增量、名义薪资增速

资料来源：Macrobond，兴业研究。

货币、财政政策在日元预测中的应用

货币政策方面，美日货币政策的分化决定了日元变动的趋势方向。两个参考指标，分别是衡量货币政策预期差的OIS利差，以及衡量量化宽松政策效果的影子利率（shadowshortrate）差，与美元兑日元的趋势行情均保持一致。

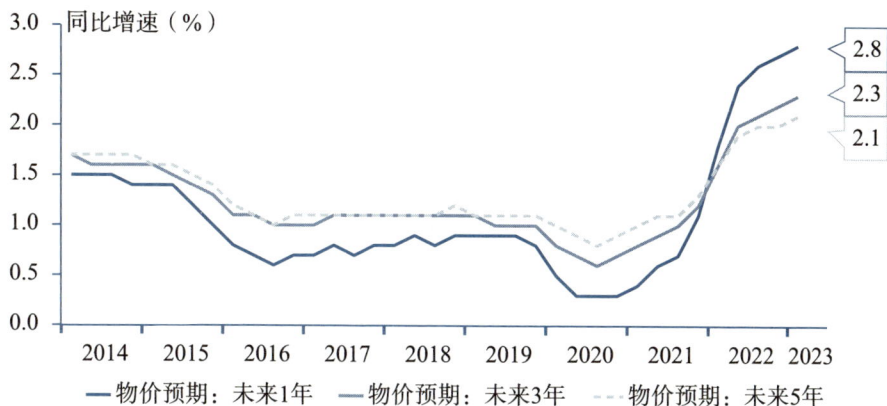

图3-70　日本通胀预期

资料来源：Macrobond，兴业研究。

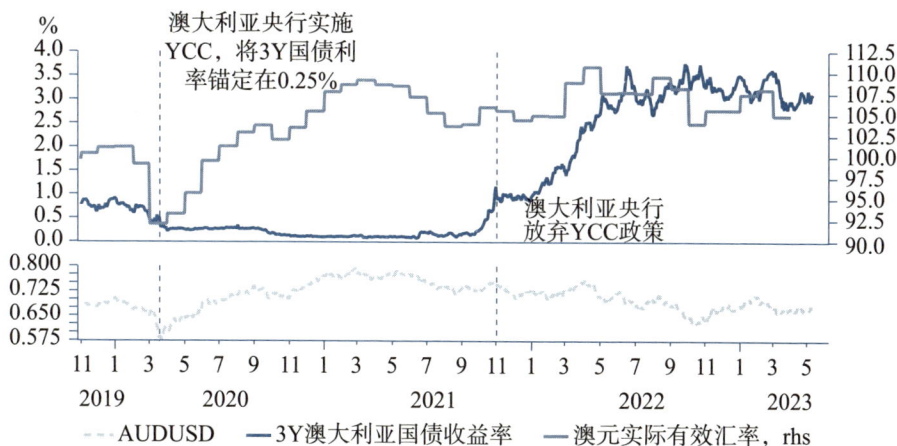

图3-71　澳大利亚央行放弃YCC后澳债、澳元表现

资料来源：Macrobond，兴业研究。

2000年以来日本的政策利率始终维持在零附近，且日本央行是全球率先实施量化宽松的央行，央行所持日元资产的比例较大，这限制了其量化宽松政策的空间。因此，相比美联储等海外央行，日本央行的政策弹性较小，日元往往跟随美国等海外主要经济体货币周期的波动而"被动"调整。体现在全球衰退周期内日元往往表现强势，而在全球复苏周期中日元则表现弱势，这也与日元的避险属性不谋而合。

财政政策方面，直观上看，日本财政赤字扩大往往对应日元升值，而财政盈余增加则对应日元贬值。这可以理解为政府加杠杆将会对民间投资造成"挤出"，从而导致私人部门借贷成本上升、利率和汇率上行。1990年日本泡沫破裂后，政府债务率和财政赤字率呈现螺旋上升，并推动日元易升难贬。这一点与美元、欧元、英镑等其他发达经济体货币周期性行情的高点依次递减不同。

日本内阁的动荡是财政紧缩政策难以维系的重要原因之一。纵观历届内阁政府任期内赤字率变化可以发现，最近30年间日本唯三采取紧缩财政政策的首相——桥本龙太郎（1996年1月到1998年7月）、小泉纯一郎（2001年4月到2006年9月）和安倍晋三（2012年12月到2020年8月）——均是任期时间较长、政权相对稳定的政府，这三次财政整顿最终终结于亚洲金融危机、次贷危机和新冠疫情。内阁交替频繁、在位时间较短的首相无一例外采取扩大财政支出的措施。此为争取选票之故，且没有长时间的任期也很难贯彻落实紧缩的财政主张。因此未来日本政坛的稳定性直接决定了财政整顿的有效性，从而间接影响了日元的长期趋势性走势。

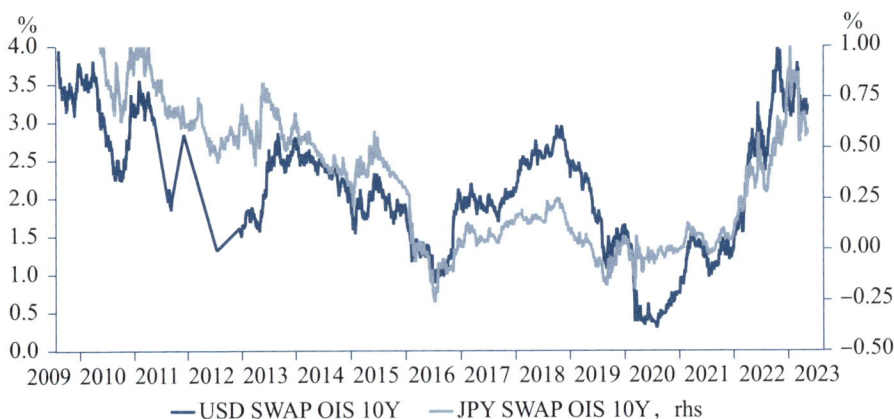

图3-72　美日OIS利率、美元兑日元

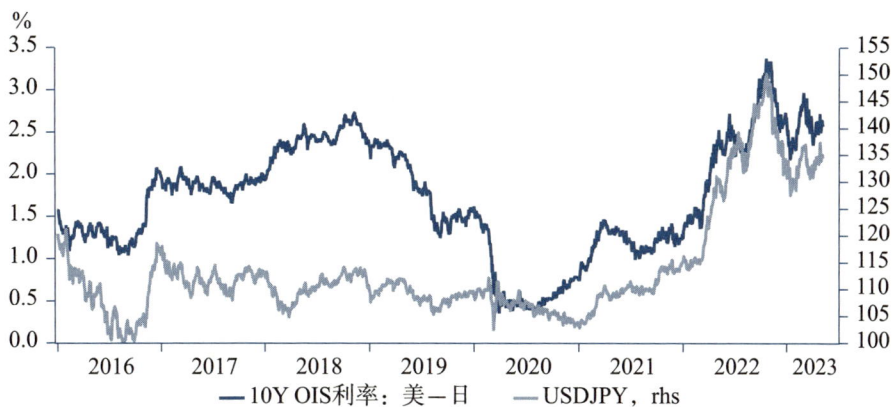

图 3-72 （续图）

资料来源：Macrobond，兴业研究。

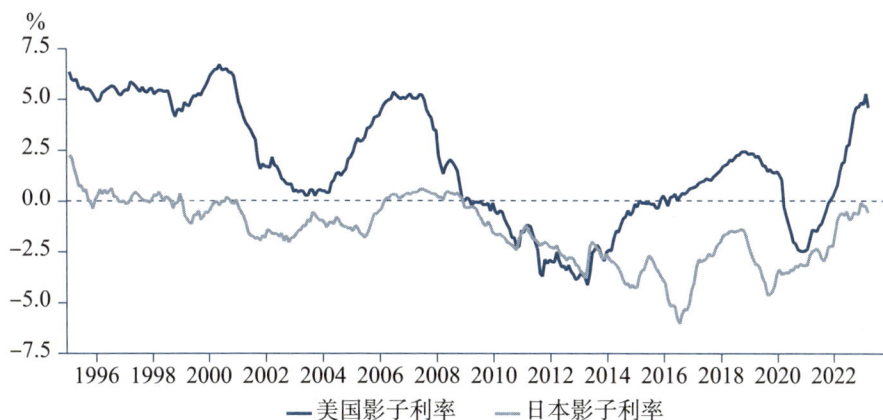

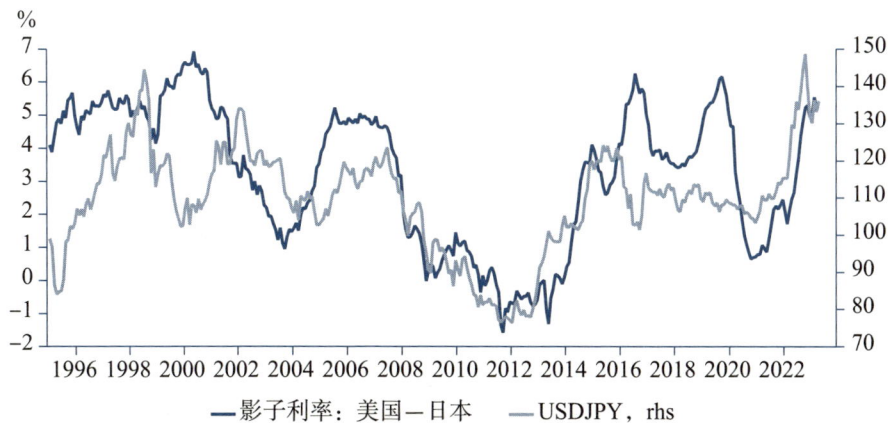

图 3-73 美日影子利率、美元兑日元

资料来源：Macrobond，兴业研究。

图3-74　日本财政赤字、美元兑日元

资料来源：Macrobond，兴业研究。

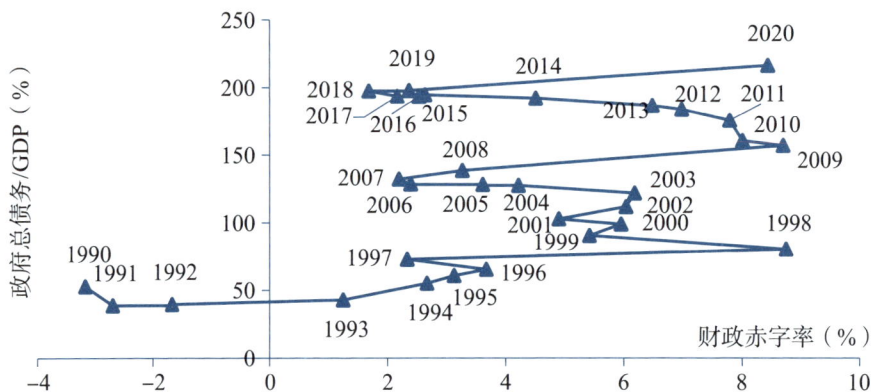

图3-75　日本财政赤字率、政府债务率

资料来源：Macrobond，兴业研究。

表3-9　日本财政赤字、美元兑日元

财政主张	年份	内阁	年均公共事业费（万亿日元）	经济对策	赤字率变化
日本泡沫经济破灭					
扩张财政政策	1992-1995	宫泽喜一、细川护熙、羽田孜、村山富市	16	采取凯恩斯主义财政扩张政策，促进电力、通讯等民间设备投资，缩减劳动时间，促进住宅金融公库融资等个人消费，配合减税政策，旨在提高景气。	-1.6% → 3.1%

续表

财政主张	年份	内阁	年均公共事业费（万亿日元）	经济对策	赤字率变化
日本泡沫经济破灭					
紧缩财政政策	1996–1998	桥本龙太郎	0	1. 紧缩1997年财政预算支出；2.1997年4月开始提高消费税率从3%到5%，取消特别减税项目，提高医疗费用个人负担部分；3. 财政改革五项原则。	3.1%→2.4%（1997年）
亚洲金融危机					
扩张财政政策	1998–2000	小渊惠三、森喜朗	20.7	凯恩斯主义财政政策，配合大规模减税（最高税率由65%降到50%，公司税率从46%降到40%），应对失业率和不良债权上升，金融机构破产等。	2.4%→6.6%
紧缩财政政策	2001–2007	小泉纯一郎	1.4	1. 确立新的财政目标：2006财年末一般财政支出占比不得超过2002年；2. 压缩国债规模：2002年起国债年发行额控制在30万亿日元以内；3. 实施税收改革，促进改革升级：例如2003年将研发和投资费用列为减税对象。4.《日本经济财政运营和结构改革基本方针2006》（骨太方针）；2001年财政赤字转盈余的财政重建目标。	6.6%→2.1%
全球金融危机（次贷危机）					
扩张财政政策	2008–2012	福田康夫、麻生太郎、鸠山由纪夫、菅直人、野田佳彦	81.3（2008–2009）18.6（2010–2012）	大规模公共事业支出用于稳定就业，扶持中小企业和减免税收等，应对经济下行、通货紧缩、日元升值，以及东日本大地震灾后重建工作。	2.1%→9%
灵活财政政策	2013–2020	安倍晋三	13.8（2013–2019）111.7（2020）	1. 国土强韧计划：完善交通设施建设、强化三大都市圈环形道路的整备等，以国家主导的国土改造，消除持续通缩造成的生产性萎缩；2.2014年4月提高消费税率自5%到8%；2019年10月部分商品消费税上调到10%。	9%→2.4%（2019年）
新冠疫情					
扩张财政政策	2021–今	菅义伟、岸田文雄	76	1. 针对疫情推出数十万亿日元的刺激计划；2. "令和版收入倍增计划"：通过设立科学基金、实施大胆的税收政策、推行清洁能源、设立数字化推进委员会等措施提振经济；同时计划加大对企业的监管、扩大中产收入，切实加强对育儿家庭的住房和教育费用补贴等。	2.4%8.3%

资料来源：兴业研究。

避险属性在日元周期研判中的应用

日元具备一个独特的特性——避险属性，即当全球避险情绪上升，或是经济政治基本面不确定性加强时，日元汇率往往朝升值的方向进行，这为日元的预测增添了很多变数。

在探讨避险属性如何影响日元走势之前，我们首先需要理解避险属性的本质是什么。日元避险升值背后拥有两条逻辑链条：一是实行低利率的经济体货币在套息交易（Carry Trade）中往往作为融资货币出现，国际投资者通过卖空融资货币、买入高息资产赚取价差；一旦风险临近、汇率波动加大，套息交易的收益空间被侵蚀，投资者反向平仓形成资金回流、融资货币避险升值的表象。二是本国低利率环境下，本土资金出海寻找高回报资产，当风险来临时本土投资者获利了结引发资金回流、本币升值。

从避险属性的本质出发，低利率（low interest rates）、庞大的海外资产净头寸（a strong net foreign asset position）、足够纵深和流动性的金融市场（deep and liquid financial markets）构成了日元避险的先决条件（IMF，2013）[①]。而日元融资成本和对冲成本、日本海外净资产头寸和套保比例则决定了遭遇风险事件冲击时，日元避险的可靠性如何。

我们使用日元汇率与金价的滚动相关性来衡量日元避险属性的成色。一方面，倘若日元低融资成本的优势不再，则日元作为融资端的套息交易将受到阻碍，从而削弱日元的避险属性。考虑市场流动性和数据长度，我们用"经汇率对冲调整后的日债收益率"衡量日元融资成本，将之与同期限的美债利率做对比，结果显示，由于美联储的货币政策弹性较日本更大，在美联储降息周期中，美元往往取代日元成为融资货币，日元阶段性地"失去"避险属性。

另一方面，当日本投资者增加海外投资时，虽然会引起当期日元汇率贬值，但未来风险来临、资金回流时日元的升值空间将更大；反之倘若日本投资者已将海外资产获利了结，则日元的避险属性将被削弱。此外，倘若日本投资者对外币资产进行汇率套保，则将削弱日元汇率的顺周期性，也会体现出避险褪色的效果。我们统计日本投资者海外净资产头寸规模，并使用日元汇率预期（美元兑日元风险逆转期权隐含波动率）作为汇率套保的代理变量。此处蕴含一个基本假设，即当市场预期日元相对美元升值时（美元兑日

---

① Botman, Filho, Raphael, 2013, The Curious Case of the Yen as a Safe Haven Currency: A Forensic Analysis, IMF Working Paper.

元风险逆转期权隐含波动率回落），一般认为日本投资者将增加对外币资产头寸的汇率套保。数据显示，海外资产净头寸规模越大、汇率套保比例越低，日元与黄金的相关性越高，即日元的避险属性越强。

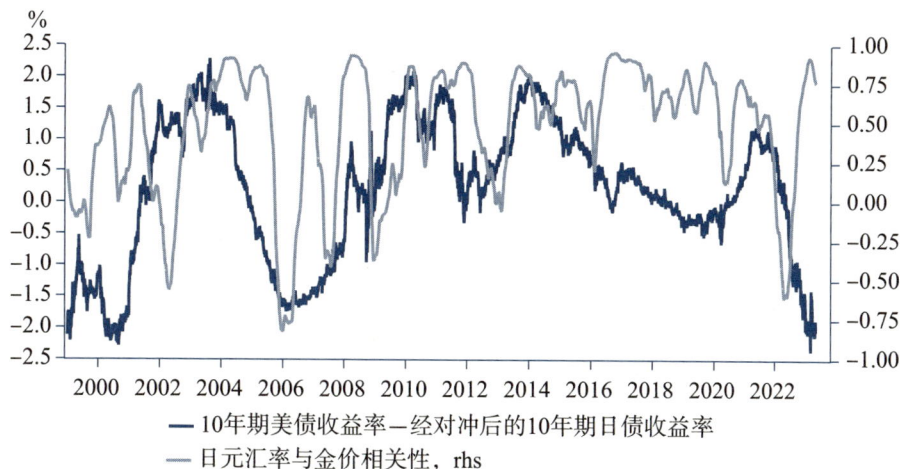

图3-76　日元避险属性、日元相对融资成本

注：经对冲后的日债收益率=10年期日债收益率＋日元对冲成本。

资料来源：Macrobond，兴业研究。

图3-77　日元避险属性、日本投资者出海净投资（考虑套保比例）

注：考虑套保比例的日本投资者净出海投资＝日本投资者净出海投资规模 × 美元兑日元风险逆转期权隐含波动率。

资料来源：Macrobond，兴业研究。

接下来，以日元避险属性为基础，借助 CFTC 持仓数据，我们尝试构建日元大周期的预测信号指标。

美国商品期货交易委员会（Commodity Future Trading Commission，CFTC）定期公布美国芝加哥商业交易所中非商品（non-commercial）交易商对汇率期货的净头寸数据，即投机头寸数据，该数据虽然不能完全反映套息行为——一方面，实际套息交易更多使用的是外汇掉期而非汇率期货；另一方面，CFTC 统计的头寸数据也不仅限于套息交易——但无论从数据可得性、更新频率还是交易体量来说都是较为合适的，因此被广泛应用于套息交易的研究中（Curcuru 等，2010）。

结合日本其他投资账户资金流动和日元非商业头寸，我们可以明确地分辨日元套息交易的交易方向。当日元作为融资货币的套息交易盛行时，其他投资账户下资金往往呈现净流出，日元非商业头寸呈现净空头。反之当其他投资账户下资金回流、日元非商业持仓由"净空"翻"净多"时，代表套息交易反向平仓，日元倾向于避险升值。需要说明的是，其他投资账户下资金流并非全部出于套息目的，因此二者有时会出现背离。

再来对比日元非商业净头寸和恐慌指数 VIX，我们发现，当日元非商业持仓由"净空"翻"净多"时，往往对应全球风险偏好的下降。另外一个典型的避险货币——瑞郎持仓变化同日元相似，但持仓绝对规模不如日元。2015 年欧央行实施低利率政策后，欧元的避险属性显著增强。

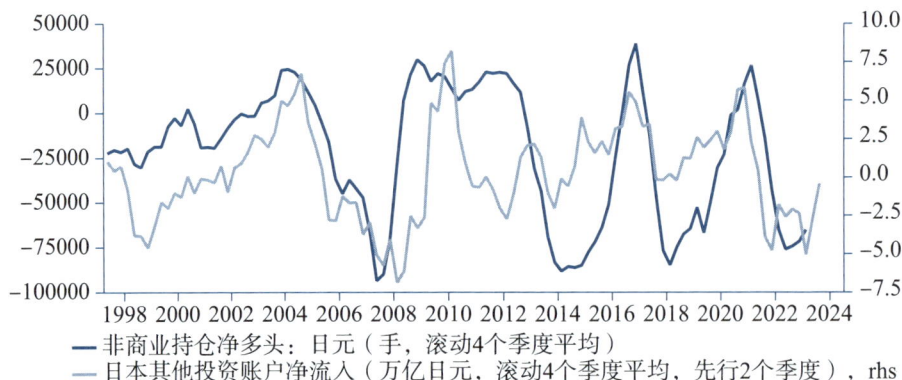

图 3-78 日元非商业净多头、日本其他投资账户净流入

资料来源：Macrobond，兴业研究。

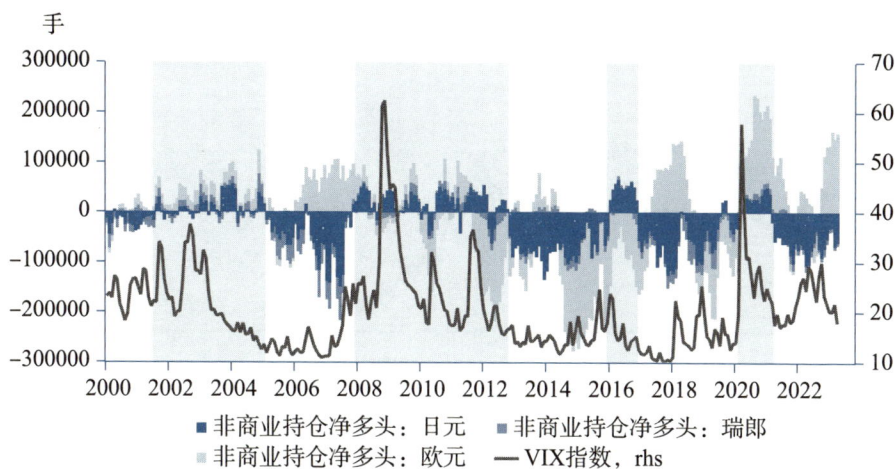

图3-79 日元、瑞郎、欧元非商业净多头、VIX指数

注：图中阴影表示日元非商业净多头的时段。

资料来源：Macrobond，兴业研究。

如何利用套息交易的原则构建信号指标？我们首先需要观察当日元汇率出现趋势性拐点时，具备哪些特征。1995年至今美元兑日元一共经历了9轮趋势性行情，行情转换的时点往往具备如下特征：（1）趋势性拐点出现时，必然伴随着日元非商业净头寸方向的转变，但时间可能滞后；（2）日元非商业净头寸变动的规模往往较大；（3）趋势性拐点出现时，3个月美元兑日元期权隐含波动率与之前相比往往呈现较大的波动。

我们将上述三个条件量化，并以此设定信号指标的筛选规则：

- 满足：（1）最近4周日元非商业净头寸有且仅有一次转向；（2）与上周相比，本周非商业净头寸规模变动超过20000合约数；（3）连续两周3个月USDJPY期权隐含波动率同此前6周的平均值相比，边际变动超过0.5%（2005年前）或0.6%（2005年至2015年）或0.4%（2016年后）。

- 或满足：（1）最近4周日元非商业净头寸有且仅有一次转向；（2）与上周相比，本周非商业净头寸规模变动超过6000合约数；（3）连续两周3个月USDJPY期权隐含波动率同此前6周的平均值相比，边际变动超过1%。

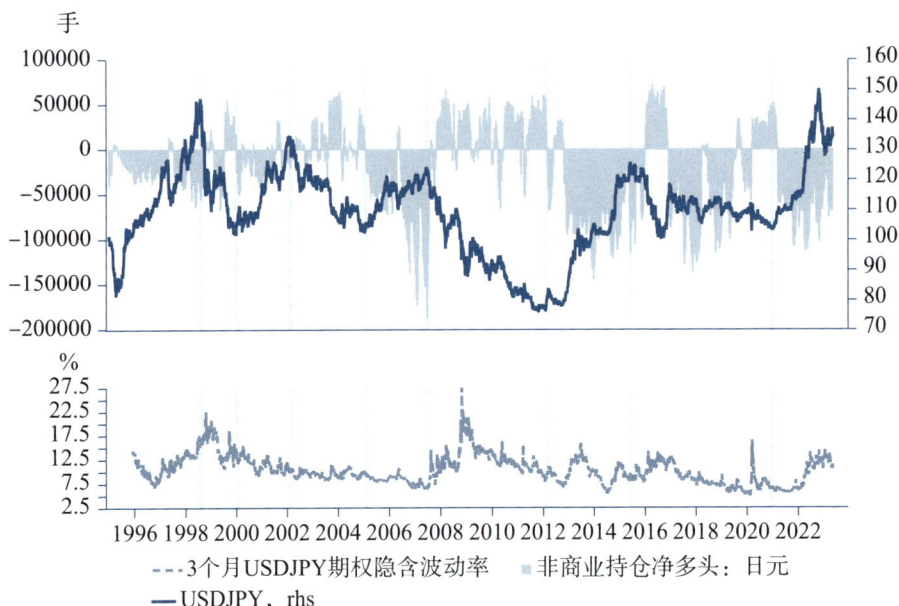

图3-80　日元汇率拐点、日元非商业净头寸、美元兑日元期权波动率

注：竖线表示美元兑日元趋势性拐点时刻。

资料来源：Macrobond，兴业研究。

满足上述筛选条件的信号指标自1995年以来共发出过15次信号，为方便表述，我们按时间顺序为其编号。进一步区分日元非商业头寸由"空翻多"抑或"多翻空"，我们可以把信号分类为"多头信号"和"空头信号"。

首先，8次信号对应着美元兑日元真实的趋势性拐点，分别是信号1、2、5、6、7、11、12、15。虽然发出信号的时间较实际美元兑日元最高点、最低点略晚，但并未错过任何一次大的趋势，说明该指标对于寻找和确认日元趋势性拐点具有较高胜率。

其次，日元升贬大周期的时长约为100周（2005年前）或240周（2005年后），倘若不足该时长的调整，均可视作波段调整，借助周期的规律我们可以剔除信号3、8、9，我们称之为"伪信号"。

再次，当日元处于升值趋势或者贬值趋势中，倘若信号指标发出同方向的信号时，往往意味着汇率在趋势方向上的动能将加强，例如信号4、10、13、14。我们称之为"同向信号"，这些信号无助于确定趋势拐点，但对于判断波段行情可能有所助益。

最后，将"伪信号"和"同向信号"全部排除后，剩余8个信号恰恰与真实趋势拐点一一重合。需要说明的是，该信号指标是基于已公布数据构建的、结合历史经验设置筛选条件后得到的一种统计性的"后验"指标，虽然历史胜率较高，但用于预测未来最好需要佐以基本面的分析和判断。

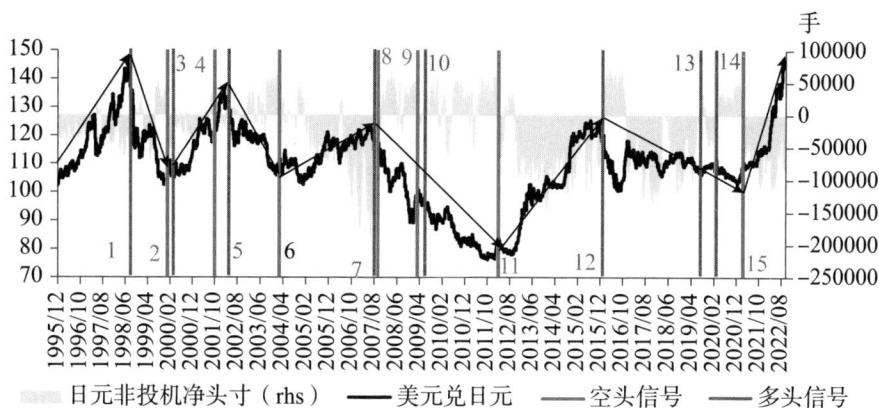

图3-81　基于持仓数据构建的日元汇率信号拐点

资料来源：Macrobond，兴业研究。

表3-10　信号拐点、真实拐点对比

信号编号	属性	信号拐点	间隔（周）	真实拐点	筛选标准
1	多头信号	1998年9月8日	—	1998年8月11日	1. 当周及上周3个月USDJPY期权隐含波动率同此前6周移动平均值比，变动幅度均超过0.5%；当周和上周比，日元非商业净头寸变动超过20000合约；最近4周内净头寸有且仅有一次转向； 2. 当周及上周3个月USDJPY期权隐含波动率同此前6周移动平均值比，变动幅度均超过1%；当周和上周比，日元非商业净头寸变动超过6000合约；最近4周内净头寸有且仅有一次转向； 1和2任意达到一个即可。
2	空头信号	2000年1月11日	71	1999年12月22日	
5	多头信号	2002年4月30日	121	2002年2月8日	
6	空头信号	2004年2月24日	96	2004年12月3日	

续表

信号编号	属性	信号拐点	间隔（周）	真实拐点	筛选标准
7	多头信号	2007 年 8 月 21 日	278	2007 年 6 月 22 日	1. 当周及上周 3 个月 USDJPY 期权隐含波动率同此前 6 周移动平均值相比，变动幅度均超过 0.6%；当周和上周比日元非商业净头寸变动超过 20000 合约；最近 4 周内净头寸有且仅有一次转向；
11	空头信号	2012 年 3 月 13 日	239	2012 年 2 月 2 日	2. 当周及上周 3 个月 USDJPY 期权隐含波动率同此前 6 周移动平均值相比，变动幅度均超过 1%；当周和上周比日元非商业净头寸变动超过 6000 合约；最近 4 周内净头寸有且仅有一次转向； 1 和 2 任意达到一个即可。
12	多头信号	2016 年 1 月 19 日	203	2015 年 6 月 5 日	1. 当周及上周 3 个月 USDJPY 期权隐含波动率同此前 6 周移动平均值相比，变动幅度均超过 0.4%；当周和上周比日元非商业净头寸变动超过 20000 合约；最近 4 周内净头寸有且仅有一次转向；
15	空头信号	2021 年 3 月 16 日	270	2021 年 1 月 6 日	2. 当周及上周 3 个月 USDJPY 期权隐含波动率同此前 6 周移动平均值相比，变动幅度均超过 1%；当周和上周比日元非商业净头寸变动超过 6000 合约；最近 4 周内净头寸有且仅有一次转向； 1 和 2 任意达到一个即可。

资料来源：兴业研究。

3.7 港币分析框架：联系汇率与资金流动

港币汇率制度的历史追索

在考察港币的影响因素、搭建港币汇率分析框架之前，我们先对中国香港货币制度的历史脉络进行梳理。

中国香港的货币制度大体经历了四个时期，分别为银本位制时期（1863–

1935年）、挂钩英镑时期（1935–1972年）、浮动汇率制时期（1974–1983年）以及联系汇率制时期（1983年至今）。

表3–11　中国香港汇率制度的演变历程

时间	汇率制度	参考汇率
1863年至1935年	银本位制	银元
1935年至1972年	挂钩英镑	1英镑=16港币（1935–1967年）
		1英镑=14.55港币（1967–1972年）
1972年至1973年	±2.25%范围内与美元挂钩	1美元=5.65港币
1973年至1974年	挂钩美元	1美元=5.085港币
1974年至1983年	浮动汇率制	
1983年10月至今	联系汇率制	1美元=7.80港币

资料来源：兴业研究。

银本位制时期（1863年至1935年）

1841年，中国香港成为英国殖民地后，香港社会长期流通多国货币，包括印度卢比、墨西哥银元以及大清银币等金属货币。殖民当局为了改善决这一局面，尝试推行英镑作为法定货币，但外国白银当时依然是中国香港地区和华南地区最为流行的货币。殖民当局推行英镑的措施一直难以实现。这主要是因为中国香港与中国内地的贸易额在整体经济中的地位日渐提高，当时的清政府仍以银元结算贸易，使得白银成为中国香港本地最为流行的货币。直至1935年内地放弃银本位，中国香港才随之放弃事实上的银本位。

挂钩英镑时期（1935年至1972年）

1935年11月，中国香港殖民政府宣布港币为本地货币单位，与英镑的固定汇率为1港币兑1先令3便士，即16港币兑1英镑。但是直至1937年，香港当局才终止了各种银元的流通，完成了本地货币统一化进程，正式以港币作为法定货币。

浮动汇率制时期（1974年至1983年）

1974年至1983年间，港币又转为浮动汇率制。在该阶段的早期，中国香港经济呈现良好的运行势头，1976年至1978年间中国香港年均GDP增速超过10%。但20世纪70年代末，大规模公共基础设施建设和房地产市场的发展使得香港经济出现过热迹象。20世纪80年代初，经济已经陷入高通胀的过热局面，加之香港政治前途未卜，"香港崩溃论"盛行。随着外界对港币信心的动摇，港币不断贬值，最终港币浮动汇率制于1983年以货币危机收场[①]。

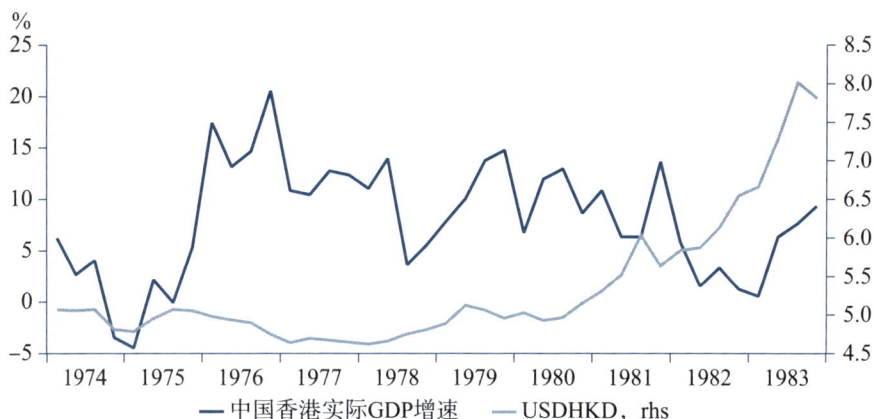

图3-82　1974年至1983年中国香港GDP同比与USDHKD

资料来源：Macrobond，兴业研究。

联系汇率制时期（1983年至今）

在政治、经济等重重负面因素的笼罩下，中国香港于1983年10月17日正式引入联系汇率制度，即港币按照7.80港币兑1美元的固定汇率与美元挂钩的联系汇率制度。随着市场环境和经济发展带来的需求的不断改变，当局在联系汇率制度的基础上，结合香港的实际情况，对运行机制不断做出改进和完善。

联系汇率制度是一种货币发行局制度，其主要特点有：（1）货币当局应

---

① 香港房地产市场在1982年崩溃，在1982年至1986年间，有7家持牌银行倒闭，94家DTC（存款类公司）停止营业，香港当局投入38亿元人民币港币用于救助倒闭的金融机构。详细内容可见：Ghosh A R, Schenk C. Hong Kong SAR's Monetary and Exchange Rate Challenges: Historical Perspectives. Financial History Review, 2010.

当对不变的官方汇率做出承诺，并承担兑换责任；（2）货币发行必须以固定数额的相联系货币为背书；（3）货币当局无法自主行使货币政策，同时政府应当有着较强的维护该汇率制度的信用。

港币由汇丰银行、中国银行和恒生银行三家发钞银行发行，发钞银行在发行现金时必须按照7.80的美元兑港币汇率向香港金融管理局（以下简称金管局）缴纳相应金额的美元并存入外汇基金账户。发钞银行存入美元后获得负债证明，作为发行港币的背书。相反地，当港币退出流通时，发钞银行将交还负债证明，并以一定数额港币按照美元兑港币7.80的汇率赎回相应的美元。

随着外部环境和经济形势不断变化，中国香港当局也在不断优化联系汇率制度。

联系汇率制实施初期（1983年至1996年）

在1988年之前，中国香港银行业的清算系统中，汇丰银行作为最终的管理银行（management bank），所有持牌银行均需要直接或间接地在管理银行开设结算账户（clearing account）。汇丰银行给各个结算银行一个透支额度，若结算银行的账户需要透支，且账户逆差在汇丰银行规定的透支额度内，汇丰银行会按照优惠利率向该银行放款；如逆差超过了透支额度，则汇丰银行的贷款利率会相应提高，按优惠利率再加3%计息。因此，汇丰银行通过这个方法可以改变信贷规模，进而影响货币供应量。货币当局无法通过一定的规则控制作为货币基础（monetary base）核心部分的银行体系总结余。

香港政府为了保证港币汇率的稳定，进行了以下改革措施：

①1988年7月，实施"新会计安排"。汇丰银行仍是其他银行的管理银行，但是必须在外汇基金开设一个港币账户，外汇基金取代汇丰成为最后结算终点。汇丰银行在该账户中保持一定余额；只有金管局可以改变该账户余额，因为它所代表的是金管局希望维持的银行体系流动性水平。同时规定，外汇基金并不对汇丰银行账户的贷方余额，即超出银行体系净结算额的部分支付利息；如果银行体系净结算额的水平超出汇丰银行账户余额，汇丰银行要对差额部分（汇丰银行多放给银行体系的头寸）向外汇基金付罚息。

②1990年3月，发行外汇基金票据，进行港币吞吐，同时实现对港币汇

率以及利率的调控。

③1992年6月，中国香港政府建立"流动资金调节机制"，持牌商业银行在头寸出现问题时，可通过回购与外汇基金进行资金交易。

④1993年4月，香港金融管理局成立。这一举措进一步确立了香港货币管理的政策框架。

⑤1996年12月，香港银行业实行实时支付结算系统（RTGS），持牌银行直接在货币局设立结算账户，从此香港银行体系总结余正式被划入货币局资产负债表内。

亚洲金融危机中的联系汇率制（1997年至2000年）

中国香港联系汇率制在1997年迎来重大考验。以泰铢为代表的一系列亚洲新兴经济体货币从1995年开始遭受不同程度的攻击，到1997年7月泰国最终被迫放弃固定汇率制度，引爆亚洲金融危机。随后，菲律宾、马来西亚和印尼等国货币相继大幅贬值。国际投机资本对港币的攻击在1997年10月达到高峰，其在股市、汇市以及期货市场的跨市场立体式攻击让港府一时显得手足无措。投机资本做空港币，倒逼金管局通过提升拆借利率来提高做空港币的成本。尽管投机资本无法在汇市上获利，但利率上行影响下大幅下跌的股市仍让做空港股和期市的投机资本获利颇丰。最终港府入场干预股市、期市，逼迫投机资本撤离。

在亚洲金融危机后，金管局为了加强联系汇率制的稳定性，于1998年9月5日推出《完善货币发行局七项新措施》，并在当月7日推出30项加强金融市场秩序的建议，二者被合称"七招三十式"。其中最为重要的"七招"的核心内容如下：

①允许所有持牌银行以美元兑港币的优惠汇率7.75与金管局兑换美元。金管局从1999年4月1日开始，每日上调一个基点，经500个交易日，美元兑港币汇率由7.75逐渐恢复为7.80。这一措施有助于恢复联系汇率制的汇率套利机制。

②通过贴现窗口向市场提供更多的流动性，以防止港币遭受攻击时利率波动过大。这一安排能够扩大基础货币供给，加大了投机资本操控市场的难度。

联系汇率制的再度优化（2001年至今）

进入21世纪后，亚洲金融危机的影响逐步消去，香港联系汇率制的运行较为良好，但在2003年下半年人民币升值预期不断增强，大量国际热钱涌入中国香港背景下再度经受考验。2003年9月，港币相对美元一度升值至7.743。同时由于港币存在升值预期，银行大量持有港币，导致金管局结算账户中持牌银行的总结余水平远超出正常值。通常而言，实施联系汇率制的中国香港没有独立的利率政策，即港币利率紧跟美元利率走势。但由于大量资金的涌入，香港银行被迫忽略美联储的多次加息。基于以上情况，香港金管局于2005年5月推出两项优化措施：

①推出强方兑换保证。2005年5月18日，金管局规定美元兑港币汇率下限为7.75。

②调整弱方兑换保证。在2005年5月23日至6月20日期间，金管局将美元兑港币汇率的上限每周上调100点，由7.80逐渐提高至7.85。

自此，联系汇率制的两大核心机制基本定型，即汇率套利机制和利率稳定机制。汇率套利机制的运行载体为同时决定汇率水平的两个市场：官方市场和公开外汇市场。官方市场的交易方为发钞银行、持牌银行与外汇基金。在官方市场上，金管局承诺在港币汇率达到强方兑换保证（港币升值）时向银行买入美元（投放港币），以及在达到弱方保证（港币贬值）时出售美元（回笼港币）。在公开外汇市场上，投资者依据自己对未来港币相对美元汇率的预期进行交易，且这一行为不受任何区间限制。

利率稳定机制则从另一个方面加强了联系汇率制的稳定性。此处利率特指香港银行同业拆借利率，即HIBOR利率。在资本自由流动的基础上，利率能够调整资金流入或流出境内。当资本流入时，港币倾向于升值。若触及强方兑换保证，金管局自动买入美元，此时基础货币增加，对利率形成下行压力，给予港币贬值压力，进而遏制资本继续流入。反之，当资本流出时，港币倾向于贬值。若触及弱方兑换保证，金管局买入港币，基础货币收缩，利率上行，给予港币升值动力，吸引资金流入。利率与汇率的联动确保了联系汇率制的有效运行。

表3-12 中国香港汇率制度的演变历程

公开外汇市场汇率	汇率套利机制	产生效果
假定 USDHKD=7.70	1.银行直接在公开外汇市场上以7.7元港币的价格买入1美元，然后将1美元卖给发钞行并得到7.8港币，获得净利润0.1元港币； 2.银行将1美元卖给发钞行并得到7.8元港币，然后在公开市场上以7.7元港币的价格换回1美元，获得净利润0.1元港币。	1.发钞行会用获得的美元向外汇基金换取负债证明书，印刷更多的港币现金； 2.市场上对美元需求增加，导致美元升值； 3.银行体系内流动性增加，导致港币利率下降，港币贬值
假定 USDHKD=7.90	1.银行将7.8元港币卖给发钞行并获得1美元，然后再公开市场上以7.9元港币的价格卖出1美元，获得净利润0.1元港币； 2.银行在公开外汇市场上以7.9元港币的价格卖出1美元，然后以7.8元港币的价格向发钞行换回1美元，获得净利润0.1元港币。	1.发钞行会用获得的港币向外汇基金换取美元，使得流通中的港币变少； 2.市场上对美元需求减少，导致美元贬值； 3.银行体系内流动性减少，导致港币利率上升，港币升值

资料来源：兴业研究。

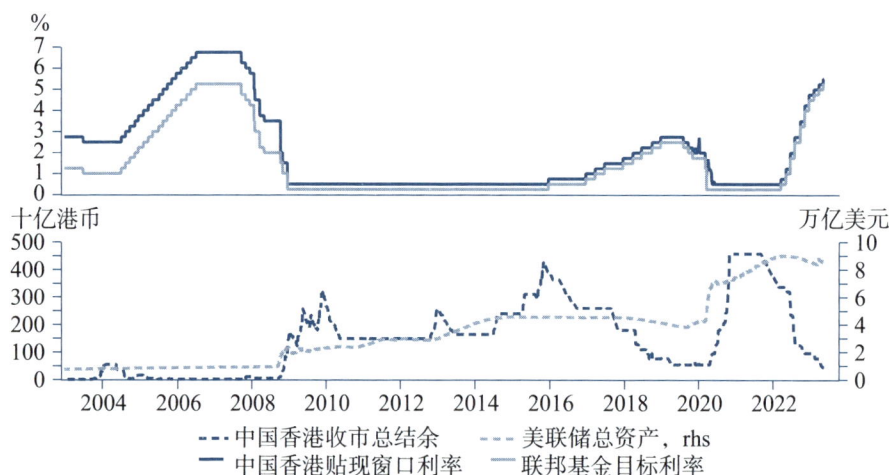

图3-83 中国香港金管局与美联储货币政策联动

资料来源：Macrobond，兴业研究。

港币的影响因素暨汇率分析框架

详细梳理了中国香港货币制度的发展脉络后，我们对联系汇率制有了更全面的认识。中国香港是高度外向的经济体，资本账户完全开放，国际资本流动频繁，货物与服务的进出口贸易总额巨大。联系汇率制能有效地降低进出口商和跨境投资者的汇率风险，创造有利于进出口贸易和国际资本自由流动的环境，是中国香港作为国际金融、贸易中心的重要配套制度。联系汇率制度下，美元兑港币始终运行在强方兑换保证7.75和弱方兑换保证7.85之间。那么，影响美元兑港币波段行情的因素有哪些呢？

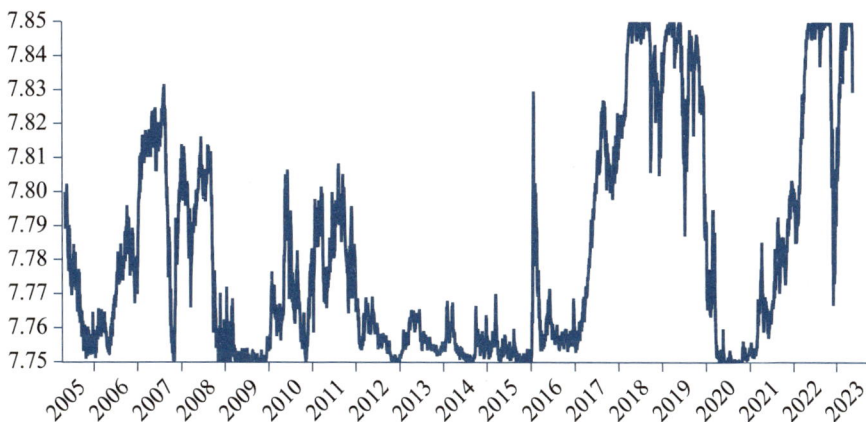

图3-84　实施双向兑换区间后的 USDHKD 走势

资料来源：Macrobond，兴业研究。

利差与汇率

在2006年初至2007年初、2007年底至2008年中、2009年下半年至2011年底、2016年初、2017年至2018年中以及2021年至今的几个波段，港币贬值背后的共同因素之一便是LIBOR与HIBOR利差扩大。由于联系汇率制下香港的货币政策基本跟随美国，因而HIBOR走势也大体跟随LIBOR。然而，由于美元与港币流动性的差异，两者走势也会出现背离的情况，进而影响港币波动。

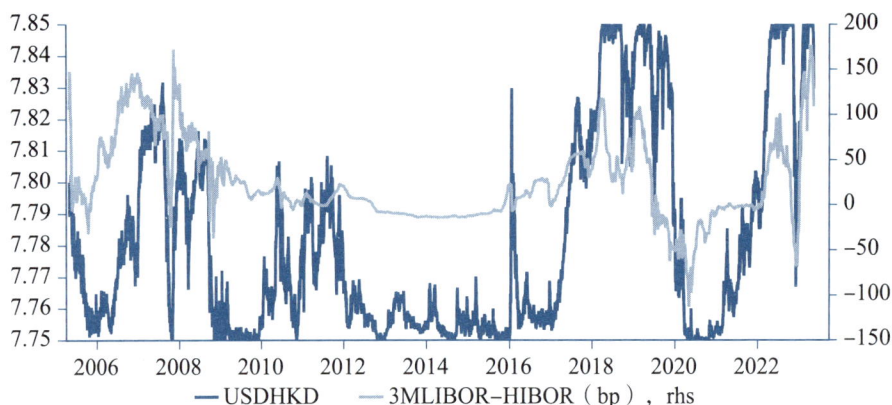

图3-85　USDHKD与3个月LIBOR-HIBOR利差

资料来源：Macrobond，兴业研究。

中国香港银行间市场流动性的影响因素在2008年金融危机后发生了巨大变化。危机后因海外热钱看好中国内地和中国香港在金融危机后的复苏前景，以及押注人民币升值，2008年第三季度开始大量资金流入香港。每次伴随着资金的大量流入，香港银行间总结余、外汇基金票据和债券规模都出现阶段性增长。几乎每次资金大规模流入都使得港币在短期内迅速升值，迫近甚至触及强方兑换保证7.75。若反复触及或突破7.75，金管局将入市干预——在市场上购入美元，投放港币。港币流动性增加，HIBOR利率相应走低，LIBOR与HIBOR利差扩大，港币相对美元贬值。

表3-13　2005年以来香港金管局历次干预

时间	香港金管局干预措施
2007年10月至11月	买入86.03亿美元
2008年10月至12月	买入198.68亿美元
2009年3月至12月	买入598亿美元
2012年10月至12月	买入138亿美元
2014年7月至8月	买入97亿美元
2015年10月至12月	买入293亿美元
2018年4月至8月	卖出240亿美元

续表

时间	香港金管局干预措施
2019 年 3 月至 4 月	卖出 37 亿美元
2020 年 4 月至 11 月	买入 720 亿美元
2021 年 5 月至 9 月	卖出 610 亿美元

资料来源：香港金管局，兴业研究。

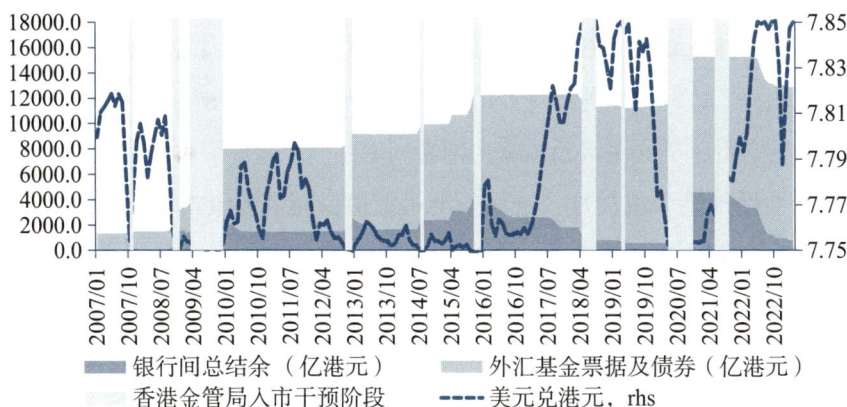

图3-86　USDHKD 与中国香港银行间流动性

资料来源：Wind，兴业研究。

从国际收支"证券投资、其他投资及衍生品"组成的非储备金融账户的流入净值（以下简称金融资本流动）也可以得出同样的结论：在资本大量流入中国香港时，初期港币买盘增加，HIBOR 利率短暂上行，LIBOR–HIBOR 利差缩窄，港币升值（反复触及 7.75 后金管局将入市干预），但总体上金管局对于港币升破强方兑换保证容忍度较高。在资本沉淀（或金管局注入港币流动性）后，香港银行间港币流动性将显著增加，LIBOR–HIBOR 利差扩大，最终港币贬值。2016 年初贬值是前期大量资本流入和 2015 年末金管局干预的共同结果。2017 年上半年的港币贬值很大程度上是因为港股上涨吸引新一轮资金大量流入的结果。同时，2015 年以来中国香港逐渐收紧的房贷政策使得港币资金需求下降，也是 HIBOR 利率走低的重要原因之一。反之，在资本流出香港时，初期港币卖盘增加，HIBOR利率短暂下行，LIBOR-HIBOR利差扩大，港币贬值。在资本流出后，香港银行间港币流动性将下降，LIBOR-HIBOR利差收窄，港币升值。这与传统观念上的资本流入导致本币升值、资本流出导致本币贬值有一定差异。

2008年、2015年和2016年香港都经历了资本流出，其利率、汇率走势的表现与上述规律一致。2012年下半年至2015年初的情况则比较特殊，时值欧债危机初步解决，离岸美元避险需求下降，加之美联储的三轮QE，离岸美元流动性充裕，LIBOR利率逐渐下行而HIBOR稳定，LIBOR与HIBOR利率出现倒挂，这一时期美元兑港币基本运行在7.75至7.76区间。

总结来看，美元兑港币汇率由两者利率共同决定，资本流入一段时间后会阶段性增加港币流动性，进而使港币贬值；而可控资本流出存在反向影响。在2020年之前没有出现持续大量资本流出的情况，而从近两年情况来看，资本持续大量流出将给予港币贬值压力。

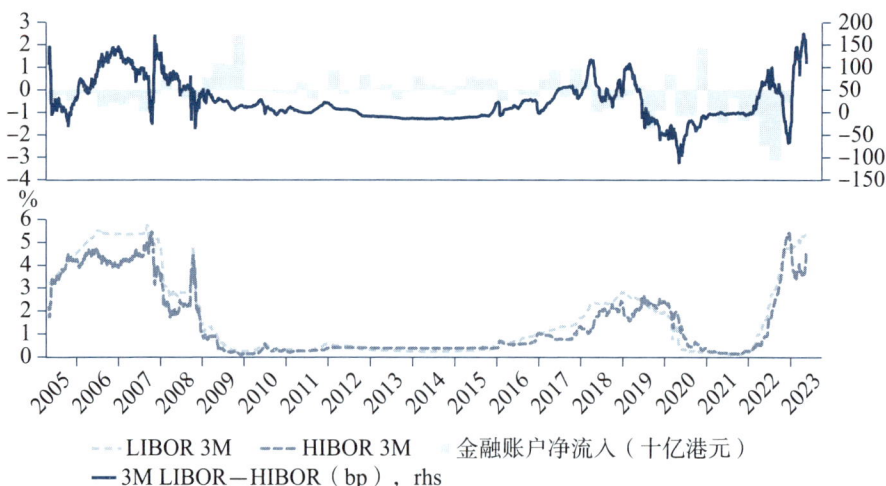

图3-87　LIBOR-HIBOR利差与金融资本流动

资料来源：Macrobond，兴业研究。

资本市场与汇率

港币是典型的"股票货币"。中国香港的亚洲金融中心地位将港币与港股紧紧地捆绑在了一起。港股的涨跌和港交所IPO是国际资本流入或流出香港的重要诱因，而资本流动可通过流动性（利率）影响汇率。资本流动与恒生指数具有很高的正相关性。港股受到全球风险偏好，以及中美股市的共同影响。此外，港交所是全球IPO规模第三大交易所，大规模IPO也会吸引大量资金流入香港。

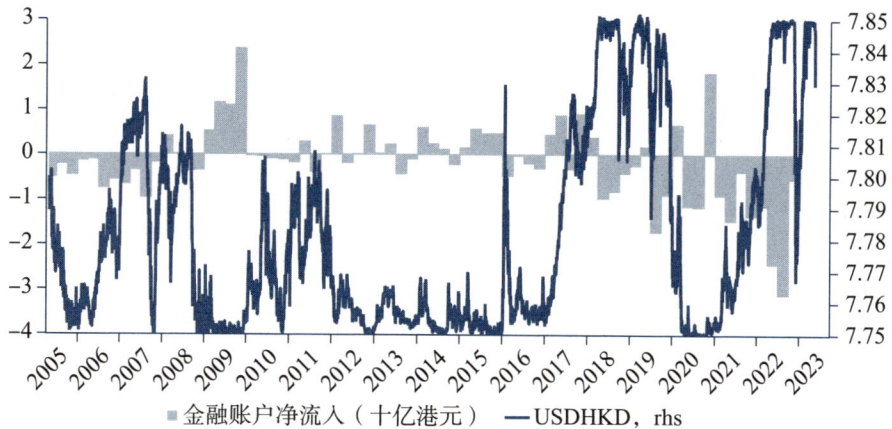

图3-88　USDHKD与金融资本流动

资料来源：Macrobond，兴业研究。

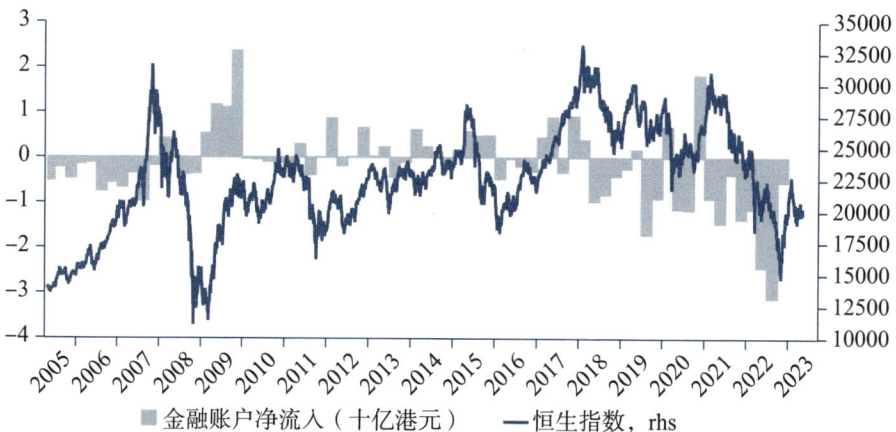

图3-89　恒生指数与金融资本流动

资料来源：Macrobond，兴业研究。

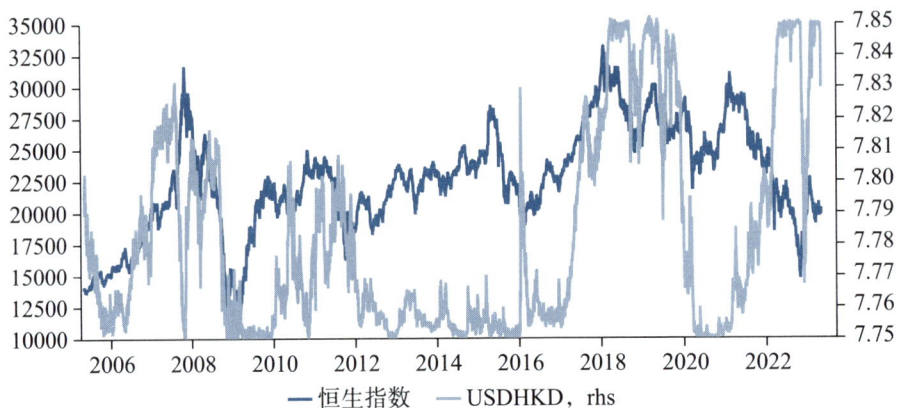

图 3-90　USDHKD 与恒生指数

资料来源：Macrobond，兴业研究。

结合对利率与汇率的分析，我们可以总结出港股与港币汇率的如下规律：资本流入初期，港股上涨，LIBOR-HIBOR 利率缩窄，港币升值，港股与美元兑港币汇率负相关；随着资本继续流入，港股延续上涨，LIBOR-HIBOR 利率再度走扩，港币贬值，港股与美元兑港币汇率正相关。反之，资本流出初期，港股下跌，LIBOR-HIBOR 利率走阔，港币贬值，港股与美元兑港币汇率负相关；随着资本持续流出，港股继续下跌，LIBOR-HIBOR 利率再度缩窄，港币升值，港股与美元兑港币汇率正相关。比较特殊的是 2012 年下半年至 2015 年初，由于 LIBOR-HIBOR 利差倒挂，资金持续流入，港股持续上涨后港币贬值整体并不明显，但是仍出现了数个贬值小波段。

第四章

汇率风险管理实践

对于真正直面汇率波动的境内外企业、居民和金融机构而言，汇率波动是"因"，汇兑损益是"果"。对于任何一个"个体"而言，对汇率进行研判并不能完全地杜绝风险，锁定损益；因为市场对于预期的交易总是超前、迅捷且难以预料的。因此与其从"因"上求"果"，不如从"果"上思考解决之法，也就是汇率风险管理。

4.1 何谓"汇率风险中性"？

"汇率风险中性"是指企业把汇率波动纳入日常的财务决策，聚焦主业，尽可能降低汇率波动对主营业务以及财务报表的负面影响，以实现预算达成、提升经营的可预测性以及避免"黑天鹅"事件风险的目标。

"汇率风险中性"一词由来已久，2020年起中国人民银行和国家外汇管理局加大了"汇率风险中性"的宣传力度，督促企业树立风险中性理念、积累汇率套保经验、培养汇率风险管理人才。宣贯方面，2020年11月，国家外汇管理局副局长王春英在《中国外汇》上发表署名文章《适应汇率双向波动树立风险中性理念》，督促企业"应聚焦主业，财务管理应坚持汇率风险中性原则"；2021年6月，外汇市场自律机制公众号发文称"企业不要赌人民币升值或贬值，须知久赌必输"；2021年12月，李克强总理主持召开国务院常务会议时提到"鼓励银行有针对性开展远期结售汇业务，提升外贸企业应对汇率风险能力"。政策方面，国家外汇管理局将"外汇套保比率"纳入2021年银行考核体系；探索引入保险公司承保企业的衍生品履约风险，从而达成保证金和保费"双免"的目标；新增人民币兑外币对美式和亚式期权，丰富套保产品；允许银行同业合作办理外汇掉期和货币掉期。

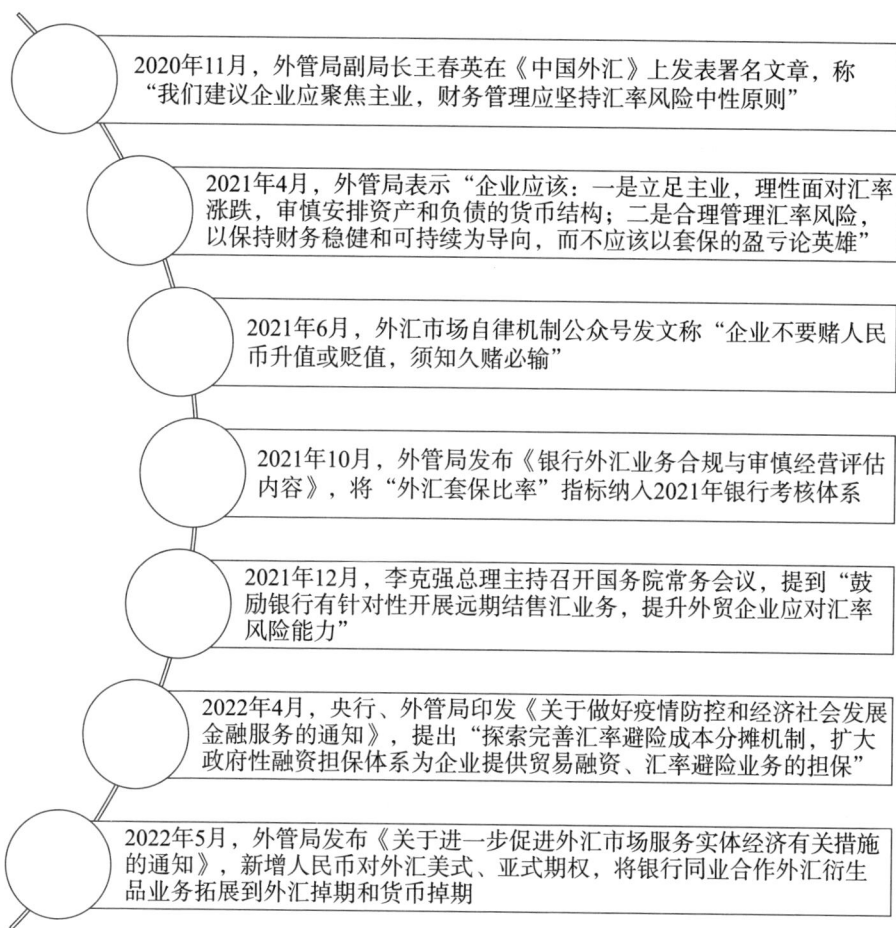

2020年11月，外管局副局长王春英在《中国外汇》上发表署名文章，称"我们建议企业应聚焦主业，财务管理应坚持汇率风险中性原则"

2021年4月，外管局表示"企业应该：一是立足主业，理性面对汇率涨跌，审慎安排资产和负债的货币结构；二是合理管理汇率风险，以保持财务稳健和可持续为导向，而不应该以套保的盈亏论英雄"

2021年6月，外汇市场自律机制公众号发文称"企业不要赌人民币升值或贬值，须知久赌必输"

2021年10月，外管局发布《银行外汇业务合规与审慎经营评估内容》，将"外汇套保比率"指标纳入2021年银行考核体系

2021年12月，李克强总理主持召开国务院常务会议，提到"鼓励银行有针对性开展远期结售汇业务，提升外贸企业应对汇率风险能力"

2022年4月，央行、外管局印发《关于做好疫情防控和经济社会发展金融服务的通知》，提出"探索完善汇率避险成本分摊机制，扩大政府性融资担保体系为企业提供贸易融资、汇率避险业务的担保"

2022年5月，外管局发布《关于进一步促进外汇市场服务实体经济有关措施的通知》，新增人民币对外汇美式、亚式期权，将银行同业合作外汇衍生品业务拓展到外汇掉期和货币掉期

图4-1　2020年以来政策当局鼓励企业汇率避险

资料来源：兴业研究。

在人民币汇率弹性不断提升，政策当局反复宣传风险中性理念，银行等金融机构积极创新服务方案的背景下，企业的汇率套保比例实现明显增长。

从全局来看，国家外汇管理局使用"（远期＋期权交易量）/（即期＋远期＋期权交易量）"测算企业汇率套保比例，该比例从2020年的14%攀升到2021年的22%，并在2022年进一步上升至26%。

更为重要的是，2020年前"企业套保比例随汇率波动弹性增大而增加"的特征在2021年后被打破。2020年11月国家外汇管理局曾提出："相当一部

分企业习惯在汇率波动加剧时才重视汇率风险管理，一些企业甚至利用外汇衍生品谋取收益或从事套利，偏离主业。调查显示，仅20%的企业能够严格遵照财务纪律，主动、及时规避汇率风险。"2021年人民币汇率波幅下降，但企业套保比例却显著提升，这反映出执行汇率中性策略而非追涨杀跌获取汇兑收益的风险中性企业比例在提升。

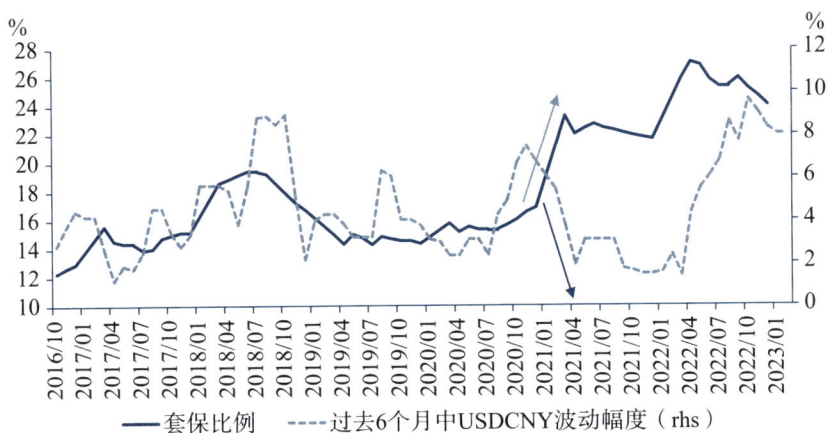

图4-2 套保比例、人民币波幅

注：套保比例=（远期+期权银行代客交易额）/（即期+远期+期权银行代客交易额）。图中剔掉历年1月和2月的异常值。波动幅度取过去6个月中（最高值/最低值－1）×100%。

资料来源：Wind，兴业研究。

我们也可以使用"外汇衍生品交易额/（进出口总额+直接投资流入流出总额）"测算全社会汇率套保比例。2015年到2019年间该套保比例不断提升，从7%左右上升到约25%，2019年到2022年间该套保比例维持在13%-22%区间。

不同于部分跨境证券投资的"快进快出"，与进出口以及直接投资相关的外汇收入和支出构成了企业主要的外汇敞口，亦是汇率套保交易开展的基础。将我国的套保比例数据与国际进行对比，能够窥得我国汇率风险管理市场未来的增长空间。借助BIS（国际清算银行）公布的OTC外汇衍生品成交额数据，我们可以计算出2019年4月人民币外汇交易额与国内进出口和直投总额之比约为0.4[①]；而英镑、澳元、日元、欧元、瑞郎等发达经济体货币该比值在2.7–4.8区间，南非兰特、巴西雷亚尔、港币等新兴经济体货币该比值也在1以上。与之相比，国内汇率风险管理市场仍有非常大的增长空间。

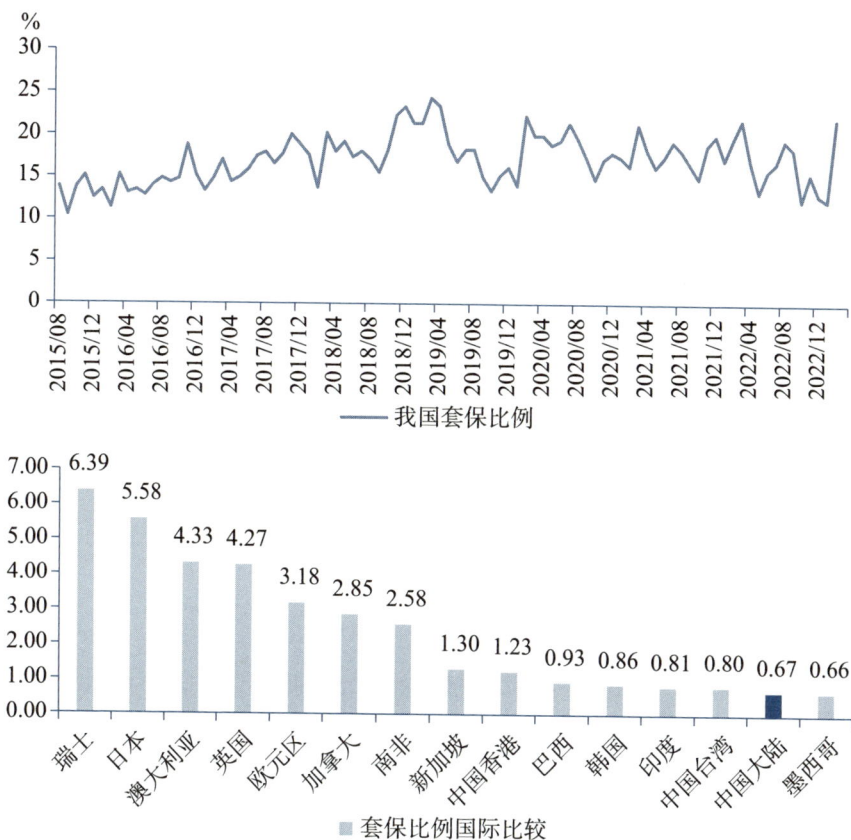

图4-3　进出口和直投视角下套保比例

注：

1. 套保比例＝外汇衍生品交易额（日均数据）/进出口和直投流入流出总额（月度数据）。

2. 上图外汇衍生品交易额数据来源于国家外汇管理局。

3. 下图取BIS公布的OTC人民币衍生品数据，包括在离岸和在岸发生的外汇交易，为2022年4月日均成交额。

资料来源：Wind，BIS，兴业研究。

---

① BIS公布的外汇OTC数据按币种划分，包含人民币在岸和离岸交易数据，其计算出的套保比例数值比外汇管理局数据计算出的套保比例数值要高。

展望未来，境内银行间外汇市场参与者将更加丰富、人民币双边汇率弹性将进一步增强。与此同时，有效汇率将继续发挥"宏观经济和国际收支的自动稳定器"的功能。

对企业而言，一方面，目前中国人民银行仍在汇率超调时采取逆周期调节工具维护汇率的相对稳定，这正是境内企业培养外汇套保经验的最佳"试炼场"。倘若错失这一机会，未来随着汇率市场改革进一步深入（不排除自由浮动的可能性），跨境与离岸资金深度参与境内银行间外汇市场，资金盘和投机盘积极参与外汇交易，汇率的波动性以及不可预测性将更高，缺乏汇率套保经验的企业将更难应对这一变化。

另一方面，目前"人民币汇率市场化程度不断提高"与"企业不成熟的套保理念"形成矛盾，这实质上阻碍了我国外汇市场的进一步改革。当前阶段政策当局宣传"风险中性"理念意在"补短板"，待短板补上，外汇市场化改革有望继续"大踏步"迈进。

4.2 上市公司汇率套保现状

通过收集A股上市公司财报中披露的"汇兑损益"数据，我们能够对境内企业汇率套保的现状进行分析。

全局性汇率避险现状

2021年和2022年上半年人民币汇率走势反转，天然构成了"汇率升值"和"汇率贬值"两个场景。对于"裸敞口"的企业而言，其将面临一年亏损、一年获益的情况。经统计，2021年，全国共3051家机构录得汇兑损失，总金额415亿元人民币；954家机构录得汇兑收益，总金额244亿元人民币。2022年上半年，全国共961家机构录得汇兑损失，总金额303亿元人民币；2883家机构录得汇兑收益，总金额562亿元人民币。我国继续维持"净出口"的外贸结构，净结汇的敞口大于净购汇。

具体来看，根据2021年和2022年上半年汇兑损益的表现，我们可以分成如下四个类别：

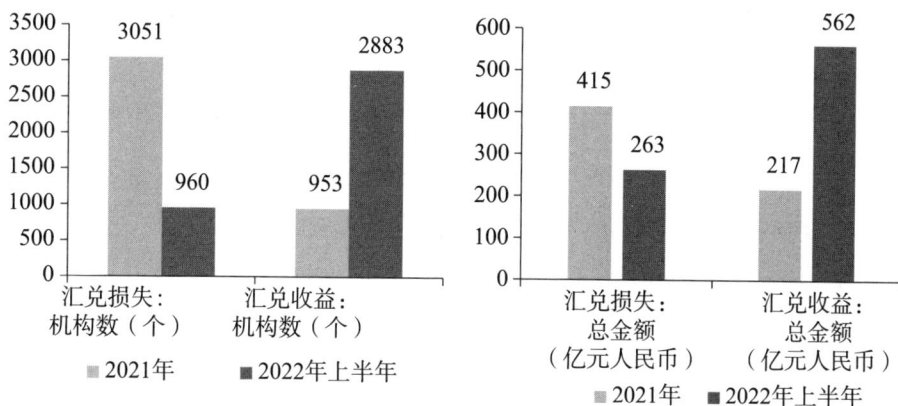

图4-4 2021年、2022年上半年上市公司汇兑损益机构数量和金额

资料来源：Wind，兴业研究。

1.出口企业，即2021年获得汇兑损失、2022年上半年获得汇兑收益。共2358家企业，2021年单家企业汇兑损失均值为1418万元人民币，2022年上半年单家企业汇兑收益均值为1828万元人民币。相比较进口企业，出口企业汇兑损失和收益的波动较小，整体上录得净收益。这可能反映出出口企业汇率套保的比例相对较高。

2.进口企业，即2021年获得汇兑收益、2022年上半年获得汇兑损失。共388家企业，2021年单家企业汇兑收益均值为4193万元人民币，2022年上半年单家企业汇兑损失均值为6184万元人民币。相比较出口企业，进口企业汇兑损失和收益的波动很大，整体上录得净损失。这可能反映出进口企业"裸敞口"的比例更大。

3.2021年和2022年上半年均获得汇兑收益的企业共507家，这大概率是灵活使用衍生品工具进行汇率套保的企业，且对于汇率波动有一定的判断。

从数量上看，同样是一升一贬的行情，2019年和2020年同时获得汇兑收益的企业共299家，数量上不及当前，这或许说明企业的汇率避险经验以及对市场的理解更加深入。

从收益上看，此类企业2021年平均收益1422万元人民币不及"随行就市"的进口企业（4193万元人民币），但2022年上半年的平均收益2471万元人民币高于出口企业平均水平（1828万元人民币）。

4.2021年和2022年上半年均承受汇兑损失的企业共559家，而在2019年和2020年同时承担汇兑损失的企业有768家。损益比较来看，2021年汇兑损失均值低于出口企业均值（1331万元人民币对比1418万元人民币），2022年上半年汇兑损失均值显著低于"裸敞口"的进口企业（1113万元人民币对比6184万元人民币）。这部分企业可能也使用了衍生品工具进行了汇率套保，但锁定价格也许较会计成本更差；且考虑到汇率套保成本的存在，导致升贬波段均录得汇兑损失。还有一种可能性是进口企业在2021年锁定敞口发现"亏损"后在2022年上半年放弃套保，从而导致更大规模的汇兑损失。从避险的角度来看，根据自身对汇率的判断"时而套保时而不套"，与"完全裸敞口"类似，都是在赌汇率升贬行情，有可能"捉鸡不成蚀把米"。

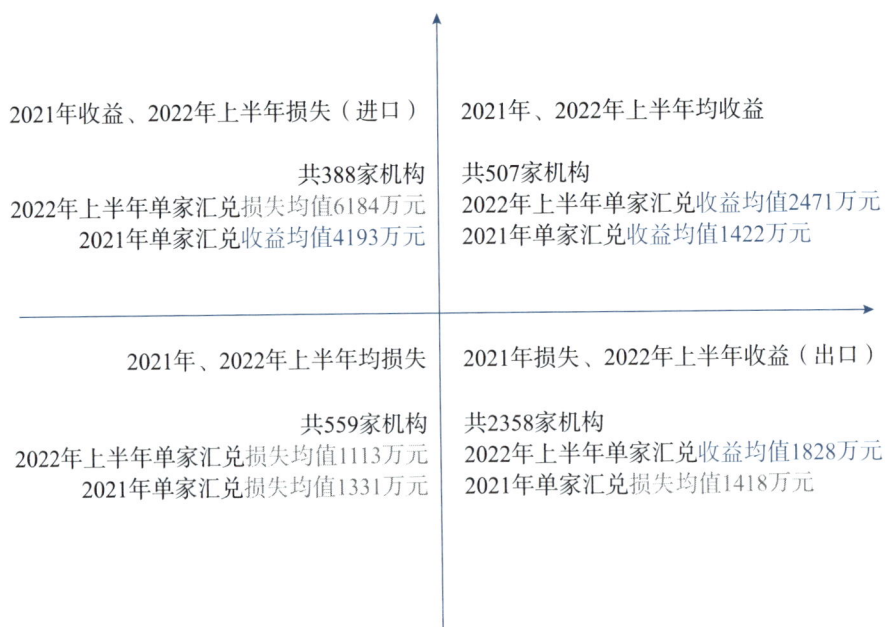

2021年收益、2022年上半年损失（进口）

共388家机构
2022年上半年单家汇兑损失均值6184万元
2021年单家汇兑收益均值4193万元

2021年、2022年上半年均收益

共507家机构
2022年上半年单家汇兑收益均值2471万元
2021年单家汇兑收益均值1422万元

2021年、2022年上半年均损失

共559家机构
2022年上半年单家汇兑损失均值1113万元
2021年单家汇兑损失均值1331万元

2021年损失、2022年上半年收益（出口）

共2358家机构
2022年上半年单家汇兑收益均值1828万元
2021年单家汇兑损失均值1418万元

图4-5 四象限划分汇兑损益企业

资料来源：Wind，兴业研究。

分行业汇率避险现状

进一步地，我们分行业考察上市企业的汇兑损益情况。总体来看，交通运输、钢铁、石油石化、消费者服务、电力及公用事业、非银金融等行业拥有净购汇敞口（净进口企业），在2021年录得汇兑收益、2022年上半年录得汇兑损失。汽车、家电、建筑、电子、通信、基础化工、机械、新能源、建材、医药、国防军工、传媒、纺织服装、有色金属、轻工制造、商贸零售等行业具有净结汇敞口，在2022年上半年录得汇兑收益、2021年录得汇兑损失。房地产、综合和农林牧渔等行业两年均录得汇兑损失；煤炭、综合金融、食品饮料两年均录得汇兑收益。

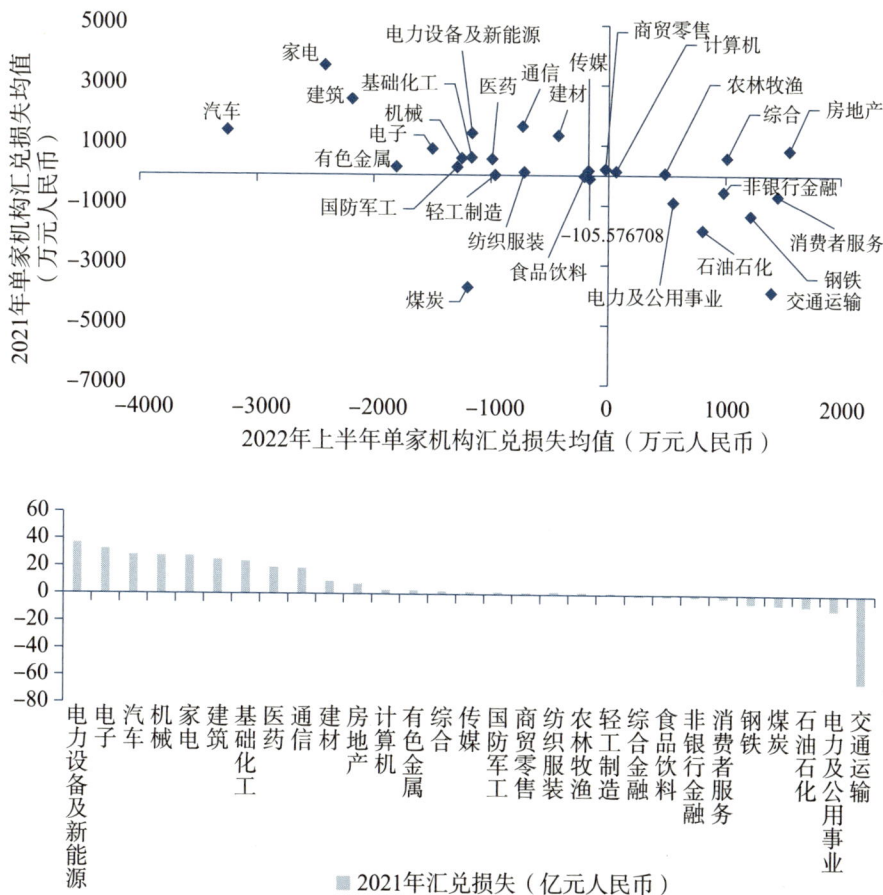

图4-6　按行业划分2021年、2022年上半年汇兑损益情况

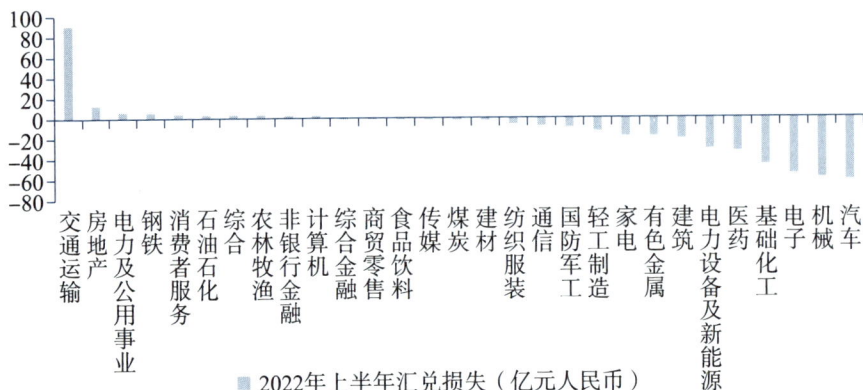

图4-6 （续图）

注：图中正值表示汇兑损失，负值表示汇兑收益。交通运输2022年上半年汇兑损失均值9977万元人民币，由于数量级太大，散点图做数值削减处理。

资料来源：Wind，兴业研究。

结合上市企业营业利润和收入来看：

- 食品饮料、煤炭、建材、非银金融等行业具有较高的利润空间；

- 综合金融、石油石化、计算机、传媒、通信、国防军工、纺织服装等行业虽利润率不及前述行业，但汇兑净损益规模不大，汇率变动对利润的侵蚀相对有限；

- 基础化工、医药、电力设备及新能源、家电、有色金属、钢铁、轻工制造、建筑、房地产、电力及公共事业、消费者服务等行业利润率不及前述行业，且汇兑净损益的规模较大，需考虑制定"风险中性"的财务管理体系，从而保证利润的稳定性；

- 交通运输、汽车、机械、电子作为汇率敞口较大、利润率相对薄弱的行业，实施汇率套保迫在眉睫；

- 商贸零售和农林牧渔受疫情和天气等影响，在2022年上半年"入不敷出"，尽管这两个行业汇兑净损益规模不大，但考虑到营业利润面对外部冲击的脆弱性，维持"风险中性"也是必要的。

结合美元长期和短期借款来看：

- 石油石化、电子、有色金属、交通运输、机械、电力设备及新能源等行业具有较大规模的美元长期和短期借款，这使其面临较大的汇率和利率敞口，除石油石化和有色金属外，这些行业的汇兑净损益规模也较大；

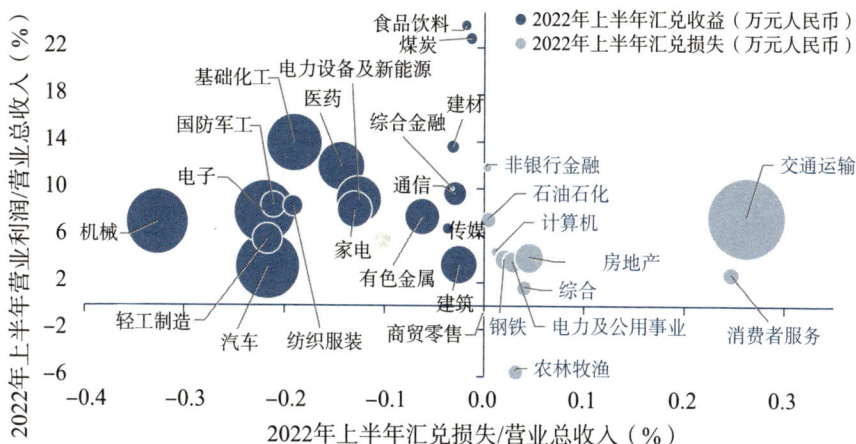

图4-7　各行业2022年上半年汇兑损益、营业利润占营业总收入比重

注：图中正值表示汇兑损失，负值表示汇兑收益。气泡大小表示全行业汇兑损益的总规模。

资料来源：Wind，兴业研究。

- 建筑、非银金融、电力及公共事业等行业美元长期借款规模相对较大，具有滚动汇率和利率套保的需求，目前这些行业的汇兑净损益规模不大；

- 通信、基础化工、房地产等行业举借一定规模的美元短期借款，使其面对汇率短期波动较为敏感，其中基础化工行业拥有较大规模的汇兑净损益；

- 医药、汽车等行业虽然汇兑净损益规模较大，但美元长期和短期借款规模相对有限。

结合美元存款及海外业务收入来看：

- 净进口行业中，交通运输和石油石化美元存款规模以及海外业务收入规模较大，非银金融美元存款规模亦丰厚，这能够缓解其原材料采购和外币债务偿还的负担；

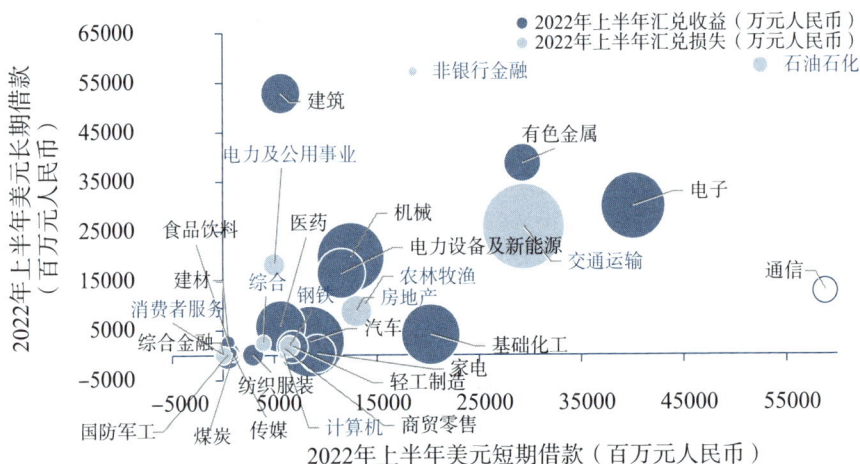

图4-8　各行业2022年上半年汇兑损益、美元长期/短期借款

注：图中正值表示汇兑损失，负值表示汇兑收益。气泡大小表示全行业汇兑损益的总规模。非银金融行业美元长期借款771亿元人民币；石油石化行业美元长期借款873亿元人民币；因数量级差异，上图做数值削减处理。

资料来源：Wind，兴业研究。

- 净出口行业中，电子行业海外业务收入和美元存款规模均可观，此外建筑、基础化工、有色金属、电力设备及新能源、机械、医药、家电、汽车等行业亦有较大规模的美元收汇和美元存款。上述行业均有管理结汇敞口的需求。

分区域汇率避险现状

我们还可以分区域考察上市企业的汇兑损益情况。按省份划分，甘肃、贵州、山西、辽宁四省拥有净购汇敞口（净进口方向），即在2021年录得汇兑收益、2022年上半年录得汇兑损失；内蒙古、北京、云南、广西在两年均录得汇兑收益；四川在两年均录得汇兑损失；其余所有省份拥有净结汇敞口（净出口方向）。

结合上市企业营业利润和收入来看：

- 贵州、天津、青海、宁夏、山西、西藏平均来看利润率较高；
- 湖南、安徽、陕西、新疆、重庆、内蒙古、四川、上海、云南虽利润率不及前述行业，但汇兑净损益规模不大，汇率变动对利润的侵蚀相对有限；

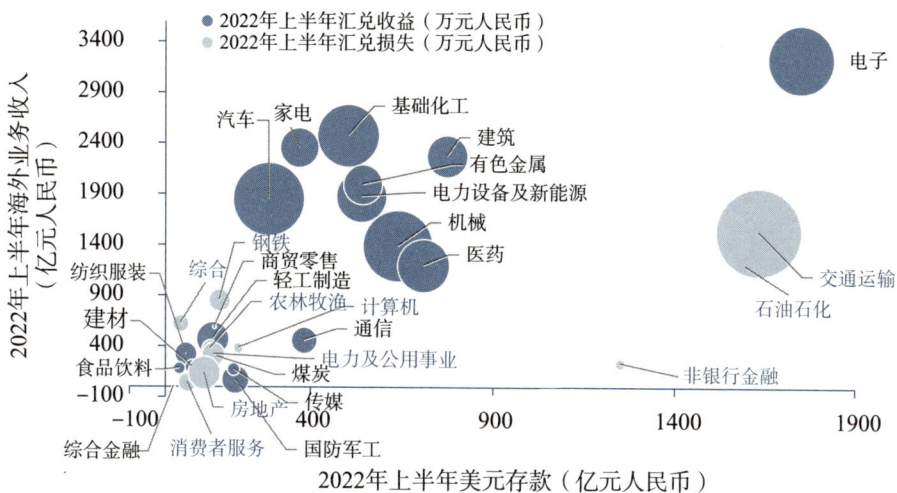

图4-9 各行业2022年上半年汇兑损益、海外收入、美元存款

注：图中正值表示汇兑损失，负值表示汇兑收益。气泡大小表示全行业汇兑损益的总规模。电子行业海外业务收入和美元存款分别为4856亿元人民币和1746亿元人民币；交通运输、石油石化、非银金融行业美元存款规模分别为1632亿元人民币、1595亿元人民币、1251亿元人民币；因数量级差异，上图做数值削减处理。

资料来源：Wind，兴业研究。

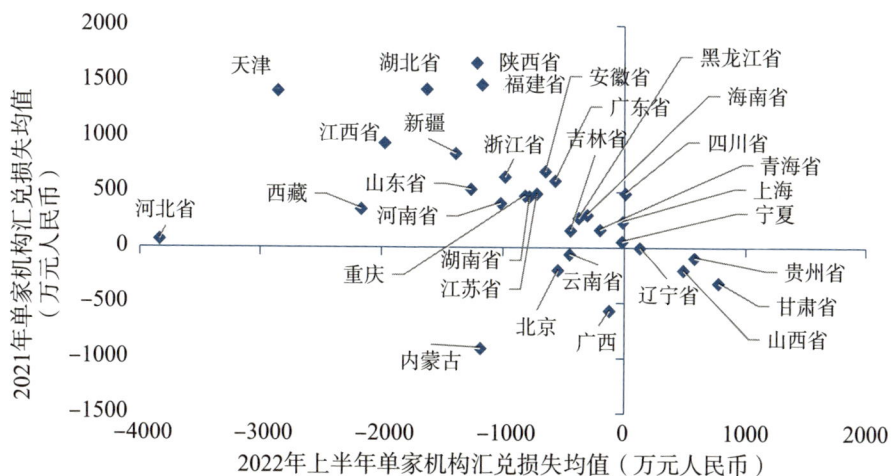

图4-10 按区域划分2021年、2022年上半年汇兑损益情况

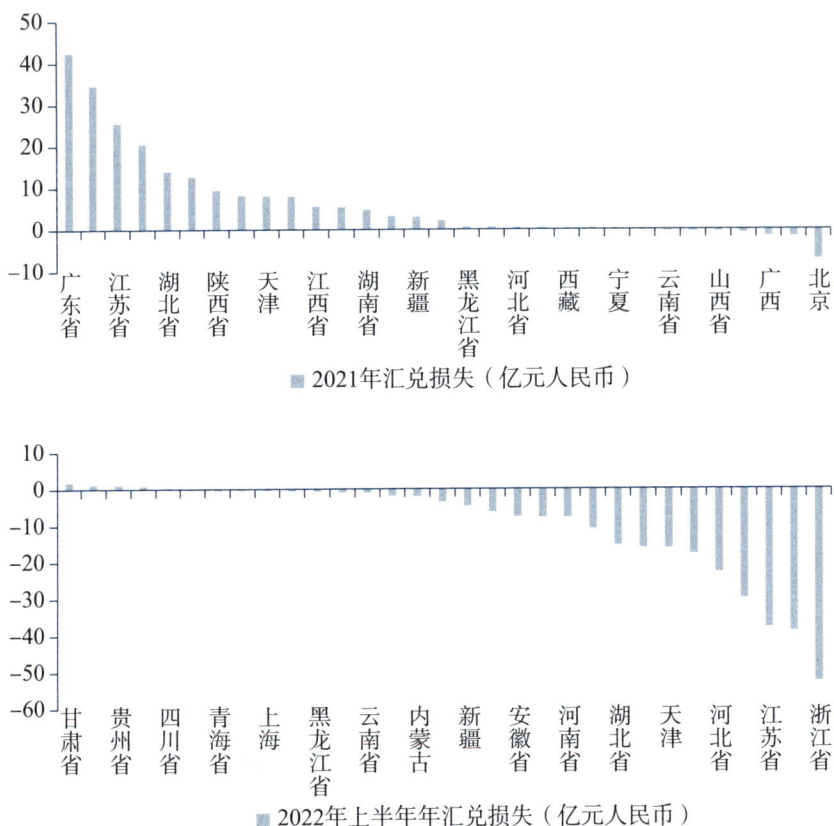

■ 2021年汇兑损失（亿元人民币）

■ 2022年上半年年汇兑损失（亿元人民币）

图4-10 （续图）

注：图中正值表示汇兑损失，负值表示汇兑收益。剔除掉海南省异常值。
资料来源：Wind，兴业研究。

- 浙江、广东、江苏、山东、湖北、河南汇兑净损益的规模较大；吉林、黑龙江、广西、辽宁、甘肃汇率敞口不大，但利润空间不厚，需考虑制定"风险中性"的财务管理体系，从而保证利润的稳定性；

- 河北、江西、福建总体上汇率敞口较大、利润率相对薄弱，实施汇率套保迫在眉睫；

- 海南上市企业受疫情影响，在2022年上半年"入不敷出"，尽管其汇兑净损益规模不大，但考虑到营业利润面对外部冲击的脆弱性，维持"风险中性"也是必要的。

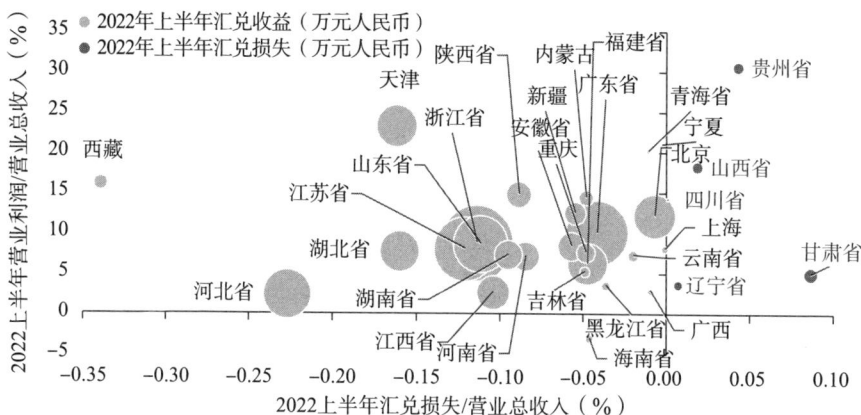

图4-11　各区域2022年上半年汇兑损益、营业利润占营业总收入比重

注：图中正值表示汇兑损失，负值表示汇兑收益。气泡大小表示全行业汇兑损益的总规模。

资料来源：Wind，兴业研究。

结合美元长期和短期借款来看：

- 广东、北京、福建、上海、浙江、江苏、山东具有较大规模的美元长期和短期借款，这使其面临较大的汇率和利率敞口，除上海外，这些地区汇兑净损益规模也较大；

- 新疆、海南举借的美元长期借款规模较大，具有滚动汇率和利率套保需求，其汇兑净损益规模有限；

- 江西、安徽、河北举借的美元短期借款规模较大，使其面对汇率短期波动较为敏感，其中河北拥有较大规模的汇兑净损益；

- 湖北、天津等区域虽然汇兑净损益规模较大，但美元长期和短期借款规模均较低。

结合美元存款及海外业务收入来看：

- 净出口区域中，广东、北京、浙江、江苏、上海、山东、福建具有可观的海外业务收入和美元存款，天津美元存款规模亦较大。上述行业均有管理结汇敞口的需求。

- 净进口区域中海外业务收入和美元存款规模均有限，其面临着原材料采购和外币债务偿还负担，所幸这些区域汇率敞口规模亦不大。

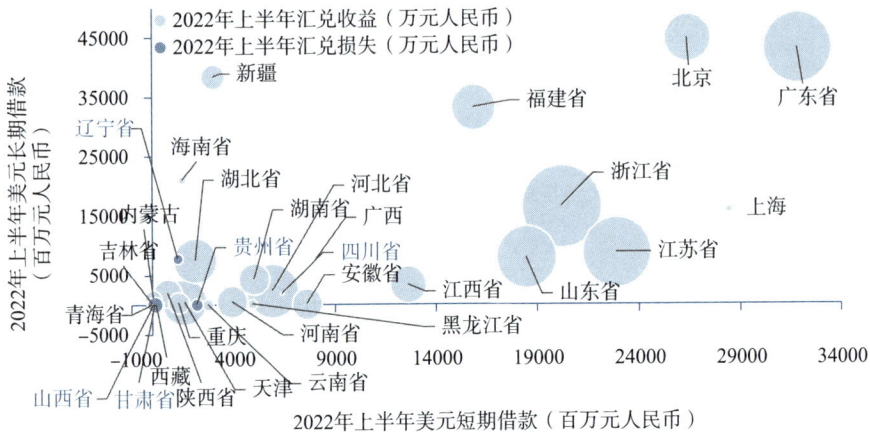

图4-12 各区域2022年上半年汇兑损益、美元长期/短期借款

注：图中正值表示汇兑损失，负值表示汇兑收益。气泡大小表示全行业汇兑损益的总规模。浙江、广东、江苏、北京、上海美元短期借款分别为323亿元人民币、1017亿元人民币、366亿元人民币、448亿元人民币、483亿元人民币；广东、北京、新疆美元长期借款分别为667亿元人民币、1476亿元人民币、652亿元人民币；因数量级差异，上图做数值削减处理。

资料来源：Wind，兴业研究。

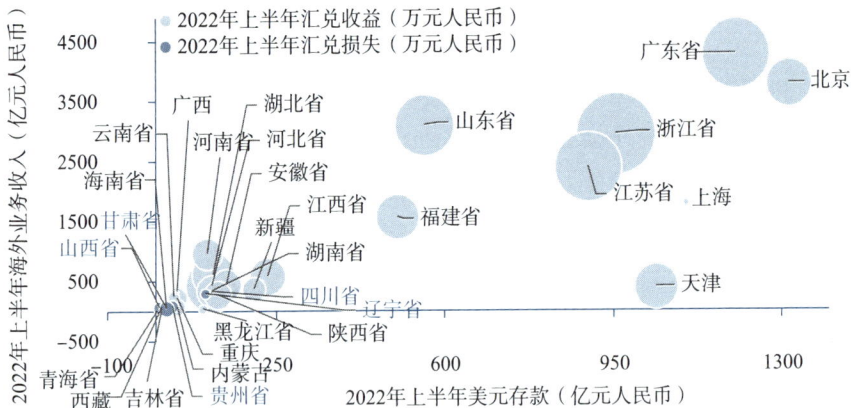

图4-13 各区域2022年上半年汇兑损益、海外收入、美元存款

注：图中正值表示汇兑损失，负值表示汇兑收益。气泡大小表示全行业汇兑损益的总规模。广东、北京、天津、上海美元存款分别为1806亿元人民币、3288亿元人民币、1350亿元人民币、1650亿元人民币；广东、北京海外业务收入分别为6413亿元人民币、5672亿元人民币；因数量级差异，上图做数值削减处理。

资料来源：Wind，兴业研究。

4.3　传统汇率风险管理工具：外汇远期、外汇掉期、货币掉期

外汇远期、外汇掉期和货币掉期的内涵

传统的外汇衍生品中，外汇远期、外汇掉期和货币掉期彼此间存在千丝万缕的联系。

外汇远期（又称直接远期，Outright Forward）是指交易双方以约定的币种、金额、汇率，在未来某一约定日期进行外汇买卖的行为。

外汇掉期（FX Swap）是一笔外汇即期与一笔外汇远期的组合：以美元兑人民币为例，买入外汇掉期是指期初在即期市场上以汇率S卖出美元、买入人民币，期末以实现约定好的远期汇率F买入美元、卖出人民币，即"近结远购"。另一种视角可将外汇掉期理解为一笔"抵押贷款"，期初以美元为抵押资产借取人民币，期末则归还人民币贷款并收回用作抵押的美元，远期和即期汇率的差值（掉期点数）就相当于这笔"抵押贷款"的成本。

货币掉期（Cross Currency Swap，CCS）又称交叉货币互换或是基差互换（Basis Swap），实际上是两端都支付浮动现金流，且交换本金的特殊利率互换。同样以美元兑人民币为例，买入货币掉期，除了在期初与期末交换美元和人民币本金外，在合约存续期间交易双方还需按照约定的频率交换美元利息和人民币利息。

货币掉期与外汇掉期的差异体现在以下三个方面：一是货币掉期在期中和期末除本金外还需交换利息，外汇掉期则不必；二是在期末交换本金时，外汇掉期以期初合约商定的远期价格F成交，而货币掉期则仍以期初的即期汇率S成交；三是外汇掉期覆盖短中长各期限，短期限流动性更佳，而货币掉期合约则以1年期及以上的长期限为主。

按照市场惯例，外汇掉期通常以"掉期点"的形式报价；掉期点为正代表该汇率远期升水，掉期点为负则代表远期贴水。外汇远期以"远期点"的形式报价，远期点与即期汇率之差即为掉期点。货币掉期则是用"基差点"

来报价。美元兑非美货币的基差点代表了离岸金融机构融入美元需要支付的折价，基差越低（负值越深入）表示美元融资成本越高，基差越高则表示美元融资成本越低。在非美市场上美元往往相对稀缺，这导致大部分货币相对美元的基差点为负。

由于外汇掉期和货币掉期的活跃期限和市场流动性存在差异，即使在成熟经济体中，超过 2 年期的外汇远、掉期合约流动性也会剧减。因此，在短期限市场中"基差点"往往根据活跃的"掉期点"来确定；而长期限市场"基差点"更具备定价权。

当前美元兑人民币市场上最常见的报价是"掉期点"，由于长期限合约相对缺失，缺乏活跃的基差报价；而在其他非美货币市场上，更受市场关注且广泛运用于分析和预测的价格则是"基差点"。BIS 于 2008 年发布的工作论文[1]中指出，相较于外汇掉期，货币掉期的价格发现功能更强，而且货币掉期对于关键价格的变动反应更加灵敏。

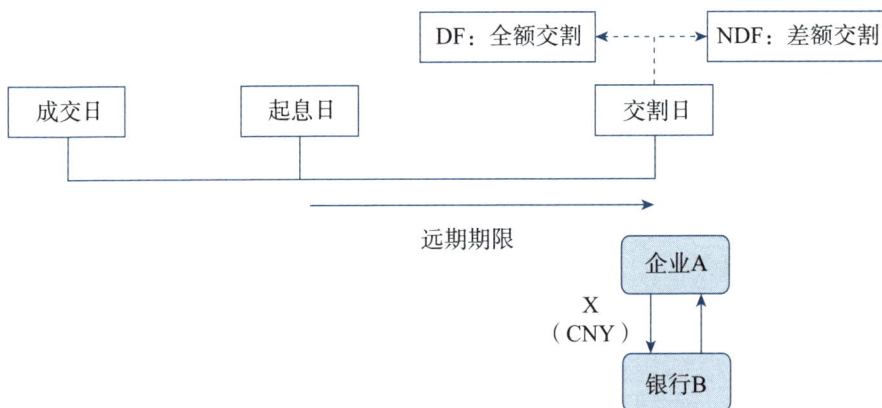

图4-14 外汇远期简化图

注：F 为约定的美元兑人民币远期汇率。
资料来源：兴业研究。

---

① Yasuaki Amatatsu, Naohiko Baba: Price Discovery From Cross Currency and FX Swaps: A Structural Analysis, BIS Working Papers No 264, November 2008.

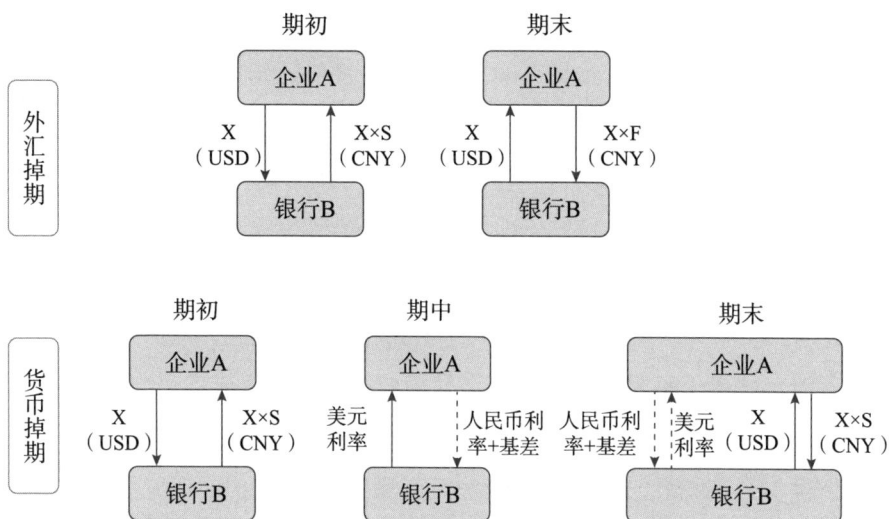

图4-15 买入美元兑人民币外汇掉期和货币掉期的简化图

注：S 和 F 指美元兑人民币的即期和远期汇率。

资料来源：兴业研究。

在汇率相关的众多衍生品当中，外汇掉期是最重要的品种之一。

从功能上说，外汇掉期（包括货币掉期）不仅仅是汇率风险管理的工具，它在资产负债及流动性管理领域也发挥着重要的作用。

首先，掉期是成熟经济体企业跨境融资的重要工具。具有全球化视野的企业通常会在各国市场寻找融资洼地，再通过相应的掉期合约将外币转换成本币以资日常运营之用。例如，2015年美联储货币政策开始紧缩，但欧央行继续加码宽松，这使得欧元融资成本更具吸引力，大量的美国企业通过"发行欧元计价债券＋买入欧元兑美元掉期"的方式降低美联储加息对融资成本的冲击。

其次，银行等金融机构经常使用掉期来管控货币错配风险。随着全球化程度提高，企业海外业务和居民海外资产头寸不断扩张。在此过程中本国银行等金融机构是提供外币融资的重要主体。为匹配资产端的外币头寸，除了吸收外币存款外，银行还常常使用外币回购、同业拆借和外汇掉期、货币掉期等方式来融入外币。例如，日本的银行利用掉期市场进行外币融资比较常见，因此日本央行非常重视掉期市场发展对金融稳定性的影响。

最后，掉期也是央行维护金融市场稳定、进行国际政策协调的重要工具之一，其中最常见的是央行之间的互换额度（Central Bank Swap Line）。以2008年金融危机时期美联储和欧央行的互换操作为例：美联储出借美元流动性给欧央行，同时收取以当天即期汇率计价的等值欧元作为抵押；期末欧央行归还美元"借款"，收回欧元"抵押品"，并且支付借款利息——该利率（以下简称r）略高于美联储的政策利率。在互换存续期间，欧央行将所获得的美元流动性提供给辖区内的合格金融机构纾困，融资成本也为r，并收取相应的抵押品。这一过程相当于美联储以欧央行作为担保方，向欧元区金融机构提供美元流动性，以保证离岸美元市场的稳定。2013年10月美联储与欧央行、英国央行、日本央行、瑞士央行达成协议，互换额度成为常备性货币政策工具。2020年3月，美股ETF被大量赎回导致风险资产被动平仓，金融机构"被迫"通过抛售避险资产获取流动性，这反而加剧了离岸美元的紧缺，美联储通过Swap Line向加拿大央行、英国央行、日本央行、欧央行和瑞士央行临时输送美元流动性，而后又将范畴拓展到澳大利亚联储、巴西央行、丹麦央行、韩国央行、墨西哥央行、新西兰联储、新加坡金管局、瑞典央行等。

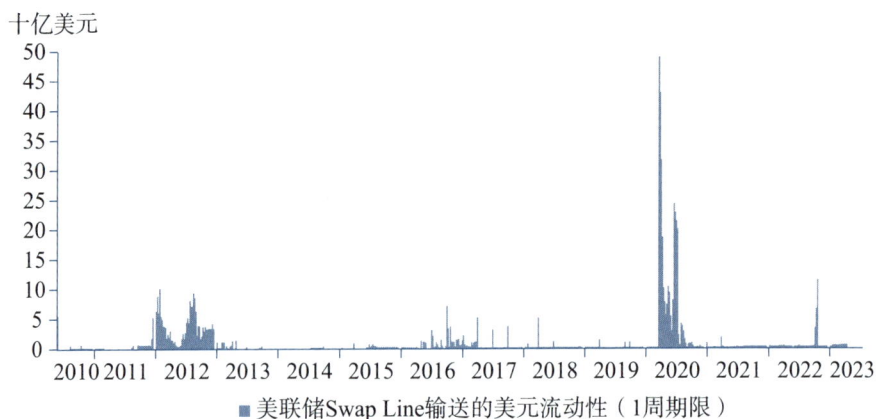

图4-16　美联储互换额度规模（以1周期限为例）

资料来源：Macrobond，兴业研究。

外汇掉期的定价机制

外汇掉期的定价遵循抛补的利率平价模型（Covered Interest Parity，CIP）。简单来说，通过签订远期合约，在一段时间内外币存款和本币存款的收益应该是一致的，否则就存在无风险套利的机会。

用 R_f 和 R_d 表示外币和本币无风险利率，S_t 和 F_t 表示t时刻的即期和远期价格，两者都是以外币兑本币的形式表示（比如美元兑人民币，以下若不另外说明，汇率均采用此标价方式）。按照CIP模型：

$$(1 + R_d) = (1 + R_f)\frac{F_t}{S_t}$$

通过移项可得：

$$掉期点 = F_t - S_t = S_t\frac{(R_d - R_f)}{1 + R_f}$$

由此可知，掉期点的大小取决于跨币种利差，即期汇率作为基数量纲。需要注意的是，对于资本账户尚未完全开放、本土金融机构难以无障碍地前往离岸市场融入美元的市场，跨币种利差中的"外币利率"应是指"本币市场上的外币利率"，区别于"离岸市场上的外币利率"。举例来说，美元兑人民币掉期点取决于境内人民币利率与境内美元利率之差，美元兑人民币即期汇率作为掉期点的计价量纲。而离岸美元SOFR利率虽会影响境内美元利率，但与美元兑人民币掉期点并无直接关系。境内美元利率与离岸美元SOFR之间的关联，我们已经在本书第二章节进行详述。

在某些特殊情景下，汇率预期也会对掉期点产生影响。举例来说，2015年"811汇改"之前，由于美元兑人民币汇率的定价存在限制，即期市场无法合理、及时地反映预期变化，使得远掉期市场成为释放汇率预期的重要窗口。汇率预期影响掉期点的传导机制在于，汇率预期会干扰企业和居民的结售汇意愿，由此引发的掉期市场平仓和美元存款变动将最终影响掉期点。例如，面对人民币持续升值预期时，企业倾向于锁定长期限结汇敞口，为此银行需要卖出掉期进行平仓（近购远结），带动掉期点回落；居民的结汇意愿强烈，境内美元存款增长乏力甚至萎缩，进而推高境内美元利率、带动掉期点下行。

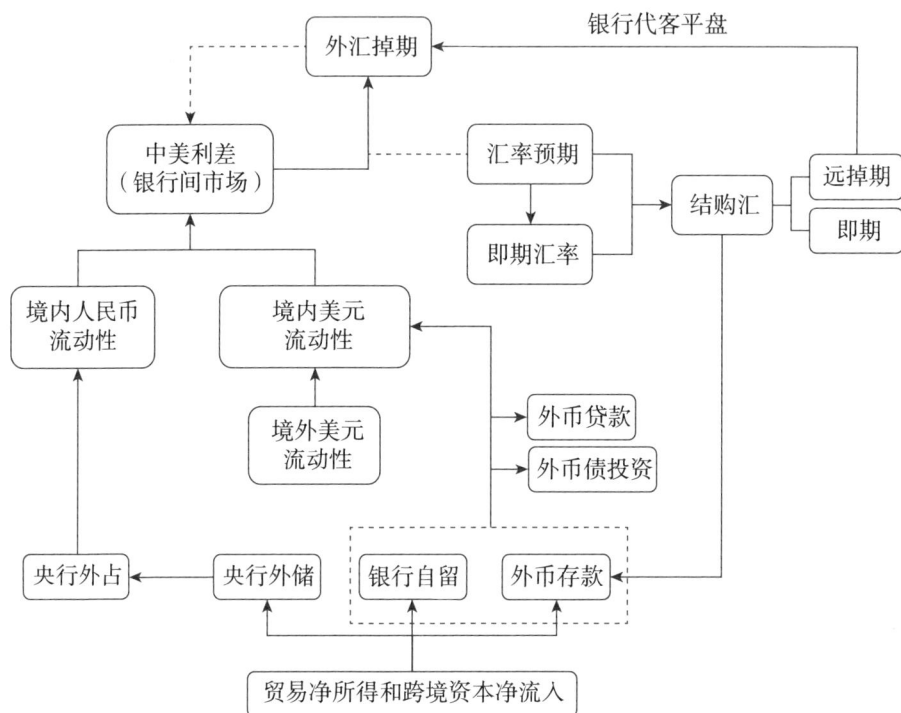

图4-17　美元兑人民币外汇掉期分析框架

注：

1. 对于贸易和资本净流入，我们暂时不考虑居民在境内直接持有外币现金。

2. 境内外币投资主要渠道是外币贷款和外币债券，其他方式上图中暂未注明。

3. 由于境内美元拆借市场整体容量小，部分期限掉期会反过来影响甚至决定本外币利差和境内外币利率。

资料来源：兴业研究。

运用上述掉期分析框架，我们能够更好地理解不同时期美元兑人民币掉期点变化的原因，以1年期掉期点为例（如无特别说明，对掉期的分析均以1年期限为例，其余期限走势与1年期相似）：

- 2012年之前，人民币基本处于单边升值行情，本币资产吸引力更大，并且外币投资渠道有限，居民结汇意愿更强，私人部门沉淀美元较少，外储吸收多余美元，境内美元多数情况下处于短缺状态，导致境内美元利率长期高于同期限LIBOR，美元兑人民币掉期点较低甚至为负值（也有人民币升值预期的影响）。

- 2012年初国内经济增速下行，叠加彼时央行扩大汇率波动区间后，人民币出现了数月的贬值行情，美元存款加速增长，外币贷存比下降，人民币与美元利差扩大，导致掉期出现了一波凌厉的涨势。

- 2014年后人民币预期扭转，居民结汇率下降，银行代客结售汇逐步转为逆差，尤其是在2015年"811汇改"之后，市场倾向于增持外币资产，削减美元负债，银行间市场美元流动性充裕，叠加人民币贬值预期导致掉期点创下历史高位。

- 2015年随着人民币加入SDR，央行逐步加快推进资本市场开放，境内外美元市场的联动性逐步加强。随着美联储开启加息，境内美元利率也随之上涨。另外，2016年之后中资美元债发行量大增，成为境内银行美元资产配置的重要标的，境内美元流动性维持紧平衡。

- 进入2018年，在中美贸易摩擦和去杠杆深水区的压力下，国内货币政策出现了边际松动倾向，流动性从"合理稳定"到"合理充裕"，NCD和SHIBOR利率在6月中旬之后均出现大幅下行，同时境内外美元流动性趋紧，使得中美利差迅速缩窄，带动掉期点加速下滑。

- 2019年美国进入去库阶段，美联储开启宽货币的大周期，境内外美元利率下行速率超过境内人民币利率，掉期点开始反弹；加之2020年我国率先摆脱疫情的影响复产复工，中美利差持续走阔，掉期点于2020年中触顶，随后维持高位盘整。

- 2022年国内率先进入去库存周期，货币政策宽松和人民币利率回落并行；而美联储则持续加息狙击通胀，中美利差收窄乃至倒挂驱动掉期点陡峭下行、转为深度负值。2022年11月掉期点开始出现筑底迹象。

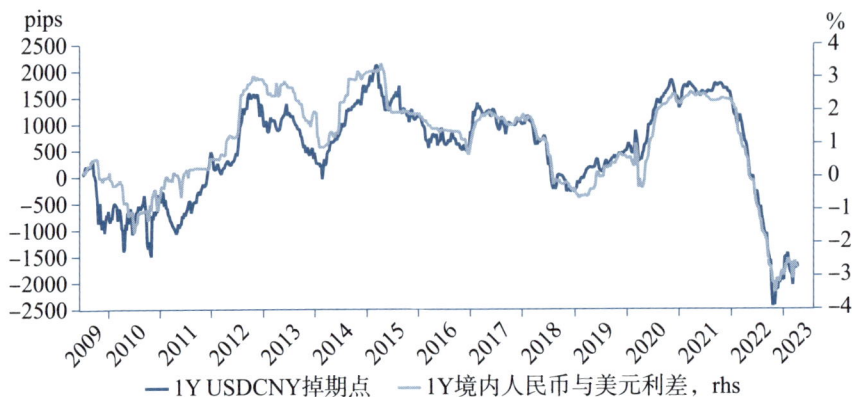

图4-18　美元兑人民币掉期、境内中美利差（1Y）

注：境内中美利差取1Y Shibor利率与1Y境内美元存款利率之差。

资料来源：Macrobond，兴业研究。

图4-19　使用境内中美利差拟合美元兑人民币掉期（3M、1Y）

图4-19 （续图）

注：模型1使用AAA+NCD利率和境内美元存款利率进行拟合，模型2使用Shibor利率和境内美元存款利率进行拟合。

资料来源：Macrobond，兴业研究。

"掉期点"和"基差点"有何关联？

在美元兑人民币市场上，最关键的衍生品价格是外汇掉期的"掉期点"，远期和货币掉期的报价均是以此为基础。而在其他非美市场上，尤其是发达经济体货币，最为核心的价格则是货币掉期的"基差点"。那么，掉期点和基差点之间有何关联呢？

通过无套利原理，我们可以简单得出掉期点swap和基差点x之间的关系。

假设两种合约的市场都具备足够的流动性，那么一个非美银行除了直接进行美元融资外，还能通过"非美货币融资＋掉期工具"的方式达到目的。

为方便表示，我们约定 R_d 表示本币无风险利率，φ 为本土银行本币融资的信用利差，F_t 指的是t时刻的远期汇率，S_t 表示的是t时刻的即期汇率，两者都是以美元兑本币的形式表示。通过"非美货币融资＋掉期工具"的方式间接融入美元，可选择的掉期工具包括外汇掉期和货币掉期：

• 本币融资＋外币掉期。成本主要由两部分组成：本币融资成本(1＋

$R_d + \varphi$），再将融入的本币在掉期市场上换成美元，根据利率平价理论，总成本为：

$$\frac{S_t}{F_t} \times (1 + R_d + \varphi)$$

- 本币融资＋货币互换。首先融入本币，成本为$(1 + R_d + \varphi)$；然后进入货币互换市场，与上述外汇掉期不同之处在于非美银行在合约存续期间将定期支付美元利息，同时收取经过基差调整的本币利息。注意掉期的成本S_t/F_t是事先确定的，而货币互换的支付和收取的利率都是期间浮动的，为了两者可比，在货币互换交易的基础上使用利率互换将浮动利率转化为固定利率——卖出本币利率互换并买入美元利率互换。在货币市场中，1年以内短期限的利率互换因为不交换本金，信用风险较小，互换利率可以近似地认为是无风险的，因此本币利率互换价格我们使用无风险利率R_d代替，而美元利率互换价格则使用离岸美元无风险利率$R_f^{offshore}$代替。注意，此处$R_f^{offshore}$与前文我们讨论的境内美元利率R_f不同，为离岸美元的价格。该方案的总成本为[1]：

$$(1 + R_d + \varphi) + \left[(R_f^{offshore}) - (R_d + x) \right]$$

若假设不存在套利机会，则以上两种方式成本应该一致[2]：

$$\frac{S_t}{F_t} \times (1 + R_d + \varphi) = (1 + R_d + \varphi) + \left[(R_f^{offshore}) - (R_d + x) \right]$$

$$Swap = F_t - S_t = S_t \times \frac{(R_d - R_f^{offshore}) + x}{(1 + R_f^{offshore} + \varphi) - x}$$

概括来说，

掉期点＝f（即期汇率）＋g（境内本币利率－离岸美元利率）＋h（基差）

换言之，基差点衡量了掉期点相对包含境内外跨币种利差（境内本币利率－离岸美元利率）的利率平价模型的偏离，其本质是境内美元利率相对离

---

① 在货币市场中，短期限（1年以及之内）的利率互换因为不交换本金，信用风险较小，互换利率可以近似地认为是无风险的，所以此处我们近似使用无风险利率作为利率互换的价格。

② 在实际中，可以直接使用利率互换＋基差互换的组合来模拟外汇掉期的效果。

岸美元利率的偏离。在美元兑本币的汇率标价下，基差扩大（如负值程度越高）意味着掉期点下行、境内美元利率抬升。

为验证这一结论，我们计算1年期美元兑日元掉期相对隐含境内外跨币种利差的利率平价模型的偏离，并将该指标与同期限日元基差点对比，发现二者走势几乎重叠。同样的方法我们测算出人民币基差点的历史走势，其与离岸美元利率和境内美元利率差走势重合。

更进一步地，我们可以将美元兑人民币掉期的影响因素进行拆分。将掉期除以即期以剔除量纲的影响，进而分解出中美利差（离岸美元）和基差两个影响因素。2015"811汇改"前，基差因素在掉期定价中占据了较大的比重，且基差效应长期贡献负向估值，这反映出人民币单向升值预期下，贸易和投资收汇早早结汇，造成国家外汇储备增长、人民币流动性被动投放，境内银行间美元流动性长期处于"紧缺"的状况，拖累掉期点回落。2016年后，基差的影响逐渐削弱，人民币掉期点更多跟随境内人民币与海外美元利差的变动，其背后反映的是中美经济周期和货币政策的错位。

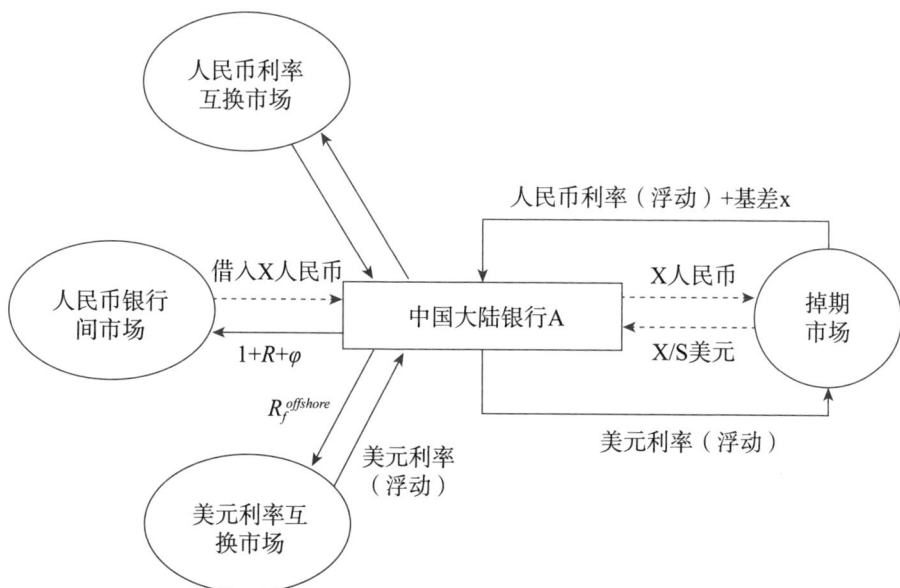

图4-20　模拟本币融资＋货币掉期的交易模式

资料来源：兴业研究。

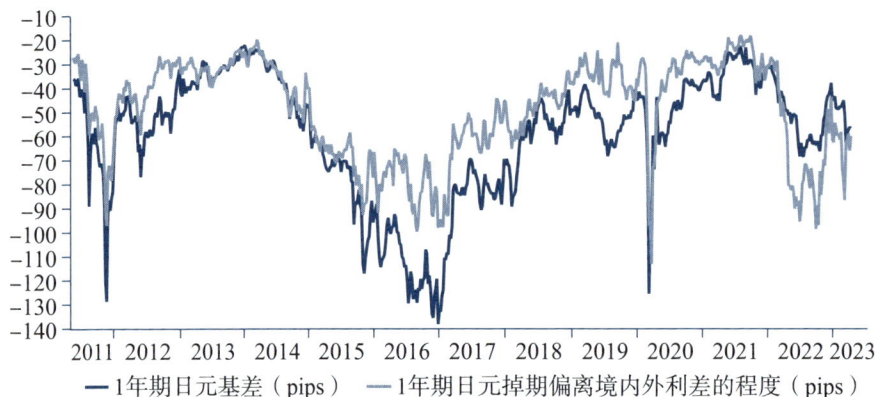

图4-21　日元掉期相对境内外跨币种利差的偏离、日元基差点（1Y）

注：境内外跨币种利差 =1Y 日债收益率 –1Y 美债收益率。

资料来源：Macrobond，兴业研究。

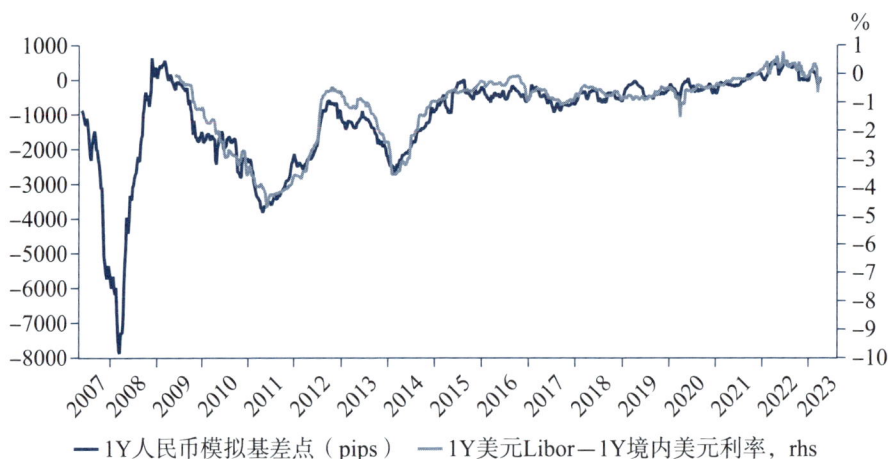

图4-22　人民币基差点模拟、离岸与境内美元利差（1Y）

注：境内美元利率取美元存款利率。

资料来源：Macrobond，兴业研究。

衍生品参与者行为及其影响分析

在前文中我们提及银行和实体企业分别是外汇掉期和外汇远期的主要参与者，国际市场上非银等金融机构也在外汇衍生品交易中占据重要一席。接下来我们就各机构参与衍生品的交易目的、交易模式及对市场影响进行详细分析。由于境内银行间外汇市场的发展仍待进一步完善，参与者种类较少，本章节我们分析的对象是海外外汇衍生品市场。

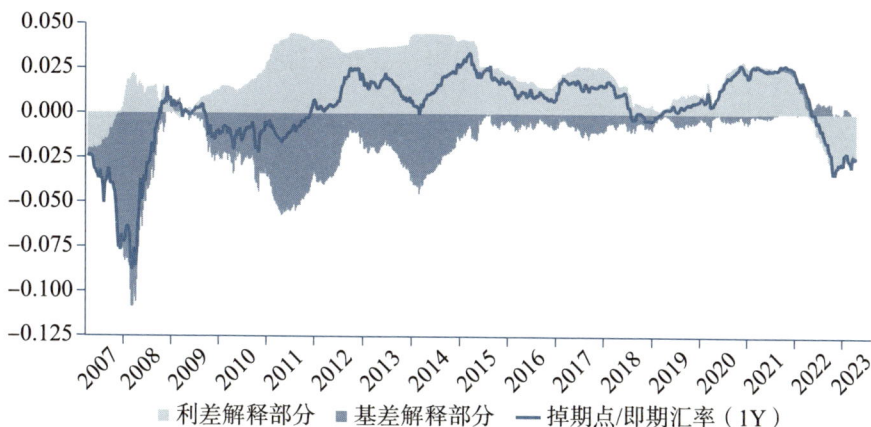

图4-23　1年期美元兑人民币掉期点影响因素分解

资料来源：Macrobond，兴业研究。

- 银行不同部门参与掉期交易的目的并不相同。司库主要利用不同币种的融资优势降低整体的资金成本。银行资负管理主要是为了匹配资产和负债的币种与久期，比如非美银行通过掉期融入美元来支持美元贷款。银行交易台除使用衍生品进行波段交易外，还会利用外汇掉期和基差互换来调整代客和自营的汇率利率衍生品敞口。

- 养老金、寿险公司和资管资金利用外汇衍生品融资及对冲汇率风险。欧洲和日本养老基金、寿险等机构进行海外投资时往往使用掉期工具进行美元融资或对冲汇率风险。

- 企业也存在不同的诉求。一方面，企业多使用直接远期对冲汇率风险：以国内企业为例，出口商卖出美元远期（远期结汇）会使掉期点下行、基差点绝对值走扩（负值深入），进口商买入美元远期（远期购汇）则会使掉期点上行、基差点绝对值收窄。另一方面，非美企业的外币融资往往通过掉期对冲汇率风险，是掉期市场的美元供给方，美国企业则正好相反。而大型跨国公司的财务部门也会像银行司库一样，调整币种组合以降低资金成本。

- 超主权机构有分散负债币种的客观要求，也有进行掉期套利的主观动机。欧洲超主权机构是最大规模的玩家，一方面通过美元融资分散负债，另一方面可以利用自身的融资优势（评级高）融入低成本美元，在掉期市场套利。
- 央行外储和主权财富基金是天然的美元供给方，他们在掉期市场上借出美元，并将获得非美货币存入央行准备金账户或投资非美货币短期国债。
- 对冲基金是掉期市场上影响力比较小的玩家，他们时常通过回购借入美元，并在短中期的货币基差互换市场上套利。

表4-1　外汇远掉期（包括货币掉期）市场的常见玩家

机构	交易目的	供给方 / 需求方	品种（期限）
银行司库和资负管理	通过掉期利用不同币种的利率优势，降低资金成本（或提高收益）	既是供给方也是需求方	外汇掉期（1年之内）
	降低资产和负债的货币错配风险	非美银行是需求方	外汇掉期（1年之内）货币掉期（2年及以上）
企业－进出口	锁定汇率敞口	非美出口商和美国进口商：需求方　非美进口商和美国出口商：供给方	直接远期（主要是1年之内）
企业－外币融资	对冲汇率利率风险	非美：供给方　美国：需求方	货币掉期（2年以上，与债务期限匹配）
超主权机构	负债多元分散化同时规避汇率风险，也有掉期套利的动机	欧洲机构规模最大：供给方　美国机构：需求方	货币掉期（2年以上）
养老金，寿险公司	海外投资规避汇率风险	非美：需求方　美元资金：供给方	外汇掉期（主要是1年至3个月，一般不长于1年）
资管	海外投资规避汇率风险	非美：需求方　美元资金：供给方	外汇掉期（主要是1年至3个月，一般不长于1年）

续表

机构	交易目的	供给方 / 需求方	品种（期限）
央行，主权财富基金	外储资金管理，掉期市场套利	供给方	外汇掉期（主要是 1 年至 3 个月，一般不长于 1 年）
对冲基金	投机套利	一般是供给方	货币掉期（1 年至 2 年）

注：表格中的供给方 / 需求方特指掉期市场上近端美元的需求和供给方。

资料来源：BNP，BIS，兴业研究。

从参与者的差异可以看出短端（1 年及以内）和长端（2 年及以上）基差的驱动力存在差别。

短端市场常常具有投资或是实需对冲的特点：

- 银行司库流动性管理主要与不同币种的融资成本及其可获得性有关，背后的影响因素包括货币政策和融资条件的差异；资负管理则通过掉期为外币资产融资或匹配负债，驱动在于资产端的需求、不同负债渠道的可获得性以及负债的成本与久期。

- 进出口企业会根据汇率预期以及企业的汇率避险决策进行远期结售汇，而交易商往往通过"即期＋掉期"的组合来平仓，这就导致远期结汇使得掉期点下行、基差点绝对值扩大，远期购汇则相反。

- 央行外储和主权财富基金通过掉期市场进行流动性配置，影响其美元供给的主要因素是掉期市场的收益，美元储备的增减以及市场环境的变化——当市场"不太平"时，外储短期美元资金会更偏好配置美国国债。

- 养老金、寿险公司等进行海外投资，通常选择通过短期限的外汇掉期来滚动对冲汇率风险。驱动资金流向以及套保操作的因素主要有资产相对收益率与安全性，对冲成本以及汇率波动率。

长端市场与跨境及跨币种的融资行为密切相关：

- 银行资负管理通过外币负债来支持企业的跨币种融资需求，对于非美银行来说，由于在外币存款和回购市场上处于边缘地位，卖出外币掉期成为重要的补充性融资手段，驱动因素与短端市场类似。

- 企业利用成本优势进行外币融资后，倘若要将外币兑换成本币或其他货币，一般企业会考虑使用掉期工具进行对冲，主要驱动因素在于融资需求、跨币种融资成本和企业的避险决策。

- 超主权机构和对冲基金主要是作为掉期市场套利的存在，他们一定程度上有助于缓解基差扩大，但是也加剧了掉期市场的顺周期波动。

图4-24　欧元兑美元与欧元1年期互换基差

资料来源：Macrobond，兴业研究。

图4-25　中国跨境证券投资、1Y美元兑人民币掉期

资料来源：Bloomberg，兴业研究。

在实际中需要分析不同经济体掉期市场的主要参与者来厘清掉期定价背后的逻辑。例如，由于掉期融资成本上升且其他融资渠道拓宽，日本银行业在日元短端掉期市场的影响力下降，而低利率环境下养老金、保险公司等海外投资资金发挥着越来越重要的作用——日本拥有全球规模最大的海外资产，日本政府养老投资基金（GPIF）是全球最大养老基金。这些资金的套保操作，譬如是否套保、多少比例套保、套保到期后是否展期等问题都会对日元即期汇率和掉期产生重大影响。比如2016年1月日本央行实施负利率政策后寿险资金大量出海，搭配汇率套保（近购远结）导致日元基差大幅扩大；而2018年末，对冲美元的成本不断上涨而汇率波动有限，部分日本险资选择不套保或掉期到期不续作，这成为美元相对需求回落、日元基差收窄的重要推动力；2021年下半年以来，日本投资者将投向海外的资金撤回，日元基差随美联储收紧货币政策而收紧，基差和海外投资头寸之间再次发生背离。

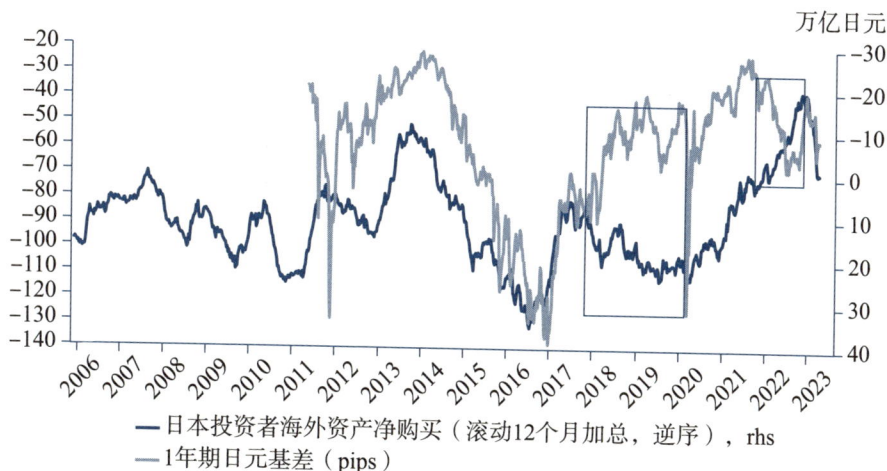

图4-26　日本寿险公司海外债券购买与日元基差

资料来源：Macrobond，兴业研究。

欧元是全球仅次于美元的融资货币。在长端掉期市场上，跨境的美元和欧元融资对欧元基差有重要影响。美国和欧元区银行和企业会利用有利的信用环境降低成本，美国企业发行欧元债再利用掉期转换成美元会导致欧元基差扩大，而欧元区企业发行美元债并进行汇率对冲则会使得基差缩小。欧元中长端掉期市场是融资对冲驱动的。

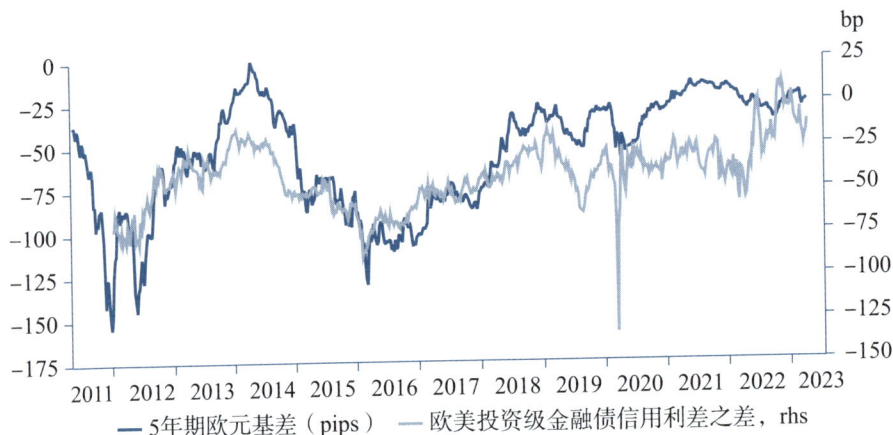

图4-27　欧元5年期货币基差和欧美金融债信用利差

资料来源：Bloomberg，兴业研究。

总结而言，不同类型市场参与者将对掉期点、基差点产生如下影响：

表4-2　不同类型参与者掉期定价因子总结

不同类型参与者	影响因素	对掉期价格的影响
银行流动性管理	不同币种利率和融资条件	双向影响，非美融入美元，推升基差
银行资负管理	资产端需求和外币融资渠道	双向影响，非美融入美元，推升基差
企业（进出口）	汇率预期和避险策略	远期结汇推升基差，美元隐含利率上升 远期购汇压缩基差，美元隐含利率下降
企业（跨境融资）	融资需求、跨币种融资成本和企业的避险决策	基差缩小，美元隐含利率下降
境内资金海外投资	资产相对收益率与安全性，对冲成本以及汇率波动率	初始推升基差扩大，但是展期决策不同，影响也不同

续表

不同类型参与者	影响因素	对掉期价格的影响
外储和主权财富基金	掉期市场收益，美元储备的增加，经济周期和市场环境	缓解基差扩大，遏制美元隐含利率上升
超主权机构和对冲基金	掉期市场的投机套利空间	缓解基差扩大，遏制美元隐含利率上升

注：基差均值非美货币相对于美元的基差。

资料来源：兴业研究。

4.4 传统汇率风险管理工具：欧式期权

期权给人的感觉既熟悉又陌生。说熟悉是因为期权运用的历史源远流长。据记载，古希腊哲学家泰勒斯（Thales）预测来年橄榄将大丰收，便提前大量购买（租用）丰收季压榨机的使用权，结果大赚一笔，一时成为知识创造财富的美谈。提前租用压榨机旺季使用权就是一种期权，购买期权本质上就是购买可以在未来行使的权利。然而，随着现代金融期权快速发展，多样的品种、灵活的结构和复杂的定价往往令人"望而生畏"。

现代金融期权以各类资产价格为标的，分为股票期权、债券期权、外汇期权、商品期权等，是重要的避险工具和交易工具。在众多期权品种中，外汇期权市场无论在市场深度还是流动性上都名列前茅。

外汇期权可以分为普通期权（Vanilla Option），以及在此基础上衍生的非标准化产品——奇异期权（Exotic Option）。按履约方式，外汇期权又可以分为欧式期权（European options）和美式期权（American options）。欧式期权仅允许期权买方在合约协定的日期行权，美式期权则给予买方在协定日期之前行权的权利。

品种方面，目前境内银行间外汇市场仅可交易场外期权（欧式期权、美式期权、亚式期权），离岸市场则已推出场内期权且发展迅猛。2016年6月27日至2022年7月间，台湾期货交易所交易标准化的美元兑人民币期权合约，包括普通合约（合约规模为10万美元）和微型合约（合约规模为2万美元）两大类，其中微型合约受到市场青睐，市场交易规模在2016年第三季度出现爆炸式增长后逐步回归正常，月均交易数量基本维持在20000手之内。2017年3月20日，港交所也推出美元兑人民币场内期权[1]，与台期所的普通合约大同小异，随着港交所人民币期权交易量和持仓量的上升，台期所相关合约的交易和持仓规模有所下降。

境内外汇交易中心以C-Trade平台为基础，在2016年推出了标准化的人民币掉期（C-Swap）和人民币远期（C-Forward）品种，交易双方可以在双边授信的前提下，按价格优先、时间优先的原则自动匹配成交，免去了中介撮合的环节和费用，未来有望进一步推出标准化的期权品种（C-Option）。

图4-28　台期所人民币期权交易情况

资料来源：CEIC，兴业研究。

---

[1]　新加坡交易所（SGX）在此之前推出过美元兑离岸人民币的期货期权，赋予购买者在约定时间以约定的价格购买或出售一定数量美元兑人民币期货的权利，这与台期所和港交所推出的现货期权不同。

手

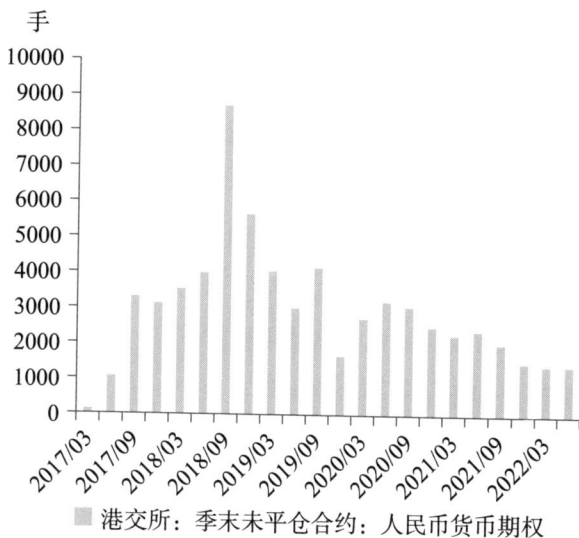

图4-29 港交所人民币期权（场内）未平仓合约

资料来源：Wind，兴业研究。

欧式期权的定价机制

购买期权相当于购买了一份权利，获得权利则需要付出成本，这就是期权费或者权利金（premium），在交易和市场分析中也常使用隐含波动率（Implied Volatility）[①]来代表。

根据价格变动方向不同，期权分为看涨期权和看跌期权两类；根据交易方向不同，又分为买入期权和卖出期权；如此组合出四种交易模式：买入看涨期权、卖出看涨期权、买入看跌期权、卖出看跌期权。买入期权者支付期权费后，拥有未来按照执行价格买进或卖出约定数量标的物的权利，而卖出期权者在获得期权费后，需要在买入者决定行权时作为对手方达成交易。

期权费该如何确定？这一问题困扰学界和市场交易多年，1973年美国的费希尔·布莱克（Fisher Black）和迈伦·斯科尔斯（Myrons Scholes）提出

---

① 根据布莱克-斯科尔斯模型和期权价格，可以反求出支持当前期权价格背后的标的资产波动率，通常可以认为是市场对未来波动的预期，也被称为隐含波动率。

布莱克–斯科尔斯模型（以下简称BS模型），为期权定价构建了基本框架，后续的各种改进都是在BS模型的基础上进行的。

在基本的定价框架中，期权价格的定价因素主要涉及5个方面：期权合约标的资产的当前价格、合约到期时间、行权价格、无风险利率以及市场预期的标的资产波动率。其中标的资产价格和无风险利率是市场环境因素；合约到期时间和行权价格是在合约订立时可以选择的因子；标的资产波动率则与期权价格呈现一体两面的关系。具体来说：

- 买入看涨期权即希望汇率价格上涨；反之，买入看跌期权相当于看空汇率价格。因此汇率价格与看涨期权价格呈正相关，与看跌期权价格呈负相关。

- 在不考虑贴现的情况下[①]，利率（包括国内利率和国外利率）主要通过影响远期汇率的价格来影响外汇期权的价格。以美元兑人民币为例，当人民币利率上升或美元利率下降时，一般美元兑人民币远期汇率也会随之升值。对于看涨期权的买方来说，可以通过远期结汇来锁定未来行权时的收益，远期价格越高，期权到期收益就越大，进而导致期权价格越高；当人民币利率下降或是美元利率上升时则看涨期权价格下跌。对于看跌期权则正好相反。

- 剩余到期时间越长，意味着期权获利的可能性越大，期权价格越高。

- 对于看涨期权来说，行权价格越低，期权买方获得收益的可能性和空间都会越大，看涨期权价格也越高；看跌期权则相反，期权价格随行权价格上涨而上涨。

- 若汇率波动率大，同样意味着期权买方在收益上拥有更大的可能性和空间，看涨和看跌期权的价格都会更高。

简单而言，对于看涨期权而言，标的资产现价越高、无风险利率越高、剩余到期时间越长、行权价格越低、标的资产波动率越大，则期权价格（期权费）越高。

---

① 境内银行间市场活跃期限的期权主要集中在1年之内，可以适当忽略贴现的影响。

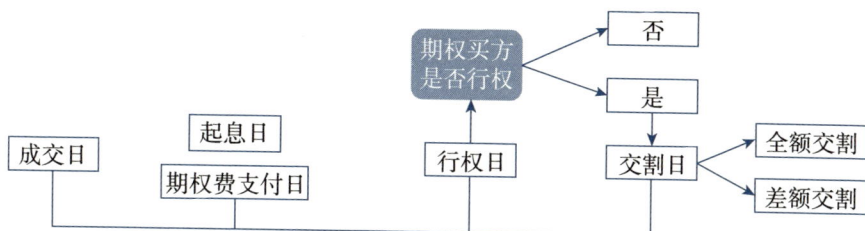

图4-30 欧式期权简要流程

资料来源：兴业研究。

表4-3 正常情况下外汇期权价格与主要定价因素的关系

		看涨期权	看跌期权
汇率价格	▲	▲	▼
	▼	▼	▲
国内利率	▲	▲	▼
	▼	▼	▲
国外利率	▲	▼	▲
	▼	▲	▼
剩余到期时间	▲	▲	▲
	▼	▼	▼
行权价格	▲	▼	▲
	▼	▲	▼
汇率波动率	▲	▲	▲
	▼	▼	▼

注：▲表示数值上涨，▼表示数值下降。

资料来源：兴业研究。

在实际应用中期权隐含波动率有其独特的优势，一方面隐含波动率和期权价格存在较好的对应关系（通常是正相关），并且相同行权价格与到期时间的看跌和看涨期权的隐含波动率基本一致[1]。另一方面波动率不需考虑单位

————————

[1] 由期权套利得出的"看涨–看跌平价关系"可以得出上述结论。

的约束，而且对比期权价格拥有更好的统计特征和规律。我们通常会从两个维度来具体分析隐含波动率的特征：

- 由期权合约不同的到期时间因素引申出隐含波动率的期限结构，即在不同的到期期限上波动率的分布；
- 由期权的行权价格因素可以得出期权内在价值的大小：当市场价格[1]高于行权价格，看涨期权处于价内（或实值）状态，而看跌期权则处于价外（或虚值）状态；当市场价格低于行权价格，则正好相反；当市场价格等于行权价格，则看涨和看跌期权都处于平价状态。在市场交易中常用Delta来近似衡量期权的价内或是价外程度。按惯例，Delta（的绝对值）取值在0至1之间[2]，一般而言，价外程度越高的期权Delta值越小，价内程度越高的期权Delta值越大，而处于平价的期权Delta值则在0.5附近。隐含波动率在Delta值上的分布时常呈现出"波动率微笑"的形态。

将上述两个维度相结合，就得到了市场上常用的波动率曲面，波动率曲面在期权定价以及构建交易策略方面都有重要的作用。

欧式期权的收益分析

除了价格和波动率外，期权及其组合的另一个重要特征是拥有灵活的收益特征。我们可以从简单损益图上进行分析，以美元兑人民币普通欧式看涨期权为例，买方在支付期权费后，则拥有在约定的日期以合同价格结汇或购汇的权利，若执行合约会造成损失，期权买方可以选择放弃行使权利。这意味着理论上对于买方而言，期权交易拥有"损失有限，收益无限"的特征，最大损失就是支付的期权价格。期权卖方则拥有"收益有限，理论上损失无限"的特征。

---

① 根据外汇交易中心的规定，外汇期权交易通常采用成交日的（相同到期期限）远期价格作为市场价格，与行权价格比较来判定期权是处于平价、价内还是价外状态。

② 外汇期权 Delta=（外汇期权价格的变化 / 外汇即期价格的变化）×100%，其中看涨期权的 Delta 为正值，看跌期权的 Delta 为负值，一般在讨论 Delta 值时准确讲是在讨论 Delta 的绝对值。

普通期权通过恰当的组合可以呈现出更具吸引力的期权费成本和收益结构特征。例如通过买入行权价格较低的看涨期权，卖出行权价格较高的看涨期权，二者到期日一致，可以得到看涨价差期权，该组合在降低期权费的同时，期权买方可以获得一个损失和收益都相对有限的组合，适合于投资者判断未来汇率市场波动率有限的情形。其他常见的期权组合还有看跌价差期权、风险逆转期权组合、跨市期权组合和蝶式期权组合，我们会在后面章节中进行展开。

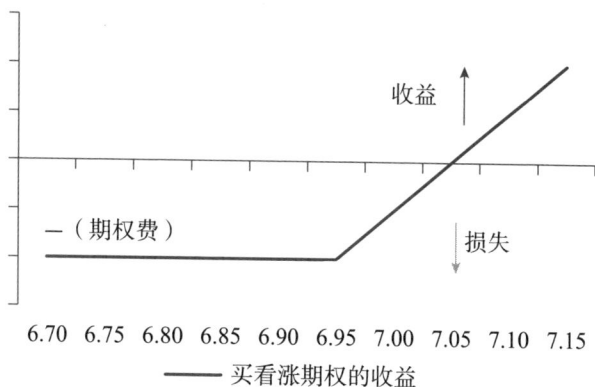

图 4-31　买入看涨期权

注：上图中主要描述的是普通欧式期权的收益曲线。
资料来源：兴业研究。

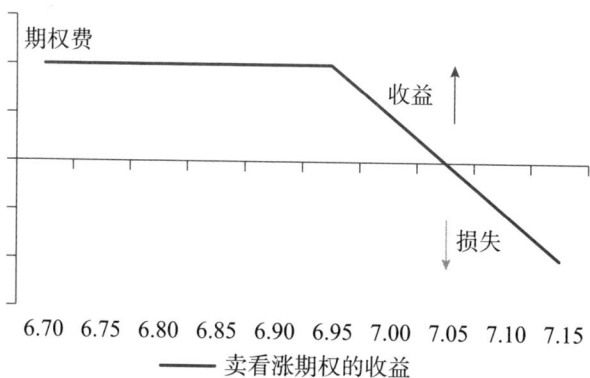

图 4-32　卖出看涨期权

注：上图中主要描述的是普通欧式期权的收益曲线。
资料来源：兴业研究。

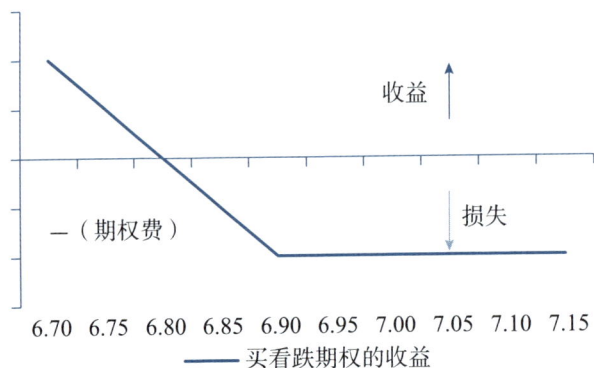

图4-33 买入看跌期权

资料来源：兴业研究。

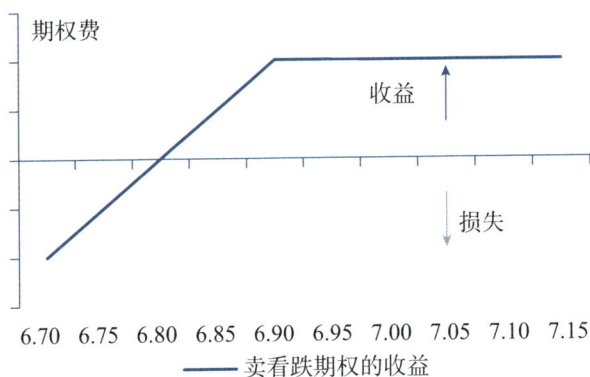

图4-34 卖出看跌期权

资料来源：兴业研究。

通过修改某些普通期权合约条件可以得到奇异期权。敲入期权（Knock-in Options）或敲出期权（Knock-out Options）在普通期权的基础上附加期权生效的条件，以敲出期权为例，在合约有效期内当标的资产价格达到一个特定的水平时，该期权作废（即被"敲出"）；如果在规定时间内资产价格并未触及障碍水平，则仍然是一个普通期权。敲入期权则正好相反。敲入或敲出期权在结构化理财产品中有较广泛的应用。常见的数字期权则简化了期权的收益结构，仅依据到期资产价格与行权价格的关系来确定收益（或者损失），以看涨数字期权为例，若到期时标的资产价格大于行权价格，则买方获得一定的收益——固定金额的现金或是标的资产的价值；若小于行权价格，则买方颗粒无收或者承担一定的损失。亚式期权作为一款交易活跃的奇异期权，与普通期权相比区别主要在于行权日确定收益时，不是采用标的资产当时的市场价格，而是使用期权合同期内某段时间标的资产价格的平均值。亚式期权将在下一章节进行详细介绍。

表4-4 常见奇异期权的特点

奇异期权	主要特点	普通期权的相关特点
敲入或敲出期权	附加期权生效条件：有效期内当标的资产价格达到某一价格水平时，期权才开始"生效"或者宣告"作废"	仅根据到期日标的资产价格与行权价格的关系来确定是否行权
数字期权	简化收益结构：仅依据期权是处于价内还是价外判定交易者获得固定的收益还是损失	根据市价与行权价格的关系确定期权损益的具体大小
亚式期权	使用平均价格，降低隐含波动率：使用标的资产在有效期内某段时间的平均价格作为结算市价或是直接作为行权价格	使用行权日的标的资产的即期价格与行权价格来计算收益

资料来源：兴业研究。

4.5 新型汇率风险管理工具：美式期权、亚式期权[①]

2022年5月发布的《国家外汇管理局关于进一步促进外汇市场服务实体经济有关措施的通知》（汇发〔2022〕15号，以下简称《通知》）中公布："对客户外汇市场新增人民币对外汇普通美式期权、亚式期权及其组合产品。"

国家外汇管理局在2021年11月下发的《国家外汇管理局关于支持市场主体外汇风险管理有关措施的通知（征求意见稿）》中，曾给出美式期权和亚式期权的定义："本通知所称普通美式期权，是指期权买方可以在到期日

[①] 本章节曾刊登在《中国外汇（2022年1月下半刊）》，此处稍作修改。

或到期日之前任何一天或到期日前约定的时段行权的标准期权。亚式期权，是指期权结算价或行权价取决于有效期内某一段时间观察值的平均值，分为平均价格期权和平均执行价格期权。"

美式期权与传统欧式期权的差别在于行权日的选择。美式期权持有者可以在到期日前自主选择行权日，欧式期权则仅可在到期日行权，二者结算价均为行权时的标的资产价格。美式期权广泛应用于豆粕、白糖、玉米、棉花、橡胶等商品期权中。

亚式期权与欧式期权的结算价或行权价取值不同。亚式期权是奇异期权（Exotic options）中交易量较活跃的品种之一。亚式期权取合约期内某段时间的市场平均价格作为结算价（即"平均价格期权"），或是直接作为执行价格（即"平均执行价格期权"）。

表4-5 欧式期权、美式期权、亚式期权对比

买入看涨期权	欧式期权	美式期权	亚式期权	
			平均价格期权	平均执行价格期权
行权价	合约约定价格	合约约定价格	合约约定价格	合约期内某段时间平均市场价格
结算价	到期日市场价格	合约期内任何一天行权时的市场价格	合约期内某段时间平均市场价格	行权时的市场价格
收益	Max（结算价–行权价，0）–期权费			
期权费	标准期权费C	≥C	<C	<C

资料来源：兴业研究。

美式期权和亚式期权的定价

美式期权无法直接通过Black-Scholes模型求解，而是需要借助二叉树模拟、蒙特卡洛模拟等方法进行数值计算，或是通过BAW等模型求出近似解。BAW模型的原理是将美式期权价格分解为"欧式期权价格（基于Black-Scholes模型）+提前行权价值"。美式期权赋予了持有者更灵活的行权时间，

因此同等条件下，美式期权的期权费用理论上要高于欧式期权。

对于美元兑人民币期权而言，美式看跌期权的期权费确实高于同等要素下的欧式看跌期权，然而美式看涨期权的期权费持平于欧式看涨期权。这是因为过去美元利率较人民币利率更低，因此提前行权相当于"损失"了一部分利息，理性持有者会选择"卖出美式看涨期权"（即平仓）而非"提前行权"[①]。这使得美元兑人民币美式看涨期权提前行权的价值降低，期权费接近于欧式看涨期权。

亚式期权也需要使用二叉树模拟、蒙特卡洛模拟等进行数值计算。由于标的资产平均价格的波动小于行权日当日市场价格的波动，因此同等条件下，亚式期权的期权费用要低于欧式期权。亚式期权中，平均价格期权以合同约定价格作为行权价，平均执行价格期权以行权日标的资产价格作为结算价，后者的价格波动高于前者，一般而言，平均价格期权费用低于平均执行价格期权。

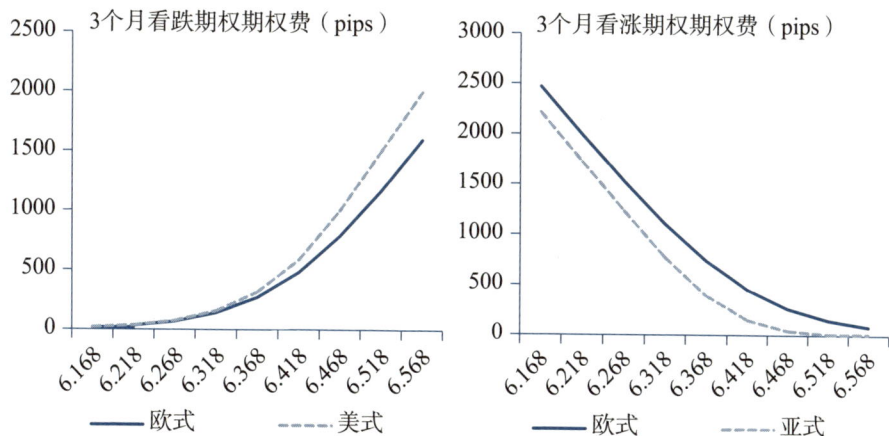

图4-35　美元兑人民币欧式期权、美式期权、亚式期权的期权费对比

注：取2021年12月7日数据，美元兑人民币当日收盘价为6.3678，横轴为行权价格。期权价格统一取 ask price（买价）。下同。

资料来源：Bloomberg，兴业研究。

---

①　这一结论的前提是美式看涨期权为具备较高流动性的场内交易产品，或是场外交易时经交易对手同意结清合约。

再来对比期权的风险参数，Delta、Gamma 和 Vega 可以描绘期权的风险敞口，也可作为风险对冲的计量依据。具体来说：

- Delta 刻画了期权价值相对于标的资产价格的变化率。随着到期日的临近，深度实值看涨期权[①]的 Delta 接近 1，而深度虚值看涨期权的 Delta 接近 0；深度实值看跌期权的 Delta 接近 -1，而深度虚值看跌期权的 Delta 接近 0。Delta 绝对值可以近似理解为到期时该期权处于"实值"[②]的概率。

- Gamma 刻画了 Delta 相对于标的资产价格的变化率，即期权价值对于标的资产价格的二阶导。当期权的行权价格接近标的资产的市场价格或是到期日临近时，Gamma 值将增加，因为此时标的资产的小幅变动将会决定期权最终获得正收益或是零收益（不考虑期权费）。

- Vega 刻画了期权价值相对于标的资产价格波动率的变化率。

对于看涨期权来说，亚式期权相比欧式期权，在行权价格附近 Delta 值下降的速率更快。究其原因，对于看涨期权而言，当标的资产价格由"实值"走向"平价"时，亚式期权采取的平均价格将比欧式期权采取的到期日价格更大概率落入"实值"区域，使得期权行权后获得正收益。因此"实值"亚式期权的 Delta 较欧式期权更大。

同理可得，当行权价格靠近标的资产价格时，亚式期权的 Gamma 值较欧式期权更高。而当行权价格远离标的资产价格时，由于亚式期权波动率更低，重回"实值"的概率更小，Delta 值相对于标的资产价格的敏感度也更低。即相比欧式期权，亚式期权的 Gamma 值凸度更大。

亚式期权的结算价格曲线较欧式期权更平滑，因此期权价格对于标的资产价格波动率的敏感度（Vega）也更低。

---

① 深度实值（虚值）看涨期权是指标的资产现价远大于（远小于）执行价格的看涨期权，深度实值（虚值）看跌期权是指标的资产现价远小于（远大于）执行价格的看跌期权。

② 对于看涨（看跌）期权而言，实值指到期日标的资产市场价格高于（低于）行权价格。

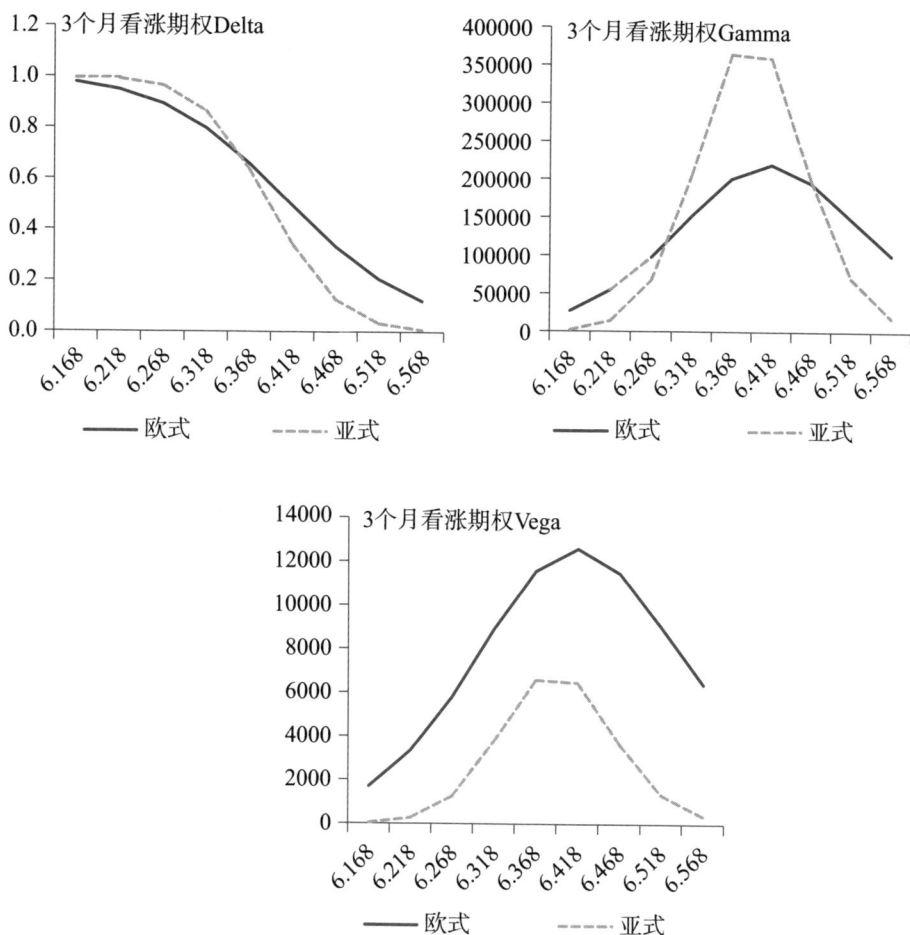

图4-36 美元兑人民币欧式期权、亚式期权参数对比

资料来源：Bloomberg，兴业研究。

对于看跌期权来说，美式期权由于可以提前行权，在美元兑人民币远期升水的背景下，同样行权价格的深度实值看跌期权，美式期权的Delta值比欧式期权更大。当行权价格靠近标的资产价格时，任一交易日资产价格大于行权价格均构成行权条件，因此单日资产价格变动对于Delta的影响更大，Gamma值较欧式期权更高。相比于欧式期权，美式深度实值期权的Vega值更快向0收敛。

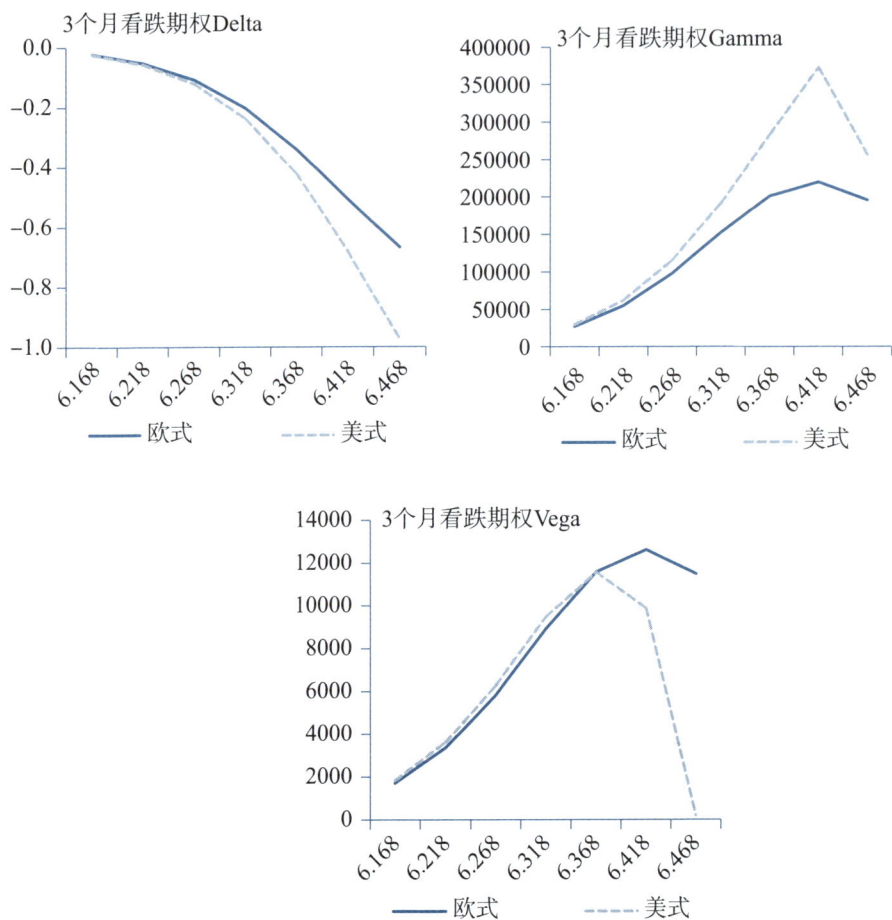

图4-37　美元兑人民币欧式期权、美式期权参数对比

资料来源：Bloomberg，兴业研究。

美式期权和亚式期权在汇率套保中的应用

美式期权、亚式期权在价格选取、行权方式、收益结算等方面更加灵活，为企业套期保值拓展了应用场景，也为银行创新汇率对冲方案提供了便利。

从应用场景来看，美式期权和亚式期权因其自主选择行权日、以平均价格作为结算价或行权价的特征，分别匹配尚未确定未来现金流收支时间、需要对一段时间内多笔或平均现金流进行对冲的企业的套保需求。

从期权定价来看，对于美式期权而言，由于赋予了买权者更灵活的权利，企业可以通过买入美式期权，在人民币震荡行情中更好地把握阶段性低点和高点锁定价格（尤其适合差额交割）。对于亚式期权而言，买入亚式期权能够在付出更少期权费的同时，达到欧式期权的效果；卖出亚式期权虽然前端获得的汇率补贴较少，但到期日市场异变触发行权的概率较欧式期权更低。

接下来我们列举几例美元兑人民币美式期权和欧式期权的使用范例：

- 震荡市中，进口企业可以通过买入美式看涨期权，在美元兑人民币接近震荡区间上沿时选择行权（尤其适合差额交割），其期权费与欧式期权相当。

- 进出口企业通过卖出美式期权，在锁定成本的同时能够获得持平或比欧式期权更高的价格补贴，但需注意行权价留足应对市场异变的空间。

- 以进口企业为例，买入亚式看涨期权能够在付出更少期权费的同时，达到欧式期权"既锁定人民币贬值时成本，又享受人民币升值时福利"的预期效果。出口企业买入亚式看跌期权亦然。

- 进出口企业卖出亚式期权除锁定了市场朝不利方向运行时的汇兑成本以外，还能够获得一定的期权费补贴。虽然补贴金额较欧式期权少，但到期日市场异变触发行权的概率降低。

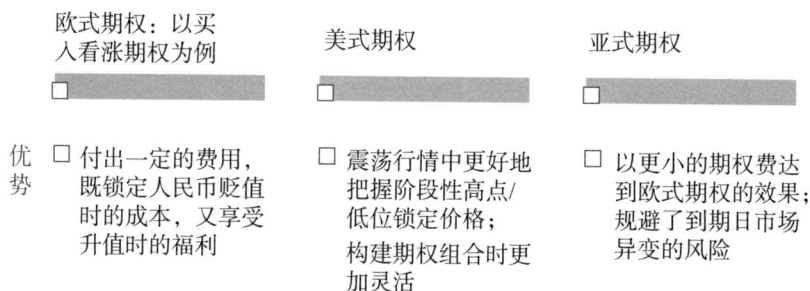

欧式期权：以买入看涨期权为例	美式期权	亚式期权
优势 □ 付出一定的费用，既锁定人民币贬值时的成本，又享受升值时的福利	□ 震荡行情中更好地把握阶段性高点/低位锁定价格；构建期权组合时更加灵活	□ 以更小的期权费达到欧式期权的效果；规避了到期日市场异变的风险

图4-38 美元兑人民币美式期权和亚式期权的应用场景

适配客户	□ 初接触期权产品的客户	□ 尚未确定未来现金流收支时间的客户；对汇率市场具有一定的判断力	□ 需要对一段时间内多笔/平均现金流进行对冲的客户
应用场景范例	□ 远期购汇的替代方案，适用于期权锁定价格优于远期购汇价格的情况，例如期权低波动率时期	□ 1.震荡市中，进口企业买入美式看涨期权，在美元兑人民币区间上沿附近行权，尤其适合差额交割	□ 1.进口（出口）企业买入亚式看涨（看跌）期权，付出更少期权费的前提下，达到欧式期权效果
		□ 2.卖出美式期权在锁定成本的同时，获得持平或比欧式期权更高的价格补贴，但需注意行权价留足应对市场异变的空间	□ 2.卖出亚式期权虽然前端获得的汇率补贴较欧式期权少，但到期日市场异变触发行权的概率降低

图4-38 （续图）

资料来源：兴业研究。

4.6 期权波动率的内涵与启示

隐含波动率的内涵、特征与"微笑曲线"

汇率的波动率最常见的有两类——实际波动率和隐含波动率。实际波动率通常是指即期汇率价格变化所产生的波动率，用过去一段时间内即期汇率的年化标准差来表示，反映的是已经实现的资产价格波动特征。而隐含波动率则是利用期权的市场价格，通过经典的Black-Scholes模型反推得出，它反映的是市场参与者对于未来一段时间内资产价格波动的预期。

我们引入时间的概念，以3个月期限为例：假设期权即刻生效，存续期为未来3个月，则在当前的时点上我们所拥有的信息是标的资产在过去3个月的历史实际波动率和期权当前的交易价格。根据BS模型，在确定其他四个因素的情况下，决定期权价格的是期权存续期间内标的资产的实际波动率——这在到期日看来是历史实际波动率，而在当前看来则是不可知的未来实际波动率。隐含波动率反映的是当前期权交易价格内含的、对未来实际波动率的市场预期。

历史信息通常是人们做出预测的基础，这导致隐含和实际波动率基本走势相似。但隐含波动率并不能与未来实际波动率完全契合，随着时间推移期权的价格会发生市场预期之外的波动，这是交易员判断期权定价存在偏差、发现交易机会的重要来源。

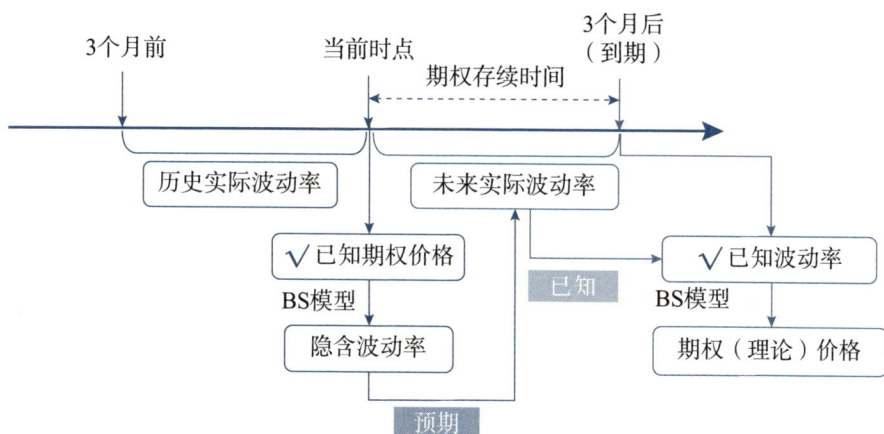

图4-39　实际波动率与隐含波动率示意图

资料来源：兴业研究。

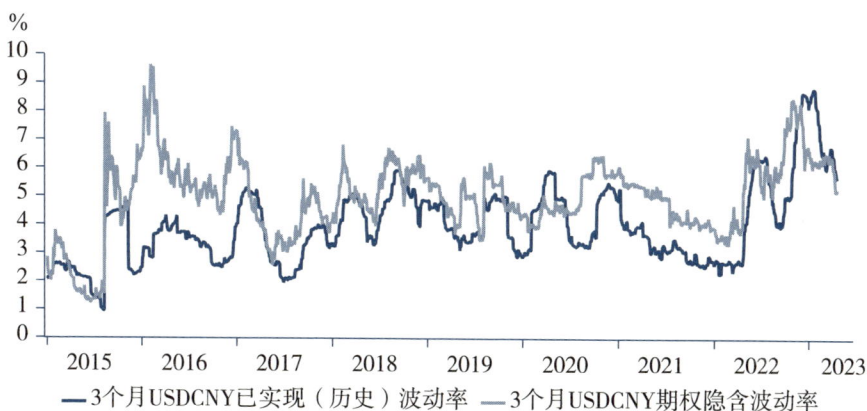

—3个月USDCNY已实现（历史）波动率　—3个月USDCNY期权隐含波动率

图4-40　美元兑人民币3个月实际波动率与隐含波动率

注：ATM 即 At The Money，指平价期权。下同。

资料来源：Bloomberg，兴业研究。

　　隐含波动率上行往往对应即期人民币汇率告别盘整，进入趋势行情，但隐含波动率本身并不明确指示市场的多空，因此人民币趋势性波动的方向并不确定。隐含波动率具有均值回归、波动集聚、U形季节分布等特征，以3个月为例：

- 隐含波动率在偏离中轴一段时间、一定幅度后会向中轴收敛。2015年"811汇改"后，波动率中枢出现了结构性的抬升，而异常值相对中轴的偏离却比"811汇改"前更小。未来随着汇率市场化程度继续提高，波动率中枢还将进一步上行。

- 人民币期权的隐含波动率还存在明显的右偏，即与标准正态分布相比，出现极大"异常值"的可能性更大。2015年"811汇改"前波动率"异常值"（极大值）出现在2000年、2005年和2008年，均是亚洲货币出现显著贬值的时点；"811汇改"后出现极大异常值的时点为2015年、2016年和2022年，均是人民币汇率承压的波段，而在人民币大幅升值波段，例如2017年和2021年，期权隐含波动率出现极小"异常值"。

- 波动性呈现较明显的集聚效应，即高波动率或低波动率往往会"扎堆"。从统计上看，波动率序列具有较高的自相关系数，当前波动率与过去波动率密切相关，体现出期权市场价格的粘性较大，在受到冲击后影响会持续一段时间。与"811汇改"之前相比，"811汇改"之后人民币期权波动率的自相关关系有所削弱，一定程度上反映了汇率市场上，预期的自我强化（即"羊群效应"）减弱。

- 季节性特征上，人民币隐含波动率整体呈现两端高、中间低的"U"形状——年初和年末市场波动通常较大，上半年波动率多在低位徘徊；而且2015年"811汇改"实施后，人民币即期汇率多次在8月出现变盘、期权隐含波动率则在8月和9月抬升。

- 2015年"811汇改"前，离岸USDCNH期权隐含波动率系统性高于同期限的在岸美元兑人民币期权；2016年后境内外波动率趋于一致；2019年以来境内外波动率再度出现分化，波动率差与即期汇率的走势相关性较高。

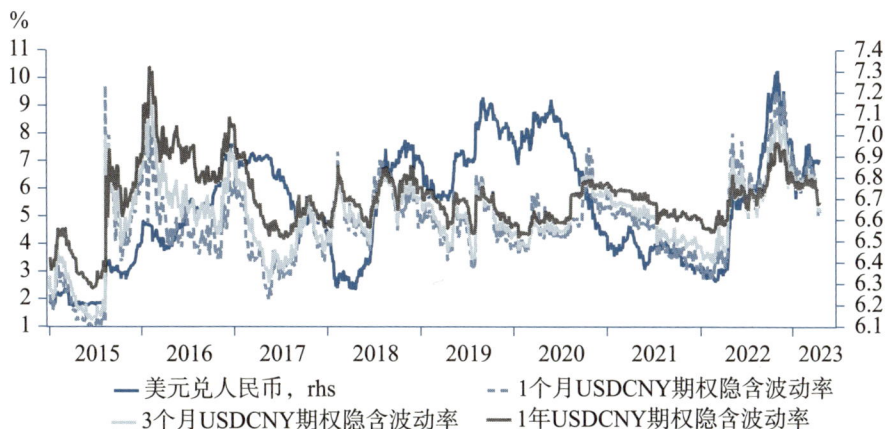

图4-41　美元兑人民币3个月平价期权波动率、即期汇率

资料来源：Bloomberg，兴业研究。

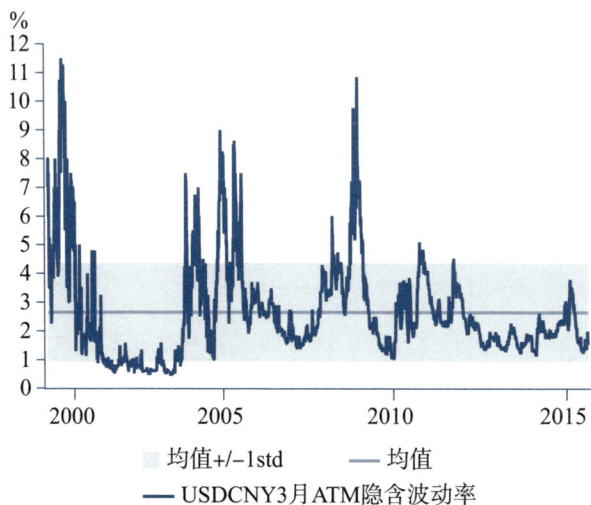

图4-42　美元兑人民币3个月隐含波动率（8.11前）

资料来源：Bloomberg，兴业研究。

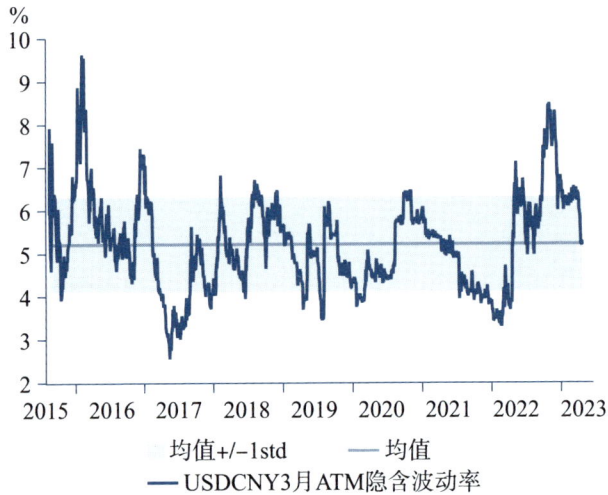

图4-43　美元兑人民币3个月隐含波动率（8.11后）

资料来源：Bloomberg，兴业研究。

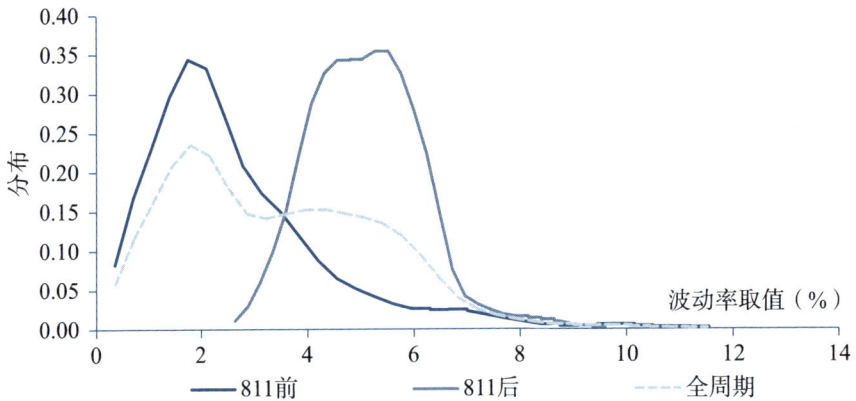

图4-44　美元兑人民币3个月平价期权波动率分布情况

注：统计区间为1992年3月至2022年10月。

资料来源：Bloomberg，兴业研究。

　　我们在前文中提到，期权合约的Delta值可以近似衡量某一期权合约处于价内或是价外的程度，隐含波动率在Delta值上的分布时常呈现出"微笑曲线"的形态。

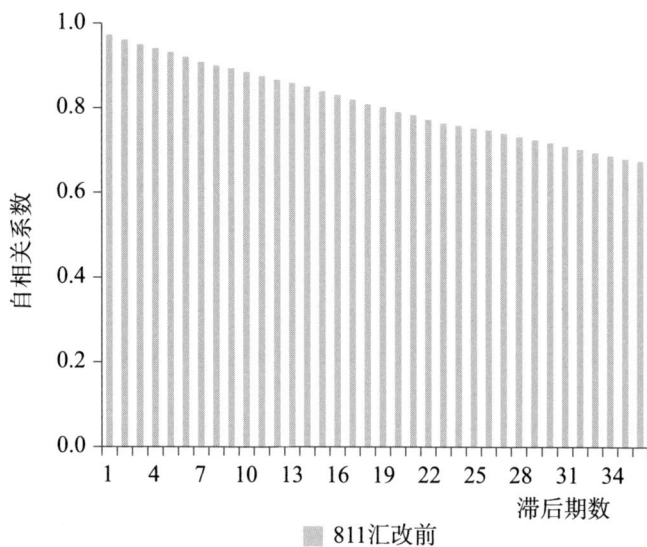

图4-45　波动率自相关系数（8.11前）

资料来源：Bloomberg，兴业研究。

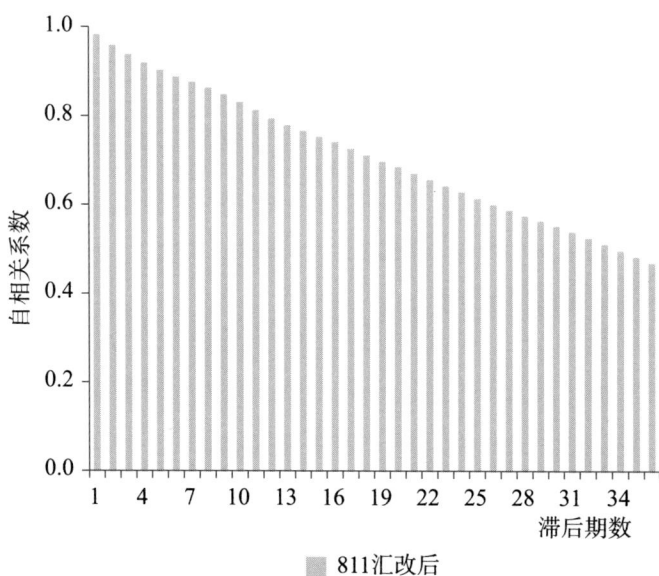

图4-46　波动率自相关系数（8.11后）

资料来源：Bloomberg，兴业研究。

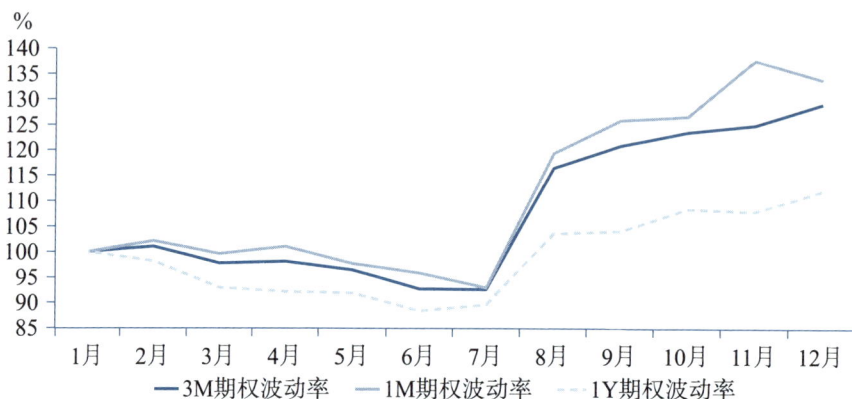

图4-47　美元兑人民币平价期权隐含波动率季节性表现

资料来源：Bloomberg，兴业研究。

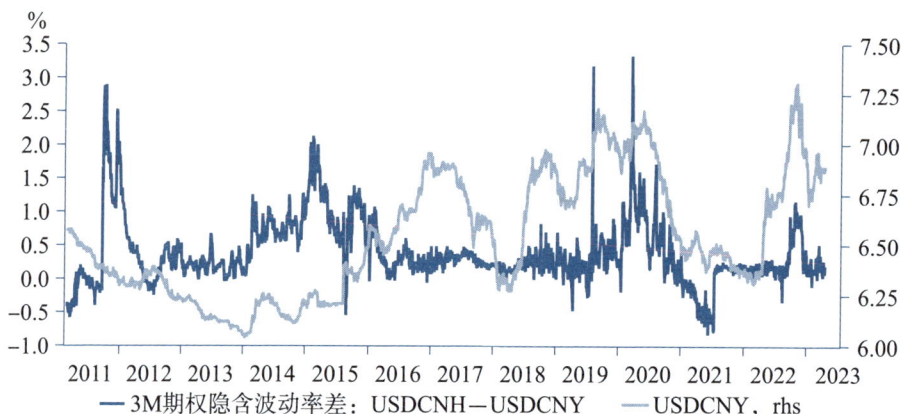

图4-48　境内外期权隐含波动率差、美元兑人民币

资料来源：Bloomberg，兴业研究。

　　对于隐含波动率在Delta值上分布的图，需要先对横坐标轴上的Delta值进行定义。5P指的是Delta值为5%的看跌期权（Put）[①]，5C则指的是Delta值为5%的看涨期权（Call），以此类推。此前我们提到具备相同到期时间和行权价格的看涨和看跌期权隐含波动率基本相等，更进一步，二者在Delta值上也存在紧密的关系——Delta值之和等于1。这意味着在相同的期限下，5C与95P的

---

　　① 我们此处使用的是 Delta 值的绝对值，实际中看跌期权的 Delta 值为负。

波动率是一致的，但交易者一般更青睐购买虚值期权（因为价格更便宜），所以按惯例标示 5C 而非 95P。ATM 则是指平价期权，即 Delta 约等于 0.5 的期权。

根据理论假设，隐含波动率在 Delta 值上的分布应该呈一条直线，但现实中常常出现当标的资产价格偏离行权价格时期权波动率变化的现象，使得曲线呈现"中间低、两头高"或向一端歪斜的形状，这被称为"波动率微笑"或"波动率倾斜"。该形状的出现部分源于市场多空力量的买卖行为，所以人们常使用曲线的倾斜程度来衡量市场多空预期的较量。

最常见的倾斜度指标是用 Delta 值为 0.25 的看涨期权的波动率减去看跌期权的波动率，也称为 25D 风险逆转期权（Risk Reversal, RR）。美元兑人民币风险逆转期权波动率常用来表示人民币汇率预期，该值越大代表看多美元兑人民币的力量越强，反之则意味着美元空头占上风。在实践中，风险逆转期权与即期汇率之间的关系并不能简单关联为正相关。一方面，汇率预期和汇率实际波动之间并非线性相关，在即期汇率趋势性行情中，汇率预期的大小有时会影响趋势行情的时长和速率；另一方面，期权市场与即期市场的参与者有较大差异，期权市场的多空对比并不能完全代表即期。

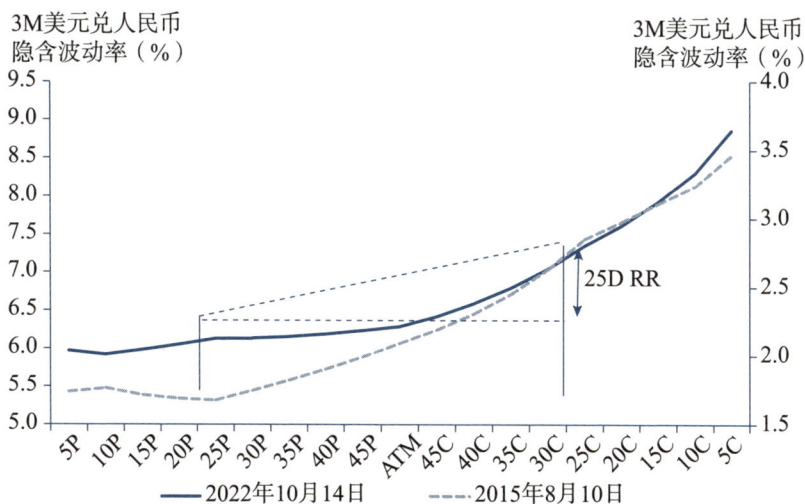

图 4-49 常见的期权波动率"微笑曲线"

注：取 3M 美元兑人民币期权隐含波动率。

资料来源：Bloomberg，兴业研究。

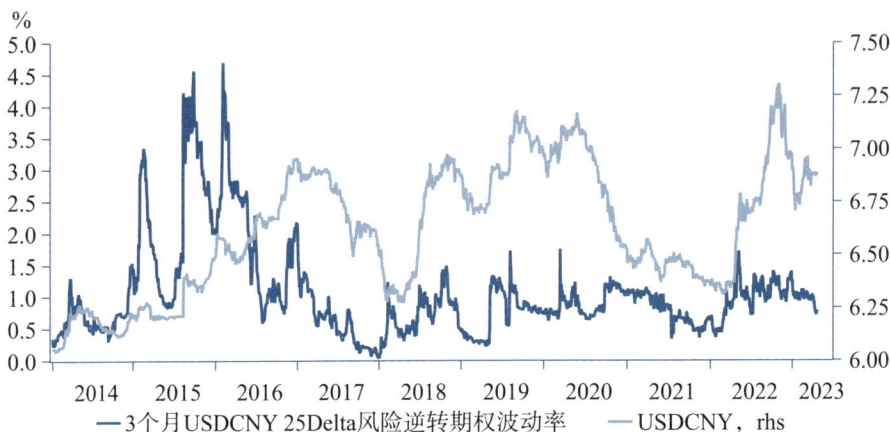

图4-50 美元兑人民币25D风险逆转期权、即期汇率

资料来源：Bloomberg，兴业研究。

风险溢价与期限溢价

接下来我们介绍与波动率相关的两个基本概念——风险溢价和期限溢价，并分析其在即期美元兑人民币汇率预测中发挥的启示作用。

风险溢价

隐含波动率与未来实际波动率的差值被称为"风险溢价"。一般而言，隐含波动率大于实际波动率，对于即期汇率弹性不足的货币尤为明显。从期权交易的角度来看，期权买卖双方所面临的收益和风险并不对称——理论上买方损失有限而收益无限，卖方则收益有限而损失无限，因此期权价格包含一定对卖方的风险补偿，这导致隐含波动率偏高。从定价的角度，实际波动率蕴含了当前市场环境下的定价因素（包括市场性和非市场性的），隐含波动率相对实际波动率超出的部分，即风险溢价，通常反映了市场预期的新信息对资产价格可能形成的冲击。

影响风险溢价的因素既包括未来事件冲击，也包括当前政策干预。不过，预期无法长时间偏离客观事实，当预期被证伪或是证实，定价会被重置，因此风险溢价具有均值回归的特点。2017年5月人民银行首次引入逆周期因子以来，美元兑人民币各期限波动率风险溢价的震荡区间明显收窄。从波动区间大小以及分布集中的程度，可以看出3个月风险溢价的均值回复特征最为显著。

剔除新冠疫情暴发前后的特殊时期，3个月风险溢价的波动呈现出一定周期性的特点。以"波峰-波峰"测量平均周期长度约为6个月，以"波谷-波谷"衡量则周期长度平均约为5个月。分阶段来看，3个月风险溢价的正态特征越发凸显，作为对称轴的均值向略高于0值的区域渐近，验证了汇率机制不断市场化的背景下，隐含波动率略大于实际波动率的特点。

进一步地，我们从风险溢价看汇率走势：

- 68.3%的概率下（均值+/-1倍标准差范围），2017年6月以来3个月风险溢价运行在0.16–1.75区间内。

- 倘若风险溢价短线冲破该区间上沿并回落，往往意味着即期汇率的趋势行情速率放缓，进入区间震荡。但倘若风险溢价长时间位于区间上沿上方，且超出幅度较大，此时即期汇率的单向趋势性动能较强，未来即使风险溢价回落到区间内，即期汇率的单向行情可能仍不会放缓。

- 倘若风险溢价向下突破该区间下沿，此时需要警惕即期汇率酝酿突破。一旦风险溢价在异常走低后重新回归区间，则人民币即期汇率大概率结束盘整，并选择方向突破。

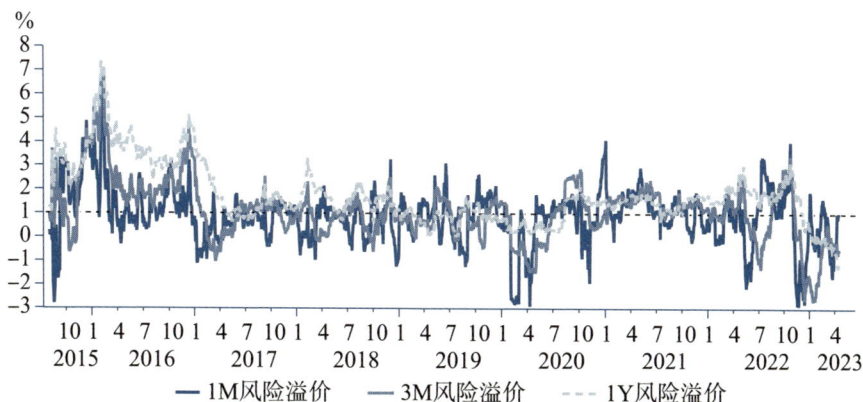

图4–51　各期限美元兑人民币期权风险溢价在2017年6月后进入窄幅区间波动

资料来源：Bloomberg，兴业研究。

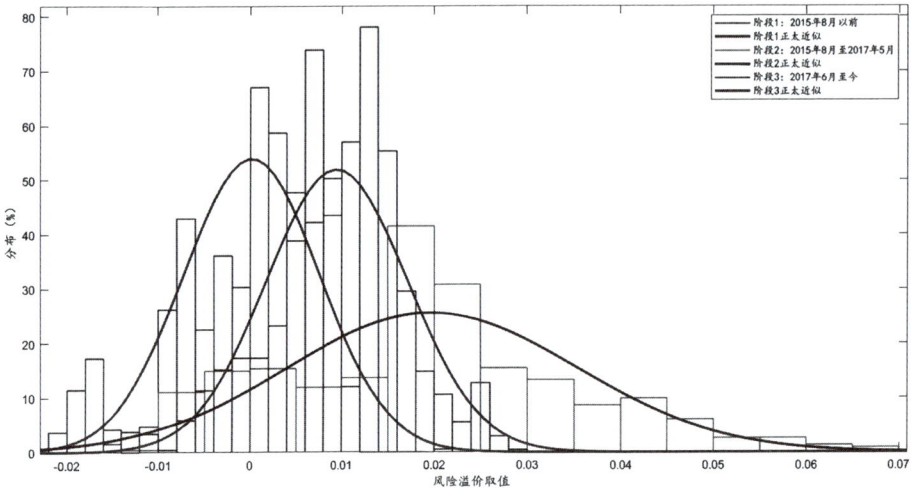

图4-52　3M美元兑人民币期权风险溢价各阶段分布图

资料来源：MATLAB，兴业研究。

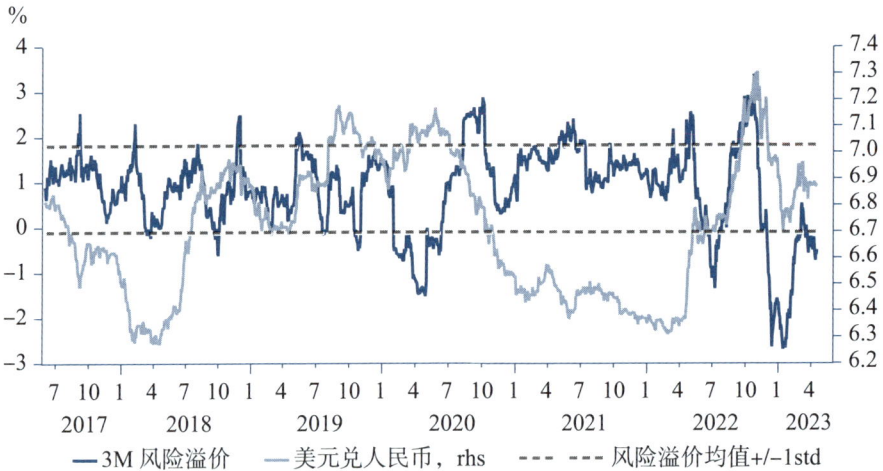

图4-53　3M美元兑人民币期权风险溢价、美元兑人民币

资料来源：Bloomberg，兴业研究。

期限溢价

长期限与短期限期权隐含波动率之差被称为"期限溢价"。其他因素相同，不同期限的期权隐含波动率共同构成波动率曲线。理论上，波动率曲线的标准形态是随着期限拉长而向右上方倾斜，因为时间越久不确定性越大。但由于短期限波动率对突发事件的敏感性和波动弹性比长期限更大，因此，倘若出现"黑天鹅"事件，或是事件的影响在相对短期内消退，则会造成短期限波动率相较长期限更大幅度的抬升，并造成波动率曲线倒挂。

美元兑人民币平价期权的期限溢价（以1年期–1个月为例）在2015年"811汇改"后出现了中枢抬升，随后中枢缓慢下行，直至2017年5月中间价定价机制中引入逆周期因子后，期限溢价的中枢基本回到"811汇改"前水平。这一方面体现了人民币汇率市场化程度不断上升，另一方面体现了随着较长期限期权交易量的上升，此前由于流动性差异带来的溢价也降低了。2021年以来，期限溢价中枢再次抬升，这反映出疫情反复、宏观不确定性因素引发市场预期未来一年内波动率将会上行。

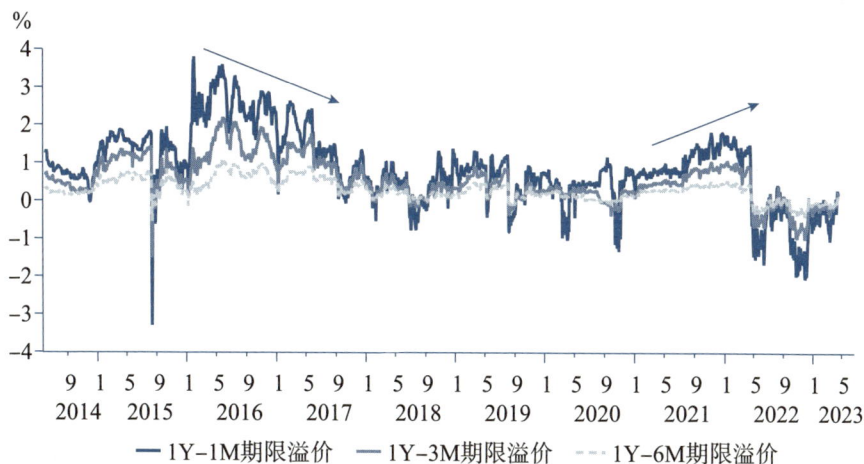

图4-54　美元兑人民币期权期限溢价

资料来源：Bloomberg，兴业研究。

我们将人民币期权期限溢价情况与海外进行对比。为了更好区分短期限和长期限期限溢价的取值，我们将1周至1年的期限溢价分为两段：1周至1个月和1个月至1年。从最近5年的平均水平来看（截至2022年10月14日），主要货币1个月以上的形态为随着期限增加而向上倾斜，即期限溢价为正。发达经济体，例如欧元、澳元，常常会出现1个月以下曲线倒挂的情况，一定程度上反映了其短端市场的活跃和灵敏。

发达经济体货币的期限溢价普遍要低于新兴经济体，主要原因有以下两方面：一方面，新兴货币即期汇率的市场化程度参差不齐，非市场因素限制了即期汇率和短期限波动率的波动空间；另一方面，新兴经济体的外汇衍生品市场，尤其是外汇期权市场尚处于发展阶段，长期限的期权往往市场深度不够、流动性不足，流动性溢价使得期权波动率曲线相较发达市场更加陡峭。

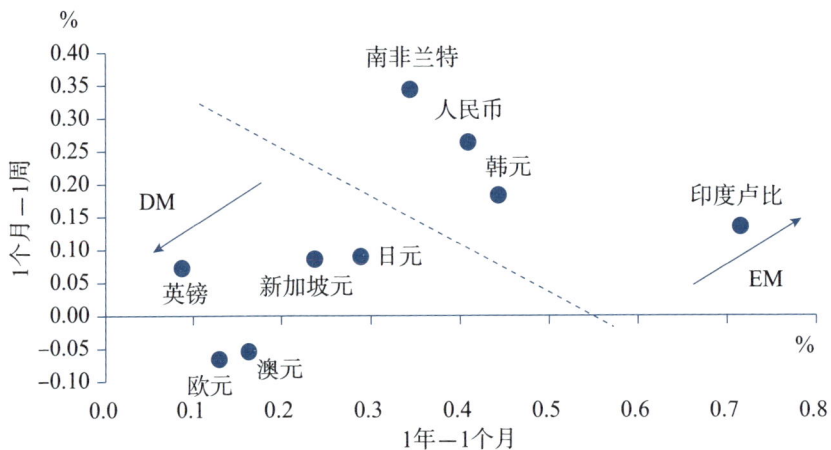

图4-55 近5年主要货币期权隐含波动率期限溢价情况

注：

1. 以上货币期权均是相对于美元，截至2023年4月20日，最近5年的均值水平。

2. 横轴表示1年–1个月的平均期限溢价，纵轴表示的是1个月–1周的平均期限溢价。

3. EM指的是新兴经济体，DM指的是发达经济体。

资料来源：Bloomberg，兴业研究。

期限溢价对即期汇率的变动有何启示呢？直观来看，二者之间不存在系统的、一致性的关系，即期汇率与期限溢价间时而同向变动，时而反向变动。因此我们需要寻找其他思路。

前文中我们提到，短期限期权隐含波动率的波幅要大于长端，这导致期限溢价（以1年–3个月为例）的变动其实主要反映的就是短端波动率（比如3个月）的变动。但相反的，当期限溢价与短端波动率的负相关性减弱时，意味着长期限波动率的影响开始发挥主导作用，这往往意味着市场预期发生了重大改变。我们计算"1年–3个月的期限溢价与3个月隐含波动率的相关性"作为参考指标。该指标具有明显的周期性特征，"波峰–波峰"、"波谷–波谷"之间时间间隔在5–8个月。

该相关性指标对人民币即期汇率有一定的指示作用。该相关性在"波谷"位置反弹时，意味着市场交易逻辑从短端切换至长端，此时人民币即期市场行情往往酝酿变盘——或是趋势行情的速率变化，或是升贬行情切换。待相关性指标回归高点，情绪和势能已经逐步被消化，前一个阶段的交易逻辑逐渐进入尾声，静待下一轮行情驱动因素出现。

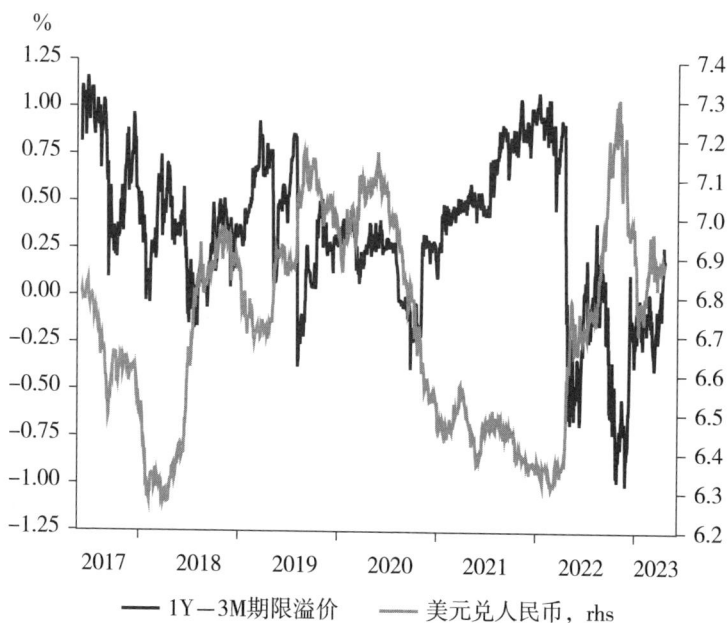

图4-56　美元兑人民币、1Y–3M期权期限溢价

资料来源：兴业研究。

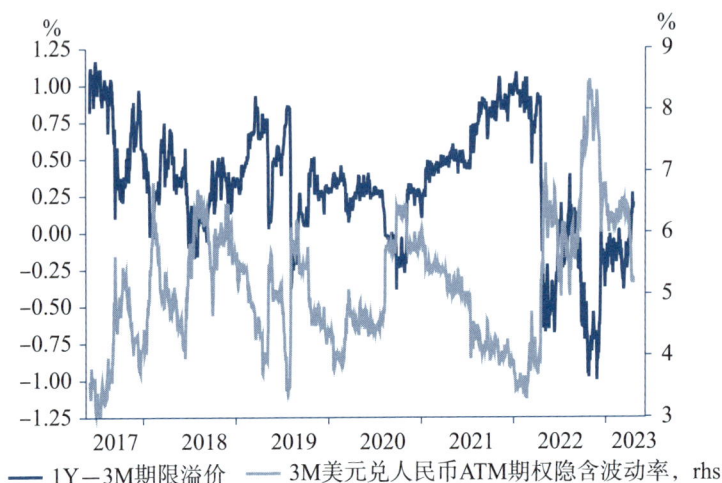

图4-57　3个月期权隐含波动率、1Y-3M期权期限溢价

资料来源：兴业研究。

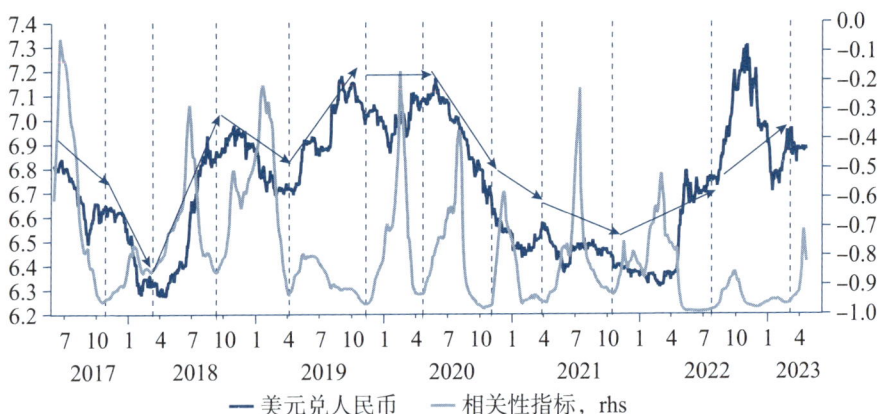

图4-58　美元兑人民币汇率、期权期限溢价与短端期权波动率相关性

资料来源：Bloomberg，兴业研究。

不同金融市场间的波动率溢出

近年来，随着外汇市场改革及资本市场开放的不断推进，人民币汇率国际化程度加深，即期汇率双向波动常态化，且更容易受到其他金融市场波动的干扰。本节我们将继续通过建模的方式定量分析2015年"811汇改"后中国、美国及其他相关市场与人民币汇率之间的波动溢出效应。

首先,我们分别选取了各类市场具有代表性的指标:美元指数、沪深300、标普500、MSCI新兴市场指数、Brent油价、10年期美债和中债收益率。在将各指标收益率序列转化为对数形式后可以明显地看到相应波动率的特征。直观来看,美元指数和美元兑人民币的波动步调同步性较高,而沪深300的波动与美元兑人民币错位。

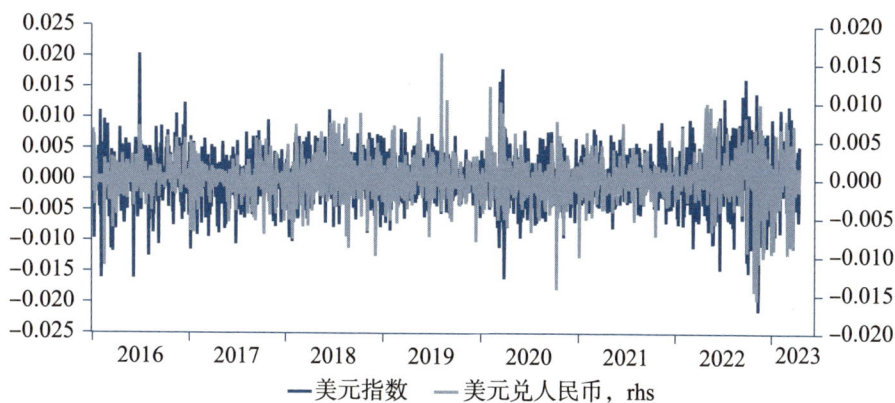

图4-59 美元指数与美元兑人民币的对数收益率

资料来源:Macrobond,兴业研究。

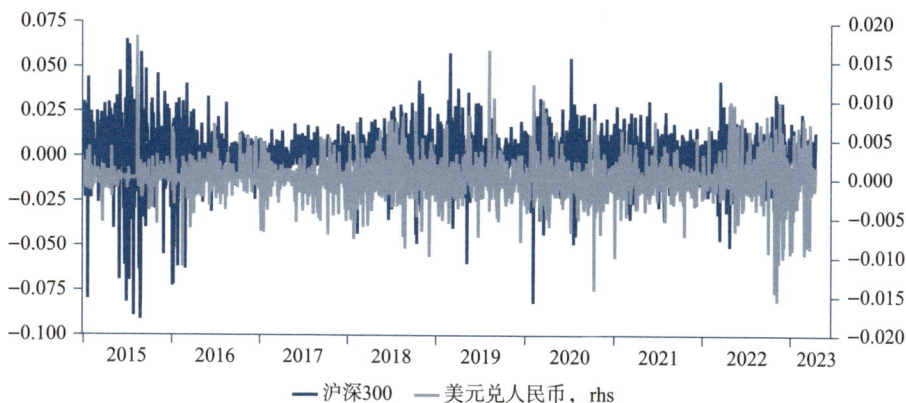

图4-60 沪深300与美元兑人民币的对数收益率

资料来源:Macrobond,兴业研究。

表4-6　各类市场主要指标基本统计特征

指标	美元兑人民币	美元指数	沪深300	标普500	MSCI EM 指数	Brent 油价	10Y 美债	10Y 中债
均值	6.69	95.57	3940.21	2917.53	1356.52	57.98	1.94	3.19
中位数	6.67	95.89	3822.54	2772.35	1345.55	57.82	1.92	3.16
最大值	7.18	103.30	5807.72	4796.56	1862.92	93.27	3.24	3.99
最小值	6.27	88.59	2853.76	1829.08	945.94	19.33	0.52	2.48
标准差	0.24	3.04	673.68	753.41	217.50	13.81	0.67	0.34
偏度	0.12	−0.05	0.70	0.85	0.41	−0.07	−0.24	0.36
峰度	1.79	2.48	2.44	2.84	2.39	2.47	2.30	2.36

注：数据的取样时间为 2015 年 8 月 11 日到 2022 年 2 月 17 日。

资料来源：Eviews，兴业研究。

其次，我们通过Granger因果检验法研究这些指标与美元兑人民币之间的因果关系，对可能与人民币汇率存在较强信息联动的市场进行初步筛选。从结果可以看出，人民币汇率受美元指数、美股的影响较大，但反向作用较小；国内股市、新兴市场股市、美债市场与人民币汇率间存在一定程度的互联；国内债市对汇市的影响程度低于汇市对其影响；人民币与油价之间的因果关系不显著。因此，后续将重点分析除油价之外的其余市场主要指标与美元兑人民币之间的波动溢出效应。

表4-7　Granger因果检验结果

原假设	F 值	P 值
美元指数不是美元兑人民币的原因	15.0156	0.0000***
美元兑人民币不是美元指数的原因	0.9154	0.4005
Brent 油价不是美元兑人民币的原因	1.6538	0.1916
美元兑人民币不是 Brent 油价的原因	2.1307	0.1191
沪深 300 不是美元兑人民币的原因	4.6867	0.0029***
美元兑人民币不是沪深 300 的原因	3.8516	0.0092***

原假设	F 值	P 值
标普 500 不是美元兑人民币的原因	7.6373	0.0005***
美元兑人民币不是标普 500 的原因	0.3817	0.6827
MSCI 新兴市场指数不是美元兑人民币的原因	6.4765	0.0000***
美元兑人民币不是 MSCI 新兴市场指数的原因	2.6179	0.0336**
10 年期美债收益率不是美元兑人民币的原因	4.2793	0.0387**
美元兑人民币不是 10 年期美债收益率的原因	5.5050	0.0191**
10 年期国债收益率不是美元兑人民币的原因	2.0799	0.1253
美元兑人民币不是 10 年期国债收益率的原因	2.7408	0.0648*

注：*、**、*** 分别指在 10%、5%、1% 显著性水平下拒绝原假设，即两个变量之间存在 Granger 因果关系。数据的取样时间为 2015 年 8 月 11 日到 2022 年 2 月 17 日。

资料来源：Eviews，兴业研究。

鉴于 GARCH 模型具有描述市场波动率的先天优势，其多元情形不仅能刻画单个市场的动态，还是验证不同市场波动率之间相关关系的不二工具。这里我们便选取二元 BEKK–GARCH (1, 1) 模型进一步探索中美股市、债市和新兴市场股市与美元兑人民币之间的波动关联。

BEKK–GARCH 模型中的交叉系数项是体现波动相关性的重要参数。二元 BEKK 模型共包含四个交叉系数：a_{12}、b_{12}、a_{21}、b_{21}。倘若 $a_{12} = b_{12} = 0$，那么市场 1 不会对市场 2 造成风险溢出。同理，当 $a_{21} = b_{21} = 0$ 时，市场 2 对市场 1 几乎没有波动溢出效果。

将各指标的对数收益率序列分别与美元兑人民币对数收益率构建二元 BEKK–GARCH (1, 1)，从结果可见，美元指数与人民币汇率波动的双向溢出是显而易见的。就各类股市对人民币汇率的波动性影响而言，标普 500 的波动将影响人民币汇率的波动，进而传导至沪深 300，但逆向的风险溢出现象并不显著；人民币汇率与新兴市场股市间存在波动率的双向溢出。不管是美债还是中债市场，两者与人民币汇率之间的波动溢出效果均不显著。

表4-8　BEKK-GARCH模型系数及相应检验

指标	a_{12}	b_{12}	a_{21}	b_{21}	12 下标系数检验	21 下标系数检验
美元指数	−0.1353	0.0975	−0.0144	0.0242	0.0127**	0.0373**
沪深 300	0.3616	−0.1400	−0.0030	0.0000	0.0983*	0.8419
标普 500	0.1723	−0.2048	0.0170	−0.0138	0.4102	0.0419**
MSCI EM 指数	0.2520	−0.1445	−0.0257	−0.0036	0.0543*	0.0416**
10Y 美债	0.0559	−0.0930	0.0007	−0.0006	0.7901	0.7159
10Y 国债	−0.0072	0.0257	0.0029	−0.0006	0.7833	0.9685

注：

1. 数据的取样时间为 2015 年 8 月 11 日到 2022 年 2 月 17 日。

2. 每个模型的市场 1 均指美元兑人民币即期市场。

3. *、**、*** 分别指在 10%、5%、1% 水平下显著。

资料来源：Winrats，兴业研究。

4.7　汇率风险管理实践

避险理念先行

我们在前文中已经充分论证了企业汇率套保的必要性和迫切性。

对于企业而言，合理对冲外汇敞口使得汇率风险可控，有助于公司专注于主营业务，保持利润相对稳健，进而创造更大的价值。

一方面，平滑的现金流、更加稳健的财务报表对企业投融资业务的拓展大有裨益。汇率波动不仅会影响企业外币营收和成本，而且会通过企业持有的外币资产和负债影响企业的财务费用支出。

另一方面，锁定汇率风险后，能够规避"黑天鹅"事件带来的极端冲击。"黑天鹅"事件的特点就在于其不可预测以及所造成的剧烈市场波动，即使企业自认为对于汇率市场变化"了如指掌"，也无法有效规避每一只"黑天鹅"。而提前锁定汇率敞口不仅能够使企业利润免受极端事件干扰，还可能在"意外"的行情中获取收益。举例来说，在 2015 年"811"汇改前，有外资企业利用市场极端低波动状态，以低成本购买美元兑人民币看涨期权，既规避了美元意外大幅上涨的风险，也在美元实际上涨的行情中获取了可观收益。

在实践中，汇率避险业务上的拦路虎往往是企业的固有思想、陈旧制度。

在银行走访企业的过程中，常听到的是企业关于"锁亏"的担忧——"今天签约一年期远期结汇6.80，万一之后人民币大幅贬值到7.00，那不是锁亏了吗？"然而，正是由于担心衍生品锁亏，企业容易出现"追涨杀跌"的现象，以及脱离成本汇率和实际避险需求等操作。另一部分企业对于买入期权需要支付的"显性"成本——期权费徘徊不定，对于卖出期权理论上的"无限损失"更是避之不及。

制度方面，国内企业多数缺乏自上而下、覆盖前中后期的汇率风险管理体系。无论是财务决策与授权、外汇风险的界定，还是对避险规则、交易权限的设置以及专业人员的培养都与发达经济体企业存在巨大差距。领导拍板、"一事一议"等现象屡见不鲜，没有系统的制度和团队建设导致企业的汇率避险往往呈现出跟风操作的"散户"特征。

从绩效评价看，未能形成对外汇套期保值效果合理的评价体系。许多企业习惯性地将锁汇成本与实际交割日的即期汇率简单对比来评判避险的优劣。事实上，这一评价标准使得企业财务人员实际上背负了"预测市场"的压力，考核压力下"少做少错"的思维成为企业避险不足的重要原因。

从本质上来讲，汇率避险就是"购买保险"，目的都是防止未来可能发生的不利变化造成的负面影响，也就是说获得一个保底的结果。然而，人们在购买诸如健康险、汽车险等保险产品时并不会觉得缴纳保险费不合理，也不会因为保期内未发生不利事件、触发保险生效而质疑购买的必要性。因此，对于部分企业而言，汇率避险的前提是需要转变观念，建立科学系统的风险管理体系。

企业的套保决策应该基于企业经营目标，从企业整体出发。第一，管理层面，在决策层充分监督的情况下，重视财务部门和业务部门的协调，重视套保方案的事后评估，给予专业团队以充分的自主定夺权。避免单纯依靠领导拍板，避免忽略整体的"一事一议"现象。第二，完善相应内控制度和管理系统，将外汇风险管理措施嵌入到企业全面管理和业务流程中，将相应的政策和流程明确化、系统化。第三，打造具备专业能力的财务团队或是成立独立的财务公司，培养专业的风险评估技能、掌握各类套保工具、快速高效地执行与反馈甚至直接进行外汇交易的能力等。例如著名的跨国公司阿尔斯通在新加坡设立的财资中心拥有专门的外汇交易室，针对亚太区公司的外汇需求直接进入银行间市场进行交易。当然值得注意的是，不同规模的企业在侧重点上会有所差异，对于中小微型企业来说，由于业务规模较小且调整更具灵活性，一方面可以通过业务布局改变来降低外汇风险敞口，多尝试自然对冲；另一方面可以引入"外脑"，根据银行等代客机构的差异化定位，寻找符合自身汇率避险需求的机构进行合作。

总而言之，企业应该优先测算自己的"成本汇率"，并明确汇率敞口规模及时间，进而利用市场波动寻找有利时机提前锁定利润率；此外制定理性的财务考核规则，而不应单纯以衍生品的盈亏来考评汇率避险有效性。

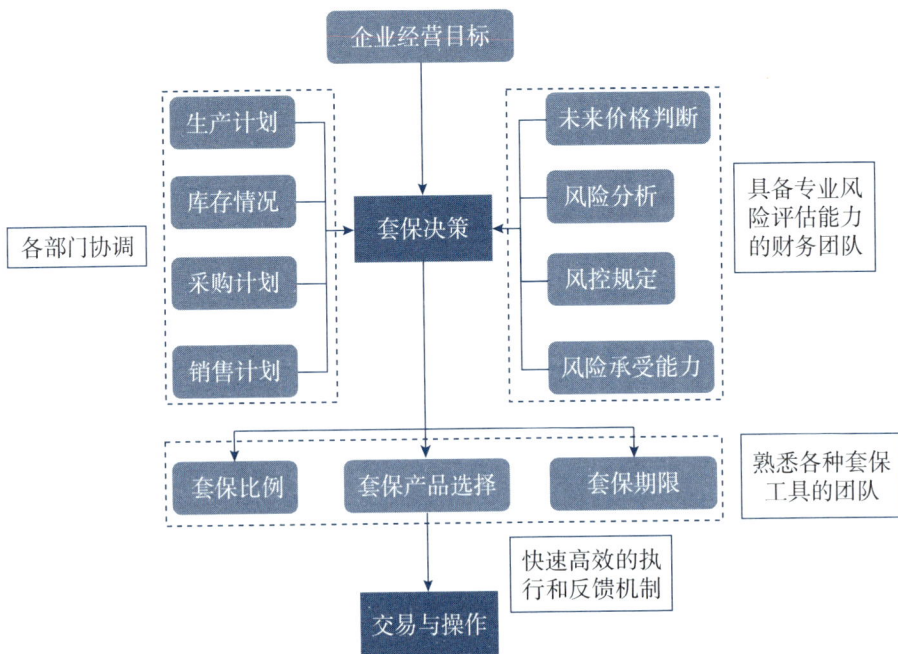

图4-61　企业套期保值决策的基本思路

资料来源：兴业研究。

360

对于汇率套保绩效的评估，应该摒弃简单与到期日的即期汇率相比的习惯，选取更加合理的标准——主要分为经营标准和市场标准两大类：

- 经营标准是指结合业务部门的采购、销售和经营利润目标（r）制定的锁汇基准。以拥有净结汇需求的出口加工企业为例，假设该企业产品的原材料需要进口并且在期初支付，产品单位成本为c_0美元，期初汇率为S_0（美元兑人民币），产品的未来平均合同售价为p_t美元，假设对所有销售产品进行完全汇率对冲，平均目标远期结汇价格为$\overline{F_t}$，h为其他费用，例如行政费用，以人民币计价，则目标锁汇价格应满足：

$$\frac{\overline{F_t} \times p_t - S_0 \times c_0 - h}{S_0 \times c_0} \geqslant r$$

- 市场标准即是寻找市场上可比的价格进行对照，作为市场标准的价格需要简单易得，而且该市场具备足够的活跃度。从我国汇率衍生品市场来看，远掉期交易量是最大的品种，且外汇交易中心会公布银行间市场实时报价数据。在使用市场基准价格时，可以采取不同的方法：方法一，可以直接与缔约同期、相同期限的远掉期市场报价相比，比如锁定1年期汇率敞口时，锁汇价格与当期1年期远期价格对比；方法二，将合约存续期间新增的同月到期合约外汇远掉期价格的加权值作为对比标准，权重可以等权重或赋予临近到期日新增合约更高的权重。当前市场上主要活跃期限有1周、1个月、3个月、6个月、9个月和1年，以1年期合约为例，计算标准价格时除了包括同期的1年期合约，还可包括3个月后的新增9个月期限合约，6个月后的6个月期限合约，以及9个月后的3个月期限合约，加权平均后以此作为市场基准价格进行比较。方法一因为在期初便将考核标准固定下来，是最简单易行的对照指标；而方法二可以考核财务人员在衍生品存续期内根据市场变化动态调整汇率避险工具的能力，适用于汇率风险管理非常成熟的企业。

表4-9　经营标准下目标汇率简化示例

企业情况	目标锁汇汇率满足条件
出口企业，但原材料需要进口且款项在期初支付	$\dfrac{\overline{F}_t \times p_t - S_0 \times c_0 - h}{S_0 \times c_0} \geq r$
出口企业，但原材料需要进口且款项在期末支付	$\dfrac{\overline{F}_t \times p_t - \overline{F}_t \times c_t - h}{\overline{F}_t \times c_t} \geq r$
出口企业，生产原料来自境内	$\dfrac{\overline{F}_t \times p_t - c_0 - h}{c_0} \geq r$
进口企业，原材进口款项在期末支付	$\dfrac{p_t \times \overline{F}_t \times c_t - h}{\overline{F}_t \times c_t} \geq r$

资料来源：兴业研究。

银行：专业的外汇服务机构

对银行而言，"因地制宜"做好"风险中性"宣贯，为企业量身定制服务方案，为企业"走出去"和"引进来"保驾护航，这不仅是商业银行自身社会责任的体现，也是银行轻资产转型过程中必不可少的探索。

国家外汇管理局在"2021年第一季度外汇收支数据情况"新闻发布会上曾表态：

"第一，银行服务质量直接关系外汇市场发展水平。银行作为外汇市场重要的参与主体，展业水平本身就是衡量外汇市场发展水平的一个重要标准。"

"第二，企业管好汇率风险离不开银行的帮助。银行作为专业的外汇服务机构，应该从自身的发展和社会责任的角度为企业提供更加专业和细致的服务。"

"第三，汇率风险管理是银行不应忽视的'大生意'。从对银行业务的了解和调研来看，一些银行认为，与传统的信贷业务相比，外汇衍生品交易的专业性比较强，人员培训耗时长、投入多，收益相对不高，结果必然是对企业专业化服务不充分。很多银行现在都提出要建设国内一流甚至国际一流的大银行，如果不重视企业需求很难真正成为一流的银行。从外汇市场交易规模来看，2020年外汇市场的交易量接近30万亿美元，未来可能更大，所以汇率风险管理确实是银行不能忽视的'大生意'。"

那么，银行如何服务好企业汇率避险需求呢？

首先，区分企业汇率套保的类型。从外汇敞口类型划分，企业汇率套保可以分为资产负债表套保和现金流套保两大类。

资产负债表套保是指规避集团内海外分支机构以外币计价的资产负债表在并表时产生的汇兑损失。此类企业往往关注发生汇兑损益的会计科目，差额结算金额等。资产负债表货币错配将会对财务报表中净利润、所有者权益、国有资产保值增值等会计科目产生影响，还会影响外币现金和银行存款、应收/应付/预收/预付账款等。对资产负债表进行套保的过程中，往往采取定期调汇（例如每月一次）的策略对动态变化的外汇敞口进行锁定。

现金流套保则是指规避未来收取或支出的贸易和投融资现金流，因汇率波动而遭受的损失。此类企业往往关注该笔订单的净利润率、企业现金流的充裕度和利润率的稳健性等。对现金流进行套保时，需要根据现金流的收支时点和市场波动情况制定针对性套保方案，期权和期权组合在现金流套保中具有更大的灵活性。

其次，帮助企业锁定"成本汇率"，以"成本汇率"而非"远期汇率"为锚制定套保方案，既不过度套保也不完全"裸敞口"。不同交易类型的企业面临不同的"成本汇率"。举例来说，经常项下生产型企业的订单汇率是其"成本汇率"，经常项下代理型企业的"成本汇率"则是交割汇率，资本项下外债企业的结汇汇率是其"成本汇率"，而国际化企业并表时的"成本汇率"则是记账汇率。确定了"成本汇率"之后，银行需帮助企业建立汇率套保是为了"锁定未来的结算汇率优于成本汇率"（即锁定成本，稳定利润）而非"确保结算汇率优于到期时的市场汇率"（即利用衍生品赚取收益）的观念。套保的比例方面，既无须过度套保也不可完全"裸敞口"，可以采取"汇率套保+随行就市"相结合的方式，比如40%远期+40%结构产品+20%即期的组合。

最后，加强修炼"内功"，配合政策当局做好"风险中性"宣贯。一方面，加强银行内部对FICC团队的资源倾斜，对FICC专员进行阶梯化培育，同时创新和优化汇率套保产品及方案，包括在美式和亚式期权面世后研发相关产品及产品组合。另一方面，配合中央及地方外汇管理局对"风险中性"的宣贯，通过宣讲会、入户拜访等方式帮助企业搭建汇率风险管理架构，以制度取代主观决策。举例来说，帮助企业调整考核机制，将汇率风险管理视作"成本中心"，取消汇率套保的收益目标，将套保的规范性和纪律性作为考核依据。

从衍生品特性出发挑选避险工具

对于企业来说，在使用汇率工具进行敞口对冲之前，首先应该考虑的是使用人民币进行跨境结算，以及"自然对冲"（Natural Hedge）。

造成汇兑损失的根本在于货币错配，因此在进出口和投融资中约定使用人民币支付结算是从根本上解决汇兑损失的方法。从银行代客涉外收付款数据来看，银行代客涉外收入中人民币占比从2017年的13%上升到2022年的42%，银行代客涉外支出中人民币占比从2017年的17%上升到2022年的43%；但跨境人民币收付主要集中在证券投资和其他投资上，货物进出口中人民币收付的比重仅15%左右。近些年来人民银行逐步实施跨境人民币便利化措施，并在跨境融资和境外放款等方面贯彻"本币优先"策略。未来随着人民币国际化进程的不断推进，企业应积极探索使用人民币进行跨境支付结算。

"自然对冲"指的是企业通过自身业务的布局来降低外币的净敞口。对于既有出口业务又有进口业务的企业应当优先调整外币收支账期并进行现金流的匹配。

针对自然对冲未能覆盖的外币敞口，可以考虑使用相关汇率衍生品控制风险。一般而言，境内市场上可供选择的衍生品工具包括外汇远期、外汇掉期、外汇期权和货币掉期，离岸市场上还可以进行外汇期货交易。上述衍生品工具的原理和定价机制我们已经在前文中进行细致论述，本章节我们着重于使用汇率套保的思路重新审视各类衍生品，并进行横向比较。

- 外汇远期。远期结构简单，是最受企业青睐的，也往往是最先尝试的衍生品。通过远期能够直接提前锁定未来结售汇敞口，适合稳健保守型的进出口企业。需要注意的是，随着人民币汇率弹性不断提升，远期交易需要参与者对价格、入场试点和期限有更好的把握，企业需要对盈利目标和外币净敞口进行全盘考虑，从而设置恰当的"合意"汇率价格。此外，2018年国家外汇管理局放开远期差额交割后，企业使用远期进行汇率套保更为灵活。对于涉及实际外汇收支的企业可以选择远期全额交割；而对于具有外币敞口，但无现金流收支的企业，例如集团内海外公司并表管理等，可使用远期差额交割。

表4-10　普通远期全额交割和差额交割（NDF）

企业分类		外汇收支行为	
		有	无
外汇敞口	有	远期全额交割	远期差额交割 • 外币计价，人民币结算 • 境内子（母）公司并表
	无	灵活运用衍生品、调整收付款时间来规避外汇风险，同时防范贸易背景"滥用"	—

资料来源：兴业研究。

- 外汇掉期。外汇掉期相当于一次还本付息的短期限贷款，适合跨币种投融资业务，以及现金流收付在时间上具有规律性的进出口企业。在市场行情不利于企业的贸易方向，但企业亟须资金的窗口期，外汇掉期能够帮助企业解决当期流动性紧缺的同时，保留未来更好价格汇兑的可能。举例来说，在人民币升值行情中，出口企业亟须人民币资金的情况下，可以使用掉期工具（近结远购）将美元换成人民币使用，并在远期换回美元，从而保留未来美元兑人民币上行时使用更优价格结汇的权利。这一方案在人民币升值行情即将反转时更为适用。

- 货币掉期。货币掉期类似分次付息、到期还本的长期限贷款，功能上看货币掉期与外汇掉期类似，兼顾汇率套保和外币融资功能。发行外币债的境内企业可以通过买入货币掉期来对冲外币敞口。借款企业期初结汇，获得的人民币资金用于境内生产运行和固定资产投资；掉期存续内支付人民币利息，并收取作为质押品的美元的利息；期末时则按期初汇率换回美元偿还本息。

- 外汇期权。期权本质上相当于保险。对于期权买入方而言，具有"损失有限，收益无限"的特征，最大损失就是支付的期权价格；这与保险类似，若未触发保险条件，则承保人损失保费。而对于期权卖出方而言，卖出深度虚值期权能够获得期权费补贴，即使市场剧烈波动导致行权，期权卖方也能够锁定换汇价格，避免在即期市场换汇带来的更大损失。

期权组合在企业汇率避险方面拥有更大的灵活性。成本方面，常见的期权组合可通过买卖期权相结合，一定程度上降低对冲成本，甚至可以免去期权费用。损益方面，价差期权组合、蝶式期权的损失和收益都有限，能够较好地满足稳健保守型企业的需求，而风险逆转期权组合拥有较大的损益空间。

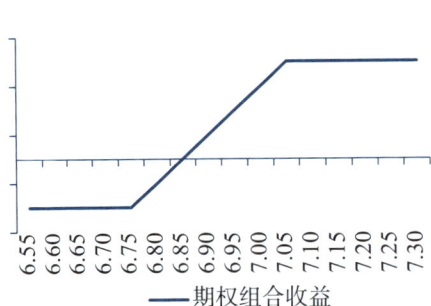

图4-62　买入看涨价差期权组合

资料来源：兴业研究。

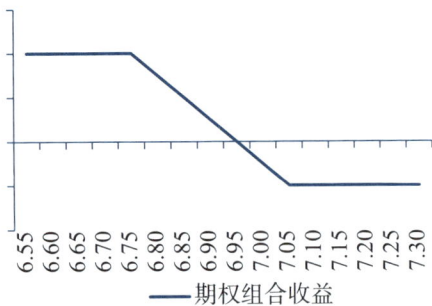

图4-63　买入看跌价差期权组合

资料来源：兴业研究。

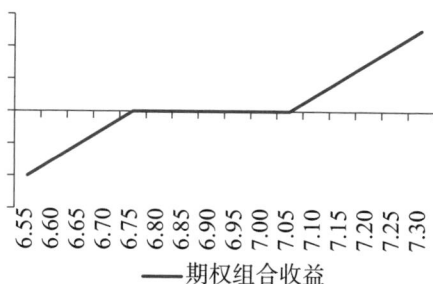

图4-64　买入看涨风险逆转期权组合

资料来源：兴业研究。

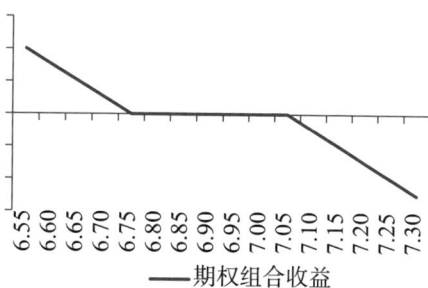

图4-65　买入看跌风险逆转期权组合

资料来源：兴业研究。

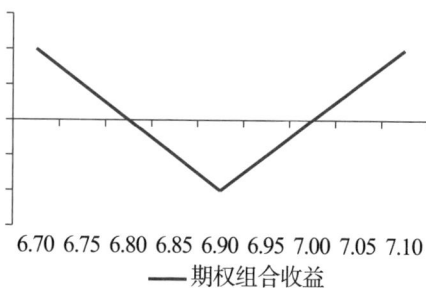

图4-66　买入跨式期权组合

资料来源：兴业研究。

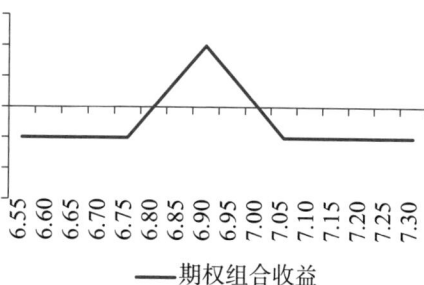

图4-67　买入蝶式期权组合

资料来源：兴业研究。

表4-11　常见外汇期权组合

期权组合	组成	成本与损益特点
看涨价差	买入看涨期权（执行价格较低），卖出看涨期权（执行价格较高）	成本：▼ 损益：损失和收益有限
看跌价差	买入看跌期权（执行价格较高），卖出看跌期权（执行价格较低）	成本：▼ 损益：损失和收益有限
看涨风险逆转	卖出看跌期权（执行价格较低），买入看涨期权（执行价格较高）	成本：▼ 损益：损失和收益无限
看跌风险逆转	买入看跌期权（执行价格较低），卖出看涨期权（执行价格较高）	成本：▼ 损益：损失和收益无限

期权组合	组成	成本与损益特点
跨式期权	同时买入执行价格相同的看涨和看跌期权	成本：▲ 损益：损失有限，收益无限
蝶式期权	买入两份看涨期权（执行价格分别为 X−a 和 X+a），卖出 2 份看涨期权（执行价格为 X）	成本：▼ 损益：损失和收益有限

注：上述组合都是从买入角度分析，卖出方则正好相反。成本表示与单个期权相比，▼表示更低，▲表示更高。

资料来源：兴业研究。

综合以上分析，我们总结了各外汇衍生品的特点：外汇远期和外汇掉期结构都较为简单，外汇掉期和货币掉期除具备外汇避险功能外，还具备利率工具的特性，尤其适合与企业特定的投融资活动相结合。期权交易可通过各种组合灵活调整损失和收益特性，满足各类企业的个性化避险需求；但部分期权交易需要直接或间接交纳期权费，且某些期权组合结构复杂，专业性较强。

表4-12　外汇远掉期和期权的比较

对冲工具	特点	适用客户
远期	结构简单	各类进出口企业，保守型或对避险市场初步了解尝试
外汇掉期	结构简单 具备利率工具特性，受不同币种利差的影响明显	适合与外币投融资业务相结合 适合收支具有时间规律性的进出口企业
货币掉期	期限长 具备利率工具特性，受不同币种利差的影响明显	适合与外币投融资业务相结合 适合收支具有时间规律性的进出口企业
期权	具有灵活的损益特性 有时需要支付期权费用 部分期权组合结构复杂，专业性较强	可以灵活满足各类企业的避险需求，要求一定专业知识

资料来源：兴业研究。

从企业需求出发挑选避险方案

在对外汇衍生品的功能、效果和优缺点有了基本了解后，企业需要从自身需求出发，综合考虑敞口规模和期限，选择合适的避险方案。

出口企业

出口企业具有外币净头寸和净结汇需求。结汇方向需要避免的是人民币升值的风险，远期结汇、买入价内看跌期权或是卖出看涨期权，以及特定期权组合是较为合理的选择[1]：

- 远期结汇。在期初或分批次锁定一定时期之后的结汇价格，操作简单，但一些情况下远期结汇价格与其余衍生工具相比并不具备优势。

- 卖出看涨期权。看涨期权的卖出通过看多人民币来对冲升值风险。卖出期权可以获得期权费（或价格补贴）。例如当到期日价格低于执行价格时，看涨期权不会被行权，卖出看涨期权的企业可以按"市价＋补贴点数"的更优价格进行结汇或差额结算；但一旦到期日价格高于执行价格，企业则须按"执行价格＋补贴点数"结汇或差额结算，但仍好于在即期市场上直接结汇。

- 买入看跌期权。看跌期权的买方拥有以约定价格卖出美元买入人民币的权利，可以直接有效地对冲人民币升值风险。买入期权需要支付期权费。例如到期时即期价格若高于执行价格则按"市价－费用点"的价格进行结汇，若低于执行价格则按"执行价格－费用点"的水平结汇。这一方案的好处是可以获得远期保底结汇价格，同时能够享受美元兑人民币升值带来的好处。

- 买入看跌期权＋卖出看涨期权。买入看跌或者卖出看涨都是对冲人民币升值风险的有效手段，前者需要支付期权费而后者可以收取费用，那么通过两者适当比例的组合可以在不付费的情况下锁定优于一般远期的结汇价格，但是在结汇数量上面临不确定性。例如，一

---

① 若不另加说明，本节中期权指的是美元兑人民币期权。

般而言深度实值期权要贵于深度虚值期权，买入一个实值看跌期权，卖出两个虚值看涨期权，且二者执行价格一致，这样能在价格上构造类似远期锁汇的结构，但美中不足的是到期时即期价格若高于执行价格，远期需要结汇2X美元；而若低于执行价格，则只能结汇X美元。

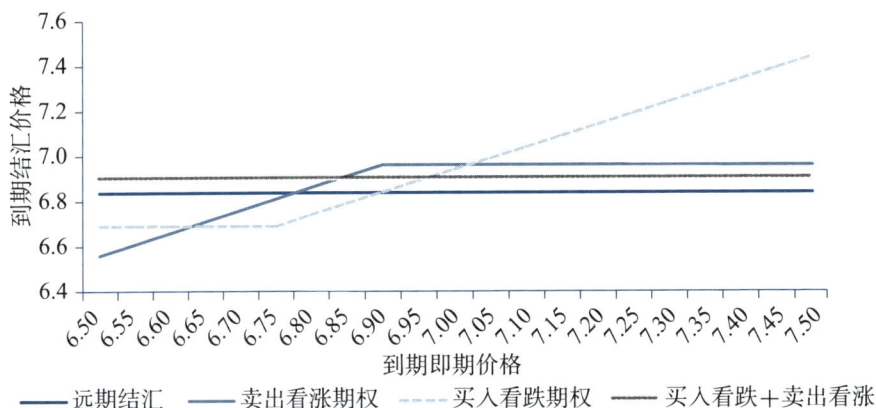

图4-68　远期结汇、卖出看涨、买入看跌期权的结汇价格情况

资料来源：兴业研究。

进口企业

有净购汇需求的企业，购汇方需要规避人民币贬值的风险，通过远期锁定购汇、买入看涨期权、卖出看跌期权等方式锁定风险是合理的选择：

- 远期购汇。与远期结汇类似，在期初或分批次锁定一段时期后的购汇价格。

- 卖出看跌期权。卖出看跌期权、看多美元兑人民币，从而对冲人民币贬值风险，并通过收取的期权费补贴购汇价格。当到期即期价格低于执行价格时，企业按"执行价格−补贴点"的价格购汇，否则则按"市价−补贴点"的水平购汇。

- 买入看涨期权。比如买入深度实值的看涨期权，由于深度实值期权行权概率极高，可以在较大的价格波动范围内锁定"执行价格＋补贴点"的购汇价格。

• 买入实值看涨期权+卖出虚值看涨期权（Call Spread）。买入看涨期权需要支付期权费，可以通过卖出虚值看涨期权的方式，降低期权费的支出。与卖出看跌期权相比，Call Spread的购汇价格在大部分情况都要更优（即购汇价格更低），但该组合需要对汇率的波动有基本的判断，而且需要支付一定的期权费。

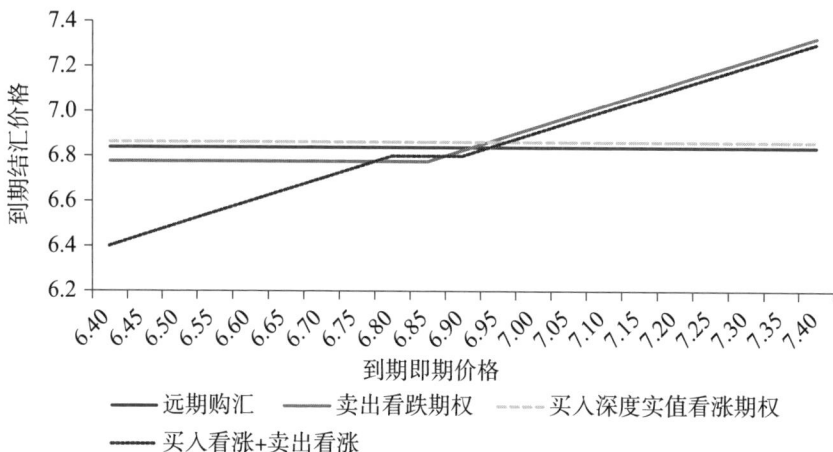

图4-69　远期购汇、卖出看跌、买入看涨期权的购汇价格情况

资料来源：兴业研究。

从进出口企业结汇和购汇产品我们可以作出以下几点总结：

• 远期产品简单直接，但灵活性不如期权产品；

• 期权产品灵活多变，其本身代表的或有权利使得企业在面临汇率变化时拥有更多的选择，通过不同的方式补贴价格（卖出期权）或是转移费用点（买入期权），一般可以使得当到期即期价格在一定范围内，期权产品的锁汇价格优于远期合约；

• 有得必有失，尽管在一定范围内期权产品的锁汇价格更优，但是若汇率发生超预期波动，期权锁汇价格将差于远期。所以使用期权产品需充分了解潜在风险，不可盲目。

附表　外汇风险管理实操手册

出口企业（结汇方向）

策略	基本结构	说明	适用范围	备注
即期结汇（即期结汇）	最终结汇汇率：8.0 / 7.0 / 6.0 / 5.0；到期即期汇率（美元兑人民币）：6.0 6.2 6.4 6.6 6.8 7.0 7.2 7.4 7.6	不做任何汇率对冲		
远期结汇	最终结汇汇率：8.0 / 7.5 / 7.0 / 6.5 / 6.0；到期即期汇率（美元兑人民币）：6.0 6.2 6.4 6.6 6.8 7.0 7.2 7.4 7.6	使用远期合约进行锁汇，到期按约定的价格结汇	适合在远期有结汇需求，且有较为明确的目标汇率基准（比如年初月初的记账汇率）适合在中美利差扩大，掉期价格上涨时使用	操作简单，但价格可能较大些衍生某工具工具差
买入看跌期权	最终结汇汇率：8.0 / 7.5 / 7.0 / 6.5 / 6.0；到期即期汇率（美元兑人民币）：6.0 6.2 6.4 6.6 6.8 7.0 7.2 7.4 7.6	买入看跌期权，一般推荐虚值期权，期权在波动率低、价格便宜的时候也可以考虑实值期权	远期结汇合约的重要替代品，适合在价格波动相对便宜的场合，期权价格相对便宜，既要保底价格，又想享受人民币贬值的福利	看跌期权的买方拥有以约定价格卖出美元的权利，直接有效地对冲人民币币升值风险

续表

策略	基本结构	说明	适用范围	备注
卖出看涨期权	纵轴：结汇汇率高低　8.0　7.5　7.0　6.5　6.0　横轴：6.0 6.2 6.4 6.6 6.8 7.0 7.2 7.4 7.6（美元兑人民币）到期即期汇率	卖出虚值看涨期权	适合于人民币处于宽幅区间震荡行情	一旦到期日价格高于执行价，企业需按"执行价＋补贴点数"结汇/差额结算
买入看跌风险逆转期权	纵轴：结汇汇率高低　8.0　7.5　7.0　6.5　6.0　横轴：6.0 6.2 6.4 6.6 6.8 7.0 7.2 7.4 7.6 7.8 8.0（美元兑人民币）到期即期汇率	买入虚值看跌期权＋卖出虚值看涨期权　通过卖出期权所获得期权费，构建低成本甚至零成本的避险组合	适合于人民币呈现区间震荡，波动率下降，有可能向升值方向突破	看跌期权执行价＜美元兑人民币现价＜看涨期权执行价
买入看跌风险逆转期权	纵轴：结汇汇率高低　8.0　7.5　7.0　6.5　6.0　横轴：6.0 6.2 6.4 6.6 6.8 7.0 7.2 7.4 7.6 7.8 8.0（美元兑人民币）到期即期汇率	买入一个实值看跌期权＋卖出两个虚值看涨期权，看跌期权执行价格一致美元兑人民币现价（＞1），期权费抵销	适用于希望结汇价格更高	结汇规模不确定：倘若到期价格高于执行价格，远期需结汇2X美元；若低于执行价格，则只能结汇X美元

进口企业（购汇方向）

策略	基本结构	说明	适用范围	备注
即期结售汇（比较基准）		不进行任何汇率对冲		
远期购汇		使用远期合约进行锁汇，到期按约定的价格购汇	适合在远期有购汇需求，且有较为明确的目标汇率基准（比如年初月初的记账汇率） 适合在中美利差收敛，远掉期价格下跌时使用	操作简单，但价格可能较某些衍生工具差
结构性远期（买入看涨期权）		买入深度实值看涨期权，行权价格设置在远低于即期汇率的水平，比如S>6，当到期即期汇率S>6，就按约定定的价格购汇	购汇价格优于远期合约时，例如远期汇率波动率下降，或者阶段性升值预期升温时	

续表

策略	基本结构	说明	适用范围	备注
卖出看跌期权	 影响最低　影响最高　卖出 8.0 7.5 7.0 6.5 6.0 6.0 6.2 6.4 6.6 6.8 7.0 7.2 7.4 7.6 到期即期汇率（美元兑人民币）	卖出虚值看跌期权，获得期权费来补贴购汇价格	适合于人民币处于宽幅区间震荡行情	当到期期价格低于执行价时，按"执行价格－期权费"购汇；否则按"市场价格－期权费"购汇
买入看涨风险逆转期权	 影响最低　影响最高　卖出 8.0 7.5 7.0 6.5 6.0 6.0 6.2 6.4 6.6 6.8 7.0 7.2 7.4 7.6 7.8 8.0 到期即期汇率（美元兑人民币）	买入虚值看涨期权＋卖出虚值看跌期权 通过卖出期权所获得期权费来买入看涨期权，构建低成本基至零成本的避险组合	适合于人民币会呈现区间震荡、波动率下降，有可能向贬值方向突破	看跌期权执行价＜美元兑人民币现价＜看涨期权执行价

外币债务企业

对于具有外币债务敞口的企业，怎么强调对冲汇率风险的重要性都不为过。本币贬值下企业外债偿付能力下降是导致历史上新兴经济体危机的重要导火索。随着资本账户逐步放开，通过全球市场寻找更廉价的资金来源既是境内企业的机遇，也将带来不小的挑战。企业外币债务敞口不仅关系到企业财务的稳健性，在宏观层面也与国家经济稳定息息相关。

从货币兑换风险来看，发行外币债且资金主要用于境内的企业主要拥有两部分汇率风险：本金和利息。前者指的是期初需要将外币资金转换成人民币，期末则将人民币兑换成美元进行债务偿付；后者指的是在债务存续期间，企业需要按时支付外币债的利息，从而面临着持续的汇率波动风险。一般而言，企业期初按即期汇率（或其他约定的价格）进行结汇操作，需要规避未来购汇时面临的汇率风险，通过远期购汇或是货币掉期锁定外币敞口风险是常见的选择：

- 远期购汇。对于一次性还本付息的短期债务，可以使用远期购汇或是前述购汇方向的衍生工具对本金和利息进行锁汇；但对于分次付息、到期还本的长期债务而言，为节约交易成本，一般仅使用远期购汇工具覆盖本金敞口。

- 货币掉期。本质上相当于在远期购汇的基础上加入本外币利率互换，企业可以通过买入货币掉期对债务本金和利息风险进行全覆盖。对于本金，企业在期初和期末按相同的汇率（通常是期初的即期汇率或是其他约定的价格）进行结汇和购汇操作，完全规避汇率波动；对于利息，企业和银行达成利率互换协议，在债务存续期间，银行按时向企业支付美元利息，企业相应地支付人民币利息，通常人民币利率等于相应的"美元利率+溢价点"，溢价点主要参考掉期价格以及企业的信用风险。常见的方式有收取固定美元利息、支付固定或浮动的人民币利息，收取浮动的美元利息、支付固定或浮动的人民币利息。根据债务是固息还是浮息，直接进行相应的互换操作是最简单的方法，例如对于固息外币债务，直接收取固定外币利息、支付固定人民币利息。若企业对未来利率走势有自己的判断，则可以使用更灵活的方式，例如预期人民币利率会持续下降，则可以选择收取固定美元利息、支付浮动的人民币利息。

- 无本金交割货币掉期。与上述货币掉期不同之处在于，无本金意味着在期初和期末不交换本金，只是单纯对外币利息进行风险对冲。优点在于交易双方面临的信用风险更小，企业支付人民币利率价格上会更有优势；不足之处则是外币债务的本金未能得到有效的保护。

表4-13 常见外债对冲工具对比

	远期购汇	货币掉期	无本金货币掉期
锁汇范围	本金	本金＋利息	利息
年化成本	中	高（某些情况下低于远购成本）	低
期限	1年以上交易不活跃	1年及1年以上	1年及1年以上

资料来源：兴业研究。

参考文献

［1］IMF, 2005, A Global Perspective on External Positions.

［2］IMF, 2006, Methodology for CGER Exchange Rate Assessments.

［3］IMF, 2011, Recent Experiences in Managing Capital Inflows—Cross-Cutting Themes and Possible Guidelines.

［4］IMF, 2011, Analytics of Systemic Crises and the Role of Global Financial Safety Nets.

［5］IMF, 2012, Surges.

［6］IMF, 2012, The Liberalization and Management of Capital Flows—An Institutional View.

［7］IMF, 2013, Guidance Note for the Liberalization and Management of Capital Flows.

［8］IMF, 2013, Key Aspects of Macroprudential Policy.

［9］IMF, 2013, The External Balance Assessment (EBA) Methodology.

［10］IMF, 2014, Staff Guidance Note on Macroprudential Policy—Detailed Guidance on Instruments.

［11］IMF, 2015, Managing Capital Outflows—Further Operational Considerations.

［12］IMF, 2016, Capital Flows—Review of Experience with the Institutional View.

［13］IMF, 2016, Articles of Agreement of the International Monetary Fund.

［14］IMF, 2017, Increasing Resilience to Large and Volatile Capital Flows—The Role of Macroprudential Policies.

［15］IMF, 2018, 2018 taxonomy of capital flow management measures.

［16］IMF, 2019, The Level REER model in the External Balance Assessment (EBA) Methodology.

［17］Koepke, R., What Drives Capital Flows to Emerging Markets? A Survey of the Empirical Literature, *Journal of Economic Survey*, 2019, 33 (2): 516–540.

［18］Koepke, R. & S. Paetzold, Capital Flow Data–A Guide for Empirical Analysis and Real–Time Tracking, *IMF Working Paper*, 2020, WP/20/171.

［19］Sarno et al., What Drives International Portfolio Flows? Journal of International Money and Finance, 2016, 60 (Feb.): 53–72.

［20］高秀成、张靖、刘飞，2018，跨境资本流动的宏观审慎管理工具研究，经济问题.

后　记

我们对人民币汇率的研究关注，始于2005年汇改。随着研究的深入，我们甚至越来越觉得，人民币汇率可以成为理解中国货币政策乃至整个中国经济的一个可选用"坐标原点"。为此，在人民币汇率告别2005年汇改以来单边升值趋势、进入双向波动新时代的2014年，我们专门组建了汇率研究团队。自此之后，我们见证了无数"历史性时刻"，亲临了"811汇改"，经历了中美贸易摩擦，见证了后疫情时代的海外"超大规模放水"以及沃尔克之后史无前例的高通胀与激进紧缩。尽管面临百年未有之大变局，经受了全球金融市场一次次"惊涛骇浪"的洗礼与考验，人民币外汇市场无论在定价机制、参与者行为还是政策工具箱方面都变得越来越成熟、越来越市场化。

时至今日人民币汇率相比10年前已经有了不同的内涵。它不再简简单单作为出口的"晴雨表"，同时也是国内经济的"缓冲器"、国际关系的"温度计"、科技和军事实力的"代言人"。开放的大门一旦打开，汇率再难回到低波动时代。如何避免汇率波动掣肘货币政策，如何引导企业和居民正确地面对和管理汇率风险，这都是近些年广泛热议的话题。我们认为"风险中性"理念是基础，汇率的市场化和自由化是解决之法，但这并不意味着完全杜绝逆周期调节。相反，逆周期调节工具或许是求得"不可能三角"中间解的破局之法。即便是20世纪90年代鼓励资本自由流动和汇率自由浮动的国际基金组织（IMF），在2008年次贷危机之后也提出"资本流动管理措施（CFM）"管理框架，鼓励新兴市场在资本流动"激增"时实施管理，以避免国际收支持续恶化。

在汇率市场化改革的过程中，商业银行肩负着重要使命。一方面要维护外汇市场的正常运行，帮助企业和居民不惧汇率波动，坚持"风险中性"；另一方面要为企业和同业提供汇兑和衍生品交易，设计并创新衍生品服务方案，须知只要套保及时，汇率波动并不可怕。这也正是本书试图传达的两方面信息，一是引导企业和居民熟悉人民币汇率，了解它的运行机制和变动逻辑，二是介绍如何搭建中性的财务管理机制，如何善用衍生品锁定汇率风险。

尽管我们在市场变化中不断推敲、完善汇率的分析框架，不断拓展研究领域，将跨境、跨市场、不同参与者之间的交互和行为模式纳入分析之中，试图提高分析和预判的胜率。但不可否认的是，我们仍然很难说已经完全把握了市场的全部脉络，并为此感到紧张。这正是市场的魅力所在——你孜孜不倦所求，或许只是弄明白"去年的题库"，而考场上比例最大的，永远是"今年的新题"。

这种紧张来源于未知，来源于对市场的敬畏。我们想，这也将伴随着每一个研究员整个职业生涯。本书记录了当前时点我们对人民币汇率分析的所有心得和体会，未来的岁月里，我们仍将不断完善和进步。未知和敬畏将敦促我们永远不满足，永远求知若渴。

此书得以顺利出版，要感谢外汇研究团队的所有同事和前同事们，大家的思维碰撞为本书的内容增添了许多亮点。还要感谢人民日报出版社的编辑老师，感谢他们对文稿的细致校对与编辑，让此书能够以完美的面貌呈现给大家。

张 梦

2022 年 10 月